权威・前沿・原创

**皮书系列为
"十二五"国家重点图书出版规划项目**

中国互联网金融发展报告
（2015）

ANNUAL REPORT ON CHINA'S INTERNET FINANCE
DEVELOPMENT (2015)

主　编／李东荣
执行主编／朱烨东

图书在版编目(CIP)数据

中国互联网金融发展报告.2015/李东荣主编.—北京:社会科学文献出版社,2015.9(2015.10重印)
 (互联网金融蓝皮书)
 ISBN 978 - 7 - 5097 - 8031 - 2

Ⅰ.①中… Ⅱ.①李… Ⅲ.①互联网络 - 应用 - 金融 - 研究报告 - 中国 - 2015　Ⅳ.①F832.2

中国版本图书馆 CIP 数据核字(2015)第 206584 号

互联网金融蓝皮书
中国互联网金融发展报告(2015)

主　　编 / 李东荣
执行主编 / 朱烨东

出 版 人 / 谢寿光
项目统筹 / 恽　薇　高　雁
责任编辑 / 高　雁　颜林柯

出　　版 / 社会科学文献出版社·经济与管理出版分社(010)59367226
　　　　　地址:北京市西三环中路甲29号院华龙大厦　邮编:100029
　　　　　网址:www.ssap.com.cn

发　　行 / 市场营销中心(010)59367081　59367090
　　　　　读者服务中心(010)59367028

印　　装 / 北京季蜂印刷有限公司

规　　格 / 开 本:787mm×1092mm　1/16
　　　　　印 张:26　字 数:395 千字

版　　次 / 2015 年 9 月第 1 版　2015 年 10 月第 2 次印刷
书　　号 / ISBN 978 - 7 - 5097 - 8031 - 2
定　　价 / 79.00 元

皮书序列号 / B - 2014 - 339

本书如有破损、缺页、装订错误,请与本社读者服务中心联系更换

▲ 版权所有 翻印必究

《中国互联网金融发展报告（2015）》
编　委　会

顾　　问	杨学山　刘士余　李　扬　霍学文　于　军 易　军
主　　编	李东荣
副 主 编	陆　磊　纪志宏　谢　众　姚余栋　蔡洪波 李均锋　孟景伟
执行主编	朱烨东
编　　委	（按姓氏笔画排序） 王去非　亢　林　甘为民　申学清　边　婷 伍旭川　朱孝忠　朱建明　刘澜飚　陈　列 杨志敏　邹　昊　杨承宏　杨　继　李晓光 李　蓉　张晓艳　陈一烯　陈继明　范小云 郑承乾　宫晓冬　郭　濂　夏　平　唐　颖 黄国平　潘　明　符　健　程寨华　窦荣兴
支持单位	中国人民银行金融研究所 中国社会科学院金融研究所 清华大学五道口金融学院

南开大学金融学院
北京中科金财科技股份有限公司
安徽金融资产交易所
大连金融资产交易所

摘　要

　　2015年互联网金融在中国得到了极大发展，规模增长，产品创新，涉及的领域与影响力也越来越大。不仅传统金融企业加大了对互联网工具的应用，而且互联网企业、生产性企业甚至为金融企业提供技术服务的企业，也加入互联网金融领域，加上P2P、众筹等纯互联网金融企业推陈出新，出现了互联网与金融水乳交融、相互促进的兴盛局面，互联网金融对经济社会生活的影响在2015年进一步加大。

　　然而，我们必须清醒地意识到，互联网金融的本质依然是金融，并没有改变金融的资金融通的基本功能与属性。由于银行在我国的金融资产布局中占绝对主导地位，互联网金融将会以资产证券化的互联网银行为主要表现形式。其他金融机构的"互联网+"以及传统互联网企业对金融领域的涉足，也会推动互联网金融向纵深发展。传统的生产性、流通性企业则通过O2O和供应链金融两个途径实现互联网金融的转型与企业业务流程的再造。技术公司通过搭建交易平台进军互联网金融领域，进一步拓宽了互联网金融的广度。

　　互联网金融企业的估值需要更为科学的指标界定，不同阶段的互联网金融企业应当对应不同的估值方法和参数。互联网金融的发展也有内在的逻辑和表现方式，其商业模式和发展驱动因素，也将通过理论研究得到梳理与总结。互联网金融发展的法律支撑和监管机制在国内还未真正成型，只有借鉴发达国家的经验，结合实际国情与法律体系，予以根基性的充实完善，才能为互联网金融的健康发展奠定必备的基础。

　　关键词： 互联网金融　创新　金融本质　估值

目 录

BⅠ 总报告

B.1 2015年互联网金融发展总报告 001
  一 2014年互联网金融总体发展情况 002
  二 互联网融资 013
  三 互联网金融服务方式 047
  四 传统金融机构的互联网进展 066

BⅡ 专题篇

B.2 互联网金融企业估值方法 079
B.3 传统金融机构向互联网金融领域的延伸 089
B.4 传统互联网行业巨头互联网金融战略布局 126
B.5 新兴互联网金融型企业发展状况分析 154
B.6 其他传统企业的互联网金融转型状况分析 185
B.7 互联网金融发展的金融学分析 215
B.8 中国互联网金融驱动模式研究 245

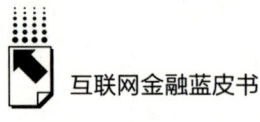

B.9 基于第三方支付视角的货币转移对中央银行货币政策的
        影响研究 ……………………………………………… 278
B.10 互联网保险的发展 …………………………………… 303

BⅢ 案例篇

B.11 传统IT企业向互联网金融转型案例分析 …………… 329

BⅣ 国际篇

B.12 美国《JOBS法案》分析 …………………………… 366

Abstract ……………………………………………………… 393
Contents ……………………………………………………… 395

致　谢 ………………………………………………………… 404

总报告

General Report

2015年互联网金融发展总报告

摘　要： 总报告分为两个部分，第一部分概括分析了2014年中国互联网金融的总体发展情况，包括互联网金融发展的历史机遇、互联网金融的发展状况和业务拓展情况以及互联网金融的风险和监管政策倾向；第二部分依据互联网金融模式的分类，具体分析了互联网融资、互联网金融服务以及传统金融机构的互联网化三类模式在业务发展、模式创新、风险控制以及同业竞争方面的现状和未来的趋势。综合来看，2014年中国互联网金融继续保持健康快速的发展态势，产品界限进一步趋向模糊、业务创新源源不断、同业竞争倍加激烈。随着规模的急剧扩张以及风险的日益复杂化，互联网金融监管需要进一步加强并协调进行。

关键词： 互联网融资　P2P　众筹　互联网支付　风险监管

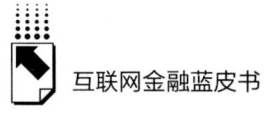

一 2014年互联网金融总体发展情况

（一）2014年互联网金融发展的历史机遇

在我国利率市场化进程中，传统金融机构留下的市场空白，互联网技术带来的产业融合、效率提升以及全新的客户定位，给互联网金融发展提供了历史机遇。

从政策层面看，我国2014年首次将互联网金融纳入政府工作报告。2014年3月5日，十二届全国人大二次会议审议的政府工作报告提出，"促进互联网金融健康发展，完善金融监协调机制"。从国家决策层释放的政策利好信息无疑极大地推动了整个互联网金融产业的发展，也给互联网金融发展带来极大的信心。同时，金融监管高层也明确表示鼓励互联网金融创新与发展，互联网金融在普惠金融的推广、百姓投资渠道的多样化、社会金融服务水平的提高和金融交易成本的降低等方面发挥了越来越重要的作用。这为互联网金融2014年的进一步发展提供了极为有利的政策窗口期。

从市场角度看，中国金融体系中长期的金融压抑及存在的一些低效率或扭曲的因素，为互联网金融的发展提供了有效生存空间。例如，2014年P2P网贷行业规模不断扩大，平台数量超过500家，成交额突破3000亿元，同比增长268.83%。大发展背后的深层次原因主要是解决了传统金融无法有效满足广大中小投融资者需求和实现对接的问题。从投资者层面看，P2P网贷平台投资门槛不是很高，形成了人人可参与的市场，有效地盘活了民间闲散资金；从借款者层面看，P2P网贷平台能为中小微企业主提供便利、快捷的融资渠道，满足了企业的紧急资金需求，可补充传统金融无法覆盖的信贷市场。并且该平台能实现投资者自愿匹配或竞标匹配，为借款者提供自由的差异利率，也推动了利率市场化进程。由此可见，互联网金融通过为这些投资者和借款者搭建一个公平、高效的网络平台，填补了传统金融无法涉足的空白市场。

从产业角度看，互联网技术对各产业的渗透促进了效率提升，引发了行业融合，拓展了互联网金融的发展空间。互联网所特有的技术平台和底层架构使得这种技术具备强大的联结功能，冲破了传统的时间、空间和地域的限制，在时效性、传输效率和覆盖范围等方面实现了质的飞跃。互联网技术引发了包括金融业在内的产业革命，产业内部的产品、技术和服务相互交叉渗透，一种产品或服务往往是多个产业生产成果的结晶，原有的产业界限也日益模糊化，这给互联网金融的发展创造了巨大的空间。例如，淘宝的运费险是电子商务行业、保险行业和物流行业相互渗透的产物，仅在"双十一"当天，淘宝、天猫平台上的投保订单超过1.5亿笔，显示了其旺盛的生命力。

从客户角度看，相较于传统金融机构，互联网金融独特的包容性和普惠性，其服务对象和业务范围的无地域性，可以使大众更容易获得便捷灵活的金融服务。互联网金融直面客户需求的显著特征，使其发展更具长尾效应。此外，从消费者行为学角度讲，互联网对金融的影响还体现在消费者的代际差异方面，"80后"或"90后"都是在电脑和互联网时代成长的一代人，这对传统金融机构吸引潜在客户的渠道选择提出了新的挑战，也使互联网金融迎来了新的发展契机。比如，最初的资产管理公司（如基金公司）往往将侧重点放在产品设计和投资研发上，缺乏直面客户的自营渠道以及客户风险评估、资产构成结构等关键数据，故客户获取成本非常高。然而通过互联网金融，基金公司可以近距离接触客户，得到用户的各种交易数据，从而分析客户需求，开发出更适合用户的理财产品。

（二）2014年互联网金融的发展状况和业务拓展情况

互联网金融呈现多种形态齐头并进的态势，从发展势头来看，目前最引人注目的包括电商网络小贷、P2P、众筹融资、互联网支付、互联网理财以及虚拟货币。这些形态主要可以分为以电商网络小贷、P2P和众筹融资为代表的互联网融资以及以互联网支付和理财为代表的互联网金融服务方式。

1. 第三方互联网支付发展状况

第三方互联网支付交易规模实现快速扩张。2014年全年交易规模达到80767亿元，同比增长50.3%。2014年，我国电子商务环境不断优化，支付场景不断丰富，金融创新不断活跃，支持网上支付业务迅速发展。"双十一"等促销活动的火爆提高了第三方互联网交易支付总量。

第三方互联网支付交易结构呈现多元化与均衡化特征。截至2014年四季度，在第三方互联网交易结构中，网络购物占比为31.5%，基金占比为14.7%，航空旅行占比为10.4%，电商B2B占比为7.4%，电信缴费占比为4.3%，网络游戏占比为2.4%。与2013年相比，网络购物和航空旅行两大支付项目占比分别下降4.3个和2.8个百分点，新兴互联网交易需求不断涌现。

移动支付已成为第三方互联网支付"新宠"。2014年第三方移动支付交易规模达到59924.7亿元，较2013年增长391.3%。2014年各季度移动支付规模占互联网支付比重飞速提升，2014年一季度占比接近50%，其余季度均在35%~40%。同时，移动消费所占比重日益增加，到2014年四季度移动消费占移动支付总量的23.4%。在移动互联网时代，用户的上网习惯发生转变，移动互联网的普及使得用户从年龄、学历等各维度都呈现长尾化趋势。移动支付丰富了支付场景，成为继银行卡、现金外最常使用的支付工具。"宝宝"类货币基金的规模化和现金管理的工具化使得用户可以借助移动设备进行基金投资与现金管理，带动了用户移动支付规模的快速增长。

2. 互联网融资理财发展状况

（1）"宝宝"类理财热度下降。2014年，"宝宝"类理财产品数量达到79个，规模已经突破1.5万亿元。但总体来说，从2014年下半年开始"宝宝"类理财的规模增速有所降低，一季度"宝宝"类理财产品同比增速143.4%，二季度下降为11.82%，三季度之后则为负增长。同时，"宝宝"类理财新产品扩容速度也在放慢，证券市场的火热使大部分投资于货币市场基金的资金转移至股市或证券市场基金。在市场资金全面宽松的大背景下，"宝宝"类理财产品收益率呈现下降的趋势。以余额宝为例，虽然年初余额宝的七日年化收益率达到6.76%，创最高纪录，但之后不断下降，使得全年平均收益率仅为4.83%。

（2）P2P网贷发展欣欣向荣。根据对325家重点网贷平台的监测结果，2014年网贷平台综合成交量超过2500亿元，是2013年的3.29倍；并且基本保持逐月递增趋势，3月涨幅达到峰值106.9%。网贷平台快速发展具体表现为以下方面：一是网贷平台数量激增。2013年底全国网贷平台共计800家，2014年又增加575家。二是网贷业务多样化，票据、保理、二手车、供应链金融等多种业务均与P2P网贷行业"联姻"，网贷行业的细分市场逐步形成。

（3）众筹发展稳步推进。截至2014年底，国内已有128家众筹平台，覆盖17个省份（含直辖市、自治区，不含港台澳地区，下同）。其中，股权众筹平台32家（2013年为24家），商品众筹平台78家（2013年为46家），纯公益众筹平台4家，另有14家股权+商品性质的混合型平台。2014年，15家主要商品众筹平台成功完成筹资的项目总数为3014个，成功筹款金额约为2.7亿元，活跃支持人数在70万人以上。从可获得的数据来看，股权众筹平台成功完成项目261个，成功筹资总额达到5.8亿元；若将未公开具体项目数据的创投圈、天使汇、原始会等第一梯队平台考虑在内，预计筹资总额会在15亿元以上。

3. 2014年互联网金融呈现出的新特点

（1）行业区域集中化特点显著，跨行业发展成为新趋势。一是P2P网贷方面逐渐形成行业联盟和行业自律组织。由于我国国内信用环境不完善以及用户投资意识存在局限，"零起步、自生长"成为我国P2P网贷行业显著的发展路径。因此，P2P公司在运营过程中尤其要注意以下两方面问题：一方面要完善信用体系，加强风险管理；另一方面要普及投资知识，营造投资环境。在当前形势下，创造一个高度开放、强力兼容、同业间信息自由沟通的环境能够有效促进P2P网贷行业的健康发展。2014年P2P网贷公司地域集中化趋势明显。2014年各省份网贷平台成交量前五名由高到低依次为：广东、浙江、北京、上海、江苏，五大省份平台成交量占全国的65%以上。

其中广东省成交量最大，占总成交量的35.04%，经济发达省份逐渐形成规范化的"老牌"平台，在网贷平台"跑路"不断的市场环境下，网贷公司逐渐向正规化集中。P2P网贷平台的"跨界合作"成为发展新方向。例如，民生易贷将"打造让投资人放心、让融资人称心的专业互联网金融服务平台"作为自己的定位和目标。实际运营中，依托民生电商以及强大的资源整合能力，民生易贷形成一套完整的资产业务和资金业务的信息撮合体系。同时借助B2B、O2O等线下业务，加强与其他业务的纽带联系，构建用户体系，提高用户的黏性。

二是互联网支付将创新性增值服务作为业务发展突破口。根据艾瑞咨询的调查数据，2014年中国第三方互联网支付交易规模达到80767亿元，同比增长50.3%。交易规模市场份额方面，支付宝占比49.6%，几乎占了市场份额的半壁江山，财付通占比19.5%，银商占比11.4%，快钱占比6.8%，汇付天下占比5.2%，易宝支付占比3.2%，环迅支付占比2.7%，京东支付占比0.5%，其他占比1.1%。互联网金融的快速发展，掀起了互联网端向移动端迁移的浪潮，对第三方互联网支付产生了一定的影响，加剧了各支付企业在传统行业及互联网金融领域的竞争。从发展趋势看，以POS贷款、供应链融资等为代表的支付业务的增值服务将成为未来第三方支付的竞争焦点。因此，拥有支付牌照的第三方支付企业之间应强强联合，以尽可能地扩大市场份额，不断发展。

运营方式多样化。一是P2P贷款依托线上独特优势实现深入发展。国际经验显示，P2P在金融市场竞争中的优势在于线上业务实现的客户使用便捷性与投融资高效率。P2P贷款业务模式降低了金融门槛与交易成本。因此，P2P与线上环境密切相关，P2P贷款只有在网络环境下才能发挥最大效用。未来线上P2P贷款公司的发展潜力高于同类型的线下公司，随着互联网终端与渠道的多元化，P2P信贷业务的开展也将进一步实现金融普惠性。

二是众筹模式垂直型、专业化发展特点更加明显。例如，淘梦网是最大的微电影众筹平台，也是全国最大的垂直型众筹平台。在此，电影人申请获得电影项目的主页，将自己的电影拍摄计划分享给大众，吸引投资方的目光，募集所需的资金，开启电影梦，同时投资人能获得项目发起人承诺的回报。此外，现场众筹模式的积极探索弥补了线上众筹虚拟化的不足，强化了投资者间的互动体验，具有较大的发展空间。

（3）第三方支付向近场支付模式转变。声波支付在近场支付领域前景广阔。在新版支付宝钱包中，"近场支付"功能便是创新和亮点。"近场支付"借助声波支付技术，充分利用声波的近距离一对一传输优势，使得手机与售卖设备达到互联与识别。此外，NFC近场支付也受到国内主要电信运营商的青睐。NFC技术主要是由特定的高频频段传输信号实现的，它能非常敏感地反映出距离的远近，从而降低外部干扰，提高安全性。

4. 监管体系的全面升级

（1）多管齐下推进P2P网贷监管。一是制定行业标准。随着P2P网贷行业联盟和行业自律组织的出现以及各联盟内企业交易数据的积累，不仅业内标准逐步趋向统一，而且风险控制体系也越来越完善。这种变化将使工商管理部门、司法机关、网络管理等相关监察机构实现制度对接，形成方便管理的统一化监管体系。二是建立社会征信体系。地方性P2P行业联盟也积极为完善监管体系付出努力，争取对接央行的信用体系数据库，促进我国信用体系的进一步完善。三是完善牌照发放监管。未来更多非传统的金融机构将会大量涌现，进行牌照发放管理可有效防范风险，发放P2P网络信贷牌照将成为国家准入监管的主要手段。

（2）多领域出台政策加速众筹监管。监管部门将出台相关领域的政策和指导意见，如投资人权益保护、资金管理和行业准入标准等，积极完善行业监管体系，增强风险防控能力。借鉴国外相关立法经验，积极探索出台新的法律法规，如促进小企业和初创企业融资，可以借鉴美国《JOBS法案》。

5. 风险控制体系逐渐形成

（1）应对P2P贷款风险暴露形势推出有针对性的举措。例如，拍拍贷采用会员登记制度，借助大数据与社会征信体系双重手段构建风险控制体系。根据用户等级确定用户的信贷额，而用户等级的划分主要根据用户成功出借资金额度。高额的资金出借额度将带来较高的信用度，从而投融资机会也就更多。这是一种良性循环，不仅能使拍拍贷建立起自己的信用数据库，而且可以提高平台内资金的安全性。红岭创投建立了项目审核的五道程序控制经营风险，包括初步审查项目材料、调查前期背景、核查实地财务、考察实地项目以及调查工商司法。

（2）全面升级移动支付的法律与技术保护。由于智能手机操作系统的脆弱性等原因，手机安全漏洞以及各类木马的威胁对移动支付业务造成极大的挑战。由中国银联、网络安全保卫局与公安部经济犯罪侦查局联合组成的互联网金融支付安全联盟，旨在积极维护消费者合法权益，促进互联网支付健康发展。2014年7月，首届互联网金融支付安全论坛对金融支付创新以及支付安全给予重视，就构建安全、健康的互联网金融支付生态圈提出重要建议，努力实现跨界、跨平台的安全合作。

（3）大数据与标准化为电商小贷的风险管理提供有效保障。以阿里小贷为例，阿里借助淘宝、天猫等电子商务平台，获取客户信用、交易信息等关键数据，结合网络数据模型和在线视频资信调查模式，从而使小微企业财务制度不健全、信用信息不透明等问题得到有效的解决。此外，由于网络获取信息具有较高同质化和标准化的特点，小贷服务被设计成批量化的产品，不仅放贷效率大大提高，而且放贷成本也极大地降低，基本建立起了国内商业银行追求的小微贷款工厂模式。

6. 互联网金融服务的精细化为实体金融提供有效补充

（1）第三方支付公司在细分市场深入发展，提供特色化服务。例如，支付宝立足于覆盖全国的便利店、电影院与出租车进行支付。快钱涉足商旅、零售、教育、保险、数字娱乐、电子商务以及IDC行业。汇付天下确立了航空客票市场、基金销售、金融类客户BD关系维护三大细分领域的精准服务对象。从第三方支付公司的业务发展方向看，若获得牌照可开展更广范围的小贷服务，同时可通过资产证券化手段来募集资金，还能联合银行等传统金融机构实现业务扩展。

（2）P2P贷款信用征集体系为我国信用体系建设提供有效补充。从征集范围看，P2P贷款的覆盖面是小微企业与资金供给量较小的社会群体，通过收集关键数据，进行整合并评估，获知较为真实的信用发展状况，有效填补央行信用数据库的空白。从征集准确性上看，P2P贷款的线上运作与大数据结合得到的信息验证模式能从多个维度确保企业信息的真实性。

（三）互联网金融的风险和监管政策倾向

基于社交网络、搜索引擎和电子商务平台，互联网金融虽然形成了与众不同的金融生态环境，但本质上仍然可被视为金融再中介化的过程，互联网创新的是业务技术和经营模式，但其功能仍然主要是资金融通、发现价格、支付清算、风险管理等。因此，对于互联网金融监管，一方面可以借助传统金融理论框架从金融功能性视角进行分析，另一方面需注意互联网金融有异于传统金融模式下的信息风险和操作风险等。接下来将从两个不同的角度对互联网金融风险进行界定和有效识别，对完善相关监管制度提出建议，保证金融体系的安全有效运行。

1. 互联网金融的风险

（1）互联网金融功能性视角。从信用风险看，相关互联网金融机构从事信用中介活动极易带来信用风险的外部性。

从流动性风险看，部分互联网机构进行了流动性或期限转换，易产生流动性风险。如货币市场基金集中、大量提取协议存款，会直接对银行造成流动性冲击。此外，金融机构在遭遇流动性危机时，一般会出售资产来回收现金以提高流动性，然而短时间内大规模出售资产会降低资产价格，极端情况下甚至会引发抛售，进而进一步拉低资产价格，形成恶性循环。

从信息不对称风险看，一方面，互联网金融理财产品销售过程中存在夸大收益、违规保证收益、风险提示不足等问题，容易产生交易纠纷。另一方面，互联网金融的虚拟性会加重信息不对称，主要体现在身份确定、资金流向、信用评价等方面，甚至会影响大数据分析，导致严重的信息噪声。

从法律风险与政策风险看，互联网金融的创新步伐不断加快，然而现有

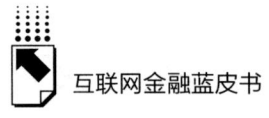

政策、法律和监管体系并不完善，互联网金融在政策调整和法律完善的过程中将面临日益严重的法律与政策风险，尤其是那些以互联网作为"外衣"的传统金融异化业务。如 P2P 贷款、众筹的多个业务模式很容易涉及非法集资，存在政策风险。

（2）互联网金融的经营模式视角。从信息安全风险来看，互联网金融对互联网技术依赖性强，在业务过程中容易出现计算机硬件系统、应用系统、安全技术或网络运行问题，导致数据保密性、系统和数据完整性、客户身份认证安全性、数据防篡改性以及其他有关计算机系统、数据库、网络安全等风险。易发生以下几种风险：第一，信息泄露、身份识别以及信息处理不当等风险。第二，第三方资金存管及安全风险。第三，重大技术系统漏洞所造成的金融基础设施风险。第四，人为和程序技术可能引发的操作风险。

从"长尾"风险来看，互联网金融使交易可能性边界扩大，使大量不被传统金融覆盖的人群都被纳入服务范围（"长尾"特征）。热衷互联网金融的人群一般具有以下特征：第一，金融知识相对匮乏、风险识别能力相对欠缺和承担能力相对薄弱，遭受误导、欺诈等不公正待遇的可能性极大。第二，其投资额度小而分散，个体没有足够的精力监督互联网金融机构，而且成本较高。第三，极易出现个体非理性和集体非理性。从涉及人数上衡量，互联网金融风险对社会的负外部性更大。

2. 互联网金融监管的必要性

2008 年金融危机发生后，金融界和学术界普遍认为，自由放任的监管理念只有在理想场景下（市场有效）才能发挥作用（UK FSA，2009）。在此情况下，理性的市场参与者企图追求利润最大化，个体的自利行为促使市场实现均衡，均衡的市场价格包含了所有信息。但互联网金融中存在的大量非有效因素（如信息不对称和交易成本等），制约了自由放任监管理念的应用。

（1）在互联网金融中，个体行为并不都是理性的。以 P2P 网络贷款为例，就其本质而言，投资者购买的是针对借款者个人的信用贷款。即使 P2P

平台能做到分散投资，并且在一定程度上揭示借款者信用风险，个人信用贷款的风险仍然较高，然而投资者却并不一定能意识到这一点。

（2）个体理性不一定意味着集体理性。比如，余额宝实际上是"第三方支付＋货币市场基金"，货币市场基金份额则是投资者所购买的标的物。投资者可随时赎回自己的资金，但货币市场基金的头寸期限较长，且在二级市场上卖出往往需要有一定的折扣。由此就存在流动性转换和期限错配问题。一旦货币市场出现大幅波动，投资者可能会为了控制风险而赎回资金，从个体行为看，是完全理性的，但从集体行为看，则是非理性的，因为这会使货币市场基金遭遇挤兑。

（3）市场纪律虽有一定作用，但对有害的风险承担行为的控制力度是有限的。针对投资风险，我国存在大量隐性抑或显性担保，再加上老百姓对"刚性兑付"的偏爱，风险定价机制往往并不是有效的。互联网金融机构在用户数量和资金规模达到一定程度后，一旦出现问题，市场出清的方法也告失效。涉及支付清算等基础业务的机构破产后，会对金融系统的基础设施造成破坏，构成系统性风险。

（4）互联网金融创新可能存在重大的不确定性。以我国P2P网络贷款为例，P2P网络贷款平台混杂，参差不齐。部分P2P平台采用激进的营销方式，对消费者的特征置之不理，一味地将高风险产品销售给不具有风险识别和承担能力的人群；有些P2P平台未能有效地隔离客户资金与平台资金，出现了若干平台负责人卷款"跑路"事件。再如，有些机构为了自身利益最大化，在互联网金融消费中频频发生欺诈和非理性行为，开发和推销高风险产品，利用消费者的无知，将产品出售给他们，而消费者可能对自己购买的产品根本不了解。

因此，对互联网金融，我们要不断地调整政策、完善法律，对其进行严格的监管，促进互联网金融健康持续发展。

3. 互联网金融监管的趋势

目前，越来越多的学者倾向于加强对互联网金融的监管，传统金融主要侧重于"规则式"监管，而互联网金融则注重"原则式"监管，在开放性、包容性和适应性上提出较高要求，从而更有效地促进互联网金融创新。同时要坚持鼓励和规范并重、培育和防险并举的重要原则，创造公平良好的竞争环境，从内部控制、外部监督和市场自律等方面着手，积极构建金融安全体系网。总之，互联网金融要协调好创新和风险的关系，进一步探索和完善监管措施，努力做到"鼓励创新、防范风险、趋利避害、健康发展"，并体现如下基本原则。

（1）引导互联网金融创新服务于实体经济，进行适度合理的创新。金融创新的根本目的是立足于市场，提升金融服务的能力和效率，从而更好地服务于实体经济。

（2）与国家宏观调控政策的实施相吻合。互联网金融监管首先必须适应宏观金融调控的大环境，不能与国家宏观调控的基本方针政策背道而驰。在出台监管政策时，要结合相关货币政策，充分考虑互联网金融业务对货币创造的影响。

（3）关注和防范系统性风险，有效维护金融稳定。一是互联网金融的出现降低了金融业务的准入门槛，激发了部分金融机构进行高风险投资；二是互联网金融信息安全风险不容忽视；三是互联网金融风险具有传染性，可能蔓延至传统金融机构；四是互联网金融企业的风控制度有待进一步完善。

（4）切实维护消费者的合法权益。包括中国在内的很多国家的互联网金融监管都立足于加强消费者保护。加强对互联网金融消费者的指导和教育，不仅能使他们对互联网金融产品有更加充分的了解和认识，增强风险意识，而且能使他们对互联网金融更加充满信心。基于互联网金融的特征，要重点完善客户信息的保密措施，积极维护消费者信息安全，严惩侵犯消费者权益的各种行为。

（5）积极促进监管的一致性，维护公平的市场秩序。一旦发生监管不一致，市场秩序将会受到破坏，进而导致监管无效。互联网金融间接进行支付清算、资金融通等与传统金融相类似的服务时，应该按照统一的监管标准来实施，避免出现监管套利和不公平竞争。

(6) 强化行业自律。从国际经验看，行业自律对于规范互联网金融发挥着重要作用。为此，我国也在行业自律方面做着各种努力，比如积极促成"中国互联网金融协会"的成立，从而更有利于统一的行业服务标准和规则的出台，以及互联网金融企业规范健康的发展。

(7) 加强监管协调。互联网金融业态具有跨业经营的特点，而短期内则依然是分业监管，因此监管部门间的沟通协调至关重要，建立常态化的监管协调制度迫在眉睫。"一行三会"各金融监管部门需加强与其他部门的监管协调，共享信息，包括工信部、公安部、地方政府和司法部门，利用大数据技术加强对互联网金融企业经营情况和网络安全情况的监测。

二 互联网融资

1. 电商网络小贷

电商网络小贷是指在电子商务的历史交易信息和其他外部数据的基础上形成大数据，利用云计算，在风险可控的条件下，当消费者、供应商资金不足且有融资需求时，由电商平台提供担保，将资金提供给需求方的业务模式。根据授信对象的不同，电商小贷可划分为消费信贷和供应商信贷，而供应商信贷目前包括独立的电商金融模式及电商平台与商业银行合作的银行金融模式。电商网络小贷作为传统信贷的线上模式，占据了特定的小微客户信贷需求领域，成为互联网金融发展的最为典型的模式。

(1) 消费信贷。消费信贷也叫消费金融，是为消费者购买消费品提供消费贷款的现代金融服务方式。随着互联网经济在传统经济中所占的比重日渐增大，互联网消费信贷逐渐成为中国消费经济新的增长点。互联网消费信贷突破了传统金融线下风险控制的传统模式，将信用评估与用户行为及数据化平台进行对接，形成了依托供应产业链、大数据两个核心维度的风险控制创新方向。电子商务企业作为消费市场的核心参与方之一，在参与消费金融的过程中更加直面消费者，通过产业链、支付工具等多种渠道掌握消费者的信息流、资金流、商品流，使多方信息能够快速对接，降低风险发生的概率，在刺激用户的购物和消费欲、方便用户消费的同时为自身平台带来业务流量。从互联网消费信贷的发展现状来看，主要呈现以下几个方面的特点。

一是市场高速增长。2013~2014年，中国互联网消费信贷市场尚处于起步期，电子商务企业、在线支付企业以及P2P企业陆续进入，同时，传统的互联网金融企业也开始试水互联网领域。2013年中国互联网信贷市场交易规模达60亿元，2014年随着京东和天猫进入市场，信贷规模突破160亿元，增速超过170%（见图1）。

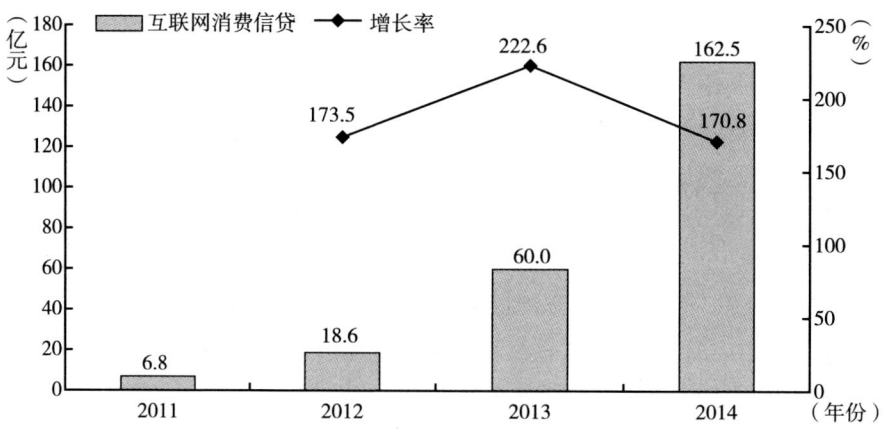

图1　2011~2014年中国互联网消费金融交易规模及增长率

资料来源：清科研究中心。

二是电子商务企业将成消费信贷核心参与主体。从细分市场角度来看，在电商企业加入之前，P2P信贷市场成为互联网消费信贷的主导市场，规模占比巨大，2013年占比达到97%。然而，电子商务企业的加入使得市场格局出现急剧变化，2014年电商消费信贷交易规模占比超过30%（见图2）。

三是互联网消费信贷参与主体日渐丰富。互联网消费信贷的资金来源包括传统金融机构、小贷公司的资金，社会闲散资金（P2P）、电商企业应收账款、第三方支付、金融资产交易所等。参与主体一方面来自电子商务生态企业，包括电子商务公司以及支付公司，另一方面来自P2P小额信贷企业

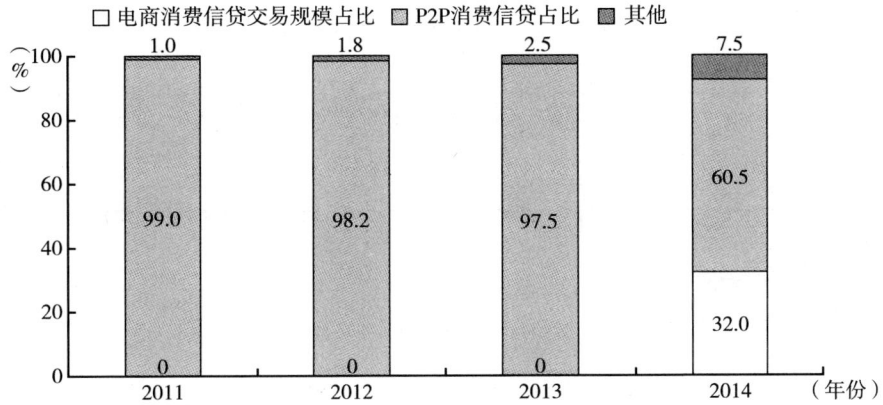

图2 2011~2014年中国互联网消费金融市场格局

资料来源：清科研究中心。

以及其他互联网金融创新方式。此外，传统金融也在该领域有所创新和突破，包括商业银行和消费公司。电子商务的进入进一步完善了互联网消费信贷整体生态链。

2014年初，京东率先推出"白条"业务，进入消费信贷领域，依托应收账款模式为平台用户提供消费金融服务。随后，2014年7月，天猫推出"天猫分期"，为天猫用户提供分期服务，越来越多的市场参与者加入互联网消费信贷金融领域。

专栏1：消费信贷案例分析——京东"白条"

2014年2月，一个新的名词——"白条"进入人们的视野，这是由京东金融推出的互联网金融信用支付产品，主要面向个人用户，便于用户采用分期还款形式购买京东产品。产品实质是京东平台的应收账款管理，用户最高可获得1.5万元授信额度，且成本较低。"白条"运作方便快捷，可在短时间内实时完成申请和授信过程，而服务费约为银行类似产品的一半。面向京东平台客户，完成网银钱包快捷支付实名认证，资质符合系统评估，使用京东全网商品，暂不支持非自营商品和黄金、首饰等硬通货。表1显示了京东"白条"分期手续费。

表1 京东"白条"分期手续费

单位：%

分期期数	服务费率	总服务费率	分期期数	服务费率	总服务费率
3	0.5	1.5	12	0.5	6
6	0.5	3	24	0.5	12

图3是京东"白条"运营模式。

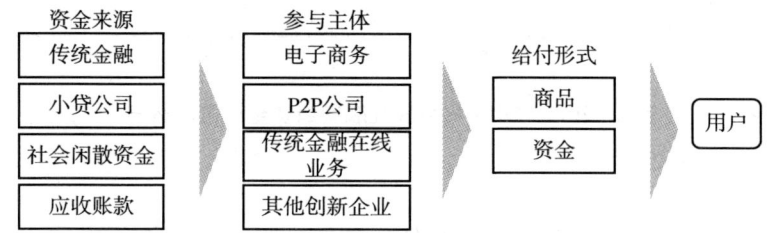

图3 京东"白条"运营模式

从京东"白条"的风控管理模式来看，包括以下三个主要特点。

首先，京东开展消费信贷有其核心优势，多年涉猎电子商务领域的京东在电商、支付、物流三大产业的自身系统内部形成良好闭环。京东通过长期积累的大数据形成自己的核心资产，主要包括用户基础属性信息、用户相关购买行为及偏好、资金流信息和部分银行信息以及物流端产生的地理位置等相关线下非结构数据。然而这些数据并不是孤立的，它们相互联系，并且可以相互校验。京东可以通过分析相关数据有针对性地对客户行为做出判断，包括用户的支付能力、收入水平、还款意愿、还款能力等。

其次，在产品、金融创新以及风险控制层面，京东的专业化团队都给予专业化支撑。京东互联网金融涉及众筹、理财产品网销、供应链金融等诸多细分领域，消费信贷将是下一个创新突破点。

最后，京东在专业化风险控制方面具有明显优势。京东拥有较为完善的信用评估体系，可以判断用户的信用能力，从而对用户进行定向授信；用户的实际购买行为也可以被京东实时监测到，从而用户资金使用方向将被京东控制；网银钱包给用户提供了一个自动还款的渠道，一旦用户发生逾期行为，京东会通过短信、电话等形式进行提醒和催缴。上述所有的数据都将在京东内部体系运作，使风险控制模式的有效性和可控性得到较大的提升。图4是京东风险管理模式的直观显示。

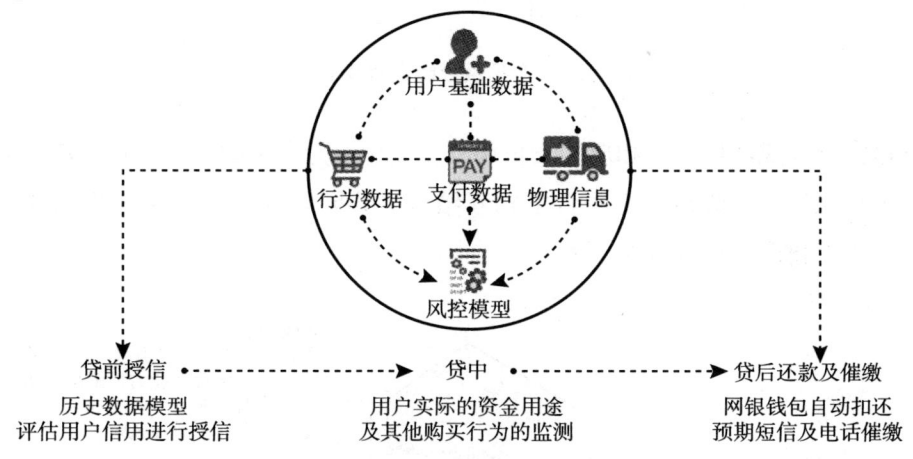

图4　京东风险管理模式

（2）供应商信贷。供应商信贷也叫供应链金融，是供应链管理的一部分，其目的是使整个供应链系统成本最小，而为产业链环节中相对弱势的中小企业提供基于真实交易的融资服务，帮助中小企业盘活非现金流动资产，提高整个产业链的运行效率。供应链金融服务于相对弱势的中小企业在真实交易中产生的流动资金需求。供应链金融的本质是要实现物流、商流、资金流、信息流等多流的合一。而互联网无疑是实现这一目标的最佳平台。互联网供应链金融将核心从融资转为企业的交易过程，并且实现从"1＋N"模式到"N＋1＋N"模式的转变，即多个产品供应链＋1个第三方互联网平台＋N个下游中小企业（见图5）。

互联网供应链金融的优势主要表现在网络化、精准化、数据化三个方面，以在线互联、风险控制、产融结合的形式，基于大数据、云平台、移动互联网的供应链金融打造一个更富有市场竞争力的实体产业链生态环境。垂

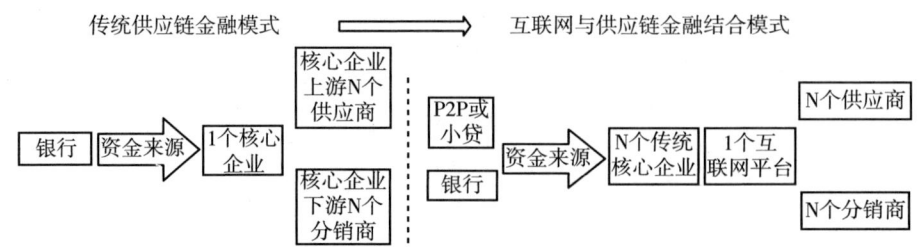

图 5　产品供应链金融模式

直电商已经成功构建相应的支付场景，支付行为带来的商流、资金流、第三方信息流、物流在这个平台上相互结合，共同构筑供应链金融生态化经营、平台化合作模式（见图 6）。

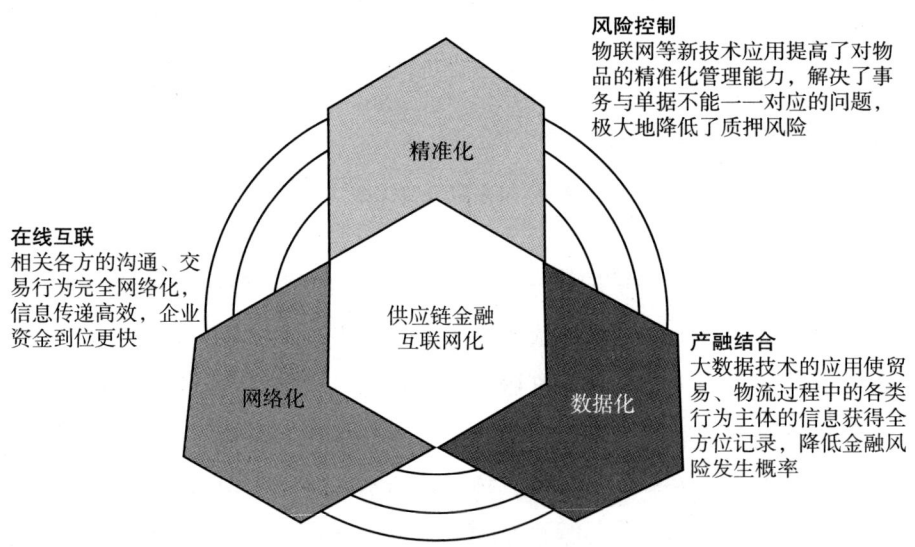

图 6　供应链金融的优势

与传统垂直贸易不同的是，电商企业面对的是一个或多个行业，每个行业有 N 个厂商，为使在扁平化的 B2B 和 B2C 销售系统下远端规模小而分散的经销商获得银行融资，领先电商企业开始寻找全链条解决方案的供应链融资支持。目前，阿里巴巴、京东、苏宁易购等均针对其供应商及入驻商家以及第三方合作伙伴提供低成本、无担保抵押的融资方案（见表2）。

表 2　主要电商提供的融资服务

电商平台	融资服务	电商平台	融资服务
阿里巴巴	蚂蚁小贷、网商银行	1号店	与邮储银行合作
京　东	京宝贝	易　车	汽车金融
苏宁易购	苏宁银河		

2．P2P网络借贷

如果说2013年是互联网金融的元年，那么2014年就是互联网金融开花结果并且硕果累累的一年。自2007年被引入中国至今，P2P网贷已然成为我国互联网金融版图上重要的新生力量。P2P网贷凭借其高效快捷的融资过程和交易成本优势，为小微企业创业融资和"三农"发展提供了重大的支持，对社会经济和金融改革创新起到了不可忽视的正向推动作用。由此，2014年，P2P网络借贷行业呈现高速发展的趋势，并且逐渐分化形成具有独特特点的行业。

（1）P2P行业发展基本情况。整体来看，2014年的P2P网络贷款市场在贷余额超过千亿元，总成交量突破3000亿元，综合平均利率下行，而项目平均期限上行，代表着市场回归理性，经营回归审慎。而在整体发展取得历史性突破的同时，问题平台数量同样激增，经营不善、不合规、有道德风险的平台逐渐被市场淘汰。下文从五个方面来分析行业发展基本情况。

一是当前P2P网贷行业呈快速增长趋势，成交规模创历史新高，市场前景看好。截至2014年12月31日，全国P2P网贷成交额为3291.9亿元，较2013年增长268.83%，月复合增长率为12.50%。其中，2014年12月，全国P2P网贷行业总成交额为480.04亿元，较上月的419.20亿元增加了60.84亿元，增长了14.51%（见图7）。从增长绝对量来看，增长最快的月份为3月、9月与12月。按季度划分，一季度成交额为427亿元，二季度成交额为623亿元，三季度成交额为958.2亿元，四季度成交额为1283亿元。截至2014年12月，全国P2P网贷的贷款余额达到1386.72亿元，较11月底增加115.31亿元，同比增长9.07%；较2013年底增加了1034.49亿元，增长293.7%（见图8、图9）。

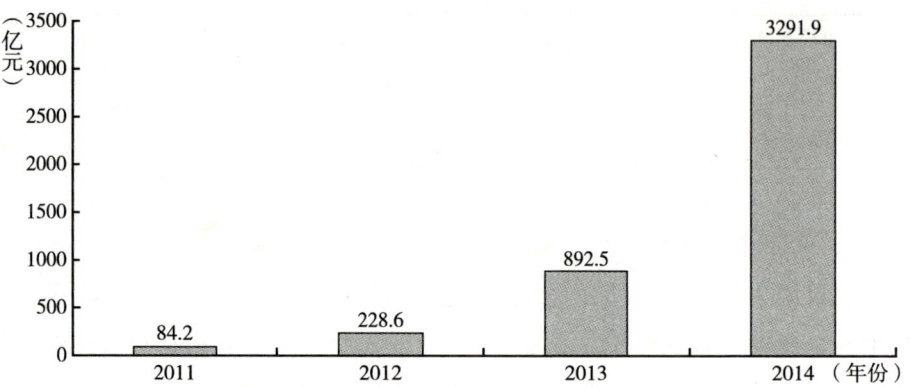

图7　2011~2014年网贷行业成交规模

资料来源：网贷之家。

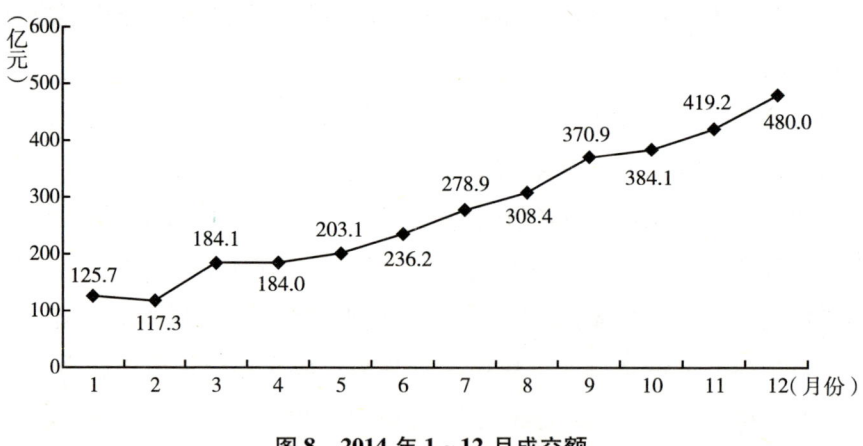

图8　2014年1~12月成交额

资料来源：网贷之家。

二是标的平均期限创历史新高，平均利率创历史新低，表明平台逐渐回归理性。2014年全国P2P网贷平均期限达到5.92个月，相比于2013年的4.01个月，增长47.63%，创网贷期限历史最长纪录。从标的期限的月度结

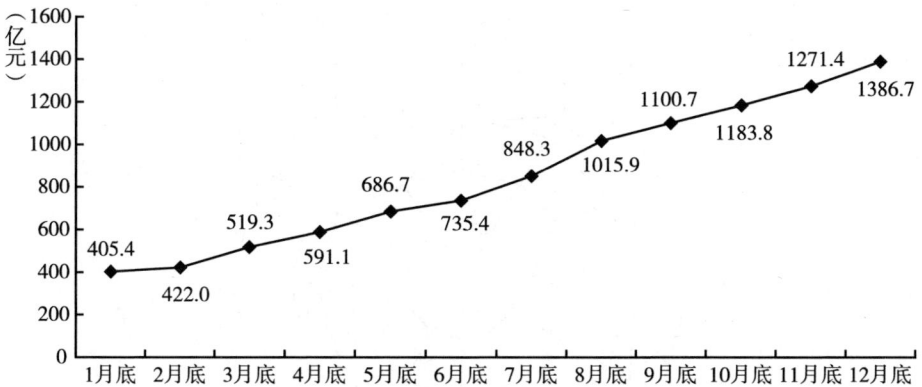

图 9　2014 年各月份 P2P 平台贷款余额情况

资料来源：网贷之家。

构图可以发现，全国 P2P 网贷平台的项目期限呈现逐步上升的趋势。从具体数值来看，2014 年上半年，P2P 网贷平台的平均期限变化并不大，在 5.1 个月左右徘徊。而到了下半年，特别是四季度，在项目期限上有一个较快速的增长。从数据上可以直观感受到，上半年的项目标的平均期限是 5.12 个月，而到了四季度，项目标的平均期限是 6.47 个月。而峰值出现在 12 月，项目标的期限达到 6.76 个月（见图 10）。

从平台的期限结构方面看，网贷标的平均期限在 1 个月以内的有 164 家，占当月有成交额平台总数的 9.31%；1~3 个月的有 965 家，占 54.80%；3~6 个月的有 404 家，占 22.94%；6~12 个月的有 192 家，占 10.90%；1 年以上的有 36 家，占 2.05%。当前平台项目期限主要仍是 3 个月以内，总共占了 64.11%，说明当前主流项目标的期限仍然是 3 个月以内（见图 11）。对比成交规模的期限结构，平均期限在一年以上的平台只有 36 家，而成交规模却达到了 374.46 亿元，由此我们仍可以初步得出一个结论，当前投资者对短期项目的偏好已经逐步降温，长期项目具备深厚的发展潜力（见图 12）。

2014 年全国 P2P 网贷平均综合年利率，连续 10 个月下降，全年平均为 17.52%，较 2013 年下降了 7.41 个百分点。将成交额按利率进行划分，利率在 10%~18% 的标的成交规模是 1531 亿元，占了成交总额的近一半，而

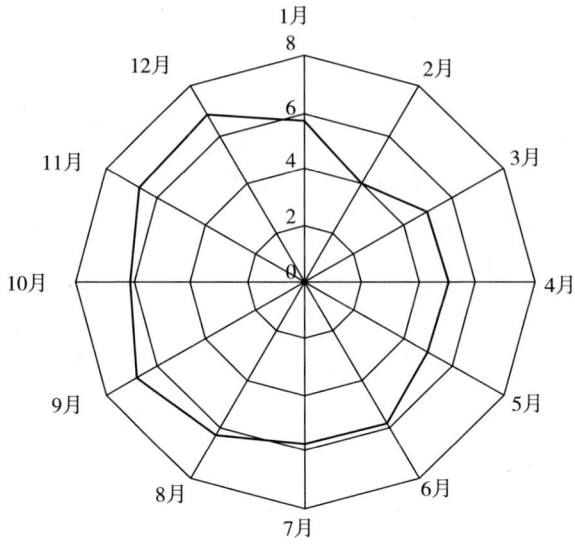

图10　2014年各月平台标的平均期限

资料来源：网贷之家。

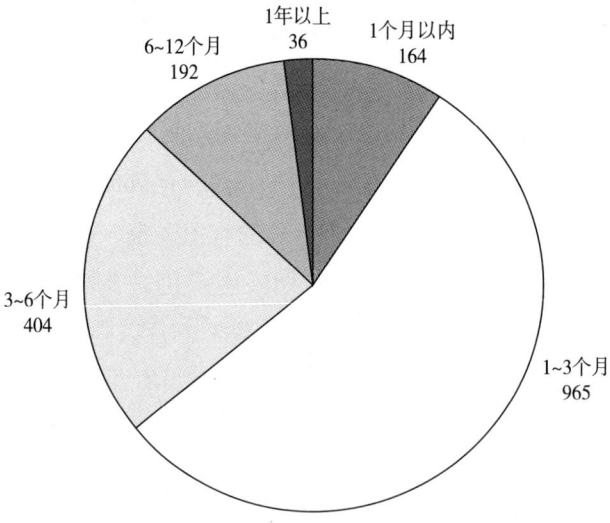

图11　平台的期限结构

资料来源：网贷之家。

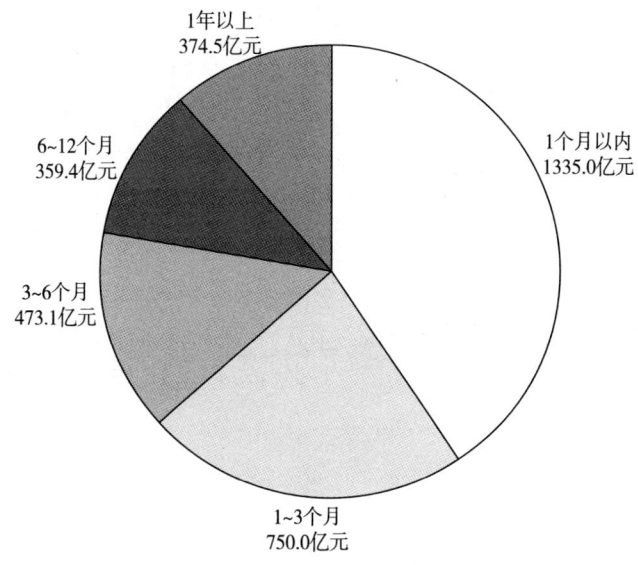

图 12　成交规模的期限结构

资料来源：网贷之家。

利率在24%以上的标的成交规模也有近600亿元。从交易规模的利率结构可以看出，当前P2P平台标的利率已经逐渐下降，主体部分更是集中在10%～18%，但与此同时，以高利率吸引投资人的平台依然不在少数，利率还未完全回归理性水平（见图13）。

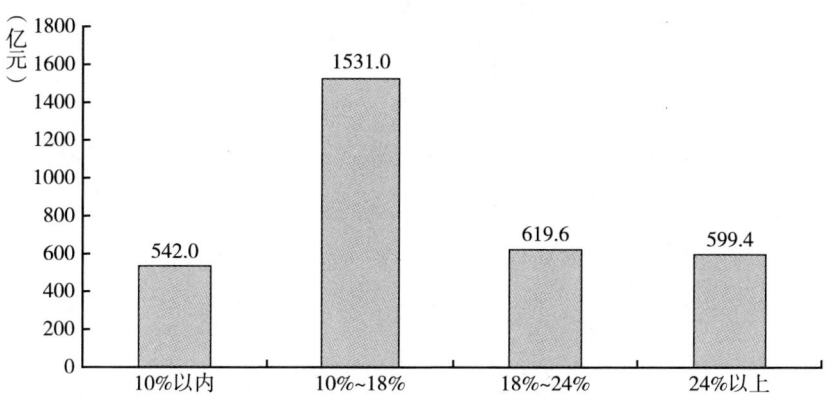

图 13　交易规模的利率结构

资料来源：网贷之家。

而从具体的月份利率平均水平来看，2014年，全国的平均综合年利率水平总体上呈下降趋势。1月，全国平均利率有所上升，从19.75%上升到21.63%，而后实现了从2月到12月连续11个月的下降，下降趋势保持稳定并于12月达到最低水平16.08%（见图14）。

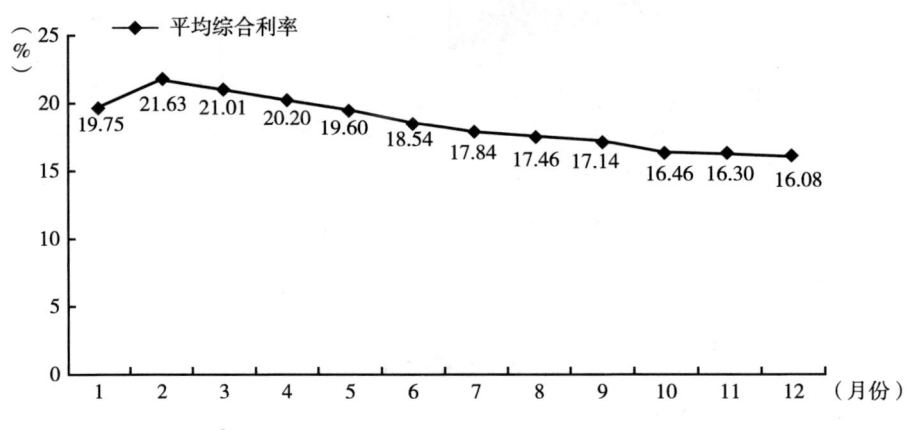

图14　2014年各月P2P平台平均综合利率

资料来源：网贷之家。

从平台数量分布上看，纳入利率统计的1761家平台，平均综合年利率在10%以下的有89家，占有成交额总平台的5.05%；平均综合年利率在10%~18%的有743家，占有成交额总平台的42.19%；平均综合年利率在18%~24%的有424家，占有成交额总平台的24.08%；平均综合年利率在24%以上的有505家，占有成交额总平台的28.68%（见图15）。从平台的利率结构上看，高息平台（利率在18%以上）数量占比仍超过一半，以高利率吸引投资人的平台依然很多。事实上，结合交易规模的利率结构与平台数量的利率结构，我们会发现，平台的理性程度被高估，但是投资人的理性程度较好，超过50%交易规模的投资人会选择利息不那么高的平台。这意味着当前P2P投资人已经不再一味追求高利率，而是同时结合风险与利率规划自己的投资组合。

三是内陆省市P2P行业开始发展，平台数量快速增加，P2P行业影响力逐渐扩大与深入。按地区划分，2014年全国P2P网贷平台总成交额排名前

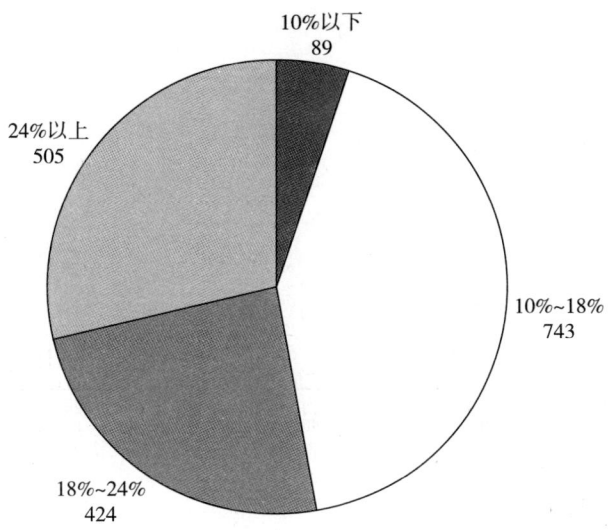

图 15 平台数量的利率结构

资料来源：网贷之家。

三的是广东省、北京市和上海市，分别为 989.51 亿元、527.27 亿元和 502.88 亿元。三省市 P2P 网贷平台成交额合计超过 2019.66 亿元，超过了全国总数的 61%。2014 年 P2P 网贷行业依旧以北、上、广三省市为主，其他地区的 P2P 行业也逐渐发展起来，特别是浙江、江苏与山东，交易规模快速扩大（见图 16）。

2014 年，网贷运营平台不断出现各种问题，导致其增长速度相比于 2013 年有所减慢，截至 2014 年底，除纳入统计的 1761 家平台之外，还有约 500 家平台在网贷监测平台的观察范围（未进入统计）之内，我国实际网贷运营平台已超过 2000 家。2014 年底全国各省市 P2P 网贷平台数量，在统计口径内，覆盖 26 个省份，平台数量前三名的省份是广东省、浙江省和山东省，规模分别为 360 家、198 家和 186 家，三省平台数量合计 744 家，超过了全国总数的 42%。广东省的平台数量最多，浙江省与山东省的平台数量也不断增多（见图 17）。

四是问题平台同样快速增长，过度竞争、道德诈骗、经营不善等问题严

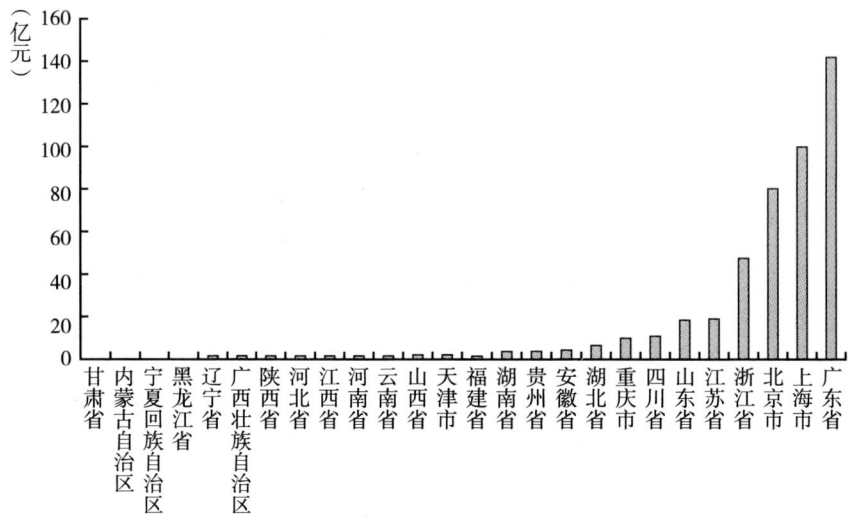

图 16 各省份交易规模

资料来源：网贷之家。

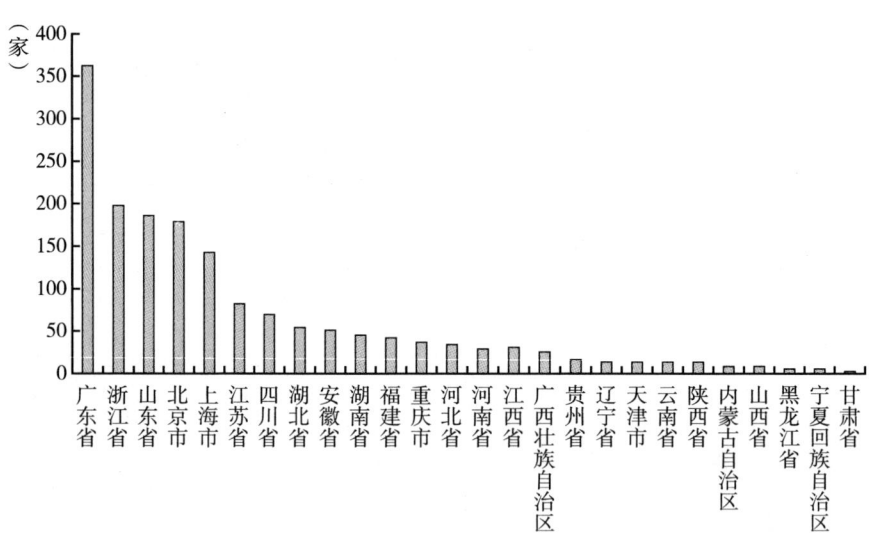

图 17 2014 年各省份平台数量

资料来源：网贷之家。

重，行业依旧乱象重重。按各平台成交量划分，年网贷成交额在1000万元以内的P2P网贷平台有517家，占平台总数的29.36%；1000万~1亿元的有785家，占44.58%；1亿~5亿元的有337家，占19.14%；5亿~10亿元的有63家，占3.58%；10亿~30亿元的有44家，占2.49%；30亿元以上的有15家，占0.85%。从成交规模上看，P2P网贷行业仍然以成交量1亿元以下的平台为主，占平台总量的73.94%，而行业内规模较大，成交额在10亿元以上的只有59家，从这个角度上讲，激烈的竞争仍然存在（见图18）。

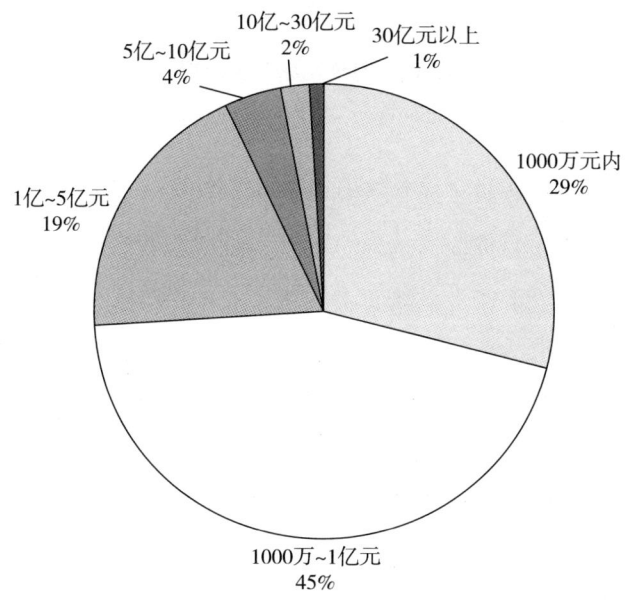

图18 各个级别成交规模平台数量

资料来源：网贷之家。

2014年，发生倒闭、"跑路"、提现困难等各种问题的平台及主动停业的平台数达到287家，比2013年增加212家，增长282.67%。其中：1月新发生13家，2月新发生7家，3月新发生8家，4月新发生12家，5月新发生9家，6月新发生8家，7月新发生11家，8月新发生16家，9月新发生25家，10月新发生35家，11月新发生45家，12月新发生98家（见图19）。问题平台的数量随着P2P平台数量的快速增加，也快速增长。

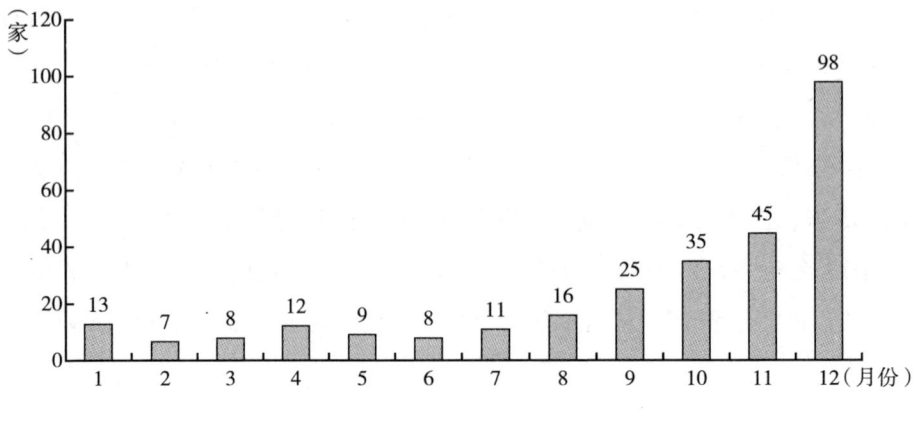

图19 月度问题平台数目

资料来源：网贷之家。

五是行业参与人数稳步增长，理性投资者成为主要力量。P2P网贷行业作为一个处于成长期的行业，培养足够的投资人、扩大市场规模，是整个行业共同努力的方向。事实上，培育参与者，是2014年P2P行业的重点所在，无论是平台各种日常活动，甚至金博会、"双十一"活动、"双十二"活动等，都在于推广P2P这个行业，让更多民众认识、了解P2P，进而成为P2P行业的参与者。

2014年全国P2P网贷参与人数日均7.65万人，较2013年上升了201.18%，这说明行业不断成长，越来越多的人参与P2P行业。按月度的参与者变化情况进行分析，与1月相比，12月的日均参与人数达到13.61万人，是1月的3.53倍（见图20）。而参与人数的增长显得相当平稳，并非某个月呈现爆炸性增长，这种态势表明未来参与者的增长会保持较为平稳的趋势。

(2) 2014年P2P行业发展特点。2014年P2P网贷行业可谓是风起云涌，引发行业震动的事件一件接着一件，部分是利好消息，部分是利空消息。结合年度数据和风向标事件，可以归纳出2014年行业发展的三大特点：第一是资本方注资P2P行业，不管是风投还是银行、上市公司、国资企业等，都开始参股或者全资建立P2P平台；第二是合规性方面，监管态度逐渐清晰，行业自律组织成立，甚至百度清理P2P平台、网贷第一案的判例，

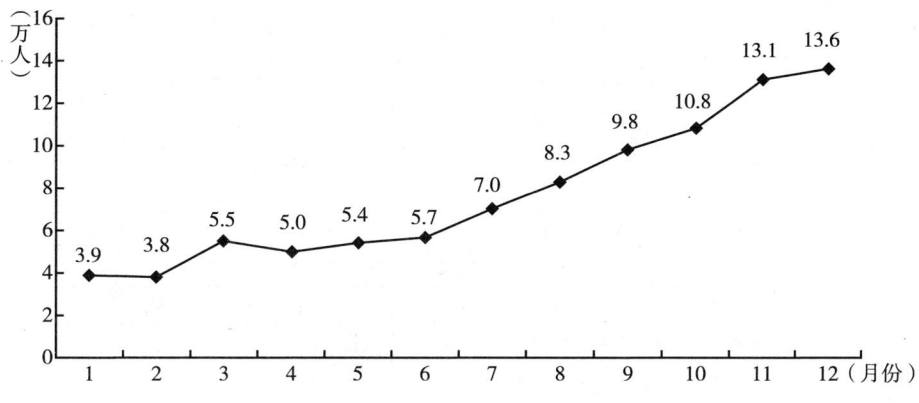

图20 2014年各月P2P平台日均参与人数

资料来源：网贷之家。

都表明了对平台合规性的更高要求；第三是P2P平台对细分领域的探索。下文从资本、业务、监管三个层面进行分析。

在资本层面，多个风投机构以及大型企业注资P2P平台，至2014年底已有近30个平台获得包括IDG、红杉资本、联想、小米在内的多个机构的投资。而银行、国资企业、上市公司也开始重视P2P市场，以参股或者旗下子公司控股等方式设立P2P平台。

①风投资本。自2014年1月9日人人贷获得领投方为挚信资本的1.3亿美元的风投开始，据不完全统计，至年底已经有近30家平台获得风投的青睐。风投的注资不仅为行业注入了雄厚的资金，同样为P2P网贷的发展前景提供利好消息。以下为部分获得风投平台名单：人人贷、微贷网、有利网、理财范、银客网、爱钱进、投哪网、积木盒子、爱钱帮、银豆网、点融网、安心de利、信用宝、花果金融、拍拍贷、翼龙贷、短融网、草根投资、医界贷、金联储、微美贷、e微贷、融360、铜板街、挖财、91金融超市等（见表3）。投资机构包括IDG、红杉资本等知名风投机构，也包括联想控股、小米等知名企业。

风投机构的注资，一方面，释放了一个信号，就是这些机构看好P2P行业的发展，认为对它们进行投资可以带来回报。这将给投资人以及其他资本带来利好效应，增强投资人信心，促进P2P行业的发展。另一方面，

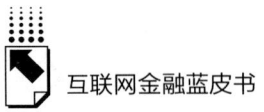

表3 2014年以来获得风投的平台名单

平台名称	融资金额	融资时间	融资轮次	投资方(或领投方)
人人贷	1.3亿美元	2014年1月	A	挚信资本、不公开投资者
爱投资	千万元	2014年1月	A	中援应急投资有限公司
上咸BANK	千万元	2014年1月	A	济南华科创业投资企业
积木盒子	千万美元	2014年2月	A	银泰资本
钱程网	数百万元	2014年3月	天使投资	不公开投资者(未证实)
拍拍贷	5000万美元	2014年4月	B	光速安振、诺亚财富、红杉资本
易贷网	千万美元	2014年5月	A	软银中国
有利网	5000万美元	2014年6月	B	晨兴创投
理财范	数千万元	2014年6月	A	投资人林广茂
365金融	1500万美元	2014年5月	A	瑞银华信
安心de利	220万美元	2014年6月	天使投资	真格基金
拾财贷	1亿元	2014年6月	A	若水合投
微贷网	亿元	2014年6月	A	盛大资本、汉鼎宇佑
91金融	2亿元	2014年7月	B	海通开元、宽带资本、经纬创投
花果金融	千万元	2014年7月	A	蓝基金、首都科技集团
爱钱帮	千万元	2014年7月	A	盛大资本
投哪网	亿元	2014年7月	A	广发信德
雪山贷	1550万美元	2014年7月	A	高志股份有限公司(未证实)
微美贷	千万美元	2014年7月	天使或A	北京高通盛融投资
迷你贷	千万元	2014年7月	Pre-A	深圳新简道创盈投资基金合伙企业(有限合伙)
人人聚财	1亿元	2014年8月	A	个人投资者通过博时资本单一定向资管计划领投
豫商贷	数千万元	2014年8月	A	中国浩睿集团北京宏融宝汇投资有限公司(不确定)
铜板街	5000万美元	2014年8月	B	君联资本
积木盒子	3719万美元	2014年9月	B	小米、顺为资本、银泰资本
银豆网	千万元	2014年9月	A	联想之星
钱升钱	1000万美元	2014年9月	A	蓝驰创投
懒投资	1000万	2014年9月	A	源码资本、比亚迪
银客网	千万元	2014年10月	A	源码资本领头、清风资本
点融网	未透露	2014年10月	B	新鸿基
短融网	千万元	2014年10月	A	启赋资本
国湘资本	1亿元	2014年10月	A	中国黑钻资产、上海银来集团

续表

平台名称	融资金额	融资时间	融资轮次	投资方（或领投方）
翼龙贷	未透露	2014年11月	A	联想控股
E微贷	数千万元	2014年11月	A	亨亚集团、中生金控、华盛基金
钱多多	数千万元	2014年11月	A	丰实资本（未确定）
中青创投网	3000万元	2014年12月	A	华夏海纳
融易融	1000万美元	2014年12月	A	振东投资
我来贷	2000万美元	2015年1月	A	红杉资本中国等
好又贷	6000万元	2015年1月	A	产业投资基金等
点融网	未透露	2015年1月	C	老虎亚洲基金
医界贷	数千万美元	2015年1月	A	医健联资本

资料来源：网贷之家。

风投机构对P2P平台的注资从百万美元级别到千万美元级别甚至到数亿美元级别，使P2P平台有足够的资金推进其计划。而P2P平台将这些资金用于风控、运营、推广、技术等方面，可以提高平台的安全稳定性，也可以将P2P行业推向更广大的受众，做大蛋糕。

②银行系。金融是互联网金融的本质，故风控成为P2P的核心竞争力，不论是线上收取材料、线下审核的O2O模式，还是以提供信息为主的纯平台模式，安全性始终是投资者最为关注的。而银行系的P2P平台与银行有千丝万缕的联系，利用银行本身具有的风控能力与各类信息资源，不仅可以有效降低风险与成本，也可以提高平台本身的信用等级。目前银行系的12家P2P平台如表4所示。

表4 银行系平台名单

平台名称	银行	平台名称	银行
小企业e家	招商银行	白领融	宁波银行
金开贷	国家开发银行陕西省分行	融e信	江苏银行
小马Bank	包商银行	齐乐融融E	齐商银行
民生易贷	民生银行	一贯	恒丰银行
E融E贷	兰州银行	陆金所	平安银行

③国资系。国资背景的平台，2012年仅有开鑫贷一家P2P网贷平台，2014年中至9月国资平台"扎堆"成立，表明国资企业对P2P前景同样看好。而国资背景P2P网贷平台无论在资金实力还是资源整合方面，都有着草根平台无法比拟的地方。从平台资质、平台管理到风控能力都将形成P2P行业的标杆，这对于推进行业的规范发展有重大作用。国资背景的平台如表5所示，这些平台的特点包括以下方面。一是具有强大的资金实力，13家平台注册资本金均在1000万元以上。二是普遍采用资金批发业务模式，与担保公司、小贷公司合作，并由合作伙伴提供本息担保。平台主要由多家机构抱团注资，以金融机构和科技公司结合为主要模式。三是投资收益率低于行业平均利率水平，相当一部分平台的投资收益率不高于12%，最低回报为6%。四是对起投金额一般有要求，大部分平台不再是100元起投，多数是1000元、1万元起投，最高5万元起投。国资系平台见表5所示。

表5 国资系平台名单

平台名称	所属公司	国资背景
众信金融	北京众信金融信息服务有限公司	北京市海淀区国资委
京金联	京金联网络服务有限公司	中国农业科学院中农基金
金宝保	重庆金宝保信息技术服务有限公司	三峡担保集团
开鑫贷	开鑫贷融资服务江苏有限公司	国开金融有限责任公司
金开贷	陕西金开贷金融服务有限公司	陕西省人民政府、国家开发银行陕西分行
德众金融	安徽德众金融信息服务有限公司	安徽省供销社
金控网贷	广州金控网络金融服务股份有限公司	广州市人民政府
蓝海众投	广东金融高新区股权交易中心	广东省人民政府
紫金所	紫金普惠金融信息咨询江苏有限公司	南京市国资委
海金仓	北京海金仓金融信息服务有限公司	北京市海淀区国资委
保必贷	上海融道网金融信息服务有限公司	上海国资委
中广核富盈	深圳前海中广核富盈互联网金融服务有限公司	中国广核集团
汇付四海	云南瀚海星云投资管理有限公司	云南省国资委

④上市系。随着P2P行业的发展，上市公司同样组团进入P2P行业，据不完全统计，截至目前，具有上市公司背景的P2P平台已经超过40家，

典型如表6所示。上市公司对进入P2P行业如此热衷，主要原因有以下三方面：一是资本对互联网金融概念的热捧，带动股价的上涨；二是P2P平台急于依靠强大平台，上市公司可以以较少的资本获得较多的股份；三是看好P2P行业，认为参股或者控股P2P平台可以带来足够的收益。

表6 上市系平台名单

平台名称	所属公司	上市板块
好又贷	勤上光电（002638）	中小企业板
腾邦创投	腾邦国际（300178）	创业板
银湖网	熊猫金控（600599）	主板
隆隆网	绵世股份（000609）	主板
惠人贷	海南航空（600221）	主板
理想金融	大连控股（600747）、凯恩股份（002012）、中捷资源（002021）	主板、中小企业板
黄河金融	万好万家（600576）	主板
搜易贷	搜狐	纳斯达克
证大e贷	证大集团	香港主板
和贷盈	和讯网	纳斯达克

在业务层面上，行业细分与模式创新并行，保理、融资租赁、票据、配资、资产证券化、股权质押、收藏品质押、知识产权质押由传统金融加以创新的业务模式不断涌现，行业进入市场细分阶段，开始将具有不同需求的投资者进行聚合，市场开始成熟。2014年，竞争加剧与平台拥有资源的差别，使P2P网贷行业出现对不同业务模式、细分领域的探索。许多传统金融业务被改良、移植到P2P平台上，包括平台基本运作模式、资金来源、资金投向、流动性方面的探索与设计。

第一，按资金投向进行划分。

信用贷款：信用贷款是基于借款人的信誉，无须任何担保的贷款，又可分为个人信用贷款与企业信用贷款，个人信用贷款的额度较小，而企业信用贷款的额度较大，但其审核更加严格。

资产证券化：资产证券化是将可以产生稳定现金流但缺乏流动性的资

产，出售给独立的特殊目的公司，特殊目的公司将这些资产汇集成为资产池，以资产池产生的现金流为支持发行证券，并用发行证券获取的资金支付购买资产的价格，最后以资产池产生的现金流清偿所发行的证券。这样的模式，可以提高资产流动性，但也增加了操作的难度与风险。

保理：全称为保付代理，又称承购应收账款，卖方将其现在或将来的基于其与买方所产生的应收账款转让给商业保理商，由保理商向其提供资金融通、评估资信、担保信用风险、管理销售账户、催收账款等一系列服务的综合金融服务方式。P2P 平台与保理商合作，由保理商将其收购的应收账款转让给平台，获得资金流通并支付一定的费用。

融资租赁：融资租赁指出租人根据承租人对租赁物件的特定要求和对供货人的选择，进行以融资为目的的购买，再以收取租金为条件，将租赁物租给承租人使用，一般为中长期出租。在租赁期内承租人仅拥有租赁物件的使用权，所有权属于出租人所有。P2P 平台对接融资租赁，主要采用收益权转让的模式、委托租赁的模式和杠杆租赁的模式。

票据：票据业务主要的标的物是银行承兑汇票与商业承兑汇票。票据业务又可以分为：票据贴现、票据质押、委托贸易付款、内保外贷。前两种为 P2P 平台常见的模式，票据贴现是指 P2P 平台为票据进行贴现，并收取一定贴现费率返还给投资人；票据质押则是借款人以票据进行质押取得贷款的模式。

供应链金融：供应链金融是指平台根据供应链核心企业的信用水平，结合贸易的真实背景，评估中小借款企业的信贷资格，判断其还款能力，从而为企业提供融资支持的信贷业务。

配资：配资指借款人在原有资金的基础上，通过一定的杠杆，在平台上发布借款标融资的过程，主要包括股票配资、期货配资、权证配资等。P2P 平台为借款人按一定的比例提供更多的资金，与此同时，借款人需要提供一定的抵押物，并缴纳一定的资金费用。亏损时则会有被强行平仓的风险。

过桥与赎楼：这两种业务都是借款人通过 P2P 平台借入资金，获得短期的资金融通，以渡过长期资金融通间期的资金难关，保持企业的现金流。

过桥就是指在银行贷款之间的短期资金融通，而赎楼是指以按揭住房为抵押，通过短期资金融通，结清住房按揭贷款。

房屋抵押贷款：房屋抵押贷款是以借款人的房屋作为抵押物向金融机构取得的贷款，又分为红本抵押以及二次房抵押。

车辆抵押贷款：车辆抵押贷款是以借款人或第三人的车辆作为抵押物向金融机构取得的贷款，又可分为汽车抵押贷款和汽车质押贷款，常用于短期资金周转。

股权质押贷款：股权质押贷款，是指股票持有人在保留所持股票的情况下，通过持有公司股份质押给网贷平台提供反担保，从平台上发标借款的融资方式。

收藏品质押贷款：收藏品质押贷款是指借款人通过将其收藏的贵重品比如名画、名表、首饰等，质押给平台，从而取得贷款的一种模式。

知识产权质押贷款：知识产权质押融资是指企业或者个人通过拥有的商标、专利、版权等知识产权作为质押物，从贷款机构获得借款的一种信贷产品，借款人以轻资产的高科技企业为主。

第二，按资金来源进行划分。

按资金来源进行划分，有投资者直投，即投资者通过银行转账、第三方支付等方式将资金对接给借款人；公募基金模式，指平台通过成立一个基金，向投资者销售基金份额以获得资金，再将资金投向各个借款项目。

第三，按流动性方式进行划分。

按流动性方式的不同，形成了债权池、债权转让以及保理回购三种方式。

债权池：指平台将多个不同期限的债权做成一个债权组合，将这个组合分成一定份额售与投资者，投资者赎回之时则由到期的债权进行支付。

债权转让：P2P平台设立一个债权转让专区，投资者需要资金流动性的时候，将自身所持有的债权在转让区进行转让，获得流动资金。

保理回购：指P2P平台与保理商进行合作，由保理商对投资者所持有的债权进行回购，从而使投资者获得流动资金的方式。

第四，按平台基本运作模式进行划分。

按照平台基本运作模式进行划分，可以分为纯信息中介业务、资金批发业务、自营业务。

纯信息中介业务：指平台单纯提供信息与相关配套服务，使借款人与出借人得以对接，不参与资金融通的过程。

资金批发业务：指平台与小贷公司、担保公司、典当行等线下机构合作，P2P平台将投资者的资金以一定授权额度批发给这些机构，而平台只负责机构的准入审核与中间监督。

自营业务：指平台自身成立线下业务机构，寻找并审核项目，再将这些项目发布在平台上由投资者进行投资。

在监管层面上，"四条红线"与"十条原则"的提出，银监会普惠金融部的设立，表明2015年监管条例的落地是可以期待的。而多个省市也已出台或者拟出台相应的政策，支持与促进互联网金融的健康发展。

2014年，监管落地的消息一直层出不穷；平台管理者、投资人、控股方都提心吊胆，但是又对监管细则的出炉望眼欲穿。从"四条红线"到"十条原则"、从银监会设立普惠金融部对P2P实行监管到国家释放各种信号鼓励互联网金融发展，都表明了国家对P2P平台的合规性的要求越来越详细，但是又以各种方式鼓励和引导互联网金融的发展。其实两者并不矛盾，中小企业融资难一直是我国急于解决的一个难题，也是制约经济发展的一个障碍。国家鼓励互联网金融为中小企业服务，因此释放利好信号，给互联网金融的发展提供了很大的便利，包括开放了民营征信。但与此同时，国家也希望互联网金融提供的服务要合理合规，保持稳定，不至于失衡，因此监管的态度不断明确，监管原则不断细化。

2015年1月20日，银监会对部门进行分拆、合并等调整，使部门总数由27个减少到23个，23个部门中仅含一个事业单位，其余都为行政职能机构。此次调整中，银监会正式将P2P划归普惠金融部管理，新设的普惠金融部的主要职责是推进银行业普惠金融工作，管理融资性担保机构、小贷、网贷等。此外，全国各地方政府纷纷出台相关政策及法案，下文为典型代表。

①深圳出台《关于支持促进互联网金融创新发展的指导意见》（以下简称《意见》）。深圳《意见》指出传统金融要借助互联网进行转型升级，金融机构须积极克服自身的不足，尤其是在营销模式和服务机制等方面，充分利用互联网技术，全面提升服务广度和深度。深圳《意见》主要包括以下方面：力争在3年内建立互联网金融和民营金融"聚集带"；鼓励互联网企业设立金融机构；推进互联网金融产业链的发展；鼓励企业使用"互联网金融信息服务"进行注册登记；完善互联网金融信用体系等。

②天津开发区出台《推进互联网金融发展行动方案》（以下简称《方案》）。该《方案》是天津市首个推进互联网金融产业发展的行动方案，开发区将按照"政府引导、市场运作、需求驱动、重点突破、促进转型"的思路，推动互联网金融发展。天津将设立互联网金融产业发展专项资金，资金总额达1亿元，主要用于建设互联网金融发展的相关基础配套设施，力争在3年内覆盖互联网金融企业30家以上，行业代表企业5家以上，营业收入达到100亿元以上，把开发区互联网金融产业基地建设成国内互联网金融创新和产业发展的核心之一。

③南京扶持互联网金融的相关政策。南京成立互联网金融中心，秦淮区设立互联网金融产业发展专项资金，总额达3亿元，重点支持企业培育、载体建设、人才引进和鼓励创新等。此外，对于其他有关互联网金融的相关事项也予以扶持，如研究和培训机构的设立、人才的引进、互联网金融云计算公共服务平台的搭建以及鼓励投资机构为当地互联网金融企业投融资提供服务等方面。

④广州公布支持互联网金融创新发展办法。在广州落户的互联网金融企业若每年度缴纳500万元以上的所得税，注册资本超过20亿元，可一次性获得最高额度为1200万元的奖励。其他每年度缴纳500万元以上所得税，注册资本在2000万~20亿元的互联网金融企业，可以一次性获得100万~1000万元不等的6个等级的奖励。此外，如果互联网金融配套服务机构达到100人以上的员工数目和2000平方米以上的营业面积，则给予一次性奖励100万元；重点引进的特大型互联网金融配套服务机构，则给予最高不超

过200万元的一次性奖励。

监管细则的不断推进、完善，监管机构职责的确认，地方政府监管政策的出台，都表明未来P2P网贷行业合规性会更好，行业乱象也能得到抑制。

(3) P2P平台面临的问题和风险。2014年互联网金融蓬勃发展，当然，问题也依旧不少。2014年10月，中国社科院金融研究所和中证金牛理财网联合发布了《中国P2P网贷行业发展与评价报告》，系统阐述了P2P网贷行业监管的国际经验，对目前我国P2P网贷行业发展中凸显的主要问题进行了比较全面的梳理，集中体现在以下几个方面。

一是信用体系不健全，市场环境有待完善。我国尚未建立健全个人信用的征集、评价以及跟踪体系，P2P网络借贷平台只能使用自有的信用审核系统，不能通过中国人民银行征信中心获取个人信用信息。随着《征信业管理条例》的发布，小贷公司与融资性担保公司已被纳为中国人民银行完善征信系统的监管对象，但是，P2P网贷行业尚未被纳入监管范畴。因此，当前P2P平台很大程度上承担了对借款人的线下调查征信工作。此举虽然可以在一定程度上降低坏账风险，但同时也导致了较高的成本支出，因此实力较弱的P2P网贷平台尚无法保证线下调查征信的有效性，潜在风险也进一步上升。

二是组织结构存在一定缺陷，交易机制尚有漏洞。就当前情况而言，部分平台公司的风险防范意识相对薄弱，组织结构也还不完善，会给投资者带来较高甚至难以承受的风险。交易机制是P2P网贷业务的核心，完善的交易制度可以有效降低风险，提高风险控制能力。交易机制设计得不合理会使投资者的信用判断出现失误，进而出现坏账并蒙受损失。

三是风险管理机制较为简单，内控机制急需完善。由于P2P网贷的投资人和借款人互不相识，在社会诚信环境有待完善，现有信用体制尚不健全的条件下，平台风险识别能力显得尤为重要。当前，我国P2P网络借贷平台风险管理目标基本都集中在投资人的资金安全回收方面。一般通过设立适当的风险赔付机制，以达到风险管理目标。就当前情况而言，我国大多数P2P网贷平台仍然使用线下征信、引入第三方担保机构、提取风险金等较为简单的方法来进行风险控制，而风险的量化指标体系和风险动态评估系统等尚未建立。由于目前所采用的风险管理方法较为简单、零散，且缺乏更有效的系统性、科学性的风险控制手段，造成的损失也难以防范。

四是 IT 系统可靠性较低，信息安全缺乏保障。P2P 网络融资平台的运营是以互联网为依托的，网络融资平台等发布的新型金融产品从其问世起就面临着黑客、钓鱼网站、网络诈骗等的危害。目前，大量 P2P 网贷行业的从业者均不是来自金融或者互联网行业，其往往从软件供应商那里买来平台模板就开始从事相关业务，欠缺相关的核心技术，极易遭受不法分子的攻击。另外，P2P 网贷平台在运营的过程中也产生了道德风险。受缺乏有效的第三方托管的影响，我国大多数网贷平台均需要通过平台账户来管理资金的流动，造成了大量资金沉淀在平台账户中，导致客户资金被挪用的风险大幅提高。

（4）P2P 网贷总结及发展趋势预测。2014 年是 P2P 网贷行业高速发展的一年，截至 2015 年 3 月 31 日，我国 P2P 网贷平台数量达 2295 家，而且每天平均以新增 6~7 家新平台的速度在增长。仅 3 月就新增平台 83 家，相较于 2015 年 2 月的 52 家环比上升 59.62%，同比上升 12.16%。截至 2014 年 12 月 19 日，中国 P2P 网贷成交量达 3057 亿元，相较于 2013 年的 874.19 亿元的成交量，同比增长了 250%，2014 年的 P2P 网贷行业，成为除银行体系以外的差异化融资服务中的典型。以互联网技术、大数据用户体验和渠道为代表的线上金融化趋势，把 P2P 网贷行业再度推至舆论风口浪尖。然而，所有互联网金融产品的核心竞争力都在于风险控制，P2P 也不例外。数据显示，2015 年 3 月新增问题平台 59 家，相较于 2015 年 2 月的 57 家环比上升 3.51%，同比 2014 年 3 月（8 家）上升 637.50%。这个行业在飞速发展的同时，风险失控的尴尬局面和各种负面信息的不断叠加对于本身不甚了解 P2P 行业的个人投资者来说是一种伤害，阻碍了整个行业的健康发展。可以推断，2015 年将是 P2P 行业剧烈震荡的一年，特别是在经历了前期超常规发展后，P2P 全行业即将加速洗牌，大批的 P2P 机构将面临更大的挑战和风险。

一是监管政策出台，P2P 行业面临快速洗牌。2014 年，中国 P2P 网贷行业明确规定由银监会监管，这标志着国内 P2P 网贷行业将从散兵游勇逐渐成为正规军。2015 年，十部委出台《关于促进互联网金融健康发展的指

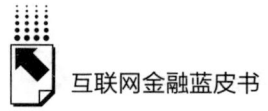

导意见》，定义 P2P 为信息中介，P2P 不得提供增信服务，不得非法集资。随后，P2P 监管细则也将出台，这意味着未来一大批劣质平台将消亡，而优质的网贷平台将成为行业宠儿，甚至有些平台将与传统金融机构合体，得到关联方机构增信，共享关联方客户资源。

二是在移动互联时代，得移动端者得天下。数据显示，截至 2014 年 6 月，手机网民占比达 83.4%，规模首次超过传统 PC 网民。此数据说明一个问题，如果还在抱着 PC 端做用户体验升级，而不关心或只是淡淡关心手机端开发，那将会慢慢流失掉所有用户，这绝不是危言耸听。可见，2015 年手机端的博弈将成为网贷行业的第二战场。

三是完善征信体系呼声愈烈，大数据金融将成 2015 年度热词。不少 P2P 网贷平台受我国征信体系尚不完善因而无法有效防范信用风险的影响，逐步采用线上和线下双向组合来积累基础数据并建立交叉征信体系，以求走向正规化。征信渠道多样化，征信数据综合化，说明网贷平台大数据金融的意识在觉醒，相信 2015 年 P2P 网贷平台还将持续发力征信技术、云计算等专业信息化方式对其基础数据进行深度挖掘与分析，因为大数据金融是未来金融的重要发展趋势。

四是业务细分的差异化将成为国内 P2P 网贷突围的关键。2014 年，由于 P2P 网贷市场化土壤不够肥沃，各大 P2P 网贷平台绞尽脑汁探究如何能在 2000 多家 P2P 网贷平台中脱颖而出，都在寻求差异化产品作为生存的核心竞争力。2015 年，P2P 网贷行业还将承继差异化理念，行业模式将逐渐细分。

五是利用互联网渠道优势攻城略地。传统金融产业链条落后，P2P 网贷行业作为互联网金融的一部分，可以通过电商交易平台、社交媒体等数据创建属于自己的数据库资料，以此来圈住用户，给用户带来极致便捷的互联网理财体验。

六是风险管控能力成为核心竞争力。目前，对网贷探究最多的还是其多种多样的经营模式，而鲜少有人关心整个行业抗风险能力还有待通过市场化、风险化手段来加强。原因很简单，经营模式容易复制，风险控制却较难实施。在以大数据和信用支付为基础的趋势面前，2015 年 P2P 网贷平台发力的一部分将集中在利用前端较为便捷的用户体验和在后端运用科技与数据支撑的风险控制能力上。

七是去担保化势在必行。目前大多数P2P网贷平台没有风险控制和管理能力，打着平台担保或第三方担保公司"兜底"的旗号在吸引大批量的投资人。国内P2P网贷背离了原始P2P网贷平台的本质，而且越走越偏，2015年"去担保化"将成为P2P网贷平台走向正道的风向标。

八是P2P网贷的创新仍然是永恒话题。主要包括四个方面：产品创新、流程创新、渠道创新以及组织架构创新。我国P2P网贷平台的创新大多局限于产品创新，即模式创新上，极少关心后三者，未来，P2P网贷行业想要生存下去，将不会局限于这一点。

九是传统金融机构或将与P2P网贷平台合作。互联网金融主要站在用户体验角度，而传统银行主要站在用户安全角度。对于互联网金融，传统金融机构一直持怀疑态度，但2014年这类声音低调了很多，现在传统金融机构也感受到了来自互联网的竞争力，不断推出"宝宝"类理财产品，甚至有些银行开始和P2P网贷公司合作，对接用户数据。相信互联网与金融的融合，必将推动金融业更好的发展。

十是大量资本将涌入P2P网贷行业。2015年，P2P网贷行业的风投和并购、入股等将成为一种常态。2015年的P2P网贷行业将成为普通投资者、平台运营者、风投机构、融资需求者及相关咨询服务、渠道合作及互联网营销服务平台共同享受的一场盛宴，我们拭目以待。

3. 众筹融资

2014年，在互联网金融领域，继第三方支付、P2P之后，最热门的词莫过于"众筹"。随着在2015年两会上提出"开展股权众筹融资试点"方案，股权众筹正式被国务院写入政府工作报告，众筹行业受到前所未有的关注。

（1）2014年众筹融资的发展情况。"众筹"通常是指人们在互联网上进行的一种合作行为，在于汇集一定的资金以支持其他人或组织发起的某项行为。2014年被称为中国众筹元年，众筹行业在国内经历了高速发展期，并拥有巨大的发展空间。2014年筹资融资的发展呈现以下特点。

①增长快。2014年众筹行业快速成长，截至年底，国内已有128家众筹平台，覆盖17个省份（含直辖市、自治区，不含港澳台地区，下同）。其中，股权众筹平台32家，商品众筹平台78家，纯公益众筹平台4家，另有14家股权＋商品性质的混合型平台。2014年，15家主要商品众筹平台成功完成筹资的项目总数为3014个，成功筹款金额约为2.7亿元，活跃支持人数在70万人以上。从股权众筹的角度看，可获得的有关数据表明成功的项目有261个，筹资总额达到5.8亿元（见图21）。

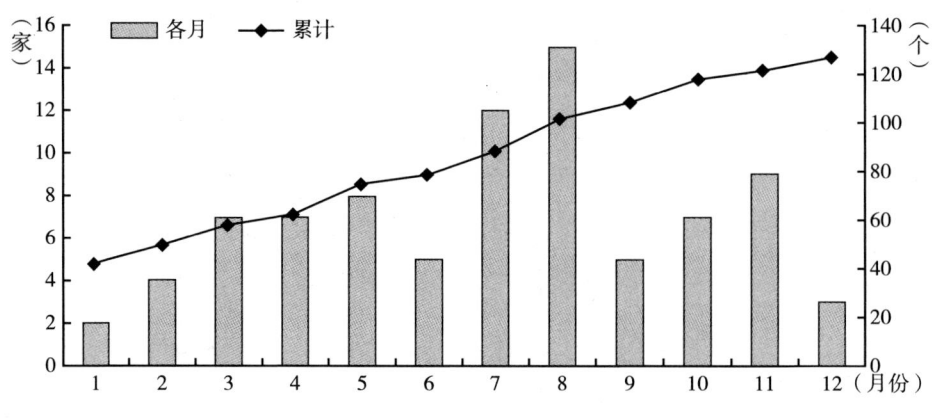

图21　2014年众筹平台数量走势

资料来源：零壹数据。

②赚钱难。尽管数量增长迅速，但众筹行业的盈利情况并不乐观。截至2014年12月末，至少有18家众筹平台倒闭或已出现无运营的迹象，另有3家进行业务转型，这背后是整个行业都在为实现盈利而头疼。目前，主流众筹平台的主要盈利来源是收取交易撮合费用，即交易手续费，一般按照筹资金额的特定比例向筹资人收取，通常是成功融资额的5%，执行的时候会略有浮动。众筹平台通过单一的收取服务费的方式是无法弥补相关成本的，有的众筹平台逐渐开始依赖外部资金运营，通过取消手续费、免费等方式来达到提高人气、降低筹款人负担的目的。

③阳光化。2014年12月18日，中国证券业协会出台了《私募股权众

筹融资管理办法（试行）》，这是首个互联网金融监管办法。股权众筹的阳光化由此提速，办法出台对股权众筹进行了初步的规范和限制，为未来股权众筹的发展指出了方向。众筹行业的快速发展，对中国经济腾飞的作用是不言而喻的。第一，众筹的发展有利于缓解小微企业融资难的问题；第二，有利于拓宽投融资渠道；第三，有利于民间金融的规范化发展和资本市场的多层次发展；第四，有利于增强金融体系整体的弹性和稳定性以及降低融资风险；第五，可以提高技术创新能力、增加就业机会以及促进经济的增长。

④细分化。国内众筹行业发展的一个重要方向就是细分化，目前少有的几个盈利平台基本都是专注于细分行业，比如音乐众筹。这类平台专门做某一类产品，可以整合上下游服务和产业链，比预售、团购更细化，不单单是发布项目。细分行业的众筹平台不只是为了给项目提供资金，更是为了提供渠道、人才等多元化支持，以促进产业资源的整合与未来的发展。其中，音乐与影视等众筹平台尤为明显。

⑤资本化。大量资本开始进入众筹行业，2014年4月，百度上线众筹平台；阿里在2013年"双十二"期间从影视众筹的角度入手推出了淘星愿，并于2014年更名为淘宝众筹；2014年7月，京东则上线众筹业务——"凑份子"。此外，上市公司也在通过众筹平台开展产品众筹，搜狐与万科地产首先宣布开展"房产众筹"合作，一些金融机构也在介入，浦发银行推出娱乐众筹平台。根据2014年底发布的《私募股权众筹融资管理办法（试行）》，券商也可创建众筹平台，直接提供股权众筹融资服务。可以预见，未来会有更多的资本涉足众筹行业。图22显示了众筹平台的类型分布。

（2）众筹融资的新业态。

①房产众筹初现。2014年是地产行业无比痛苦的一年，泡沫逐渐被挤压，宏观政策变化莫测，各大地产巨头忽然发现房产众筹也许可以成为解开地产难题的答案。搜狐与万科地产，首先宣布开展"房产众筹"合作，其后京东商城和远洋地产、平安好房与万科地产开展房产众筹，万科副总裁肖莉加盟房多多。2014年6月17日，团贷网打着"1000元买豪宅"的宣传口号推出了众筹投资产品——房宝宝，房宝宝通过众筹的方式向投资者筹集资

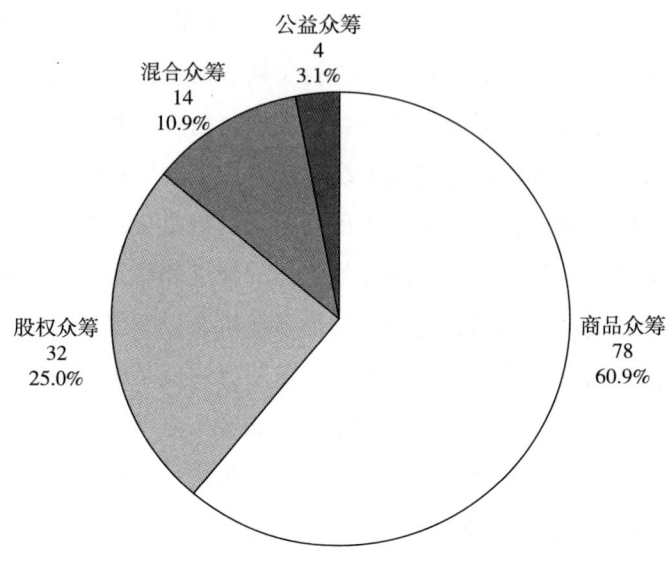

图 22　众筹平台的类型分布

资料来源：零壹数据。

金"凑钱买房"，而后利用房产的增值让投资者获得利润，第一期众筹目标为 1491 万元，上线第二天就完成，在获得投资人和媒体的关注后，房宝宝第二期 1800 万元的众筹目标在 9 小时被秒杀完毕。截至 2014 年 12 月，房宝宝已经完成六期众筹，累计众筹金额 9231 万元，共 5597 人次参与。2014 年 11 月 11 日，京东金融与远洋地产上线众筹项目，项目包括网上支付 11 元或 1111 元获取 1.1 折购房的抽取资格，11 元筹 9 城市新房首付款以及 5000 元筹 12 大城市的折扣房资格，两波众筹活动总计吸引了近 20 万人次参与，筹资金额超 2000 万元。京东依靠此次活动增加了大量的注册用户，远洋地产依靠此次活动一炮走红，获得了更多购房者的关注，2014 年底去库存计划的实现可能性更大。

②银行众筹崛起。2014 年，银行在众筹领域迅速崛起，跨界动作频繁，浦发推出的娱乐众筹平台、建行的公益众筹都让人感受到银行在众筹领域的创新。2014 年 12 月 1 日，浦发银行确认参与出品电影《港囧》，并将推出"小浦娱乐"众筹平台。在此之前，建设银行与多家公益机构共同创建了

"积分圆梦·微公益",给龙卡信用卡的持卡人提供了将积分直接转化为公益捐献资金的渠道。

③影视众筹出品。2014年3月31日,阿里巴巴推出了娱乐宝这一全新的产品,以"全民娱乐,你也是出品人!"的极具吸引力的口号,在一个月的时间内在线疯狂销售7300万元。百度在2014年8月则推出了"百发有戏"的电影众筹计划,并与中信信托、中影集团达成了战略合作协议,投资了《致我们突如其来的爱情》《黄金时代》等电影。除此之外,华西文化产业公司的"影娱宝"在正式上线不足两个月的时间里,每天都接到近百个项目申请。

(3) 国内众筹模式的监管状况。

①众筹的监管正在不断走向规范化。2014年12月,中国证券业协会出台了《私募股权众筹融资管理办法(试行)》,明确了股权众筹的合法地位以及存在的长远意义,就股权众筹的定位、性质、投资者的界定等内容进行了初步的确定。股权众筹以私募的形式发行,为多层次的资本市场又增加了一个新的层次。

②众筹自律联盟出现。2014年10月,大家投、众筹帮、人人投、爱合众等9家众筹平台结成了联盟,签署了《众筹行业公约》。政府出台的相关政策仅在一定程度上减少了问题的出现,而无法做到从根源上消除问题,只有从业人员不断成熟才能真正促进市场走向成熟。只有自律才能真正让行业良性发展,法律的底线无法约束全部,因此需要每个平台、每个从业者从自律开始。

③众筹行业面临的挑战与机遇。中国众筹市场已经进入快速发展阶段,未来可能是一个千亿元级别的市场,但相对于国外成熟的众筹市场,仍存在较大的差距。众筹行业未来发展主要面对三大挑战:一是中国的创新产业不成熟,与西方相比,中国人的风险意识不足,对风险的承受能力较弱,投资人对创新的支持理念需要培育;二是项目筛选机制不健全,众筹项目本身存在诸多问题,比如质量参差不齐、管理信息不透明、估值定价无依据、退出周期过长等,有待制定科学可持续的项目筛选机制;三是投融对接效率不高,一些平台依旧沿袭电商的团购和预售模式,另一些则采用传统的地推模

式，未能发挥众筹的互联网优势，与国外众筹业还存在较大差距。

表7汇总了国内监管动态。

表7　国内监管动态汇总

时间	事件主体	事件概述	事件详情
2014年3月20日	中国人民银行	众筹归证监会监管，下一步针对众筹将出台更明确的细则	3月19日和20日两天，央行连续组织互联网金融企业的CEO、高管与互联网金融行业专家对即将出台的互联网金融监管办法进行座谈讨论
2014年5月15日	证监会	在一线城市调研，为6月可能公布的股权众筹管理办法做准备	证监会组织座谈会，向各众筹企业询问行业发展中遭遇的挑战，未来可能对股权众筹划定红线。此次依然在"股东人数限定在200人之内、非公开发行"范围内讨论
2014年5月26日	证监会	证监会将发布关于股权众筹正式的法规、法令	证监会在调研中透露，下一步将股权众筹正式纳入证监会监管的范围内，股权众筹可能会存在准入门槛，并且对融资金额设置上限，将股权众筹与VC、PE区隔开来，定位更加草根化
2014年6月6日	证监会	国内首份规范众筹行业发展的融资管理办法将于6月出台	管理办法将划清众筹和非法集资的界限，对众筹给予明确的定义。此外，新政出台将对文化众筹模式产生一定冲击，文化产品众筹发展将进入缓冲期
2014年6月29日	证监会	众筹细则将推迟至年底出台	证监会对于股权众筹的发展方向给予了积极的定义，股权众筹监管细则或将延迟至年底出台
2014年11月20日	2014年世界互联网大会	促进互联网金融健康发展	央行正在牵头制定关于促进我国互联网金融健康发展的指导意见，不久就会正式颁布。据知情人士透露，各部委职能将划分为：央行负责第三方支付清算和互联网金融协会的监管；银监会负责P2P行业的监管；证监会负责众筹模式的监管
2014年11月27日	证券业协会、证监会	股权众筹监管办法已形成初稿，将适时出台	中证协目前已开始着手研究筹建股权众筹专业委员会，并将在股权众筹监管办法的基础上出台包括股权众筹备案管理办法、业务指引在内的配套规则；由央行牵头的《互联网金融监管指导意见》正在制定过程中，将在上报国务院批准后实施

资料来源：清科研究中心。

三 互联网金融服务方式

1. 互联网支付

互联网支付是我国互联网金融发展相对成熟的领域。2014 年，我国互联网支付行业继续呈现快速增长的趋势，一方面，互联网支付的安全性和便捷性在不断提高，因此互联网支付的客户黏性也在不断提高；另一方面，互联网支付方式及应用领域不断地拓展与创新，进一步扩大了互联网支付的交易规模。

（1）互联网支付发展状况及未来趋势。2010 年，央行颁布《非金融机构支付服务管理办法》并于 2011 年开始发放第三方支付牌照，第三方支付行业正式纳入央行金融监管体系。第三方支付公司主要业务包括互联网支付（如支付宝）、银行卡收单（如银联商务）、预付卡发行及受理等业务中的一项或多项。2014 年 7 月，央行第 5 次集中发放 19 张第三方支付牌照，持牌企业共计达 269 家，此后半年仅广物电商一家获得牌照。自 2014 年以来，伴随行业接连爆发 POS 刷卡套现、人民银行处罚 8 家支付机构、上海畅购资金链断裂等事件，行业监管收紧趋势明显、牌照暂停发放传言四起，存量牌照公司收购、行业兼并整合案例不断涌现。据不完全统计，仅 2014 年 5 月以来就公告发生了 11 起第三方支付公司收购/拟收购事件，其中包括万达集团 3.15 亿美元收购快钱 68.7% 股权、北亚资源 14.3 亿元收购上海得仕 51% 股权等大型收购案例。

①互联网支付的发展。随着我国电子商务环境的不断优化，支付场景的不断丰富，以及金融创新的活跃，网上支付业务取得快速增长，因此第三方支付机构发生的互联网支付业务也取得了较快增长。预计到 2018 年，中国第三方互联网支付交易规模将达到 22 万亿元（见图 23）。

2014 年，中国第三方互联网支付交易规模结构中，网络购物占比为 31.4%，基金占比为 14.7%，航空旅行占比为 10.6%，电信缴费占比为 4.3%，电商 B2B 占比为 7.4%，网络游戏占比为 2.4%，其他占比为 29.2%（见图 24）。从交易规模上看，每个行业都有所上升，只是增速不同

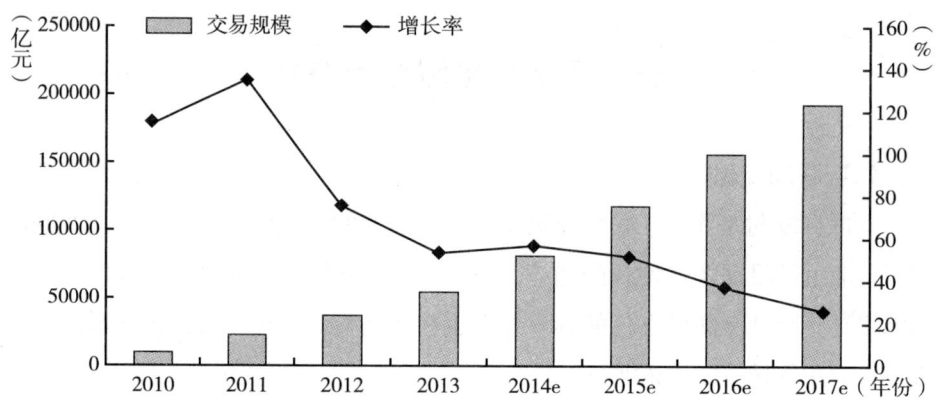

图23　2010～2017年中国第三方互联网支付交易规模

注：统计企业类型中不含银行、银联，仅指规模以上非金融机构支付企业。
资料来源：艾瑞统计模型。

造成了市场份额的微幅调整。受到"双十一"促销的影响，四季度网购增速较快，因此占比有明显提高；网游增速基本维持行业平均水平，变动幅度较小。相对于三季度而言，四季度航空旅行增速回落，占比出现了小幅下降。受到股市利好及央行降息的影响，相较于三季度，天弘增利宝申购规模有了较大幅度的提高，基金申购逐渐回暖。

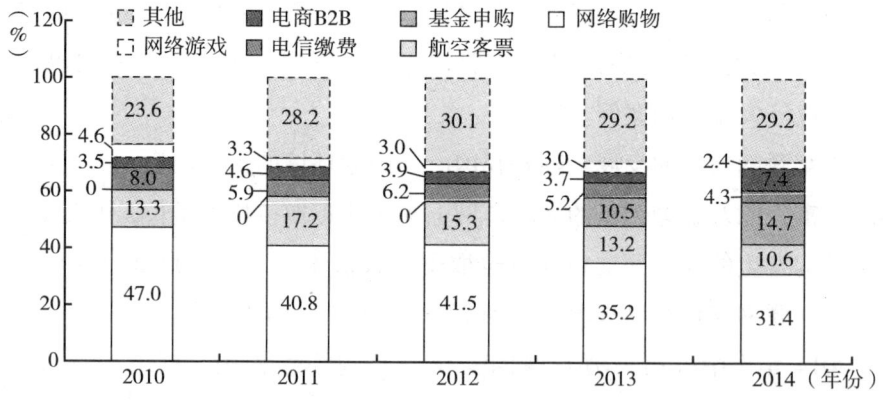

图24　2010～2014年中国第三方互联网支付交易规模结构

注：统计企业类型中不含银行、银联，仅指规模以上非金融机构支付企业。
资料来源：艾瑞统计模型。

从市场格局来看，互联网支付机构竞争较为激烈，2014年中国第三方互联网支付核心企业交易规模和市场份额相对保持稳定。支付宝占比为49.6%，财付通占比为19.5%，银联在线占比为11.4%，快钱占比为6.8%，汇付天下占比为5.2%，易宝支付占比为3.2%，环迅支付占比为2.7%，其他占比为1.6%（见图25）。

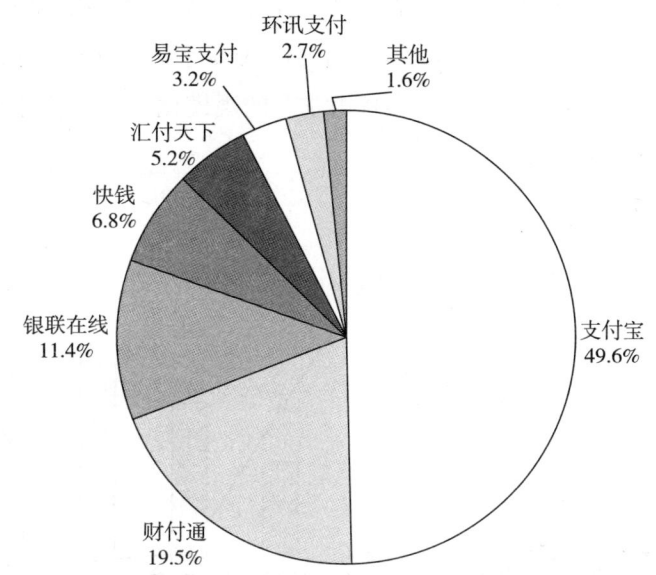

图25 2014年中国第三方互联网支付核心企业交易规模市场份额

注：统计企业类型中不含银行、银联，仅指规模以上非金融机构支付企业。
资料来源：艾瑞统计模型。

相较于三季度，2014年四季度受到央行降息和股市利好的影响，基金申购逐渐回暖，天弘增利宝申购额有较大幅度提高；四季度，网络购物市场迎来旺季，对促进第三方支付交易规模的增长起到较大支撑作用，支付宝受益最大。2014年，受到余额宝带领的基金申购业务、稳定的网购市场以及阿里上市等诸多因素的支撑，支付宝在2014年第三方互联网支付交易市场中仍然占据半壁江山。

②移动支付。央行2014年支付体系运行总体情况数据显示，移动支付业务为45.24亿笔，金额为22.59万亿元，同比分别增长170.25%和

134.30%，2014年第三方移动支付市场的交易规模达到59924.7亿元，同比上涨391.3%（见图26）。在第三方移动支付市场中，2014年移动互联网支付占比高达96.5%（见图27）。其中，支付宝占比高达82.3%（见图28）。2014年移动支付市场的快速增长原因包括以下几方面：第一，移动互联网时代用户上网习惯从PC端逐渐迁移；第二，移动互联网的普及使得用户从年龄、学历、收入等各维度都呈现长尾化趋势，用户数量快速增长；第三，支付场景的拓展使得移动支付成为网民继银行卡、现金外新惯常使用的高频支付工具；第四，"宝宝"类货币基金的规模化和现金管理的工具化带动了移动支付用户黏性的增长。

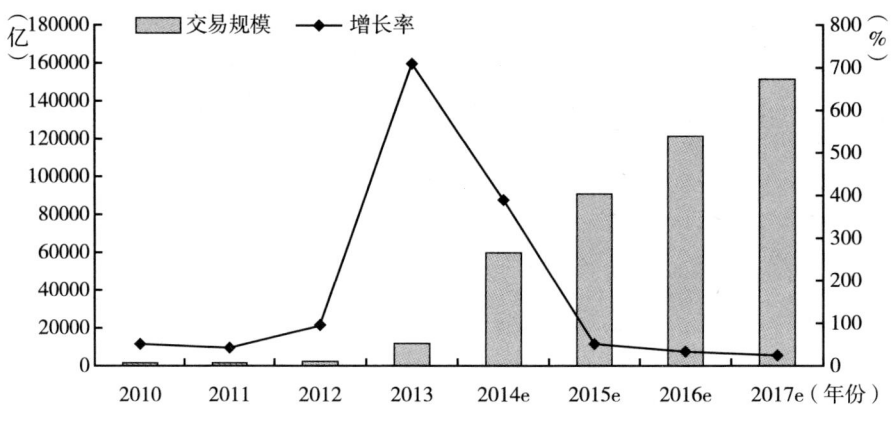

图26　2010~2017年中国第三方移动支付市场交易规模

注：统计企业类型中不含银行、银联，仅指规模以上非金融机构支付企业。
资料来源：艾瑞统计模型。

伴随着移动支付技术的发展，线下市场将成为互联网巨头、收单机构、运营商、银行等多方竞争的核心战场，而线上市场的逐步成熟使互联网支付企业聚焦于线下到线上的反向O2O市场。2014年，远程移动互联网支付在整体行业中的占比为93.1%，而以NFC为核心驱动的近场支付尚未取得重大突破，占比降至0.8%。综合产业发展态势、宏观环境、产品形态的突破以及企业的积极开拓，以二维码、声波为代表的互联网技术在线下市场中的应用成为2014年移动支付市场的核心推动力；而NFC近场支付在终端环境的弊端将成为其未来发展的致命约束,且在短期内很难出现较大改观。

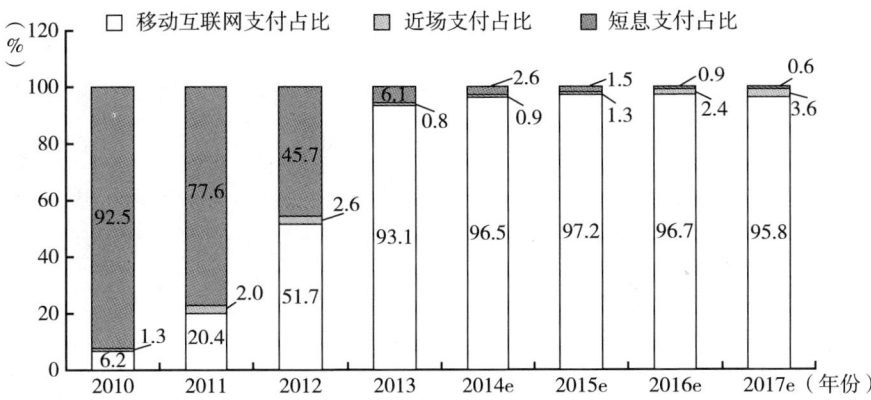

图27 2010～2017年中国第三方移动支付市场交易规模结构

资料来源:艾瑞统计模型。

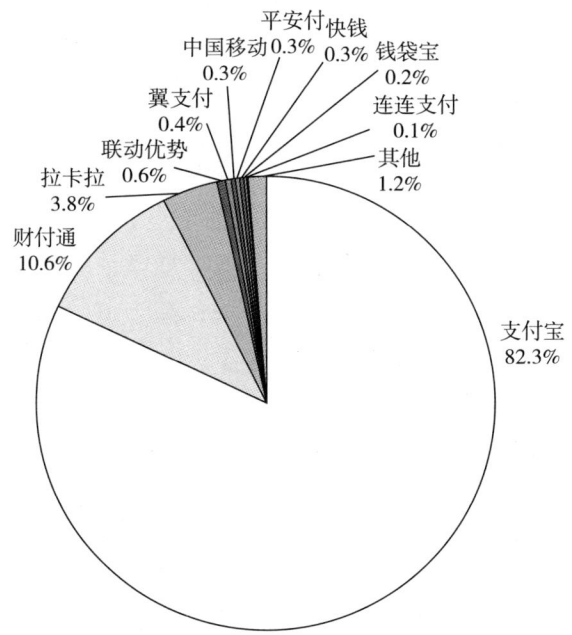

图28 2014年中国移动支付市场交易规模

资料来源:艾瑞统计模型。

(2) 互联网支付的创新。

2014年,互联网金融全面渗透金融业,从移动支付技术的升级,到场景的建设,再到金融产品的创新,互联网金融的快速发展正逐步改变着未来金融的形态。

①技术升级。移动支付方面,互联网支付机构利用近场通信技术(如NFC、2.4G等)以及远程网络技术(如4G网络、短信等),实现信息交互,并完成支付行为。典型的案例有阿里推出的支付宝钱包、声波支付(当面付)和刷脸支付、财付通客户端等推出的二维码支付、苹果Apple Pay等新型的移动支付技术逐步兴起,并与生物识别技术相结合。

②场景建设。2014年,互联网支付场景更加丰富,移动支付成为互联网支付的新热点,未来移动支付的重心会放在构建创新支付场景上。从年初的滴滴打车开始,紧接着有车联网、社交金融、券商金融、移动医院、移动银行等场景应运而生,"互联网+产业+金融"的模式正在更新,随着大数据和云计算的应用,互联网将推动医疗、教育、农业、旅游、传媒和交运等诸多行业向O2O创新发展。

③金融创新。2014年,互联网金融在经历2013年的爆发式增长之后继续飞速发展,从网络理财、P2P借贷向众筹、互联网金融、移动支付等更多领域扩展,竞争更加激烈。如"互联网金融"首次写入政府工作报告;微信红包,围剿支付宝,补贴打车大战;五大民营银行获批,微众银行上线;京东、阿里金融系涉足互联网金融所有领域;基于卡的NFC充值及消费应用开始普及;免密支付成趋势;穿戴式设备与移动支付结合;Token技术普及等,金融产品不断出现。

(3) 互联网支付的风险及监管动向。

①互联网支付的主要风险。第一,沉淀资金造成的法律风险。沉淀资金风险主要由第三方支付平台的支付系统造成。在使用第三方支付平台进行货款支付时,消费者将货款打入支付平台的账户中,待货物物流过程结束之后,支付平台再将货款汇入商家的账户。物流过程存在延时交付、延期清算等固有问题,使支付平台的账户上留存了大量资金,从而形成资金沉淀。资

金沉淀势必产生大量利息,而第三方机构只是暂时代为保管,没有资金所有权,因此大量资金存放在支付平台的账户中可能会引发信用风险。

第二,操作风险。巴塞尔银行监管委员会将操作风险定义为"由于不完善或有问题的内部程序、人员及系统或外部事件所造成损失的风险"。第三方支付极其依赖互联网的发展,操作风险不容忽视。同时,由于部分第三方支付缺乏必要的应急处理方案,在面对服务端系统漏洞、木马病毒、钓鱼网站等事件时,处理能力较差,从而损害客户利益。更有甚者,机构内部人员联合不法分子故意泄露、盗卖客户信息,在给客户造成损失的同时也给整个第三方支付行业带来负面影响。除此之外,第三方支付平台面临着信用卡套现的风险。买家负责用信用卡关联的账户付款并确认收货,卖家负责将货款从借记卡中取出,在取现和信用卡还款之间形成了一笔无息贷款,既造成了发卡银行的利息损失,又影响了第三方支付平台的运行。

第三,洗钱风险。第三方支付的洗钱风险主要体现在:一是资金转移风险。非面对面的远程交易模式和并不严格的用户身份审查程序是犯罪分子得以实施洗钱活动的前提条件,进行表面上的虚拟商品交易和实际上的洗钱活动。第三方支付平台为保证客户的隐私,对密钥、证书、数字签名进行认证,但非法交易主体的身份信息也因为加密技术而被屏蔽,使监管部门无法准确定位。二是内部洗钱风险。第三方支付平台有大量的沉淀资金,因此不排除第三方支付企业利用内部信息并通过虚拟账户进行洗钱的可能。三是跨境支付风险。通过第三方支付可以实现人民币的跨国交易、外币的资金结算,同时也为境外黑钱、热钱等的涌入提供了较为便捷的通道。

第四,市场竞争风险。第三方支付企业与银行之间属于竞合关系。在发展初期,第三方支付企业规模较小、产品种类较为单一、业务范围较为狭窄,因此与银行的关系以合作为主,通过与银行共享客户资源并向客户提供支付便利来获得快速发展。经过十几年的较快发展,第三方支付企业动摇了银行的客户基础,且拓展范围不断延伸,此时与银行的关系转为以竞争为主。

第五,个人隐私和消费者权益保护风险。互联网的虚拟性、开放性、技术性、数字化等是网络隐私安全问题产生的最重要根源。互联网环境中的个人资料一旦被泄露，并被不法分子取得和利用，就会造成严重的经济损失。如支付宝作为互联网支付的龙头，其支付系统更新速度快，技术相对成熟，但依然在2014年爆出了OpenSSL重大漏洞，不法分子利用该系统漏洞可以实时获取大量以https开头的用户账号密码，包括知名购物网站、电子邮件、网银等，支付宝公司可能面对大量投诉。在网上交易中，由于消费者和商品或服务的提供者之间并没有直接接触，在第三方网上支付环境下，如果资金转账出现错误或收到的商品与商家描述的严重不符等，对消费者权益的保护将更为困难。

②互联网支付风险的新动向。一是主要风险由信用风险向技术风险转变。随着大众接受程度的加深以及对交易规则和处理措施的逐步了解，交易中的信用风险逐渐减少。但日新月异的应用创新和支付场景创新使技术风险成为主要风险。包括二维码支付、条形码支付、声波支付在内的创新业务，涉及不少新的技术、流程和识别方式，目前的既有规则和技术标准并未将其涵盖在内。

二是信用卡套现风险由线下向线上蔓延。随着监管机构对线上套现监管的加强以及互联网支付企业对智能实时风险监控系统的开发，套现方式出现了由线上到线下的转变。第三方支付企业推出各种手持、移动和家用支付终端，同时为了扩大市场份额，对商户的审查不严，任意发放预授权POS机。犯罪分子利用信用卡预授权规则漏洞，向信用卡内存入大额溢缴款，并且利用预授权完成交易需在金额115%的范围内才能予以承兑的业务特性，与部分支持预授权类交易的特约商户相互勾结，合谋套取发卡银行额外的信用额度。

三是流动性风险被广泛关注。余额宝等互联网产品由于高流动性、相对安全、收益大幅高于活期存款的特点获得了大量用户，与其关联的天弘基金也一举跃升为我国最大的货币基金，但市场对其流动性的质疑和关注也从未停止。为满足客户即时到账的体验，余额宝方面需要对客户资金进行垫付。而此时垫付的资金可能是归属于其他客户的，因此当支付宝沉淀资金的一定比例转入余额宝后，剩下的资金不足以维持客户实时取现的需要时，余额宝就会出现流动性风险。

专栏 2：焦点产品的风险分析——微信红包支付

　　微信红包以电子钱包代替传统形式的红包，主要风险点在于：一是信息安全方面。微信红包需要绑定一个银行账号，在获取红包时，需要点击红包链接，其链接可能是营销广告甚至是木马病毒，极易造成绑定的账号信息泄漏导致资金损失；二是资金安全方面。微信红包无不受到大型互联网通信公司的支持，容易形成巨额的沉淀资金，如缺少有效的外部监督，将存在一定的隐患；三是反洗钱方面。微信红包虽然单个红包或单笔有额度限制但所有红包的收取次数和金额都没有上限，都会归集到"零钱"里，单人可以通过注册多个微信号的方式，实现对红包发放限额的突破，由于"零钱"具有提现功能，可以把资金从"零钱"转到绑定的银行卡里，实现提现功能，这可能给不法分子利用该功能进行洗钱活动以可乘之机。

　　同时，央行出台的《非金融机构支付服务管理办法实施细则》和《支付机构反洗钱和反恐怖融资管理办法》规定，客户通过银行结算账户进行支付的，支付机构应当记载相应的银行结算账号；客户通过非银行结算账户进行支付的，支付机构还应当记载客户有效身份证件上的名称和号码。

　　（4）互联网支付的监管环境及未来的监管动向。

　　①互联网支付的监管现状。一是监管更加合理。2014年，互联网金融受到了监管部门的关注，还入选了政府工作报告。3月，央行发布了《中国人民银行关于手机支付业务发展的指导意见》和《支付机构网络支付业务管理办法》，分别对第三方转账和消费进行了进一步的限制；4月，央行和银监会联合发布了《关于加强商业银行与第三方支付机构合作业务管理的通知》，对交易限额做了进一步的要求；7月，央行就《促进互联网金融健康发展》进行意见征求。2014年出台的互联网支付相关政策，将使部分领域增速放缓，产业结构布局将会更加合理。

　　二是反洗钱监管。2012年，中国人民银行关于印发《支付机构反洗钱和反恐怖融资管理办法》的通知（银发〔2012〕54号），对互联网支付机构反洗钱与反恐怖融资职责进行明确，从客户身份识别、客户身份资料及交易记录保存、可疑交易报告等方面对支付机构反洗钱义务进行了明确，并纳入监管范畴。

三是互联网支付认证。银监会出台了《关于加强电子银行信息管理工作的通知》，通过第三方机构进行安全认证的电子资金的转移与支付业务均需直接验证客户的真实信息。

四是网络虚拟信用卡套现规定。2014年，央行支付结算司发布《关于暂停支付宝公司线下条码（二维码）支付业务意见的函》，紧急叫停了虚拟信用卡和二维码支付。

②未来监管动向。相关监管部门对互联网金融所持的态度经历了由默许、观望、风险预警、调研座谈到发文监管的转变过程。因为互联网支付的本质是提供金融服务，涉及日益庞大资金的划转和广大的公众利益，在边界不断拓展之后，如何做到真正保障安全并且符合反洗钱的要求成了一大问题。根据央行《促进互联网金融健康发展》文件精神，未来监管层对互联网支付的监管将体现以下特点。

一是进一步完善行业准入与退出机制。根据互联网金融不同模式的特性，将对部分模式设立资本金、风险控制、人员资格等准入条件，并对同一模式中的不同业务实行不同标准差异化的准入要求，以此来排除不合格企业。

二是注重消费者保护，维护金融市场稳定。在权益的分配上，消费者由于处于弱势，成为主要的风险承受者。随着金融市场的不断发展，其最终要回归于服务实体经济与中小微企业的本质。因此，需要重视消费者保护，维护金融市场体系的稳定。

三是完善征信体系，增强互联网金融信息透明度。针对"跑路"事件不断爆发的现象，应建立征信管理规划，明确征信部门的运作规则和定位，形成以人民银行为监管主体、征信中心和征信机构为信息收集加工主体、金融机构为信息提供的征信管理组织体系的监管机制，增强互联网金融的透明度，从而降低风险。

2. 互联网理财

2014年毫无疑问是互联网金融理财大爆发之年。在阿里巴巴推出余额宝大获成功的带动下，基金公司、互联网平台纷纷推出各类"宝宝"加入混战；P2P 网贷平台的数量也迎来井喷式的增长，受到冲击的传统银行业也不甘示弱，纷纷推出线上理财产品，并积极介入 P2P 市场。

互联网金融理财产品的爆发式增长，对传统银行理财市场构成了较大威胁，在此情况下，银行理财也不再局限于传统模式，不断用互联网思维来提升产品和服务的灵活度以及客户体验度。目前，银行理财产品不仅有 40 万亿元级的市场规模，直销银行更是成为传统银行布局互联网的重要棋子。

互联网金融理财的飞速发展，带来了许多新变化。银行理财高收益产品的逐渐减少，促使银行更倾向发行中长期理财产品吸收资金；P2P 平台爆发式增长促使风险积聚，也使监管利剑"出鞘"在即；而"宝宝"类产品随着收益率日渐走低，未来设计者需要根据客户的真实需要设计出有特色的产品，加强创新，以真正赢得客户。

（1）互联网金融理财发展状况。

①"宝宝"系军团：高收益不再。余额宝的诞生开启了互联网金融元年，2013 年共有 25 个"宝宝"类理财产品相继问世。进入 2014 年，"宝宝军团"扩容步伐大提速，目前已经有 56 家机构共推出 79 个"宝宝"类理财产品。

据统计，按发行机构的主体类型来进行分类，即把基金公司发行的"宝宝"类产品归类为"基金系"，把银行发行的归类为"银行系"，把基金代销机构发行的归类为"基金代销系"；而互联网公司、电商平台、移动运营商等机构由于发行"宝宝"类理财产品依靠的是自身的第三方支付平台，我们将它们统一归为"第三方支付系"。根据分类，目前基金系"宝宝"类产品共有 32 个；属于基金银行系的"宝宝"类产品共有 25 个；属于第三方支付系的"宝宝"类产品共有 14 个；属于基金代销系的"宝宝"类产品共有 8 个。2014 年前三个季度"宝宝"类产品的规模处于不断增长中，到 9 月 30 日，"宝宝"类产品的规模达到了 15638.93 亿元。但"宝宝"类产品的规模增速从下半年开始有所减缓，到了四季度，"宝宝"类产品的规模甚至出现下降，较三季度减少 557.46 亿元至 15081.47 亿元。

与"宝宝"类产品规模增速减缓相对应的,是其收益率的不断下降。统计显示,"宝宝"类理财产品的7日年化收益率已由2014年1月的6.5%~7.5%的收益区间跌至12月的4%~4.5%,"宝宝"类产品的高收益神话走向破灭。

投资品种收益率下降是导致货币基金收益率集体下滑的一个重要原因。2014年以来,央行通过逆回购、定向降准等方式向市场适度投放了一定的资金流动性,特别是11月末央行宣布降息,导致货币市场收益率整体下滑。因此,二季度以来协议存款、短融等货币基金的资产收益率降低导致了包括余额宝在内的货币基金整体收益率下降。

从2013年6月余额宝横空出世所带动的全民理财热潮,到2014年下半年"宝宝"类理财产品的集体遇冷,在短短的一年中,很多人对"宝宝"类产品的态度已经截然不同。随着货币市场化进程的推进,货币基金优势的逐步消失,传统"宝宝"类理财产品也正逐渐走向衰退。2014年各系新增"宝宝"类产品占比见图29所示。

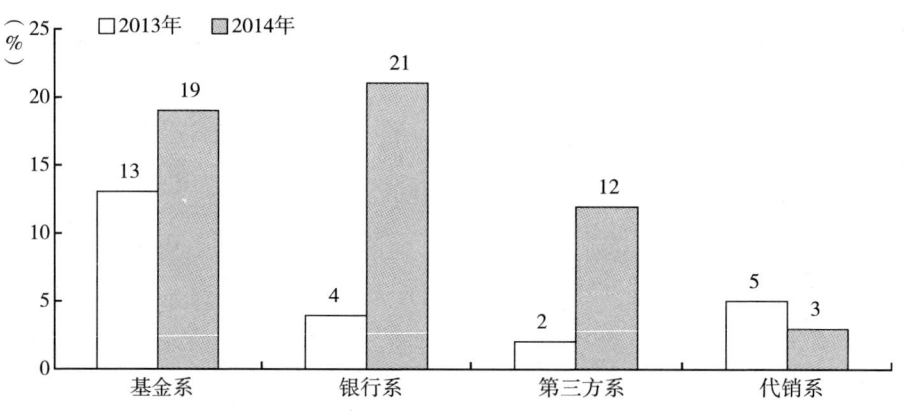

图29 2014年各系新增"宝宝"占比分布图

资料来源:艾瑞数据。

②P2P网贷:"野蛮生长"面临监管。2014年P2P网贷行业发生了翻天覆地的变化,网贷平台数量激增成为年度最大特点。据不完全统计,截至

2014年底，共38家网贷平台获得风投，其中80%以上为2014年获得的风投，金额大多在千万元级别，其中也不乏亿元级别的融资。市场发展前景向好，即使最保守的风投机构也按捺不住，积极介入、抢占先机。

数据显示，截至2014年底，P2P网贷平台数量达1761家。其中，9~12月平台数量爆发式增长，每月新增平台数超过90家，12月更是达到了121家。不过由于年末风险事件频发，问题平台数量也不断激增，所以平台实际增长速度有所放缓。

虽然网贷行业整体规模较传统金融领域还非常小，但是由于发展迅速、利润可观，不仅民间金融机构大批进入，就连传统金融机构也纷纷介入。另外，网贷行业准入门槛低，花费数千元就可以搭建一个P2P平台，不乏一些不法分子进行恶意欺诈然后卷款而逃。对此，行业亟待银监会出台相关监管规则，在平台注册资本、高管人员从业背景、组织架构、风险管理、IT设施、资金托管等各方面进行规范。

2013~2014年，国内P2P网贷平台野蛮生长，暴露出很多问题。融360监测数据显示，2014年国内网贷行业出现问题的平台共计273家，平均每个月有23家。其中12月为问题平台最多的1个月，达到了创纪录的90家。年末属于风险高发时期，企业资金比较紧张，而且股市飘红分流了大量资金，很多平台出现兑付危机并面临提现困难。

有关监测数据显示，2014年网贷平台综合成交量共计3291.9亿元，月均成交量达274亿元，其中年成交量大于10亿元的平台共59家。除了2月受春节影响成交量小幅下降，其他月份基本保持逐月递增趋势。其中12月成交量达到了创纪录的480亿元，主要因为年末资金流通偏紧，在"双十二"及"双旦"期间，P2P平台推出各种促销及优惠活动以达到"吸金"目的。

我们预计，随着监管细则规划出台的临近，网贷行业也将迎来规范化发展。更多的网贷平台在经营发展中为求平稳，都会采取降低利率的方式来规避监管风险，在P2P网贷行业未来的发展进程中，利率将继续呈递减趋势，高息平台的比例也将逐渐降低。

③银行理财:"一枝独秀"局面将被改写。2014年,银行理财市场发展迅速。由于市场资金面宽松、互联网金融及股市分流资金、监管层发文约束银行月末"冲时点",银行理财产品收益率自1月开始一路下滑,虽然年末收益呈现翘尾现象,但是在加息周期之下,收益率仍将维持下降趋势。

总体来看,2014年银行理财产品的发行量上升,收益率却呈下降态势。受互联网金融和股市的冲击,银行理财资金出现流失,银行理财一家独大的情况已经一去不返。

数据显示,2014年,银行共发行72247款理财产品,其中人民币理财产品70081款,外币理财产品2166款。说明银行为扩大业务量,吸收大量资金,提升了理财产品的发行量。按发行月份来看,1~6月,银行理财产品月发行量在4592~6046款,上半年总发行量为32499款。而7~10月,银行理财产品发行量明显上升,介于4295~7096款,并在10月达到最高点7096款,下半年总发行量39748款,比上半年增加7249款,增幅为22.31%。

不过,2014年11~12月银行理财产品发行量明显下降,主要是因为11月下旬央行宣布降息公告之后,A股市场暴涨,吸引大批股民涌入。很多银行理财客户将资金取出投入股市,尽管银行年末积极发售高收益理财产品以吸引投资者,但仍无法避免股市对资金的分流。

2014年,银行理财市场不尽如人意,这主要表现为理财产品规模萎缩、收益率呈现下行趋势及理财资金的流失,与2013年的规模收益率双双攀升相比,2014年理财产品热度明显回落。受互联网金融和股市冲击影响,银行理财产品对投资者的吸引力正在减退。但和股票、P2P、"宝宝"相比,银行理财产品也有其独特的优势,其风险明显低于股票和P2P,收益和稳定性高于"宝宝"类产品,属于稳健型的投资品种,对于大量风险承受能力不高的投资者来说,银行理财产品仍是投资首选(见图30)。此外,银行理财客户基础庞大,稳定性高,因此银行理财产品的霸主地位短期内难以被撼动。但从长期看,也有业内人士指出,随着金融投资工具的增多,未来市场上银行理财"一枝独秀"的情况或将发生改变,尤其随着A股走强,居民资金或将更多地从传统固定收益领域转向权益类资产。

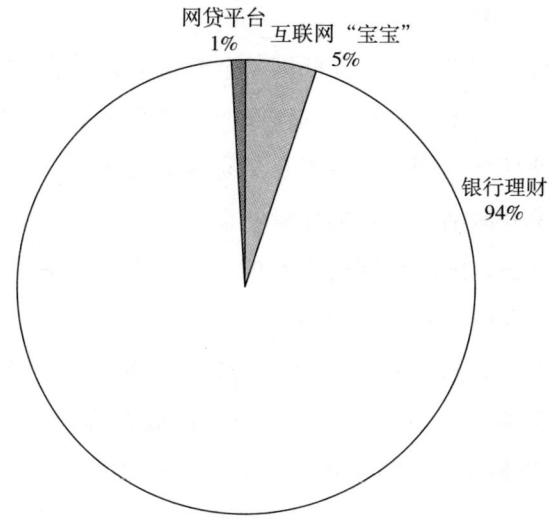

图30 网贷、互联网宝宝、银行理财规模占比

资料来源：艾瑞数据。

（2）互联网理财的特点及发展趋势。互联网理财基于现代化的网络及信息通信技术，与传统的基金销售方式相比，具有以下特点及优势。

一是成本低且收益高。互联网基金开展相关业务的基础是互联网平台以及大数据，相对于传统基金而言，其优势在于高效率和低成本。互联网理财产品从余额宝推出之后，不断有新产品推出，互联网理财基金的平均收益水平明显高于传统货币基金，是同期银行活期存款的10倍以上，一年定期存款的2倍左右。

二是参与门槛低且操作便捷。互联网基金业务操作便捷，能够给予客户极佳的交易体验。大多互联网理财产品都具有T+0的变现能力，金额较大的也有T+1或T+2的变现能力。这意味着转入这些理财产品的资金能在需要的时候及时转出且无须手续费，同时，其收益是每日可见的。此外，互联网基金业务的交易门槛非常低，为小散资金的理财提供了渠道，提高了社会金融的福利水平。货币基金的门槛一般是千元起，而互联网理财的门槛一般都在1元或者1元以下，最高的"活期宝"也仅仅为100元，而汇添富现金宝的门槛更是低至1分。

三是信息对称且供求匹配。互联网基金模式拓宽了基金销售渠道，基金公司通过互联网平台将产品直接送到互联网客户群体面前。并且，客户利用互联网可以较为便捷地甄别、比较以及交易基金信息，一定程度上提高了社会资金的经营效率并激活了市场的存量资金。

从未来发展来看，随着规模的不断扩大，以及同质化竞争的加剧，互联网理财的发展将呈现以下几方面趋势。

一是从整体上看收益率将有所下降。2014年初，面对余额宝的强势增长，各互联网企业和传统银行纷纷推出各类高收益理财产品，展开吸储大战。5月11日，余额宝对接的天弘增利宝7天年化收益率为4.985%，跌破5%，至12月31日7天年化收益率降为4.724%。同时京东"小金库"、苏宁"零钱宝"、百度"百赚"、微信"理财通"、网易"现金宝"等网络理财产品收益率纷纷下降。随着互联网理财市场的逐步理性，以及未来宏观流动性趋于宽松，互联网理财产品的整体收益率将逐渐下降。

二是互联网理财产品的管理将面临压力。随着以余额宝为代表的产品吸收资金规模的扩大，资金的流动性管理压力相应增大。以余额宝为例，根据终端及金额不同，余额宝实现T+0或T+1到账，如果遇到市场大幅波动，流动性管理压力较高。

三是互联网理财产品的类型将趋于多元化。从前期来看，互联网理财主要集中在货币基金领域，随着市场的不断成熟，以及投资人的风险承受能力及风险意识不断提升，互联网理财将逐步向金融市场的其他领域拓展。在基金销售方面，互联网理财将进一步涉及权益类基金产品；在互联网金融的其他领域，P2P网贷公司将有望与支付机构及基金公司合作，在P2P平台嵌入余额理财功能，推出类余额宝产品。

四是推动传统理财的互联网化。互联网金融给传统金融模式带来了巨大的压力，与此同时，也在加速推进传统金融机构的网络渠道布局，为金融机构的网络营销模式发展提供新的思路与借鉴。长远来看，在理财领域，互联网企业将进一步加强与传统金融机构的合作，有望实现产品合作开发、互利共赢的模式。

（3）互联网理财的风险。以余额宝为代表的互联网理财方式带来了基金的经营模式以及风险内涵的改变，相比较而言是一种经营风险更大的业务。因此，保障互联网理财持续快速健康发展的关键就落在了如何高效准确识别风险进而对风险加以防范上。互联网理财是传统理财业务的延伸，除了具有传统理财业务的风险以外，还具有自己独特的风险特征。

①收益性。货币型基金的主要投向是货币市场的各种工具，尤其以协议存款为主，因此收益率受货币市场整体资金价格的影响是非常明显的。2013年此类产品的7天年化收益率达到甚至超过7%，可以说正是"利率市场化"这一"时势"造就了互联网金融理财各类产品的腾飞，但是我们必须意识到"水能载舟，亦能覆舟"，一旦未来市场利率下行，此类产品高收益率的优势就将不复存在。

②流动性。余额宝之所以能够实现客户赎回资金T＋0到账的原因并不是货币型基金的结算方式出现了变革，而是因为基金公司以自有资金为客户提前垫资，这表明规模越大，垫付资金的压力就越大，一旦资金大规模赎回，超过了基金公司垫资的能力，那就会对收益形成负面影响。另外，对该类货币型基金风险控制的监管要求越来越高，尤其是针对协议存款进行的风险管理。当前货币型基金享受的协议存款提前支取不罚息的优惠政策一旦被取消，货币基金将面临重大风险。

③安全性。互联网金融理财产品采用了互联网作为资金流通的渠道导致其安全性始终是一个无法忽视的问题。当前手机支付日益成为热点，手机的丢失导致投资账户蒙受损失的报道也十分常见。因此，如何保障投资者账户的资金安全是互联网各类产品销售平台所必须解决的问题。

（4）互联网理财的监管动向。2014年初互联网金融监管部门就早已喊话"将出台监管办法"。而当年的《政府工作报告》对互联网金融的描述虽然是"异军突起"，但却提出了"促进行业健康发展"的要求。互联网金融在2014年迅猛发展，但也衍生出"跑路"等负面事件，引起监管部门重视。银监方面，目前其普惠金融部已下设"网贷处"，并对网贷（P2P）行业开展了紧锣密鼓的调研。证监方面，证监会主席肖钢对媒体表示，目前的《证券法》修订草案给公募股权众筹留有余地，为下一步创新创造了制度空间，但法律并未做出具体规定。

随着利率市场化进程的不断深入，相关监管机构对互联网金融的关注度不断提高，对互联网金融理财的监管要求进一步提升。如2014年中国人民银行的《中国人民银行支付结算司关于暂停支付宝线下条码（二维码）支付等业务的意见函》中出于客户信息安全和资金安全的考虑，明确要求支付宝暂停线下条码（二维码）支付、虚拟信用卡有关业务。此外，《中国人民银行关于手机支付业务发展的指导意见（征求意见稿）》更是对第三方支付转账、消费金额进行了限制。

人行相关人士在2014年互联网金融企业社会责任峰会上提出了对互联网金融监管的两种思路：一是坚持线上线下一体化监管；二是体现差别化监管。从趋势来看，互联网理财是符合社会发展方向的，监管层对于互联网理财产品的监管，将重在引导和规范，目的是促使这个行业良性发展，确保更多人的切身利益。因此，其监管重心还是会落在如何规范作为非金融机构的互联网公司与基金公司的合作行为，以及如何切实保障消费者利益、信息安全和公平竞争，营造良好的金融市场环境。

毫无悬念，2015年将会成为互联网金融的监管元年，互联网理财也会得到新的指导与规划。但是除了政策监管之外，互联网理财中的投资平台与投融资人自身也要提高行业素质，平台要加强自律建设，投资者也要增加行业知识，内外兼修才是长久之道。

3. 与传统金融服务的合作与竞争

（1）互联网金融服务对传统金融服务的冲击。从成本角度来看，互联网支付会带来银行活期储蓄的转换、流动与流失，最终导致非备付金存管银行活期存款的外流和整个银行体系资金成本的上升；第三方理财的便捷性可能导致少量个人存款以及理财资金的流失；尤其是余额宝等多功能融合的互联网理财模式更有可能动摇银行的根基，对银行最根本的存款业务构成一定威胁。

从收入角度来看，互联网支付导致的分流会造成商业银行支付结算、代理等业务手续费收入的下降，相较于第三方支付机构使用银行接口支付的交易佣金，商业银行直接向用户提供支付结算、转账汇款、公共事业费代扣代缴、理财产品代销等服务，平均能多获得交易金额0.1%~0.6%的手续费收入；而理财产品通过第三方平台直销比例的上升将导致银行代销渠道收入以及银行代理业务手续费收入下降。

(2) 互联网金融服务与传统金融服务的合作与竞争。从未来趋势看，传统银行和互联网金融可能凭借各自优势，在金融服务的不同领域分庭抗礼，竞争大于合作，并且利用各自的优势进行协同合作倒逼利率形成市场化，加快我国金融市场的开放程度，促进我国金融市场的发展。主要体现在以下几个方面。

①互联网金融与传统金融的融合是未来发展的方向。未来，借助传统金融的信誉与风险控制、人才、政策等方面的优势，可以更为迅速地进入新兴的互联网金融市场，以赢得客户的认可，例如陆金所、招行的小企业E家投融资平台等项目。

②互联网金融能够促使我国金融业混业经营模式的形成。互联网金融的特点之一是有较强的兼容性，未来的互联网金融将有望利用大数据挖掘以及信息优势，实现客户的精确定位，推送个性化产品，增加用户对平台的黏性，从信托、基金、保险、理财等非信贷产品入手，做好平台交易的对接，并将多个平台积累的信用数据整合到一起，建立面向社会的信用平台和风控模型团队，满足客户在一个平台上就能实现多种金融活动的需求。

③互联网金融融资模式的创新。互联网金融的移动支付、社交网络、搜索引擎和云计算等对传统金融模式产生了根本性的影响。出现了既不同于商业银行间接融资也不同于资本市场直接融资的第三种互联网金融融资模式。在这种模式下，支付极为便捷，资金供给双方信息不对称程度降低；有效提高小微企业和个人的融资覆盖率，实现普惠金融；以客户为中心设计产品，有效满足客户需求；降低投融资门槛，开发金融客户长尾尾部；股票和债券等的发行和交易都可直接在网上进行，弱化对实体金融中介的需求。另外，

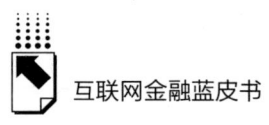

互联网金融搜索平台为资金供需双方提供了更多的选择，同时，现代信息技术降低了信息不对称以及交易成本，资金信息中介作用增强。

④有助于利率市场化的形成。互联网金融可以在一定程度上分流储蓄存款。以余额宝为例，"T+0"的支付从技术上实现了活期存款的利率市场化，且商业银行吸收存款的压力将越来越大，进而倒逼利率市场化的加速。

四 传统金融机构的互联网进展

面对互联网蓬勃发展带来的新挑战与新机遇，传统金融机构以更为开放和主动的姿态，不断努力探索，加快转型调整，进一步促进互联网与金融的深层次融合。

1. 商业银行的互联网金融发展

（1）互联网战略部署更加明晰和不断完善。面对互联网金融对传统经营理念和思维方式的冲击，商业银行不断提高互联网服务意识，将互联网金融上升到全行战略层面，提升对新技术应用的理解和转换能力，把建设与发展专业化、系统化、数据化、信息化的业务平台作为关键抓手，将业务架构重整和展业模式创新作为发力方向，努力迎合和把握互联网时代的市场动态和客户需求，不断提升差异化、特色化服务水平（见表8）。

表8　部分商业银行互联网战略规划部署

商业银行	互联网战略规划部署
工商银行	力求打造包括电商、即时通信、直销三大平台，互联网支付、投资、融资三种产品，O2O一体化和大数据应用的e-ICBC战略
中国银行	陆续推出"中银E社区""惠民金融服务"等网络金融服务，将网络服务范围不断扩展至支付、理财融资、跨境、综合服务等领域
招商银行	谋求在"平台、大数据、客户体验"三个方面取得突破
广发银行	将小微企业、个人消费信贷、大数据管理体系等作为战略重点和应用方向

（2）电子化金融服务平台趋于多元立体。商业银行紧跟互联网发展步伐，从客户选择、营销途径、服务方式等多个层面探索和加强电子化金融服

务的普及与产品创新。计世资讯研究报告显示，2014年银行业IT投资规模为390.6亿元，预计到2015年将达到420.9亿元，研发成效不断显现。手机银行、网上银行、微信银行的开发与升级大大提升了银行服务覆盖范围和产品获取的便捷性；密钥、U盾、短信认证等方式的综合使用也确保了离柜交易的安全可靠。中国银行业协会统计数据显示，2014年中国银行业金融机构离柜交易数量为1167.95亿笔，比上年同期增长21.23%；交易金额累计1339.73万亿元，比上年同期增长17.90%，行业平均离柜率达到67.88%，同比增加4.65个百分点。

①直销银行平台加速推出，成为延伸零售业务的全新模式。在北京银行、民生银行率先开通直销银行服务模式后，2014年起相继又有20余家银行上线了直销银行业务，建设以纯移动端为通道或者以电脑端为载体的客户端，提供电子账户开立、存款、投资、交易、跨行资金划转等核心功能，助推传统金融业务更加电子化、信息化和便捷化。到2015年底，直销银行数目将达到百家，小规模的股份制银行和城商行将直销银行作为重点业务进行发展，有利于打破地域对客户的限制，缺少全国牌照或者营业网点少的商业银行能够借助直销银行突破原有的业务范围，留住存款，吸引大银行客户（见表9）。

表9 直销银行优缺点分析

直销银行的优势	直销银行的劣势
1. 打破物理网络限制,通过直销银行自由选择银行和理财产品	1. 同质化严重,同银行已有业务和产品出现冲突
2. 成为银行应对利率市场化的利器,降低利率市场化对银行的冲击	2. 对银行定期存款等业务产生冲击,降低了银行整体收益
3. 借助直销平台产品吸引新客户	3. 大部分客户仍为银行原有客户
4. 提升自身价值,直销银行能为银行在资本市场上带来较高的估值	4. 平台整体收益不高,盈利仍需要时间

直销银行需要参考互联网企业运营机制，精准定位客户资源，加强平台客户体验，简化使用流程，用互联网思维来运营整个平台。

②加快移动支付产品创新，培育新的业务增长点。各银行重点加大了对实体银行卡、手机银行和移动支付等电子支付方式的整合力度，从简单支付结算模式向服务内容丰富、应用范围广泛、功能特性强大的方向演进。作为未来 IC 卡行业应用的发展方向，手机近场支付也被作为主要工作进行市场培育和推动。此外，部分银行在提高手机银行交易限额、制定差异化服务收费标准的同时，还尝试通过手机银行完成线上与线下业务的无缝对接，例如通过网点排队预约、短信通知、空中圈存功能的加载，尽可能对一些耗时较长业务实现前移处理，减少银行凭证重复填写、客户资料反复登记、排队等候时间过长的不足，提高服务效率，改善服务体验。

③改造传统物理网点建设，实现线上线下结合的 O2O 模式。以广发银行"24 小时智能银行"为例，商业银行陆续对原有物理网点进行升级改造，相继推出咖啡银行、智能旗舰店等。工行 2014 年在全国建立 7 家智能银行网点，由触摸体验屏、3D 全息投影、手机互动教学屏、平板电脑等智能体验设备取代传统的银行柜台，带给客户"可看、可触、可玩、可买"的体验。

(3) 跨领域合作更为全面充分。近年来，在向综合化、多元化经营模式转型的过程中，银行业越来越多地将资本雄厚、客户储备丰富、风险控制严密等优势与互联网平台的信息技术优势全面结合，从而挖掘更多的潜力。

①与互联网金融平台开展全面合作，探索综合金融服务。以北京银行为例，该行在 2014 年与小米公司在移动支付、产品研发、小额信贷等领域尝试进行深度合作，最终以优质的产品和服务满足客户多样化的金融需求。

②着力打造互联网供应链金融，树立互联网信贷品牌。银行利用电商平台资金流、信息流、商流、物流四合一的优势，正在尝试以在线融资业务促进资产业务转型。例如光大银行推出"汽车供应链线上融资系统"，招商银行试点在"小企业 e 家"金融服务平台开展线上 P2P 网贷业务，平安银行依托"eBay"交易数据库开展"平台小额贷款"。

(4) 大数据应用与普惠金融理念效应渐现。近年来，随着各商业银行对数据仓库的建设和结构化数据的积累，存款、贷款、中间业务、电子银行等交易系统数据已经在信贷业务、精准营销、客户服务、舆情监测等多个方面得到了深度使用,并开始向所有业务场景覆盖。特别是基于已有的客户交易数据和外部数据所进行的大数据授信和风险定价,多家银行在普惠金融理念指导下,以民生银行"我要贷"、招商银行手机贷款产品"闪电贷"产品为代表,主动推进小微金融服务模式的网络化和数据化。以招商银行"闪电贷"为例,该移动金融产品从贷款的前期申请、中期审批与签约、后期的放款流程全部由系统进行自动化操作,用户可以完全通过手机界面进行便捷操作,最快 60 秒就能在手机 APP 上拿到一笔贷款。随着银行将互联网化的制胜要素和竞争焦点由产品转向了以大数据为保障的金融生态,产品也会越来越普惠、深度地融入生活场景,为客户提供更有效率、更有内涵的金融服务。

专栏 3:微众银行正式上线

所谓互联网银行,就是指依托互联网技术,在线实现存款、贷款和支付结算等传统银行服务的机构。深圳前海微众银行作为国内首家互联网银行,于 2014 年 12 月正式在官网上线,在经营上没有物理营业网点和柜台,主要通过人脸识别技术和大数据信用评级发放贷款。

据悉,内部试营业期间,微众银行首款产品是"信用付",支持"先消费,后付款",普惠的微型业务,占用资金不多,又能覆盖更多用户,是互联网金融的新尝试。基于一位个体创业者身份,在整个在线放款流程中,系统通过手机摄像头和软件识别客户的身份和匹配相关信息认证,通过社交媒体等大数据的分析,对其进行信用评分和贷款额度确认,最后放款。

2. 互联网证券的发展

2014 年,传统券商把握政策出台利好,进一步做好互联网业务拓展和金融服务。

(1)互联网证券试点业务加速推开,成效明显。

随着国务院常务会议提出"促进互联网金融健康发展,提高证券期货服务业竞争力"的部署，中信证券等 61 家券商于 2014 年获批进行互联网证券业务试点，"互联网券商"在 2014 年业绩增长中表现抢眼，5 家营收同比增幅超过 100% 的券商中，太平洋证券、湘财证券、东海证券、中山证券均属于互联网证券业务的抢跑者。

（2）打造跨平台的综合服务新模式。

①持续优化并完善证券服务电子平台，加速打造线上平台建设和线下营业部运营双轮驱动的 O2O 模式。近年来，各证券公司结合自身业务特点，从客户需求端出发，不断整合数据、产品、服务、账户、平台，相继建立了电商网站、官方微信、顾问式投资理财等多元化、互联网化通道，为客户提供更好的全方位线上服务。

在以线上服务体系实现客户与业务引流的同时，证券公司纷纷将专业的线下服务能力作为应对互联网金融的竞争优势和差异化手段。一方面，通过营业部物理柜台进行现场验证，有效弥补线上流程可能存在的隐患和金融风险；另一方面，营造良好的线下服务环境，为客户提供更为专业化、精准化、综合化的资产配置服务。部分证券公司在传统营业部的基础上，侧重打造轻型营业部，实现由传统营业部向营销管理平台的转型。

②开启以经纪业务作为基础、跨界综合经营的模式。券商在通过传统业务吸引大量证券客户后，发挥业务牌照完备、业务团队专业、业务能力优异的特点，进一步加强研究咨询的带动能力、将投资银行业务作为主打展业方向、兼顾自营投资业务的创新与补充。如光大证券成立了互联网金融部并推出相关业务平台，将客户的日常交易、理财、融资、资讯等诉求进行整合。随着有"证券版银联"之称的证通股份有限公司正式落户上海自贸区，券商、私募等不同金融机构账户或将实现互通，综合理财、资金托管、账户统一管理与支付一体化功能将被补齐与拓展。

③布局众筹，成为券商从业者普遍看好的另一个触网方向。股权众筹作为互联网金融的一种新兴业态，是互联网金融对传统融资方式的补充，券商在风险控制、信息披露、投资者教育和资本中介等若干方面具有较强优势，加入股权众筹后可弥补新三板等市场的线下短板，并且为后续资本服务提供

客户资源。

（3）与互联网企业竞合加剧。

①投资参股互联网金融平台，双方进行深度合作。券商与互联网金融平台的合作，将具备"海量客户资源+雄厚资本金+深度嫁接互联网"的三重优势，可以进一步增加客户流量和客户黏性，提升产品研发能力，实现一体化金融服务。目前，广发证券与新浪财经、同信证券与东方财富网站、湘财证券与大智慧平台合作都取得了良好效果。

②互联网企业进军证券市场蓄势待发。虽然目前证券行业并未对互联网企业放开通道，但各企业已经开展各种尝试和准备工作。2014年12月，东方财富收购宝华世纪证券有限公司100%的股权，揭开了内地互联网公司收购香港券商的序幕；腾讯实际投资参股富途证券，通过业务合作、推广等方式吸纳港股投资者。"百度股市通"和支付宝的"股票行情"操作体验已超越国内多数证券公司的炒股APP，蚂蚁金服也将很快推出互联网炒股软件。

③"类淘宝"模式和大数据产品对证券行业研究咨询业务造成冲击。针对证券公司传统的投资咨询服务，以微量网、益研究、"百度股市通"为代表的产品直接冲击和取代了券商的投资咨询业务。百度开发的"百度股市通"，基于百度大数据搜索，通过技术建模、人工智能，帮助用户获知投资热点，解决股民的"信息不对称"问题。以微量网为例，其构建的便是一个量化投资者策略的"淘宝"，宽客（金融衍生品的创造者）作为卖方，可发挥自己的才智制定量化投资策略；投资者作为买方，可按照自己的风险偏好筛选和确定购买投资策略；最终实现卖方与买方直接对接，宽客通过销售投资策略获取收入，投资者选择优秀的投资策略实现财富增值。

3. 互联网保险的发展

2014年，国务院颁布的《关于加快发展现代保险服务业的若干意见》（简称"新国十条"），大力支持保险公司推进互联网保险创新。

（1）互联网保险规模迅速增长，经营模式日益丰富完善。

《2014年互联网保险行业发展形势分析》数据显示，2014年全年互联网保险累计实现保费收入858.9亿元，同比增长195%；占总保费收入的比例由2013年的1.7%增长至4.2%，对全行业保费增长的贡献率达到18.9%，比上年提高8.2个百分点；全行业经营互联网保险业务的保险公司达到85家，当年新增26家。

当前，互联网保险已有电商平台、专业第三方保险中介平台、专门的网络保险公司等多种经营模式。2014年，在经营互联网保险的85家公司中，69家公司自建自营，68家公司协作经营，52家公司采用官网和第三方合作的兼营模式。大约有57%的互联网保险保费通过官网实现，其余43%来源于第三方电子商务平台。分险种看，财产保险互联网业务保费主要通过自营官网实现，占互联网财产保险总保费比重的九成以上；人身保险互联网业务保费主要依托第三方平台实现，占比约为95%。

①保险公司自建网络平台日渐成熟。目前，中国人寿、中国太保和中国太平等国内大型保险集团基本建成自己的网络销售平台。数据显示，2014年互联网保险官网访问量突破18亿人次，同比增长约40%，日均访问量超过370万人次。

②电商平台销售渠道优势依然明显。相对保险公司自建网络平台，电商销售平台具有更大的流量入口和客户群体，发展互联网保险的优势仍然明显。目前，淘宝、苏宁、京东、腾讯、网易等均已涉足保险销售，电商之间在客户争夺、需求挖掘、产品设计等竞争日益激烈。在扮演销售平台角色的基础上，2014年苏宁云商正式获得保险代理牌照，率先具备全国专业保险代理资质。

③保险公司与互联网相关公司合作介入专业保险领域。例如华泰财险与国内首家在线外贸交易平台敦煌网合作开展电商跨境交易风险保障计划。

④第三方保险中介平台蓬勃发展。以优保网、慧泽网、中民保险网等为代表的第三方保险中介平台，汇集不同保险公司的相关保险产品与服务，为用户提供更为全面的选择与在线服务。

⑤具有保险牌照的专业网络保险公司试点成长。作为唯一一家被试点批准的专业网络保险公司，众安在线于2013年成立后，2014年就实现了7.4亿元的保费收入、3341万元的盈利。从实际经营情况看，众安在线将目标

客户群聚焦于互联网买家、卖家，以 O2O 方式在互联网上架构产品需求和服务流程，其中，在产品和服务上符合市场需求与用户体验。以其国内首个互联网保证金保险——"众乐宝"为例，已累计为100万以上客户提供服务。

（2）互联网保险业务稳步拓展，尝试突破创新瓶颈。

①谋求向综合化金融服务平台转型。各保险公司正在将品牌、客户资源优势与互联网平台深度融合，将其作为综合金融集团的基础运作平台，提升保险公司在整个金融体系中的地位。继中国平安定调"四种资产、两朵云、一扇门"的互联网金融战略体系后，太保集团也正在积极申请第三方支付牌照，准备在提供基于互联网的产、寿险服务之外，将战略突破口瞄准由保险延伸出去的一揽子生活服务和金融服务。

②继续探索对保险产品的市场扩展。从目前总体情况看，尽管各保险公司不断在互联网保险产品上加以创新，但目前仍然以产品销售为主，且保费收入主要来自两个险种。基于此，互联网保险产品正在尝试不断满足不同市场需求：一是加强互联网保险的碎片化特征，在产品上重视受众群体的细分，例如开发专门针对女性、少儿和老年人的健康险等；二是结合互联网时代的新型经济、生活方式，开发退货运费险、手机碎屏险、账户资金安全保险、高温险等与网上交易紧密相连的保险产品；三是发挥"长尾效应"，提升客户聚集能力，泰康人寿的"微互助"、中国太保的"救生圈"和一元"关爱险"等产品通过交互性的保险将不具有高额投保能力的客户纳入被保人群；四是利用大数据技术提升风险管理与定价水平，将高温险、雾霾险、赏月险等较难进行风险管理的险种纳入承保范围。

③加强对运营流程的互联网革新。传统的保险运营涉及产品开发、产品销售、核保与承保、理赔报案、勘查、核算以及各类保险给付等多个环节。在产品销售环节上线基本完成的基础上，保险公司正尝试在透明化开发、自动承保、自助理赔等环节上进行互联网技术改造，努力加大运营全流程改造力度。如光明人寿的"健康随心保"产品，在核保、承保、理赔等环节突出线上免体检、确诊即赔付、自由化和定制化程度高等特点。例如人保财险

客户可基于手机移动服务平台，轻松实现现场一站式自助理赔。此外，大地保险的 RAS 系统（大地快速定损系统），太平洋财险的车险移动视频勘查系统都可以实现类似功能。

（3）互联网保险业务发展空间依然巨大。

大数据、物联网技术为互联网保险产品创新提供想象空间。大数据、云计算在保险行业的应用，针对不同的社会特征、消费行为和财务信用状况设计出费率不同、个性化的保险产品，提供个性保单。特别是通过车联网及可穿戴设备技术的应用，能够更为实时地记录和分析每个人的生活习惯数据，为消费者购买保险提供个性化的保单与定价服务。同时，还可以将业务空间向医疗、养老、"三农"、巨灾保险等领域发展。

4. 互联网信托的发展

伴随着互联网金融的迅速发展，信托公司也在不断加强互联网方面的工作创新，但受到信托自身性质和信托相关法规的限制，与其他传统金融机构相比，信托业的互联网发展相对稳健。

（1）加强对互联网技术的应用和平台的研发。

截至 2014 年末，69 家信托公司全部建成官方网站，继外贸信托首家启动了微信订阅号"五行财富"后，已有半数信托公司相继推出了微信公众账号，中融信托、东莞信托等 7 家公司在移动端推出手机 APP。依托互联网平台，信托公司设置了产品推介、活动推送等功能，部分手机 APP 具备在线预约认购理财产品、查询交易情况、接入现金类信托产品申赎等功能，以便增加客户黏性，促进产品营销。

（2）互联网信托产品在创新与监管中试水。

受信托法"信托计划最低金额不得少于 100 万人民币，信托产品不允许集资购买，信托受益权禁止分拆转让"等规定的影响，互联网信托产品正在创新与监管中试水。2014 年以来，相继有"信托 100"、雪山贷等产品尝试以分拆形式销售信托产品，但先后被叫停下架；但随后又有"信托宝"等新的产品尝试将大额信托投资转变为标准化、低门槛、高灵活度的互联网金融投资。与此同时，中信信托另辟蹊径，在 2014 年 11 月开发消费信托平台"中信宝",以旅游、黄金消费等为主题的消费信托产品相继发售。消费信托主要围绕自己的功能展开,实现择优选择消费、"集采"获取价格优惠、保证投资者消费权益的功能。

专栏4:"信托100"模式的推出和叫停

"信托100"（www.xintuo100.com）作为互联网信托理财平台允许投资者以100元/份的分拆形式投资高规模、高收益的信托产品。截至2014年6月3日,"信托100"在半年内已推出120个信托产品（119个已完成募集）。

"信托100"模式的合规性风险在于,一是不具备信托业务许可资格,二是销售的部分信托产品未获信托公司授权。2014年4月16日,信托业协会和多家信托机构声明指出"信托100"网站信托经营缺乏合法资质。三是突破了现行信托行业相关规定,例如产品不符合信托合格投资者的认定规定,超出了投资者人数的限制范围,受益权拆分转让不合规。

参考文献

[1] 安信证券:《P2P网贷繁芜丛生》,《资本市场》2013年第6期。

[2] 巴曙松、谌鹏:《互动与融合:互联网金融时代的竞争新格局》,《中国农村金融》2012年第24期。

[3] 边叶、苏玉珠:《互联网金融风险及其防范机制》,《商业经济研究》2015年第4期。

[4] 波士顿咨询公司:《互联网金融生态系统2020——新动力、新格局、新战略》,2014。

[5] 曹方:《拒绝野蛮生长 互联网金融探寻监管良策》,《上海信息化》2014年第6期。

[6] 曹红辉:《中国电子支付发展研究》,经济管理出版社,2008。

[7] 常欣:《信托100信托版余额宝》,《东方企业家》2014年第5期。

[8] 陈华平、唐军:《移动支付的使用者与使用行为研究》,《管理科学》2006年第12期。

［9］董昀、辛超：《现代支付清算体系若干专题文献综述》，载《中国支付清算发展报告（2013）》，社会科学文献出版社，2013。
［10］范敏：《"余额宝"业务发展趋势、影响及政策建议》，《时代金融》2013年第9期。
［11］冯娟娟：《互联网金融背景下商业银行竞争策略研究》，《现代金融》2013年第4期。
［12］龚映清：《互联网金融对证券行业的影响与对策》，《证券市场导报》2013年第11期。
［13］韩倩倩：《2014年互联网金融事件大盘点》，《中国战略新兴产业》2015年第3期。
［14］何光辉、杨咸月：《手机银行模式与监管：金融包容与中国的战略转移》，《财贸经济》2011年第4期。
［15］黄莉萍：《互联网金融的风险特点及监管建议》，《北方经济》2014年第7期。
［16］黄蕊：《互联网金融浪潮下商业银行如何转型升级》，《金融理论与教学》2014年第4期。
［17］黄友军：《互联网金融发展动因分析》，《新经济》2014年第10期。
［18］黄震、王兴强：《第三方支付的法律风险及其防范机制构建》，《南方金融》2014年第11期。
［19］霍学文：《关于云金融的思考》，《经济学动态》2013年第6期。
［20］姜建清：《金融高科技的发展及深层次影响研究》，中国金融出版社，2000。
［21］金鳞：《互联网改变金融》，东方证券行业研究报告，2013。
［22］金文姬、沈哲：《中国网络银行服务的五维度分析》，《金融评论》2011年第6期。
［23］李麟、钱峰：《移动金融：创建移动互联网时代新金融模式》，清华大学出版社，2012。
［24］李楠：《第三方支付风险与对策分析》，《祖国》2013年第6期。
［25］李平：《重审互联网金融》，《全球商业经典》2014年第4期。
［26］李天骄：《商业银行风控依托大数据》，《国际商报》2014年第7期。
［27］林素芬：《解决我国中小企业融资难问题的对策研究》，《商业文化（下半月）》2012年第10期。
［28］刘博、吴贤斌：《互联网金融与利率市场化的发展》，《区域金融研究》2014年第6期。
［29］刘海二：《全球手机银行的现状、模式、监管与金融包容》，《上海金融》2013年第9期。
［30］刘澜飚等：《互联网金融发展及其对传统金融模式的影响探讨》，《经济学动态》2013年第8期。

[31] 刘甜甜：《浅析国内 P2P 网络贷款行业的发展历程和问题平台》，《品牌（下半月）》2015 年第 2 期。

[32] 刘子玮、雷生茂：《互联网理财产品对我国金融行业的影响》，《现代商业》2014 年第 6 期。

[33] 马小明、沈洪、费娜：《后牌照时代第三方支付的风险防范机制研究》，《西部金融》2014 年第 8 期。

[34] 邱冠华、李晗、黄春逢：《互联网金融：颠覆不了传统银行》，国泰君安证券行业研究报告，2013。

[35] 邱勋：《余额宝对商业银行的影响和启示》，《新金融》2013 年第 9 期。

[36] 谭润沽：《银行支付业务的战略重要性：基于第三方支付发展的视角》，《南方金融》2010 年第 1 期。

[37] 王千惠：《案例七 互联网金融狂欢？——对余额宝创新与监管的法律分析》，《公司法律评论》2014 年第 12 期。

[38] 王维东：《电商生态进入消费金融领域，互联网消费金融将迎来产业爆发期》，《金卡工程》2014 年第 9 期。

[39] 夏政：《基于系统论的互联网金融生态建设》，《财经科学》2015 年第 1 期。

[40] 谢滨、林轶君、郭迅华：《手机银行用户采纳的影响因素研究》，《南开管理评论》2009 年第 3 期。

[41] 谢平：《网络银行：21 世纪金融领域的一场革命》，《财经科学》2000 年第 4 期。

[42] 谢平、邹传伟、刘海二：《互联网金融监管的必要性与核心原则》，《国际金融研究》2014 年第 8 期。

[43] 谢平、邹传伟、刘海二：《互联网金融需要"以监管促发展"》，《中国经济周刊》2014 年第 4 期。

[44] 许荣、刘洋、文武健、徐昭：《互联网金融的潜在风险研究》，《金融监管研究》2014 年第 3 期。

[45] 叶冰：《互联网金融时代，商业银行怎么做》，《银行家》2013 年第 3 期。

[46] 叶林峰;;《互联网时代的银行理财》，《卓越理财》2014 年第 5 期。

[47] 叶文辉：《互联网金融理财业务监管与防范——以"信托 100"互联网平台百元团购信托产品为例》，《征信》2014 年第 9 期。

[48] 殷剑峰：《"互联网金融"的神话与现实》，《上海证券报》2014 年 4 月 22 日。

[49] 尹龙：《对我国网络银行发展与监管问题的研究》，《金融研究》2001 年第 1 期。

[50] 于光媚：《用户需求催生移动支付 反向 O2O 成未来主战场》，《通信世界周刊》2014 年第 5 期。

[51] 张健华：《我国互联网金融监管问题研究》，《浙江金融》2014 年第 5 期。

［52］张小健、陈匡明：《论互联网金融的缘起》，《时代金融》2014年第8期中旬刊。

［53］张晓朴：《互联网金融监管的原则：探索新金融监管范式》，《金融监管研究》2014年第2期。

［54］赵璐、陈永丽：《我国互联网金融发展探析》，《宏观经济管理》2014年第5期。

［55］赵明月：《"新国十条"背景下我国互联网保险发展趋势浅析》，《吉林金融研究》2015年第2期。

［56］赵月云：《浅谈P2P网络借贷平台风险控制》，《时代金融》2015年第4期。

［57］郑联盛：《中国互联网金融：模式、影响、本质与风险》，《国际经济评论》2014年第9期。

［58］中国保险监督管理委员会：《2014年互联网保险行业发展形势分析》。

专题篇
Special Subject

互联网金融企业估值方法

摘　要： 本报告从企业生命周期理论的角度，对互联网金融企业的估值方法进行了分析，将互联网金融企业分为初创期、导入期、成长期、成熟期，每个时期对应不同的估值方法。研究和分析互联网金融企业的估值，有助于把握互联网金融产业的发展前景。

关键词： 互联网企业估值　企业生命周期理论　梅特卡夫定律

一　企业转型互联网金融后的估值变化

传统企业积极向互联网金融转型，在商业模式转变的同时，也带来了资本市场对其价值理解的变化。以传统 IT 企业向互联网金融转型为例，截至 2015 年 6 月 16 日，转型互联网金融的传统 IT 企业平均市值达 496 亿元，较

1年前的平均市值85亿元增长了4.8倍,其中总市值最高的公司为东方财富,市值达到1264亿元,较1年前上涨7.5倍,市值增长幅度最大的是同花顺,较1年前上涨13.5倍,最新市值达579亿元(见表1)。

表1 传统IT企业2014~2015年市值变化情况

公司	总市值(亿元)(2015/6/16)	总市值(亿元)(2014/6/16)	增长率(%)
东方财富	1264	148	754
恒生电子	858	186	361
用友网络	846	172	392
同花顺	579	40	1348
金证股份	474	90	427
广电运通	390	148	164
中科金财	380	30	1167
信雅达	342	38	800
汉得信息	240	71	238
长亮科技	235	21	1019
安硕信息	177	27	558
御银股份	162	45	260

资料来源:Wind资讯。

二 互联网金融企业的估值方法分析

爆发式增长的市值,反映出互联网企业强大的价值创造能力。研究和分析互联网金融企业的估值,有助于把握互联网金融产业的发展前景。

但是,由于互联网企业的特殊性,无法适用传统的估值方法。对于绝对估值法,现金流折现模型需要对企业未来的现金流进行预测,但由于商业模式可发挥空间巨大,互联网企业从用户培育到流量变现往往具有很大的不确定性,难以预测未来的现金流。对于相对估值法,第一,互联网产业具备发展周期短、企业更迭快、可比标的少的特点。第二，多数互联网企业的盈利性较弱或盈利不稳定，因此初期 P/E（市盈率）往往非常高，而增长到达拐点之后，业绩增速将大幅提高。第三，互联网公司是轻资产公司，其真正重要的资产是团队和用户，因此财务报表上的资产难以反映互联网企业的真实情况，P/B（市净率）往往也会非常高。

根据企业收入和利润的变化情况以及行业竞争状况，将互联网企业的生命周期分为初创期、导入期、成长期、成熟期、衰退期5个阶段（见图1）。

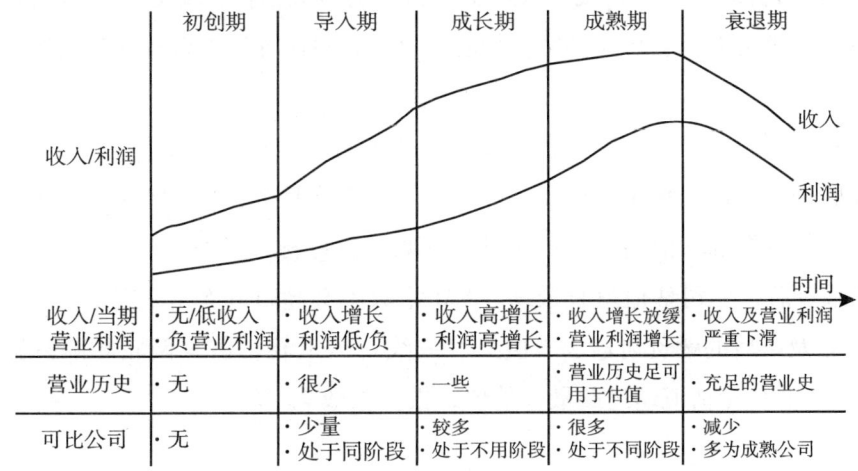

图1　互联网企业生命周期的5个阶段

资料来源：国泰君安证券研究。

（一）初创期：天使/VC投资思维主导

初创期是"讲故事"的阶段。处在初创期的企业，尚未进入或刚进入投资运作阶段，通常是创业者发现或自认为发现了创意并找到满足市场需求的形式，可俗称为"讲故事"阶段。这个时期的产业特点是商业模式未定，业务方面是摸索着前进，同时前进速度并不快。P/E 投资理念彻底失效，要运用 VC 投资思维甚至天使投资思维。

初创期企业估值面临三大问题。一是现有投资不产生现金流，甚至是产生负向现金流；二是未来增长无法确定，没有产品，无法对市场空间进行评估；三是进入成长期的时间点，企业的竞争能力还是未知的。

初创期企业估值采用天使/VC 的投资方法，核心是人。初创期企业过于朦胧，难以用一道公式确定其估值。此外，初创期企业的成败往往取决于人，一个好的团队对企业价值有巨大贡献。据此，笔者梳理了三大类共 6 种天使/VC 的估值方法。

1. VM 指数法："傻叉警戒线"

"傻叉警戒线"是指投资人对交易对象的最大估值。交易值一旦超过最大估值，投资人就会自我怀疑，担心自己投资过高导致失败进而沦为行业笑柄。

"傻叉警戒线" = 上轮估值 × 两轮相隔月数 × 0.5。与"傻叉警戒线"相关联的一个概念是 VM 指数，V 指估值，M 指月数，VM 指数指本轮融资与前一轮融资的估值差异倍数除以两轮融资的间隔月份数。一般而言，达到 C 轮融资后，公司估值增长放缓，VM 指数不会超过 0.5（见表 2）。因此，在 C 轮及以后的融资阶段，"傻叉警戒线" = 上轮估值 × 两轮相隔月数 × 0.5，如果 C 轮估值超过此最大估值，投资失败概率较大。

表 2 VM 指数围绕 0.5 上下浮动

互联网公司	阶段	时间	融资额（亿美元）	市值（亿美元）	相隔月数	VM 指数
小米科技	A	2010.12	0.41	2.5		
	B	2011.12	0.9	10	12	0.33
	C	2012.06	2.16	40	6	0.67
	D	2013.08	数额不详	100	14	0.18
	E	2014.12	11	450	16	0.28
京东	A	2007.08	0.1	0.2		
	B	2009.01	0.21	1.06	17	0.31
	C1	2010.01	1.5	5	12	0.39
	C2	2011.04	15	60	15	0.80
	D	2012.11	4	72.5	19	0.06

续表

互联网公司	阶段	时间	融资额（亿美元）	市值（亿美元）	相隔月数	VM 指数
积木盒子	A	2014.02	0.1	0.5		
	B	2014.09	0.37	1.85	7	0.53
	C	2015.04	0.84	4	5	0.43
滴滴快车	B	2013.04	0.15	0.75	7	
	C	2014.01	1	5	9	0.74
	D	2014.12	7	35	11	0.64

资料来源：动点科技、投中网、投资界、财新网、国泰君安证券研究。

2. 绝对值法

绝对值法指天使投资者在投资企业时拟定的价值区间，这类方法的优点在于简单明了，但缺点则是过于绝对。从绝对值法设定的3个标准来看，对于初创企业而言，1000万元是估值上限。

（1）500万元上限法。这种方法要求不对一个估值超过500万元的初创企业进行投资。

（2）200万~500万元标准法。许多传统的天使投资者投资企业的价值一般为200万~500万元。

（3）200万~1000万元网络企业评估法。考虑到网络企业价值起伏大的特点，对初创期的企业价值评估范围由传统的200万~500万元，增加到200万~1000万元。

3. 以人为评价核心的估值方法

（1）博克斯法。博克斯法的典型做法是对所投企业根据下面的公式来估值：一个好的创意=100万元，一个好的盈利模式=100万元，优秀的管理团队=100万~200万元，优秀的董事会=100万元，巨大的产品前景=100万元（见图2）。加总以后得到一家初创企业的价值区间为100万~600万元。这种方法的好处是将初创企业的价值与各种无形资产的联系清楚地展现出来，比较简单易行，通过这种方法得出的企业价值一般比较合理。同时,在博克斯法的五大评估要素中,管理团队的评估价值最高,凸显出对于初创企业而言,人是核心价值。

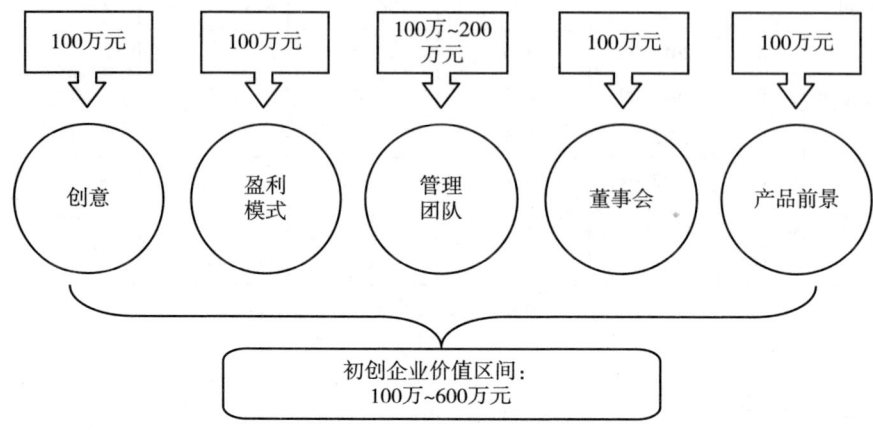

图 2　博克斯估值方法

资料来源:国泰君安证券研究。

（2）三分法。三分法是指在对企业价值进行评估时,将企业的价值分成 3 部分,通常是创业者、管理层和投资者各 1/3,将三者加起来即得到企业价值（见图 3）。

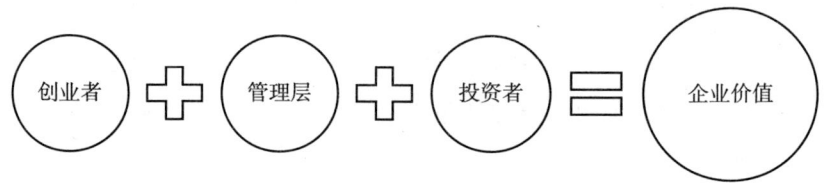

图 3　三分法关注创业者、管理层、投资者 3 个方面的价值

资料来源:投资中国、国泰君安证券研究。

（二）导入期:定义体现企业核心特征的 P/X 估值

导入期,又被称为"猪都能飞"的阶段。在该阶段,产品和服务已成型,用户开始大幅增长,变现模式已逐步清晰,业务成长极快,原本新生的业务会迅速扩散成为一个广泛的话题。但用户价值尚未完全转化为收入，业绩滞后于业务发展，无法用传统估值方法进行估值。

对于处在这一阶段的互联网企业，根据前人研究和笔者的提炼和延伸，将互联网金融企业的估值框架拆分为 N（用户数）、R（网络节点距离）、P（市场占有率）、K（价值系数）四大因素（见图4）。

$$V = K \times P \times \frac{N^2}{R^2}$$

V：互联网企业的价值
K：变现因子
P：溢价率系数（取决于企业在行业中的地位）
N：网络的用户数
R：网络节点之间的距离

图4　导入期互联网企业估值框架

资料来源：国泰君安证券研究。

1. 互联网金融企业估值因素 N：用户数

梅特卡夫定律由3Com公司的创始人、计算机网络先驱罗伯特·梅特卡夫于1973年提出。人们常常把梅特卡夫定律与摩尔定律相提并论，如果说摩尔定律是信息科学的发展规律，那么梅特卡夫定律就是网络技术发展规律。该定律的具体含义是，网络的价值与用户数量的平方成正比（见图5）。

$$V = K \cdot N^2$$

K：价值系数
N：用户数量

图5　梅特卡夫定律

资料来源：百度知道、国泰君安证券研究。

梅特卡夫定律认为互联网的价值在于将节点连接起来。而节点越多，潜在的连接数越多。如果节点数是 N，其中存在的连接数可能是 $N \times (N-1)$，即 N^2 这一数量级。网络的价值与节点的平方成正比。

梅特卡夫定律提出40多年来，学术界对其有不同的观点，但一直没有特别好的实证。2014年梅特卡夫教授自己发布了一篇文章，利用Facebook的数据对梅特卡夫定律进行验证，发现Facebook的收入和用户数的平方成正比。中国有学者也采用相同的方法，验证了腾讯的收入和用户数的平方成正比。梅特卡夫定律得到了非常好的验证。

2. 互联网金融企业估值因素 R：网络节点距离

腾讯的5位创始人之一曾李青于2014年在梅特卡夫定律的基础上做了改良，认为互联网企业的价值与网络节点之间距离的平方成反比。曾李青认为，网络的价值不仅和节点数有关，也和节点之间的距离有关。网络中信息质量越高、数量越多、高连通度节点越多，则网络节点的距离就越短，网络的价值就越大（见图6）。

$$V = K \cdot \frac{N^2}{R^2}$$

网络节点之间距离 R 的对应因素：
T：连接时间
S：速度
I：界面
C：内容

图6　曾李青定律

资料来源：新浪博客、国泰君安证券研究。

网络节点的概念较为抽象，根据曾李青的解释，网络节点的距离受连接时间、速度、界面、内容四大因素的影响。在四大因素中，连接时间、速度涉及技术，界面涉及运营，内容则是核心。

3. 互联网金融企业估值因素 P：市场占有率

互联网的特点之一是赢者通吃。以电子商务市场为例，根据艾瑞咨询的数据，在2014年中国B2C电子商务市场份额中，天猫占61.4%，京东占18.6%，二者合计占据80%的市场份额，行业地位居第三位的苏宁易购仅占3.2%（见图7）。因此，在一个互联网子行业中，领先者的估值与落后者的估值差距，应大于二者的市场份额差距，因为领先者未来的市场份额很有可能会更大。

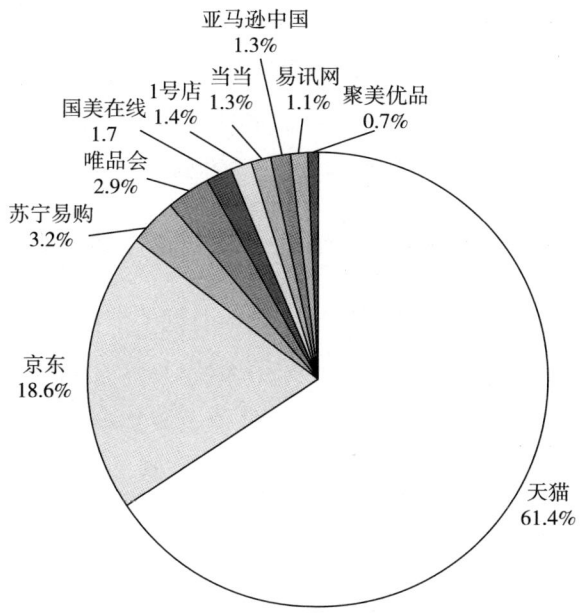

图 7　电商行业呈现明显的马太效应

资料来源：艾瑞咨询、国泰君安证券研究。

4. 导入期企业估值方法：非财务数据倍数的 P/X 估值

综上所述，对处于幼年成长期的企业进行估值，需要采用非财务数据来比较企业价值，如用户总数、月活跃用户数、单用户停留时间、订阅量、用户黏性（长期、黏性、重度）、交易规模等。

（三）成长期：P/S 与 PEG 估值法

成长期可以理解为"雄鹰高飞"的阶段。在成长期，企业收入和利润都开始高速增长，越过盈亏平衡点，有真实业绩支撑的"鹰"开始显现，此时应采用 P/S 和 PEG 的估值方法。

（四）成熟期：P/E 估值法

成熟期，回归传统估值方法。业绩实现高速增长之后，以现代互联网的发展速度，一般只需要一年左右的时间，行业就会迅速进入市场份额固化阶段,这个时候企业基本进入成熟期。这个时期产业特点是渗透率游戏接近结束,行业整体业务还是高成长,但速度开始逐年放慢,龙头企业的市场份额开始遥遥领先并进一步增长,而其余企业的市场份额开始慢慢萎缩,市场开始要求业绩兑现,传统的P/E估值方法开始回归。

(五)小结:生命周期视角下的互联网企业估值方法

笔者根据互联网企业的不同发展阶段,总结了市场上比较认可的几类估值方法。初创期公司还只是个概念,采用天使/VC的投资思维估值;导入期公司业务开始发展,应采用多元化相对估值,简称P/X估值法;成长期公司业绩增速极快,故采用PEG和P/S估值法;成熟期行业市场格局固化,企业收入和利润增速放缓,回归传统的P/E估值法(见表3)。

表3 生命周期各阶段的互联网企业估值方法

	初创期	导入期	成长期	成熟期	衰退期
一般时间周期	1年	1~3年	3~10年	10年甚至更长	NA
商业模式	商业模式不清晰,持续亏损	关键指标(如用户数)开始急剧增长,中后期收入开始出现高速增长	盈利模式清晰,利润开始剧增	开始出现价格战,收入、利润增长缓慢	收入、利润开始负增长
利润增速	NA	NA	>30%,正常要高于50%甚至100%	>0% 或 <30%	<0%
估值方法	天使/VC思维	多元化相对估值 P/X	PEG,P/S	P/E	NA

资料来源:国泰君安证券研究。

B.3 传统金融机构向互联网金融领域的延伸

摘　要： 互联网正在改变着金融领域的竞争格局，面对来自互联网的挑战，传统金融机构开始谋求变革，逐渐向互联网金融领域延伸。我们认为，未来银行在我国金融体系中的绝对地位不会动摇，互联网金融也将会以资产证券化的互联网银行为主要表现实现。本文首先详细分析介绍了互联网银行的发展现状与趋势。我们认为，新兴的互联网银行创造出一种新的商业模式，给传统金融领域注入了新鲜的血液，但在实际运营中也暴露出了多种问题，特别是在与互联网深度融合方面还有欠缺，需要进一步深化。作为互联网银行的有益补充，本文也分类介绍了非银行金融机构在互联网金融领域的探索与发展，这类金融机构主要包括证券、保险、基金以及刚刚兴起的金融资产交易所。通过梳理，本文认为，未来的互联网金融必将呈现多元化的发展趋势，对传统金融机构业务监管的放宽与对互联网金融监管的跟进将是促进互联网金融健康稳定持续发展的重要环节。

关键词： 传统金融机构　变革　互联网银行

2014年，利率市场化的即将破冰、中国国民财富配置从房地产转向金融以及政府"互联网+"相关政策的出台，推动了中国互联网金融的发展。从资产结构和对经济的影响来看，中国的互联网金融注定是以银行为主导的互联网金融，伴随着金融体制的改革与转型，银行将会成为互联网金融的核心角色，可以说，互联网金融将会以资产证券化的互联网银行为主要表现形式。

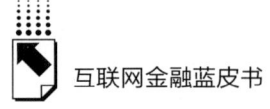

如果说2013年是"互联网金融元年",那么到了2014年,互联网金融受到的关注度则越来越高,发展互联网金融的热度也越来越高。一方面,中国经济增长放缓,经济发展面临瓶颈,国家寻求新的经济增长点,出台政策支持传统经济向互联网经济转型;另一方面,传统金融模式下的"普惠金融"不能满足国民财富增长过程中的金融需求,而互联网金融可实现借贷融资的小额化及普惠化,具有客户体验良好、投资门槛低等特点,因此,很多以前不参与金融业务或只是为金融企业做配套服务的企业寻求进入金融业,催生了2014年创新不断涌现、P2P又创新高、互联网企业瓜分金融蛋糕的热潮。

但我们必须清醒地认识到,金融是一种在国民经济当中占据重要地位的产业,而"互联网+金融"既是对传统金融的互联网技术改造,又对企业估值、企业战略、商业模式策产生重要影响。不可否认,新技术的出现会影响金融活动、盈利模式乃至思维决策,但并未改变金融资金融通的本质,也不会改变金融的投融资与支付功能和金融服务业的属性。它可能带来金融产品的创新,却不会产生金融的新形态。总而言之,互联网金融机构只是在创新的网络平台上发挥着传统的金融功能,其业务形式与传统方式相比有很大的改变,但是,金融最为本质的核心功能和基本风险并没有因为互联网的出现而得到根本的改变。

当然,互联网金融的发展对现有金融机构的盈利情况甚至一些小机构的生存状况会产生一定冲击。由于在"银证保"这三类传统的金融机构中银行业占据了资产的绝大比重,互联网金融对传统金融机构的冲击,在一定程度上来看,更多地表现在互联网金融对银行的冲击上。

一 互联网金融与传统金融

(一)银行在金融业中依然占绝对主体

2013年至今短短的两年多时间,互联网金融发展迅猛,规模不断扩张。尽管如此,与传统银行业庞大的体量相比较,互联网银行的渗透率仍处于低位,余额宝、P2P等产品目前仅吸引了传统银行业未曾覆盖的长尾用户,但尚未触及银行的核心业务，其原因在于中国银行业的大体量和重要地位。

金融是现代经济的核心，被称为第二国防，而银行又在其中居于核心地位，在金融业、经济社会、国民生活中的地位都十分重要。从统计数据看，目前中国银行业的总资产占了金融业总资产的90%左右，相对于欧美日等发达国家处于较高水平；银行贷款这一传统的间接投资手段仍是最重要的市场投资方式，可以达到投资规模的6成左右；银行信贷占非金融企业负债的比例超过50%。与保险、信托、基金等细分市场规模相比，银行也占据绝对的优势，如图1、图2、表1所示。

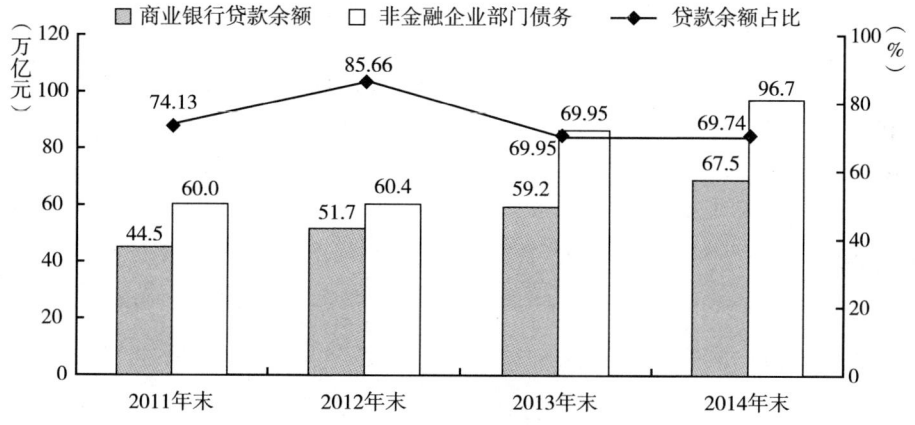

图1　金融和非金融领域贷款余额

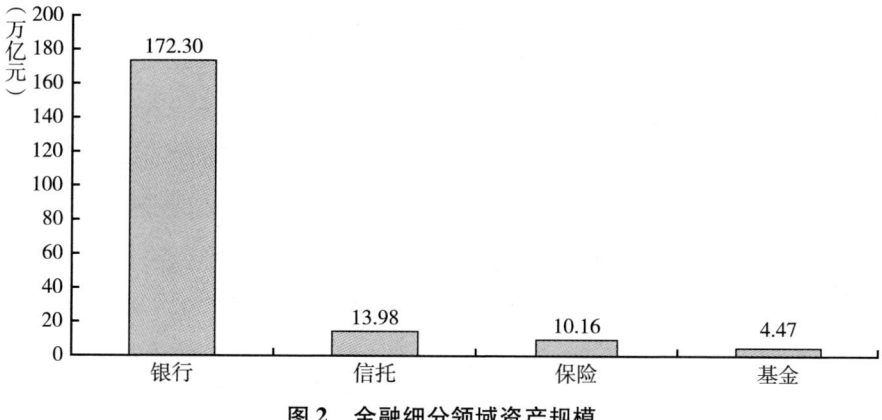

图2　金融细分领域资产规模

资料来源：银监会、中国信托业协会、保监会、Wind、安信证券研究中心。

表1 银行贷款是最重要的市场投资

	2014年（万亿元）	占比（％）	2013年（万亿元）	占比（％）	2012年（万亿元）	占比（％）
人民币贷款	9.78	59.6	8.89	51.3	8.2	52.0
外币贷款	0.36	2.2	0.58	3.4	0.92	5.8
银行承兑汇票	-0.13	-0.8	0.78	4.5	1.05	6.7
银行融资	10.01	61.0	10.25	59.2	10.17	64.5
委托贷款	2.51	15.3	2.55	14.7	1.28	8.1
信托贷款	0.52	3.2	1.84	10.6	1.28	8.2
企业债券	2.38	14.5	1.81	10.5	2.26	14.3
股票融资	0.44	2.7	0.22	1.3	0.25	1.6
社会融资总额	16.41		17.32		15.76	

资料来源：张衢《什么是商业银行》。

2002~2014年，银行业总资产从23.7万亿元增长到170万亿元左右，12年间增长7.1倍，年均递增17.74％。2015~2020年，银行仍会快速发展，按12％~15％的增速预测，预计总资产将增长100％~130％。目前，我国银行业资产的集中度超过50％，五大行资产占比为43.34％。

图3为2003~2014年四大行总资产及占比情况。

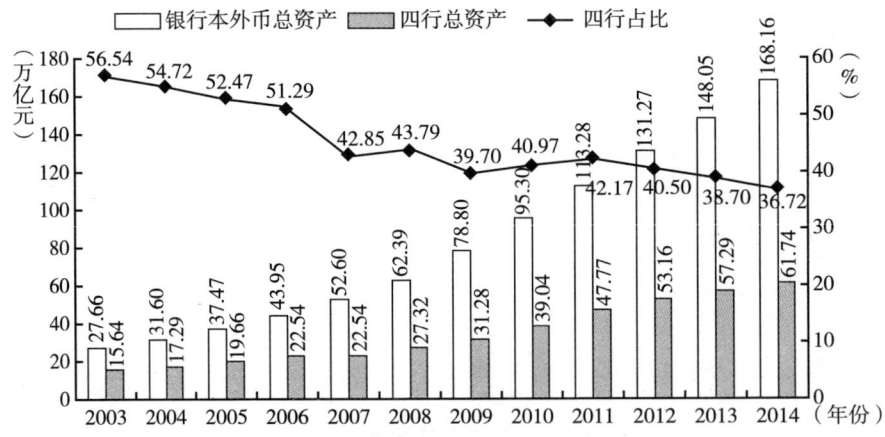

图3 2003~2014年四大行总资产及占比

资料来源：张衢：《什么是商业银行》。

由图3可知，银行的本外币总资产规模仍旧不断提升，增长率也十分可观。四大行总资产规模也在稳步提高。由此可见，银行在金融业中的主体地位仍旧不容撼动，商业银行的利润水平依旧在不断提升。图4为2002～2020年银行业总资产额及增长率变化情况、图5为中国商业银行净利润规模水平。

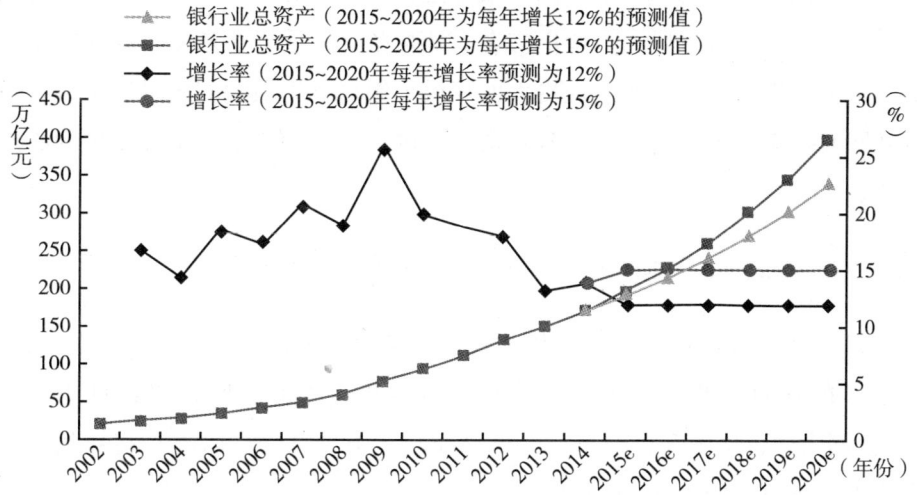

图4　2002～2020年银行业总资产额及增长率变化情况

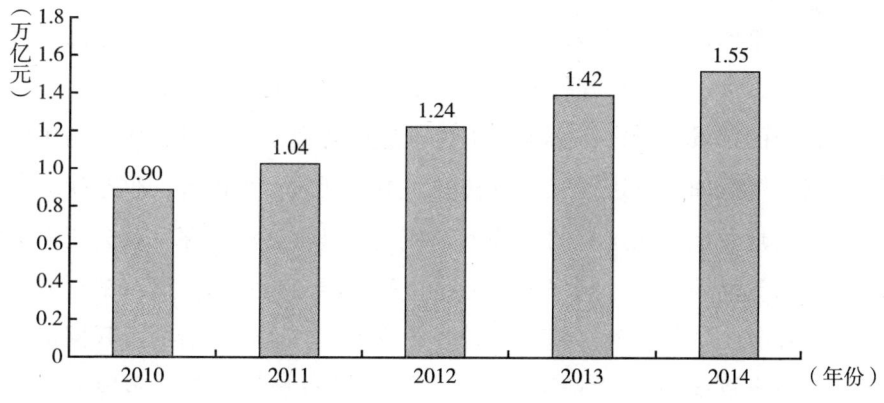

图5　中国商业银行净利润规模

资料来源：银监会、安信证券研究中心。

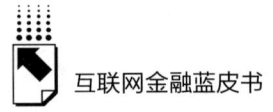

目前，银行的信贷资产达到68.8万亿元左右，而P2P的规模在3000亿元左右，与众筹规模约为几亿元，两者合计大概占银行信贷资产规模的4‰。从规模上看，新兴的互联网金融形态的信贷规模远远不及银行。目前中国在册企业约有1800万个，小微个体户6000多万个，即便多层次的资本市场全面放开，以银行信贷为主的间接融资依然是企业解决融资问题的首选方式。我们应该意识到，在中国，银行业占金融业的比重十分强大，银行业是经济金融发展最重要的资金供应者，地位举足轻重。在未来，企业对资金的需求依然推动着银行业实现更大的规模。银行作为最大的投融资平台，在互联网时代必须进行转型，外延式增长与内涵式转型相结合是其发展的必然趋势。

（二）银行必须借助互联网手段与思维实现自身变革

2013年，银行业全行业的利差收益占了全行业总收入的79.5%，而银行95%的利润来源于利差。随着利率市场化进程的不断推进，息差缩窄（有证据表明，美国和台湾息差会迅速缩减至1个百分点以内）将导致银行利润下降到原来的1/3~1/2。

利率市场化之后，商业银行想保持原来的收入水平，就要追求高风险高收益的业务种类，可能带来的风险就是坏账率非常高。这点在美国已经得到印证：利率市场化之后美国的坏账率上升到13%。坏账率的提高又会使风险防控出现困难，一旦风险控制失效，银行将面临破产的危机。

在这样的背景下，银行必须也不得不进行转型，以应对利率市场化后的收益危机。银行如果不进行互联网转型，不转型为轻型银行，收益就会大幅收窄乃至出现亏损。在这样的条件下，利率如果不上浮，存款就会流失，从而可能导致流动性危机，利率如果上浮，就可能出现亏损。所以银行要大力发展中间业务、资管业务、新型信贷服务业务等，让转型后的互联网银行的金融服务逐渐覆盖80%的长尾客户，不断追求自身的变革，实现突破，提高银行的服务能力与扩大覆盖面，这才是未来发展的必经之路。

表2为传统银行与互联网银行的比较。

表2 传统银行与互联网银行的比较

	传统商业银行	互联网银行
受众	主要面向大中企业,受众覆盖面小	主要面向个人消费者、中小企业,受众覆盖面大
风险控制	风险控制成本高,依托抵押、担保,限制中小企业融资	信用融资,利用计算机技术和互联网平台对投资者资金进行分散化和多样化处理,对中小企业贷款的风控水平更高
信息处理	困难/成本提高	容易/成本低
风险评估	信息不对称	数据丰富、完整/信息对称
资金供求	由银行作为中介调剂资金金额和期限	通过平台由终端方自由匹配
支付	通过银行	支付方式多样化
供求方	间接交易与直接交易并存	直接交易
产品设计	需要设计复杂产品来对冲风险	简单化(风险对冲需求减少)
交易成本	极高	市场运行互联网化,交易成本较低

资料来源:金融客咖啡、安信证券研究中心。

(三)互联网金融会带来更大风险,使监管难度加大

互联网金融的扩张,特别是银行业进行互联网转型,将会带来更大的潜在风险,而对其进行监管的难度也在不断提升。在这样的条件下,无论是金融机构本身,还是监管当局,对风险的分析与防范、对监管方式的有效改进等就显得尤为重要。目前,互联网金融主要面对的风险有以下几个方面。

(1)传统金融风险在互联网金融中的体现。

①流动性风险。P2P、第三方支付都存在此类风险。

②信用风险。存在缺乏社会征信系统支持的小客户风险,市场比较多变,缺乏担保、抵押等保障手段。

③操作风险。多指道德风险、技术能力风险等。

④法律风险。金融文化意识薄弱,规则缺失,对民间金融进行监管的法律依据不健全。

⑤经营风险。高杠杆率、高经营成本等风险。

（2）互联网金融特有的风险。

①信息科技风险。指机构、网络、系统、技术等方面的内部和外部风险。

②人们对技术不了解、对风险识别和承担能力不足，法律与监管尚存空白。

风险的加大、风险种类的增加，导致监管难度随之提升。为此，相关的监管部门要加强监管，有所作为，提高监管措施的有效性。具体做法有以下几点。

①对市场参与者进行全面的金融风险教育。

②加快完善监管规则、体系、框架，实行中央与地方分级管理。

③从机构监管向功能监管转型，适应跨市场、跨行业特征。

④修改补充保护金融消费者权益的法规。

虽然传统的金融监管制度安排主要是针对传统的金融业务来设计的，但是其中的基本理念依然适用于互联网金融等新兴业态。互联网金融平台的社会化程度更高，其可能造成的金融负面外部成本也更大。由此，及时完善监管制度、防范金融风险便格外值得重视，它是促进互联网金融创新平稳发展的前提。

二 互联网银行发展现状与趋势

（一）互联网银行发展现状

如今，互联网正在改变着金融领域的竞争格局，面对来自互联网的挑战，传统银行开始谋求变革。经过多年的发展，国内的银行业逐渐摸索出了适合中国金融市场、具有中国特色的业务模式，也培育了各自的业务基础和市场基础。2013年《财富》世界500强排行榜数据显示，有95家中国企业上榜，其中银行占9席，占比为9.47%。具体来看，这9家银行的营业收入占中国上榜企业总营业收入的比重为12%，净利润的占比则高达

54.43%。在这样的既有优势下，传统银行业需要极大的勇气来做出改变，并将面临巨大的挑战，在业务内容、服务方式和渠道、分配方式等各方面，都要谋求变革，重构体系。

互联网金融带来竞争、融合与创新，并至少在以下四个领域推动了传统银行业的创新和变革。一是基础设施建设。互联网技术对银行革新支付清算手段等起到了推动作用，同时还促进了客户管理的全面升级、客户服务的精细化、运营模式的重塑，使交易成本大大降低。二是拓展服务渠道。互联网"以客户为中心"的服务理念使银行开始谋求构建多元的服务渠道，发展电子渠道，与物理网点相配合，共同打造"以客户为中心"的场景体验。三是重建产品体系。互联网使商业服务与金融服务的融合有了更多可能，银行对自己的产品体系进行创新，谋求成为集金融与非金融服务为一体的综合提供商。四是转变商业模式。互联网技术使银行在获客模式、风险管控、客户服务方面发生变革，推动银行打造整合资源、撮合交易、批量获客的经营平台。

互联网金融的创新推动着传统商业银行对长尾金融需求进行关注。一方面，商业银行探索自建体系提供符合长尾需求、多样化的金融产品。例如，平安银行于2014年6月推出了供应链生意平台和金融电商平台的整合体"橙e网"，面向供应链小微企业，为其提供包括供管生意、理财、融资、移动收款、"橙e记"、"橙e付"在内的全方位金融服务，截至2015年5月初，平台入驻企业近22万家，注册用户近33万人。另一方面，商业银行开始与第三方企业合作提供金融服务。随着互联网技术带动整个社会征信体系的构建，商业银行可以以与第三方企业合作的形式覆盖长尾用户，为个人用户和小微企业提供金融服务。

在这样的背景下，各家银行都已开始加速布局互联网金融的各项业务。如在银行自建电商平台中，建行电商布局时间最早，2012年6月，"善融商务"平台正式上线，包括企业商城（B2B）和个人商城（B2C）等，涵盖多个领域；2012年8月，交行"交博汇"平台上线，通过"商品馆""企业馆""生活馆""金融馆"四馆业务联动，满足企业及个人金融需求；2013年4月，农行"E商管家"平台上线，农企商户数占据一半以上，大力扩展了农企市场；2014年1月工行"融e购"平台上线，提供了客户采购平台、商户销售推广平台以及支付融资一体化的金融服务平台……商业银行开始逐渐谋求在互联网金融时代的转型与突破。

表3为部分商业银行电子银行特色业务一览。

表3 部分商业银行电子银行特色业务

银行	金融服务	生活服务
中国银行	电子钱包	中银快付
工商银行	金融超市	网上商城
建设银行	手机与手机转账	银医服务、"悦生活"支付缴费平台
农业银行	基金e站、保险e站、	缴费e站
交通银行	小企业e贷在线、淘宝旗舰店、	—
中信银行	线上pos贷、转账直通车、信用卡分期	—
光大银行	"融e贷"线上质押贷款	—
招商银行	小贷通	一卡通

2015年初，银监会下发了《中国银监会关于中信银行等27家银行开办信贷资产证券化业务资格的批复》，批准了中信银行、光大银行等27家股份制银行和城商行开办信贷资产证券化业务的资格，信贷资产证券化备案制获得实质性进展。2014年底我国金融机构的各类贷款余额高达80余万亿元，因此，信贷资产证券化有望盘活这个巨大的信贷存量市场，带动交易撮合平台的大发展。目前，很多商业银行和第三方公司开始关注这一历史性机遇，例如，中科金财打造的第三方互联网银行平台，定位于银行资产的交易平台，未来有望接入3000家中小银行，为其提供资产管理和信贷业务服务。

（二）互联网银行的商业模式

从互联网与传统金融行业的竞争和融合进程来看，互联网对银行业的渗透经历了银行渠道的互联网化（表现为网上银行业务）、主体传统业务的互联网化（表现为大量第三方公司开始从事支付、借贷、征信类业务，传统银行业务的替代品出现,如余额宝、P2P)等阶段,而当下,以微众银行、网商银行的出现为代表,实现所有的银行业务全部线上完成,开启了银行互联网化的又一个新阶段,至此,"互联网银行"基本形成了一个较为完整的体系。新兴的互联网银行给传统金融领域注入了新鲜的血液,创造出一种新的商业模式,将给银行业带来巨大的产业机遇。

依目前市场上已存在的互联网银行的形态和模式来看,互联网银行有着多元化的发展趋势,其主流模式大致可以分为三种:以微众银行、网商银行为代表的互联网公司模式,以兴业银行银银平台为代表的银行模式,以及以部分转型互联网金融的 IT 服务公司为代表的第三方互联网银行平台模式。这三大主流的互联网银行模式分别在其各自代表企业的发展过程中体现出不同的优势和特点。

1. 互联网公司模式

纯互联网银行由传统互联网龙头企业设立,具备民营银行资质。一般都具有轻资产模式,无线下实体营业网点,无传统营业柜台,全网络化低成本运营,成本方面的竞争优势明显。目标客户群体以小微企业和大众为主,业务主力偏向普惠金融和个存小贷,金融服务和产品更具有网络特色,更加亲民。同时重点着力于同业业务,以求打通银行上下游之间的产业链环节。依托与传统银行的合作,将小微客户碎片化、草根化的金融需求与传统银行产品进行对接,实现互联网银行与传统银行在客户、数据、资金等方面的资源共享。

作为互联网银行最直接的发展模式,这类互联网公司模式的优势主要表现在大数据方面的信息优势与低成本的运营优势的交织。背靠成熟互联网企业积淀深厚的互联网生态圈,获得海量的互联网数据(包括客户数据、交易数据、社交数据和游戏数据等),有助于互联网银行在极短的时间内获取巨大的存量客户资源,并迅速定位普惠金融和小微信贷的目标客户,实现互联网精准营销,在本身较低的交易成本基础上进一步降低整体营运成本。互联网大数据优势使纯互联网银行的风险控制体系不同于其他银行,主要以互联网独有的多维度数据界定和智能数据决策引擎,构建传统征信系统之外的量化分级互联网信用体系,这在一定程度上缓解了纯互联网银行信贷业务当中的担保难题，实现达到互联网银行信用风险最小化的目的，有助于最大限度地实现普惠金融。

但另一方面，这一模式也具有一定局限，一是纯线上互联网银行在服务大客户方面并不具有太大优势，其客户主要来自小微企业或个人，业务范围窄小；二是对客户的评价渠道主要依靠大数据的支持，而在抵押担保方面较弱，在降低前台风险的同时也会使中台和后台风控成本提高；三是受此限制，纯互联网银行更应当倾向于开发标准化产品来降低个性化的风险，产品创新性和个性化不足。纯互联网化银行的这种缺陷使之只能局限于设立微小型银行，而对于中型和大型银行来说仅仅是一个补充。

2. 银行模式

具有共享融合趋势特色的银行模式，以传统银行自建的互联网银银平台、投融资平台为主要形式。作为银行间资金融通的方式，典型代表有兴业银行、南京银行相继推出的互联网银行平台、平安旗下陆金所、国开金融和江苏金农公司打造的开鑫贷互联网投融资平台等。

兴业银行的银银平台建立了一种较为灵活的信贷评级方式，结合互联网金融和线下金融的完整服务体系，主要为银行类的金融机构提供全面金融服务解决方案，主要业务服务板块围绕在支付结算、财富管理、科技输出、融资服务、资本及资产负债优化、资金运用、代理国际结算、培训交流八个方面。

银银平台是兴业银行与其合作银行共建、共有、共享、共赢的平台，通过与众多合作伙伴平等协作，联合网络、人才、产品和服务，互补优势，共享资源，共同为客户提供更多的网点服务便利。截至2014年12月末，银银平台签约合作银行达575家，联网上线银行达474家；柜面代理结算网络覆盖范围不断扩大，联网银行达263家，联结网点超过3.4万个；钱大掌柜合作银行已达189家；已与国内245家商业银行签约提供信息系统建设与运维服务，并已落地实施107家。

银银平台的整个模式是从与中小银行互通基础业务开始的，而后衍生至多项业务。成立初期，通过与三、四线城市中小银行实现相互代理，节省网点铺设及技术投入，为中小合作银行提供数据托管和灾备等服务。由于清算的需要，中小银行必须在兴业银行存放一定数量的资金，使兴业可以以较低的成本配置资产，形成可观利润。银银平台通过连接多个网点，获取理财产品信息，实现网上理财服务；推出"资本及资产负债优化"功能，为合作伙伴提供资管服务；推出钱大掌柜，向个人销售代理理财产品、银行自设理财产品以及为其他中小银行代发的资产证券化产品，实现了B2B2C模式。兴业银行银银平台模式见图6所示。

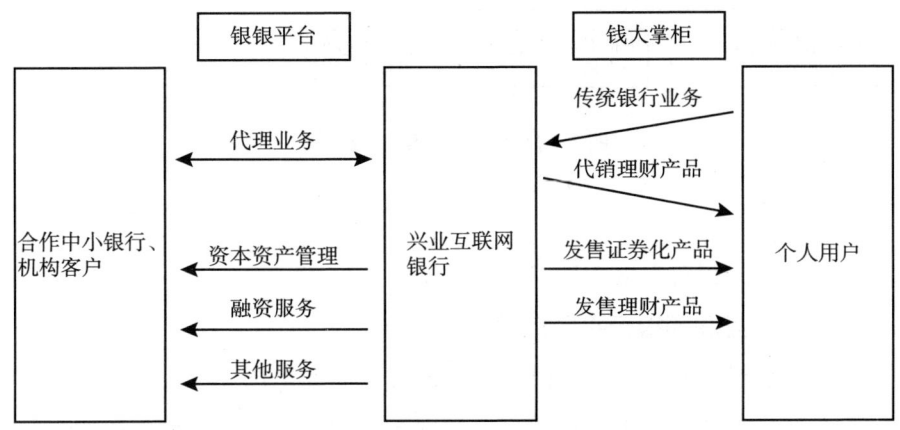

图6　兴业银行银银平台模式

资料来源：广发证券发展研究中心。

鉴于监管规定对各类金融机构所能从事业务的约束，如果要在银行间实现资本资产管理、基金及各类证券化产品的销售，需要具备信托、证券甚至资管的牌照。因此，为了推动银银平台上各类衍生业务的持续发展，兴业银行近年来通过不断收购来打通金融系脉络以消除法律风险。

图7展示了兴业银行近年收购的情况。

由兴业银银平台可以看出互联网银行模式最为突出的优势就是能够通过互联网平台打破各个金融业务的壁垒，实现资源的集中和整合，形成聚合效应增强银行的竞争力，这也是大中型银行发展互联网金融、实现多元化经营乃至混业经营的一条必经之路。这一模式的缺点在于进入门槛高，运营要求高，主要是适用于大中型银行，而对于中小银行的互联网转型而言，由于资

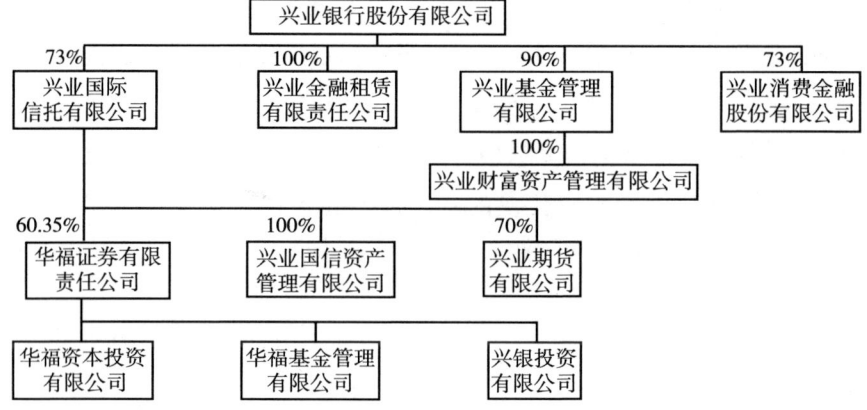

图 7　兴业银行近年收购情况

资料来源：第一财经、广发证券发展研究中心。

源、资质和能力相对匮乏，基本上不可使用此模式。

3. 第三方互联网银行平台模式

对于中小银行而言，银行模式存在困难，而如果选择与大型银行、互联网巨头合作，因其同属于银行业或有意进军银行业，彼此存在必然的竞争关系，同时又需要考虑核心客户资料泄露以及市场份额进一步被挤压的风险。在此市场背景和竞争条件下，独立第三方运营的互联网银行平台模式应运而生，成为中小银行应对互联网金融转型挑战的必然和最优选择。

互联网公司模式是一种互联网化的迁移，是对传统银行业务的变革，拥有业务上的优势，而银行模式则具有银行同业资源优势，与之不同的是，在重构互联网银行生态系统的过程中，转型参与互联网金融的第三方企业更多的是将自身定位于一个服务于互联网银行建设转型需求的第三方平台机构，而它们在互联网银行转型过程中的优势和所起的作用相当明显。

首先，第三方互联网银行平台多由传统的金融 IT 服务企业参与建设，它们具有长年服务于银行等金融机构的积累以及对银行业深入的理解。在此番互联网银行浪潮的驱动下，受原有的规模编制、人力成本、团队能力等条件的限制，互联网银行建设、传统银行互联网化变革的 IT 需求都将更多依赖外部厂商。第三方互联网银行平台企业在传统银行IT技术和互联网技术方面的综合优势能够为互联网银行的信息化建设提供有力的支持，尤其在新型的互联网银行平台和系统搭建上，将能更加快速地响应业务发展需求，及时实现互联网银行业务的线上营销和运转。因此，作为连接银行与互联网平台必要的技术通道，第三方互联网银行平台企业在服务于互联网银行建设转型需求的同时，成就了自身特有的互联网银行布局。其中，以蚂蚁金服和恒生电子等共同打造的三潭金融以及中科金财正在建设的互联网银行云平台等为典型代表。

得益于国内资产证券化需求的爆发，三潭金融定位于做互联网化的金融资产交易平台，其显著优势体现在股东的深厚实力积累，如中投保专业的投融资与担保资历、蚂蚁金服丰富的平台运作经验与流量入口、恒生电子成熟的IT技术和系统资源等，都为其打造互联网金融云生态圈提供了先决的有利条件，能够快速实现生态圈中金融机构、IT服务商及个人开发者金融服务需求的对接。

相比之下，作为国内领先的金融IT企业，中科金财的互联网银行云平台则更加具有战略针对性，构建的以大资管为核心的互联网银行生态体系非常完整合理。

在利率市场化、人民币国际化、混业经营竞争环境下，中科金财的第三方互联网银行云平台连接了千家资产规模较小的中小银行，盘活中小银行65万亿元规模的资产，为其提供互联网银行转型服务，解决中小银行流动性降低、收益下降、不良资产占比上升等发展难题，帮助中小银行实现高收益和高流动性。

迄今，中科金财已分别获得金融资产交易所、资产管理、金融衍生品交易、证券投资基金销售、期权股指期货、新三板做市承销、期货经纪等金融牌照，初步奠定和拓展了其业务发展基础。同时，借助成熟的互联网精准营销技术和方法，中科金财通过共享直销平台，定位并导入互联网银行的目标客户群体，从而形成稳定优质的流量端入口。此外，中科金财与传统产业龙头企业的合作进一步加快落实了资金端的布局落地。在这些基础保障条件下,中科金财成功打造出线上线下全贯通的"互联网银行云平台+金融资产交易所"的互联网金融创新商业模式,开展资产管理、信贷管理、资产证券化和金融资产交易等业务,实现C端流量客户与中小银行(未来扩展到非银机构)资产端的对接。而金融云计算基础支撑平台则为互联网银行平台的建设运营提供了支持,提升了平台的整体海量数据运算处理能力,为互联网银行平台上新业务的开展、效率的提升、流程的改善以及运营成本的降低提供了可靠保障。

互联网银行未来将向多领域延伸和融合,第三方互联网银行平台应当以互联网金融全生态为发展方向,更快联合互联网银行平台与电商平台、移动互联平台、社交媒体平台、征信数据平台等外延平台,补充互联网银行平台自身业务对客户流量的需要,并形成征信体系的健康循环。同时,也要积累优质的团队资源,提高团队能力,使在资产管理、供应链融资管理、消费金融管理、电子商务管理和网络支付结算等重要领域达到全面覆盖,这样才能抢先具备互联网金融布局和业务发展全方位产品研究和设计的优势。

(三)当前银行涉足互联网金融领域存在的问题

各家银行在2014年如火如荼地进行互联网金融战略布局,但在实际运营中,也暴露出许多问题,需要在未来发展中密切关注。

1. 对互联网金融战略重视不够,运用浮于表面

大部分银行可能意识到互联网金融对传统银行业的冲击,但由于对银行在平台竞争中作为追赶者的后发劣势认识不足,特别是只把互联网金融当成一种技术手段或者工具,主要以线上销售产品作为转型手段,而没有真正运用好互联网理念实现业务拓展,转型浮于面上,创新性不足,没有实现互联网与金融的真正融合。例如很多银行在投资网络银行时,主要是投入网银、手机银行这种传统电子银行业务,很多银行创新服务和产品仅仅打出噱头,没有真正符合互联网金融发展初期设立的目标。

2. 互联网金融平台设置不合理

现阶段大多数银行都将互联网金融平台运作于其传统的管理体系之

内，然而银行与互联网本质上的差别还是比较大的，这样做会相对制约银行互联网金融战略的实现。首先，银行内部缺乏一个对外部资本市场的激励机制，难以做到有效考核，晋升、薪酬都存在合理性问题。其次，银行是以风控为主的文化模式，而互联网文化是以创新为本的。一个规避风险一个勇于承担风险，二者存在冲突。最后，互联网的一个基本理念就是重视活力，尤其是基层活力，而银行偏向强调执行力，所以就导致了文化理念的冲突。互联网企业决策经常出自基层年轻团队的想法，但商业银行的内部管理强调自上而下的执行，决策权也集中在偏于一线市场的高级管理层。

3. 商业模式上存在过度因袭传统的问题

接近零价格提供最符合市场需求的产品和服务是互联网模式的本质，这样可获得自然垄断优势。由于银行对互联网模式认识不准确，贷款等不少产品仍处于卖方市场，所以现阶段银行的互联网金融相关平台建设存在很多与互联网模式相冲突的地方，例如，在市场形象上，银行平台很多都沿用银行的传统品牌、LOGO 等，缺乏互联网活力式品牌形象，互联网客户群接纳程度降低；在页面设计上，很多大银行的互联网金融平台，页面设计烦琐复杂，没有对接互联网客户需求，内容增加按业务条块来组织，均降低了新生代客户的使用感受；在功能完善上，很多银行没有意识到互联网评价、论坛、信用评级等功能的重要性和互联网客户获取的价值。

4. 与客户合作的频次和深度不够

目前大部分银行互联网金融创新模式与客户交流较少。所以，与互联网企业建立的平台相比，由银行设立的一些平台，反而成为竞争短板。银行本希望借由这些平台吸引更多的客户，然而由于与客户合作的频次及深度不够，反而竞争不过互联网企业的"游客"模式。

（四）未来银行在互联网金融领域的发展趋势

未来银行在互联网金融领域的拓展主要有以下几个方向。

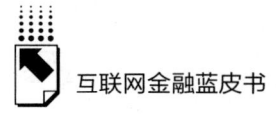

1. 建设互联网金融综合服务平台

银行是金融机构中的龙头成员，大中型银行应利用自身规模、资质、牌照等先天优势，使现有互联网金融产品及服务模式形成综合服务平台，打造契合互联网金融本质、以综合金融服务品牌为核心的发展战略，应对非金融机构的种种创新产品和服务的竞争。可开展融银银合作、资产证券化、网络融资、征信、互联网理财等多种金融业务为一体的云平台计划，进一步实现银行拓展互联网金融市场的愿景。需要强调的是，必须运用好互联网思维，克服表面化、宣传化的倾向，互联网银行并不仅仅是传统业务的线上化，而是从理念到运营，都要真正深入互联网金融本质及消费者需求去进行产品和服务的创新、设计。只有这样，综合金融服务平台才会发挥它应有的优势及作用，成功拓展互联网金融市场。

2. 着力小微贷款和消费贷款领域

小微贷款和依托于大数据的消费信贷在中国银行业市场具备较大的业务潜力。在发达国家，消费信贷是银行非常重要的一块业务，但在中国，目前还没有大面积铺开。这是由于中国社会经济环境存在各类限制：借贷消费不是很符合中国传统的消费文化，且消费信贷违约率相对较高；网购群体借贷消费的意识相对比较高；银行除了信用卡业务之外，在消费信贷方面的投入有限和能力不足等，这些都表明该领域具有广阔前景。

3. 结合线下网点，构建O2O模式

现阶段，除了大型银行外，其他大部分商业银行物理网点数量受到限制，线下服务能力提升受到阻碍。未来围绕互联网金融创新思维，商业银行可大力在线下打造社区银行类便捷金融网点，维系好线下银行客户，用于满足特定金融消费圈的特殊服务需求；同时，建立互联网消费者的线上入口，可在网上银行、手机银行等传统电子银行渠道为客户提供线上金融服务，结合微信银行、直销银行、自建电商平台等网络服务模式，加强不同渠道、模式在产品和服务、流程、技术上的无缝对接，以满足客户全方位全时段的需求。

4. 构建信息化银行，助力互联网金融战略发展

互联网金融使商业银行面临去中介化等重重挑战，同时也为其转型提供了机遇。商业银行应该在未来不断发挥自身规模、风控能力、信誉等优势，从流程、产品、数据、平台等层面推进信息化银行建设，积极应对互联网金融所带来的挑战。信息化银行也可以通过信息的集中、整合、共享、挖掘，实现银行整个经营决策和战略制定从经验依赖向数据依赖的转化，这是建立在银行信息化基础上的银行经营管理的一种根本性改变，是大数据背景下更高层次的银行信息化过程。主要表现为更加重视客户体验、数据挖掘、平台建设、产品和服务创新四个方面。

5. 基于大数据优化产品研发和营销体系

在掌握了数据资源后，银行可以通过大数据分析设计吸引客户的产品和精准营销模式，提升产品品质，并稳步提升营销资源的配置效率。

三 非银行金融机构的互联网化

（一）证券、保险、基金类

1. 发展背景

在银行业互联网化如火如荼地开展的同时，非银行业金融机构也在积极地参与互联网金融的各项业务。随着政策的逐步放开和国家的大力支持，证券、基金和保险等非银行金融机构的互联网化进程在快速推进中。

2000年证监会出台《网上证券委托暂行管理办法》，标志着我国网上证券经纪业务开始。随着近几年互联网交易模式的普及以及创新业务的放开，部分创新意识强的券商已试行网上开户、代客理财等业务。2013年3月华泰证券自建"涨乐网"一站式金融服务平台，同年9月推出网上开户业务，2014年4月又与网易合作，在互联网证券业务方面走在行业的前列。2013年11月底，国金证券宣布和腾讯签署《战略合作协议》，双方结成战略合作伙伴关系，与腾讯网在网络券商、在线理财、线下高端投资活动等方面展开全面合作。第一支"佣金宝"产品已经在 2014 年 2 月上线，并以万分之二的极低佣金费率吸引大量投资者转开户。在过去一年，国金证券的市场份额增长约 50%，广发、华泰、中山证券（锦龙股份）的市场份额增速超过 15%，互联网证券的市场份额增长已经有所体现。

在基金方面，2011 年 10 月 1 日实施的《证券投资基金销售管理办法（修订稿）》正式放宽基金销售的准入资格，代销资格不仅对外资银行开放，一些符合资格的第三方机构也被允许进行基金代销。证监会公布的名单显示，截至 2014 年 9 月 30 日，共有 42 家第三方销售机构获批。目前在第三方基金销售行业中，天天基金网、数米基金网、好买、众禄基金的销售业绩较为突出，其中又以东方财富为业界龙头。根据东方财富网 2013 年年报数据，其旗下的天天基金网 2013 年全年基金销售总额为 360.89 亿元，占三季度全市场基金销售额的 0.34%，其中活期宝销售额度为 262.85 亿元。

在保险方面，我国互联网保险发展可以分为三个阶段：1997～2007 年，保险公司在互联网端提供门户资讯等服务；2008～2011 年，许多保险类网站出现，致力于承担保险中介职能及提供保险信息服务；2012 年至今，云计算和大数据等新技术的发展促进了互联网保险的创新，不再是线下保险产品的简单互联网化，产品和渠道都有所创新。2013 年 11 月，众安在线财产保险股份有限公司成立，这是我国首家互联网保险公司，标志着我国互联网保险行业进入全新的发展阶段。我国互联网保险的险种可以分为人身保险、财产保险以及因互联网而存在的创新性保险。目前互联网保险的集中表现形态主要是渠道网络化。整体而言我国互联网保险规模较小，但是增长势头强劲。2014 年互联网保险共实现保费收入 858.9 亿元，同比增长 195%，其中财产保险约 506 亿元，同比增长 114%。目前，中国的互联网保险的发展相对于其他金融业务而言还较为单一，创新产品不够丰富，这同时也意味着未来的发展空间巨大。

迄今为止，证券、基金和保险的互联网模式虽然各自有其独特的创新之处，但总的来说主要集中于以下三类：自建网站、与第三方合作（包括独立第三方网站，银行和第三方电子商务平台等）、建立互联网金融企业。

2. 主要模式

（1）自建网站模式。

①证券。

自建网站模式是目前最为普遍的模式，其中国泰君安、中信证券、广发证券等几家证券公司比较有代表性。这些证券公司的交易和服务网站均属于其内部的一个服务部门或中心。

广发证券易淘金平台的业务范围已不仅限于传统经纪业务，还包括更为多元化的新型业务，例如自建金融理财商城、入驻大型电商网站建立理财超市、与大型互联网门户合作等。

国泰君安建立了网上平台君弘金融商城，客户可以在网上开户、在线上进行投资理财操作等。投资者在互联网上开设资金账户后，就可以在线上购买货币基金等一系列中低风险理财产品。此外，君弘金融商城还为客户提供了融资融券、约定回购式证券交易等服务，这些业务申请都可以在线完成。

2014年9月，中信建投与移动互联网公司中搜正式达成战略合作协议，双方将充分运用各自在传统金融和互联网领域的优势进行互补，强势布局互联网金融。同期，基于移动开放平台的互联网理财产品"聚宝盆"也上线运营。

②基金。

与传统基金业务相比，互联网基金操作更为便捷、效率更高、资金交易门槛更低、购买基金理财产品费率更低。对于同款基金的购买，通过银行申购的费用为1.5%，而通过网上申购的费用只有0.6%。对于基金公司来说，每年需要向销售机构支付"客户维护费"，其中80%以上是支付给银行的。由此可见，基金产品的网上直销使得基金公司的成本大幅降低，同时提高了市场份额，摆脱了商业银行单一销售渠道的束缚。互联网基金的便捷性、高效性与低费率成为投资者选择线上渠道购买基金的主要原因，艾瑞咨询的研究结果说明了这一点：有62.6%的投资者选择线上渠道购买基金的原因在于其操作便捷。

③保险。

国内主要保险公司大多依托自己的 PC 端官网建立自有的互联网销售平台，在向客户展示保险产品、扩展销售渠道的同时，也可以通过电子商务对客户资料进行管理，提供其他增值服务，例如提供免费短信俱乐部服务、个性化邮件订阅等，如中国人寿的"国寿 e 家"、泰康保险的"泰康在线"、中国平安保险的"网上商城""万里通"等。然而传统的线下销售模式转向互联网的 PC 端，并不能彻底解决和满足用户的根本需求，许多保险企业开始开拓新平台，研发上线了移动端 APP，借助社交平台的交互性增强客户黏性，如泰康的"微互助"、太平的"爱爸妈""爱宝贝"等。此外，保险业开展了销售流程改造，致力于"移动互联网式"的改造方向，如平安保险的一站式移动展业平台，依靠这一平台，可将保单生效时间从平均 5 天减至 15 分钟。

（2）与第三方合作。

①证券。

证券的第三方合作伙伴主要包括独立第三方网站和银行。

第一，独立第三方网站。在这种模式下，网上资讯公司、软件系统开发商等第三方机构负责网络站点的开立设置，提供多元服务，券商则为客户提供网上证券交易服务，居于后台。这是一种开放式平台，如果需要证券交易服务，则需要在提供的软件上通过"添加券商"这一功能来实现，这一方式的典型代表是同花顺、大智慧等。有些则只提供资讯服务，如东方财富网。独立第三方网站模式的优点在于技术和信息具有明显优势；而缺点在于，对于证券服务内容的专业程度而言，客户的认同度尚不够。

第二，银行。在银行、保险和证券分业经营的情况下，券商与银行合作的典型模式是银证通。银证通是在银行与券商联网的基础上，投资者可以利用在银行各网点开立的活期储蓄存款账户卡作为证券保证金账户，通过银行的委托系统（银行柜台系统、银行网上交易系统、手机银行等）或券商的委托系统（电话委托、网上委托等）直接进行证券买卖。这一模式使商业银行可以直接参与证券市场的基本业务，其优点在于方便快捷，且手续费较低，同时也能够规避保证金被券商挪用的风险。而其缺点则在于存在一定的法律风险，2006年银证通被全面叫停即可说明这点。

②基金。

基金的第三方合作伙伴主要包括独立托管券商、系统开发商、银行和第三方电子商务平台。

第一，托管券商。数据显示，目前平均每家基金合作的托管券商有46家。对于基金公司来说，与券商合作有比较大的优势，可以促进基金产品的销售。如今券商在基金销售方面的电商化程度比较高，这有助于基金公司拓展其电子商务业务。

第二，系统开发商。目前，平均每家基金合作的系统开发商有15家。基金公司与系统开发商的合作可以在很大程度上促进互联网基金销售。2013年之前，互联网基金销售出现一个高峰期，但是随着同质化竞争，基金公司与系统开发商的合作趋势有所减弱。2013年后，电商平台、余额理财等参与者开始参与互联网基金销售，未来基金公司与系统开发商的合作将进入一个新的繁荣状态。

第三，银行。与券商合作的银行主要包括托管银行和代销银行。从目前的平均水平来看，每家基金合作的代销银行可以达到18家。银行是中国金融行业中影响力最大、最为核心的机构，深刻影响着基金销售。近年来，银行业电子化程度不断提升，促进了基金行业电子商务化程度的提高。数据显示，平均每家基金与5家托管银行合作。托管银行使跨行转账和资本流动更加便捷，使基金公司的运营成本有效降低，很大程度上促进了互联网基金销售。

第四，第三方电子商务平台。第三方电子商务平台，是指在通过互联网开展的基金销售活动中，为基金投资人和基金销售机构之间的基金交易活动提供辅助服务的信息系统。根据2014年4月9日证监会更新的第三方电子商务平台名录，目前为基金销售机构提供第三方电子商务平台服务的机构共两家，分别是浙江淘宝网络有限公司和北京京东叁佰陆拾度电子商务有限公司。淘宝和京东作为第三方电子商务平台正式进入基金销售服务信息系统领域，为其关联的第三方支付企业在基金支付结算方面开辟了新的路径。

③保险。

保险的第三方合作伙伴主要包括独立第三方电子商务平台和第三方保险中介平台。

第一，独立第三方电子商务平台。互联网保险发展，最原始的模式就是渠道网络化。第三方电子商务平台，由于其独立于商品或服务交易双方，成为传统保险企业的优先布局方式。在这种模式下，保险网站既不提供保险产品，也不提供专业的保险信息，只是提供平台，由保险供求双方自行匹配。现在，许多电商平台，如淘宝、苏宁、京东、腾讯、网易等都开始设立互联网保险销售模块，很多保险公司已经入驻，如中国平安、中国人寿等在淘宝商城开了自己的网上旗舰店，涉及的险种分类，主要有汽车保险、意外保险、健康医疗保险、少儿女性保险、旅游保险、财产保险、投资型保险等。

第二，第三方保险中介平台。第三方保险中介平台，是由保险经纪公司、保险代理公司等保险中介及兼业代理公司建立的网络保险平台，其提供的保险服务包括网络兼业代理模式和专业中介代理模式。目前，优保网、慧泽网、中民保险网等平台在行业内知名度较高。

保险兼业代理机构是指在从事自身业务的同时，根据保险人的委托，向保险人收取代理手续费，在保险人授权的范围内代办保险业务的机构。传统的兼业代理人主要有银行代理、行业代理和单位代理三种，网络化的兼业代理模式，涉及的主要是专项险种，充分运用各行业的优势，对发展保险业务起到重要的推动作用，逐渐成为目前互联网保险公司中介行业最主要的业务模式之一，以其门槛低、办理简单、对经营主体规模要求不高等特点而受到普遍欢迎。

互联网保险中介平台主要把有关联的所有保险公司的保险产品信息放在一个网站上介绍，让用户对比、选购。代表性网站有慧择网、大童网、和讯网旗下的放心保、新一站保险网等。泛华通过"掌中保"移动销售终端，将泛华代理销售的保险产品整合到线上销售，不仅发挥了保险专业中介机构"移动保险超市"的功能，而且还实现了泛华保险营销员"一人一门店"的销售模式，使"移动展业、风险管控"得以同步完成，是一种保险业线下服务和线上服务无缝对接的O2O营销模式。

（3）建立互联网金融企业。

广义的互联网金融企业包括向互联网金融企业转型的传统非金融产业机构和新建的互联网金融企业。这部分内容将在第五部分详细阐述。

3. 创新型的互联网金融模式

（1）证券——证通公司模式。

目前，由36家机构共同发起成立的证通公司正式浮出水面，它的出现将打通券商、私募等各种金融机构的账户，搭建综合理财和支付一体化平台。证券业资金账户的"互联化"趋势正在提速，证券版银联即将诞生。

从2014年10月30日完成的《发起设立证通股份有限公司可行性报告》中我们可以看到初步拟定的证通公司创建运营时间表。

第一阶段为2014年底前：筹备、组建、注册证通公司，并报相关部门备案。

第二阶段为2015年1~12月底：实现证券公司客户理财账户的互联及证券机构间支付功能，逐步实现与资本市场其他投资理财机构（如公募基金、阳光私募等）以及与第三方支付机构的对接，2015年底综合理财功能上线投放、推广并产生收入。

第三阶段为2015年6月至2016年5月：并行启动电子商务服务平台和股权众筹服务平台建设，2016年底前初步建成接入广泛、功能完善、性能过硬的互联网金融创新服务平台。

证通公司的出现能够使证券行业账户体系的联网互通得以实现，为证券客户综合理财提供便利，还能够为行业开展电子商务、股权众筹等业务提供支持和综合服务。

（2）基金——宝类基金。

①余额宝。

2013年6月17日余额宝正式上线，仅十几天，客户数量便达到250万户，规模达到42亿元；5个月后，规模突破1000亿元，是我国基金史上首个破千亿元的基金；2014年2月底，余额宝用户数达到8100万户，资金规模超过5000亿元，成为全球四大货币基金之一；2014年3月31日，余额宝管理规模达到5413亿元。目前，余额宝用户数量已经超过1亿户。余额宝将支付宝中的余额直接用来购买天弘基金公司的货币基金产品天弘增利宝，打通了电商沉淀资金与货币基金投资的通道。

②现金宝。

2009年6月，汇添富基金推出现金宝，首创余额理财模式，除了具备基础的余额理财功能外，更加注重基金财富增值及财富管理的本质，使基金同时具备金融的专业性和良好的用户体验。2014年4月24日，数据显示现金宝规模在一季度实现了近两倍的增长，而此时市场的大环境是资金面市场宽松导致利率下降，影响货币基金的扩张速度。

③活期宝。

活期宝由天天基金网推出，是一款针对优选货币基金的理财工具。充值活期宝（购买优选货币基金）预期收益最高可达活期存款的11～23倍。与其他互联网宝类产品相比，活期宝最大的特点是7×24小时随时取现，快速到账，但同时也存在限制，其单笔限额5万元，同一工作日累计限额10万元。用户也可以选择普通取现，不限额度，不限次数，资金T+1日划出，当日有收益。活期宝另外一大特点是资金可以在不同的货币基金之间进行互转（收益不间断），即其可以同时投资多个货币基金，而且投资比例可以随时调整。

④招财宝。

2014年4月，阿里巴巴推出招财宝平台，是与天弘基金合作主打的定期理财服务平台，容纳了金融机构的万能险、基金、P2P三种理财方式，号称年化收益5%～7%，并打出了"急需用钱随时能变现"的口号。招财宝不但承诺做到将定期变成活期一样随时支取，而且还不损失收益，但是需要支付一定的手续费。2014年6月5日，招财宝创造"半小时销售10亿理财产品"的销售纪录。

4. 发展趋势

（1）证券。

从2014年4月首批券商互联网业务试点开启，证监会放开互联网证券业务试点的批次越来越快，每批获准的公司数越来越多，可见互联网对证券行业的渗透已经势不可挡。从美国、日本和韩国的经验来看，互联网冲击下的行业洗牌必然发生，大小券商混战互联网金融的格局在所难免，开展试点较早的券商更容易抢占市场先机与份额。由此看来，当前证券行业存在的同质化竞争格局将会因为互联网的加入而转变为多元化、差异化的竞争模式，才能在竞争中占据优势。

①证券行业将转型，而非"被颠覆"。

对于行业外公司（如互联网、渠道类、IT类）"跑入"互联网金融领域，大多数人会有"互联网颠覆传统证券公司"的担心。这种担心确实有一定理由，但并不成立，互联网对于证券行业更多的是促进转型而非"颠覆"。

与银行业当中互联网金融业务创新层出不穷不同，互联网金融在证券业的创新较少，对证券业的冲击并不大，更多的竞争来自业内。互联网技术特征所覆盖的客户群体，与证券公司此前的目标市场是有层次分割的，错位竞争虽然会给证券公司带来压力，但不会造成不可阻挡的失败。更重要的是，证券公司的核心竞争力并不适合被互联网改造。证券公司提供的各项服务的本质都是为客户创造价值，这不是简单的技术手段能够实现的，金融服务尤其是匹配多样性需求的定制服务难以被互联网改造。此外，线上线下需要相互配合，互联网也需要实体店的补充。以国金证券为例，佣金宝除了主板和中小板的交易外，其他业务的补充都需要到就近的营业部甚至到账户托管的上海营业部去办理，增开新营业部仍然是解决问题的核心出路。从另一个角度来看，营业部通过与客户面对面的接触、专业的推荐、品牌的塑造，能将金融服务更为立体化地呈现在投资者面前,创造比网络渠道更好的客户体验。

②券商牌照的放开只是在做大证券行业的蛋糕。

中国证监会提到的"券商牌照放开",对现有市场的冲击也有限。券商牌照发放给互联网公司,有助于证券业的规模扩张。券商牌照发放给银行有两个前提条件:一是利率市场化的推进;二是证监会在给银行发放券商牌照之前或同时给基金、期货公司发放券商牌照,这同样会促进证券业的整体繁荣。向银行发放券商牌照是混业经营的体现,这是我国金融制度的深刻变革这一整体构思下的一个部分,将会在中央系统构思后推行,而不是简简单单发个牌照给银行。

③差异化竞争格局将形成。

互联网虽然不会颠覆券商,但极有可能促进证券行业加速分化。参考美国、日本、韩国的经验,证券行业的竞争格局将呈现多元化、差异化的状态。我国券商转型和分化的发展路径,主要将按照美、日、韩的模式,未来证券公司的战略定位将越来越丰富。

(2) 互联网基金。

目前互联网基金销售平台的龙头是东方财富旗下的天天基金网,但是,基金销售的行业壁垒并非坚不可摧,新的竞争对手和潜在对手开始涌现。数米基金网在与淘宝理财合作之后销量上升也较快,例如,在2014年"双十一"时,数米网在聚划算推出的国投瑞银混基先锋当日创下1940万元的销量。当前互联网基金销售的主要营销模式都在于"费率打折""限时免申购费",但价格战最终将导致恶性竞争,因此未来互联网基金销售平台的突破点将集中在"一站式综合性服务"、量身定制理财方案和定制类产品"FOF"三方面。

①提供"一站式综合性服务"。

以美国MINT网站为例,该网站是一个专注于个人财务的网站,提供包括预算管理、财务管理和现金管理等在内的服务。首先,该网站与美国各大银行均有对接,用户无须记账即可轻松查看自己的账户。其次,该网站可实现预算功能，网站根据用户过往的花费情况帮助用户轻松做好下阶段预算，同时为用户显示出在可以削减哪一类开支，用户也可以计划一次性开支或者分期付款。从该功能中用户可以看到本月或者本年度的预算中有多少尚未被使用，因此可以根据自身需求精确地知道自己可以存下多少现金或者还有多少额度可以被花费。最后，该网站根据用户的消费习惯，提供个性化的定制服务，帮助用户节省开支和费用。网站还提供投资等服务，用来帮助客户实现自己的财务计划。

如果国内互联网基金销售企业可以做到MINT所做到的一切，用户体验将得到极大的提升，甚至让用户再也无法离开它，将会提升客户黏性，带来更大的发展机遇。

②量身定制理财方案。

证监会开放第三方基金销售的目的之一在于，希望这类第三方机构能够为投资者提供专业的投资建议，切实为投资者着想。因此，未来第三方机构的核心竞争力除了客户体验之外，还在于能否为投资者量身定制理财方案。如果这类机构能够为投资者推荐适合的基金并且得到赞许，用户将对该网站产生信任感，增加对该网站的黏性，这是此类业务发展的重要一环。

③定制类产品——FOF。

2014年7月证监会发布了《公开募集基金运作管理办法》，在管理办法中，对FOF基金做出了规定：投资于其他基金占基金资产80%的基金为FOF基金。对于互联网基金销售机构而言，这是其发展的又一大方向。

（3）保险。

未来互联网将主要影响传统保险行业的渠道、险种、定价三个维度。其中，车险作为标准化程度最高的保险品种之一，在目前车联网渗透率不断提高的过程中有望成为保险行业向互联网方向裂变的突破口。

首先，互联网本身就是一个线上渠道，而线上渠道更适合标准化产品，因此互联网必将拓宽简单标准化险种的渠道；其次，互联网的普及，尤其是电子商务的兴起，促进了基于应用场景的新型险种的增加；最后，保险的核心在于精算风险定价，互联网带来对个体更完整的描绘，无疑有利于提高保险定价的精确性。

①渠道：互联网渠道在保险销售中的占比将越来越高。

互联网首先带来的是以电商为代表的易标准化产品的渠道拓宽。对于保险产品而言，意外险、万能险等不与消费者的个体特征绑定的险种，是更标准化也更适合互联网渠道的产品，这也是目前线上险种的主流。而诸如寿险等需要依据个体特征定价的产品，消费者自身也需要与保险经纪人对接，目前线下渠道仍是主流。

据《2013年互联网保险行业发展报告》披露，截至2013年底，经营互联网保险业务的保险公司主体有60家，相比2012年的34家上涨76%，占全行业133家产寿险公司的45%；保费规模从2012年的106.24亿元上涨到291.15亿元，增长1.74倍，仅占2013年行业总保费规模17222亿元的1.7%，无疑还有巨大的提升空间。

②险种：新的商业生态下的应用场景带来新的险种增量。

互联网带来渠道变革的一个直接结果是构建了不同于线下商业的新的线上商业生态。在新的商业生态下，生发出更多的新的应用场景，进而衍生出对保险的需求，其结果是带来新的险种增量。

自2010年淘宝联手华泰首次推出基于电商交易需求的退货运费险开始，数码产品延保及损坏类保险、APP功能保险、账户安全险等基于新的应用场景的险种不断出现。而中国第一家互联网保险公司——众安保险，则直接定位于新的互联网应用场景下的保险产品开发。新的应用场景带来新的险种增量，未来将越来越普及，而保险也将逐渐回归风险对冲工具的本质。

③定价：涉及保险核心的变革。

保险的本质是对冲风险的工具。在传统商业环境下，由于产品开发成本、支付成本的门槛和精算定价的需求，保险的应用环境被局限在较小的几个有大规模需求的领域。互联网带来了新的应用场景，险种也逐渐丰富，但新的险种面向的依旧是同一应用场景下的用户群体，个性化的需求依旧无法满足。从保险的工具属性出发，基于个体特征的保险颗粒化将成为未来趋势。而保险颗粒化的基础，是依据个体特征的保险定价机制的成熟，这有赖于车联网、移动医疗等新产业的发展。保险颗粒化的极致是保险将成为根据个体定制的风险对冲工具，非标险种将会得到极大的发展。

（二）金融资产交易所

1. 金融资产交易所发展的现状

金融资产交易所的概念是2009年开始提出的，自提出以来，各地方政府开始积极地推动金融资产交易所的业务开展，金融资产交易所最典型的代表就是北京金融资产交易所、天津金融资产交易所以及浙江金融资产交易中心。金融资产交易所具有很强的政策指导性，最初的业务主要聚焦于国有资产转让、银行不良资产转让等。经过近年的发展，金融资产交易所的业务种类和产品种类不断地发展，但是依旧存在很多问题，各个金融资产交易所的经营模式较为单一，创新程度不足。

（1）北京金融资产交易所。

北京金融资产交易所有限公司（简称北金所）于2010年5月30日开始运营，根据北金所主页的介绍："北金所是中国银行间市场交易商协会的指定交易平台以及财政部指定的金融类国有资产交易平台。业务范围涵盖债务融资工具产品发行与交易、金融企业国有资产交易、债权资产交易、信托产品交易、保险资产交易、私募股权交易、黄金交易等，为各类金融资产提供从登记、交易到结算的全程式服务。"

北金所通过会员制的形式来提供平台服务，在一个统一的平台上提供协议转让、做市商机制、会员集合竞价以及混合型交易等不同板块的业务模块。

北金所的业务平台包括：金融企业国有资产交易服务平台、不良金融资产交易服务平台、地方商业银行股权交易服务平台、信贷资产交易服务平台、债权投资交易服务平台、信托产品交易服务平台、私募股权交易服务平台、保险资产交易服务平台、金融资产超市、中小企业信托贷款和受益权交易平台等。北金所业务模式见图8所示。

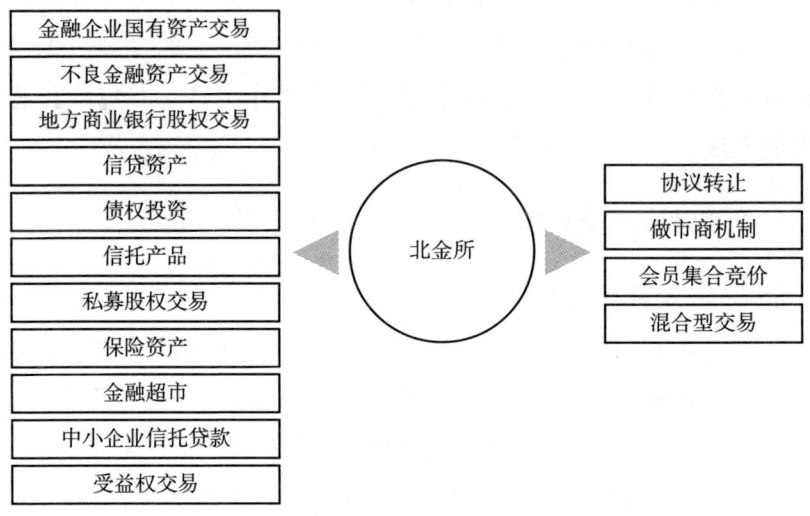

图8 北金所业务模式示意

（2）天津金融资产交易所。

天津金融资产交易所是天津市政府和中国长城资产管理公司于2009年签订战略合作协议之后，2010年5月21日注册成立的。天金所由中国长城资产管理公司控股。股权结构见表4所示。

表4 天津金融资产交易所股权结构

单位：%

股东	中国长城资产管理公司	51
出资比例	天津产权交易中心	49

平台的定位是立足天津，覆盖全国的金融资产交易市场。平台上的业务种类包括不良金融资产、金融企业国有资产、信贷资产、信托资产、租赁资产、基金、保险资产；交易方式包括公开竞价、协议转让、其他方式。天津所业务模式见图9所示。

传统金融机构向互联网金融领域的延伸

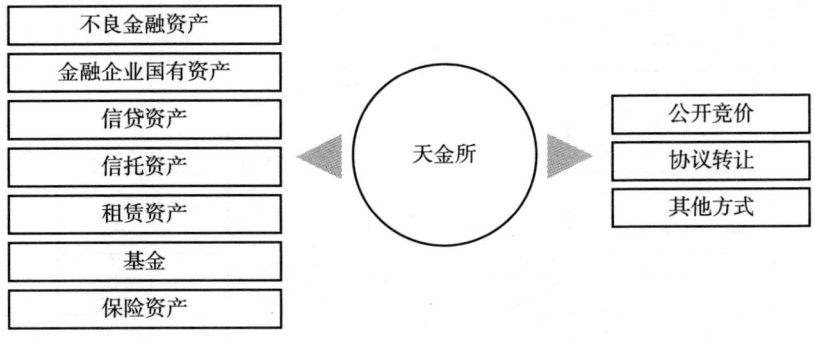

图9 天金所业务模式示意

（3）浙江金融资产交易中心。

浙江金融资产交易中心成立于2013年10月，由浙江省人民政府、宁波市人民政府、中国民生银行股份有限公司、国信证券股份有限公司等共同组建，是浙江省省级金融资产的交易平台。具体的股权结构如表5所示。

表5 浙江金融资产交易中心股权结构

单位：%

股东	出资比例	股东	出资比例
国信弘盛创业投资有限公司	30	浙江金融市场投资有限公司	20
民生置业有限公司	30	宁波城建投资控股有限公司	20

浙金中心的服务对象主要分为三类，分别是各类金融机构、有投融资需求的企业及个人、有各类资产处置需求的企业及个人。

中心致力于为会员提供全方位的增值服务，支持跨平台、跨市场的金融资产综合交易及服务，包括"类固定收益产品销售、类固定收益产品流通转让、不良资产处置、委托债权、各类资产项目撮合平台、私募股权交易转让、信托产品交易转让、债券产品交易、产品投资基金"等金融品种的挂牌、销售、流通转让、托管登记、交割结算等全程式业务体系。此外，浙金中心还针对会员的特定需求，提供产品（服务）营销推介、项目路演、投融资财务顾问、产品项目包装设计、评估定价咨询等特色服务。浙金中心业务模式见图10所示。

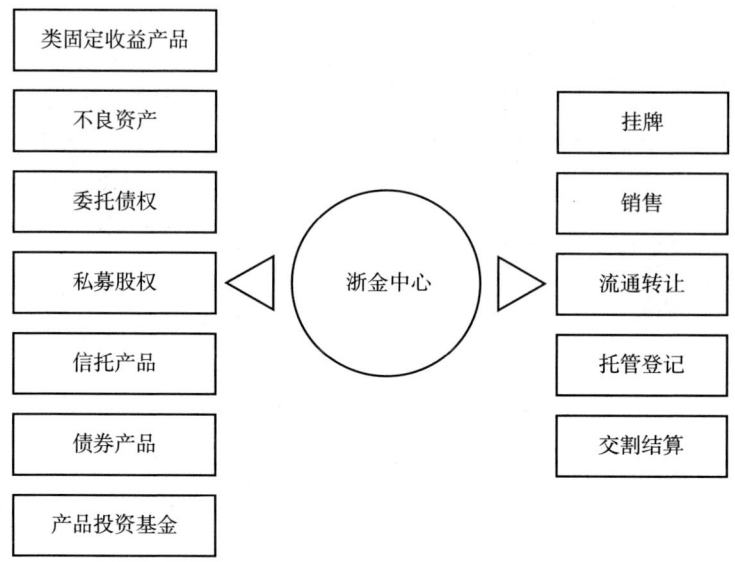

图10 浙金中心业务模式示意

2. 中国金融资产交易所目前存在的问题

为了解决非标资产交易的问题,各个地方开始建立金融资产交易所。金融资产交易所的出现,为多种非标资产的转让提供了平台。早期的金融资产交易所以协议转让、做市商、会员集合竞价以及混合型交易等机制为交易各方提供服务。

但是现存的金融资产交易所存在很多问题。

第一,很多金融资产交易所模式单一,上线的产品存在同质化问题,缺乏创新。

第二,绝大多数金融资产交易所属于线下柜台交易,无论是资产端还是资金端都存在地域的局限。

第三,大多数金交所未实现非标资产证券化,流动性不足,转让不够灵活。

总体上,金交所的发展面临着规模小、创新不足、监管空白地带多(当地政府是监管主体)等问题,也没有统一和被业内普遍接受的成功模式,充满机遇,但也面临挑战。

3. 中国发展金融资产交易所的战略意义

(1) 解决地方政府的资金缺口问题。

国务院出台的《国务院关于加强地方政府性债务管理的意见》赋予地方政府依法适度举债的权限。由于之前地方政府的融资缺口非常大,各个地方政府急需探索新的融资渠道,金融资产交易所的成立将有助于拓宽地方政府的发债渠道。

(2) 增强国有资产的流动性,促进各地区国有资产转型升级。

以前,国有资产的转让存在多方限制,金融资产交易所的出现使国有资产可以通过质押的方式来融资,对于盘活资产、促进业务的灵活发展等具有重大意义。

(3) 为银行在利率市场化以及存款保险制度的大背景下提供不良资产处置的新方式。

2015年3月31日,国务院颁布存款保险制度,并于2015年5月1日正式实施,根据存款保险制度"存款保险实行限额偿付,最高偿付限额为人民币50万元"。该制度的推出会进一步推进利率市场化,在这样的大背景下,银行之间的竞争会愈发激烈,金融资产交易所可以给银行不良资产处置提供一个良好的通道。

(4) 提供新的融资渠道,缓解企业融资难、融资贵的问题。

我国企业的传统融资渠道狭窄,局限于银行、高利贷等方式,然而银行信贷审核较为严谨,解决不了大部分企业的融资需求,金融资产交易所将为这类企业提供一个融资渠道,缓解企业融资难、融资贵的问题。

4. 未来中国金融资产交易所发展趋势

目前,部分金融资产交易所开始尝试以资产证券化为核心的互联网非标场外私募交易的模式。一方面,除了传统金融资产交易所的业务,如国有资产转让、不良资产转让、信贷资产、债权投资、信托交易、私募股权等传统业务,资产证券化业务将会是其发展的一个重点,为其存在创造新的发展空间;另一方面,以互联网金融的模式整合资产端和资金端各类资源，设计满足融资方和投资方需求的结构化金融产品也应当是金交所关注的重点内容。

(1) 资产证券化是金交所未来发展趋势之一。

传统产业转型升级要依靠资产证券化来盘活资产，因此，构建资产证券化为核心的互联网非标场外私募交易市场是促进传统产业转型升级的必由之路，是各个地方经济转型、盘活国有企业资产、促进银行不良资产处置的必备要素。互联网非标场外私募交易市场的模式将会是我国金融资产交易所的主要发展趋势和方向。

资产证券化的本质是盘活存量资产，对于企业端来说，可以有效地提高资产流动性，更好地进行资产负债管理；对于投资者来说，能根据投资者不同风险偏好，提供有别于标准化产品的投资品种。

(2) 互联网化整合是金交所发展未来趋势之二。

在互联网大力发展的背景下，金融资产交易所开发互联网金融类业务，提供多元化的服务是未来的必然趋势。充分开发互联网金融资产交易类业务，有助于跨地域甚至跨国界地寻找更优质的资产和更低廉的资金，优化资源配置，提升效率，降低成本。

四 专题小结

(1) 由于银行在我国金融体系当中占据了绝对的地位，互联网金融将以互联网银行为主要模式，P2P等其他互联网金融主体只是互联网银行的有益补充。

(2) 互联网证券和互联网基金起步虽早，但创新不多，以线上销售为其主要模式，较为单一，在借鉴互联网思维进行创新方面还有较大空间。

(3) 相较于其他互联网金融业务，互联网保险发展较为滞后，这也意味着其发展空间巨大，互助式保险的创新有待突破。

(4) 传统金融企业在互联网转型方面更多的是把前台转向线上，而在与互联网深度融合方面还有欠缺，需要进一步深化。

（5）作为地方性金融型企业的典型，金融资产交易所大多采用了互联网金融的发展模式，呈现多元化、小而散的态势，需要进一步明确发展主方向，增强竞争力。

（6）对传统金融机构业务监管的放宽与对互联网金融监管的跟进将是促进互联网金融健康稳定持续发展的重要环节。

B.4 传统互联网行业巨头 互联网金融战略布局

摘　要： 从京东供应链金融上线，到蚂蚁金服和腾讯互联网金融体系建设以及阿里巴巴的互联网小贷，2014年，互联网巨头在金融领域展开了广泛的布局。2014年是互联网金融发展进入快车道的时期，新型模式和新兴企业不断涌现。从本质上说，互联网金融是基于互联网思维和互联网技术开展的金融活动，是互联网和金融的跨界与融合。从中国市场的发展情况来看，互联网金融有两条演化路径：一是从金融机构出发，学习升级互联网技术，从而更好地为客户提供金融服务；二是互联网企业向金融领域靠近，借助互联网技术提供创新的金融模式。以京东、腾讯、阿里巴巴和百度为代表的传统互联网巨头正是采取了第二种策略，充分发挥各自在互联网领域的优势，或是客户群体或是电子商务体系或是搜索优势等，与金融展开嫁接业务。研究它们的互联网金融发展布局，有利于了解互联网企业，或者从广义上说是了解非金融企业开展金融业务的脉络和思路。

关键词： 京东　腾讯　阿里巴巴　百度　电子商务　搜索引擎　转型巨头

一　京东

（一）发展历程

2013年3月，京东展开了它的第一场"变革"，正式将京东商城标签改名为京东，并于4月对外宣称其注册用户突破1亿户大关。这些举动初步预示着京东意欲摆脱其零售电商平台的定位，转而向物流、金融方向拓展版图。而2013年7月底京东金融集团的成立与京东金融事业部的独立，则明确标志着京东开始进军互联网金融领域，并正式向POP开放平台转型。

金融集团成立之初，京东互联网金融版图上只有网银在线、供应链金融两个板块。而且当时网银在线还没有接入京东平台，因为有5万供应商的基础，京东把供应链金融作为其进军互联网金融的核心大力发展。2013年，京东陆续申请获取了商业保理牌照、小贷牌照和基金支付牌照等，供应链金融在此基础上不断拓展，分别于2013年12月和2014年10月推出"京保贝"和"京小贷"两款供应链金融产品，形成了对客户、供应商、商家的业务闭环。同时，京东的金融版图不断扩展，2013年9月，京东金融集团下的消费金融部开始组建；2014年2月正式推出"京东白条"，并于同年9月推出衍生产品"校园白条"；2013年10月，京东平台业务部成立；2014年3月，京东获得了第三方基金销售牌照；3月27日京东"小金库"上线开售，首批有两款货币基金产品：嘉实基金的"活钱包"和鹏华基金的"增值宝"；2014年4月，京东又上线了一款新的理财产品"京东8.8"；2014年7月，京东联合珠江人寿推出了首款保险理财产品"安赢一号"；自2014年8月起京东陆续推出了若干款票据理财产品，如"小银票"等。截至2014年底，京东的平台业务种类相当丰富，已涵盖基金业务、证券业务、信用卡业务、保险业务、银行理财和个人贷款等。

2014年对于京东来说既是"异常热闹"也是"硕果累累"的一年，不仅有腾讯对京东15%的股份收购，有京东集团在纳斯达克的挂牌上市，也有京东将"触角"伸向互联网金融的最前沿——众筹。2014年7月,京东金融宣布推出产品众筹业务"凑份子",业务集中于智能硬件和流行文化市场,同时京东于2015年3月31日推出股权众筹平台。至此,众筹成为京东的第五大金融板块。

(二)金融布局

京东的金融布局日渐明晰,迄今为止主要包括五大方面,即针对客户、供应商和平台商家的供应链金融、针对个人消费的消费金融、以网银在线为代表的支付业务、种类丰富的平台金融业务和新兴的众筹业务。京东金融布局见图1所示。

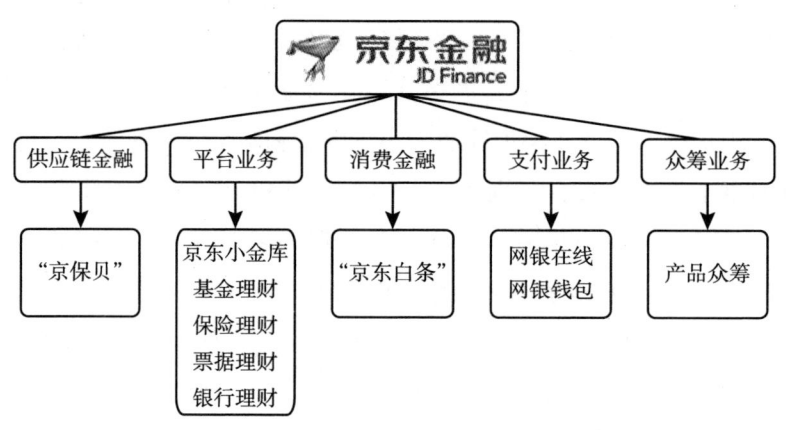

图1 京东金融布局

资料来源:艾瑞咨询。

1. 供应链金融

(1)针对客户的供应链金融。

京东和中国银行北京分行于2012年11月共同签订了战略合作协议,打算通过京东供应链金融服务平台的上线共同为京东商场的合作供应方提供融资和投资服务。通过这一平台,京东的结算系统、供应商评价体系、票据处理系统、网上银行以及银企互联等实现了融合。京东商城将从采购、入库、结算前、扩大融资四方面提供融资产品。在提供融资的过程中，京东商城扮演供应商与银行之间的授信角色，而资金的发放由银行来完成。其中京东供应链金融服务的贷款利率在基准利率基础上上浮10%~30%。该平台上线仅1个月就帮助京东累计融资15亿美元，并从中国银行、建设银行、工商银行、交通银行等金融机构那里获得超过50亿元的授信。

（2）针对供应商的"京保贝"。

2013年12月，京东商城推出其首款自营供应链金融产品——"京保贝"，为京东生态体系内的供应商提供融资。继与银行合作开展供应链金融业务后，京东的供应链金融版图再次扩张。不同于先前"银行出钱，京东推荐可授信客户"的模式，在"京保贝"中，京东集核心企业与贷款方角色于一体，融资款项全部由京东自有资金提供。"京保贝"有着长达90天的融资期限，供应商最快可在3分钟内获得融资。上线1个月，"京保贝"的累计融资额便超过10亿元，为京东自营供应链金融的首战打出了不错的开局。

（3）针对平台商家的"京小贷"。

2014年10月30日，京东金融正式推出金融创新产品"京小贷"，专门为开放平台商家提供融资服务。至此，京东已完成了面向企业四步走的前三步，实现了向生态圈的上下游开放，从而有效解决了我国小微企业融资难的问题，同时提升了京东金融生态圈的竞争力。"京小贷"以信用作为产品发展基础，它具有诸多优势，比如不需要抵押，融资时间缩至1分钟，可以自主贷款，全程线上审批等。登录京东金融平台后，商家可以通过个人账号查看贷款资格，进一步申请贷款，申请成功后，资金会立刻流入商家所绑定的网银钱包账户。由于京东的监管较为严格，对商家的准入门槛较高，"京小贷"实现了全线上、自动审批的贷款流程，贷款期限长达12个月。贷款年利率为14%~24%，低于同业水平。

2. 消费金融

（1）"京东白条"。

2014年2月13日，京东独立推出了第一个互联网行业面向个人的"消费金融"产品——"京东白条"。"京东白条"实际上是消费者向京东商城借款,从而帮助用户在京东享受"先消费、后付款"的延后付款或"分期0元购"的分期付款服务,由此产生的手续费将归属于京东。"京东白条"包括30天免息延后付款和3~12个月分期付款。分期付款手续费为:3期共计3%,6期共计4.2%,12期共计6%。上线半年,"京东白条"的订单数量增长了33%,月消费金融增长58%。

(2)"校园白条"。

2014年9月,京东金融发布消费金融战略,提出"未来将扩大用户覆盖,拓展部署消费场景,重点发力移动端"的消费金融目标。因此,京东在消费场景上进行了拓展,并且针对不同用户需求,推出相应的"白条"产品。京东于2014年9月24日推出了以在校大学生为目标客户的"校园白条",并先后在国内众多重点高校进行试点,向在校学生提供"先消费后付款、三十天免息、随心分期、信用额度高达8000元"的信用服务。未来京东还将向京东商城大客户推出"金采计划",解客户采购资金的燃眉之急;在农村市场,京东正在加速布局物流系统,金融方面也在做"农村白条"的拓展。

3. 支付业务

支付端一直是京东的短板,在这一领域的谋划由来已久。从2011年封杀支付宝,到2012年收购第三方支付公司网银在线,再到2013年停用财付通建立自有的账户体系,京东一直试图掌控自己的支付端。随着移动互联网和互联网金融时代的到来,自有账户体系的建立对京东更加重要。

2013年12月,网银在线更名为网银钱包,重新启用。作为京东电商和金融服务的基础设施,网银钱包主要提供支付服务。网银钱包有希望能把账期缩短至1天,即订单完成后第二天商家即可收到货款,商家只需要通过在网银钱包开户来收取货款并提现。2014年4月1日,京东金融网银钱包客户端正式在安卓平台上线,标志着京东完成了移动战略布局中的重要一环,京东个人账户体系从电商到金融形成了完整闭环。网银钱包作为独立面向市场的第三方支付产品,无论是对公业务,还是对私业务,都能提供一站式服务。

4. 平台业务

（1）网银钱包。

网银钱包自2014年1月发布上线后，京东用户的购物付款、资金管理、消费信贷、投资理财都整合在其中。平台金融业务的种类相当丰富，包括保险业务、基金业务、证券业务、信用卡业务、银行理财和个人贷款等。

（2）"小金库"。

2014年3月27日，京东金融集团宣布，京东"小金库"正式上线开售。京东用户可以通过"小金库"获得高于普通储蓄的收益，实现个人资产增值，也可以满足用户理财之外的诸多需求。小金库内的资金不仅可以直接用于京东商城购物消费，也可以用来结算"京东白条"账单和进行信用卡还款。嘉实基金的"活钱包"和鹏华基金的"增值宝"是最先登录的两款货币基金产品。

（3）互联网保险业务。

在互联网保险方面，京东金融联合珠江人寿推出了一款为京东用户独家优选的理财产品——超级理财之"安赢一号"，"安赢一号"于2014年7月16日正式开售，预期年化收益率达6.9%。该款产品主要投资方向包括银行存款、集合信托计划、债券等。

（4）基金理财业务。

在基金方面，京东于2014年2月提出与国内十家基金公司合作，一旦取得第三方基金销售牌照，就会陆续推出类余额宝产品。2014年4月15日，京东与国泰基金联合打造的基金产品——国泰安康养老定期支付混合型证券投资基金在京东金融平台上正式发行，这款基金以定期支付为卖点，由于收益率宣称高达8.8%，也称为"京东8.8"。4月17日，易理财货币基金在微信理财通上上线，在理财通上的普通赎回一般不设上限T+1日到账，T+0快速赎回设单笔上限2万元，单户单日累计上限6万元，适合移动端客户管理小额流动现金。

（5）银行理财业务。

随着"宝宝军团"收益率持续下降，以银行承兑汇票作为投资标的的票据理财产品成为互联网金融平台竞争的新战场。京东金融于 2014 年 8 月 12 日推出一款票据理财产品"小银票","小银票"的预期年化收益率为 5.8%~7%。用户可以通过登录京东金融频道来购买"小银票","小银票"可以支持国内主流银行储蓄卡购买,购买金额最低为 100 元,单笔最高购买金额为 50 万元,单卡单日最高为 100 万元,期限为 1~6 个月。

(6) 证券业务。

在证券方面,京东于 2014 年 12 月 22 日与太平洋公司签署《证券业务合作协议》,从而共同打造网银在线证券板块。京东和太平洋公司的业务合作将围绕证券账户、行情、资讯、三方支付、证券交易、互联网证券产品等多方面展开。

5. 众筹

(1) 产品众筹。

2014 年 7 月 1 日,京东金融宣布推出众筹业务——"凑份子","凑份子"首期上线的 12 个项目均为产品众筹,其中 7 个涉足智能硬件,5 个涉足流行文化市场。京东金融此次推出了"类孵化器"的众筹模式。京东会利用自己的供应链等既有资源,除为筹资人提供资金募集支持以外,还会提供生产、营销、法律、审计等方面的帮助,扶植项目面向市场。

对出资人而言,可在"凑份子"找到感兴趣的项目,并参与项目初期产品设计、生产、定价等环节;对筹资人而言,京东将利用自身拥有的供应链和资源整合等能力帮助其快速成长。京东金融在用户利益保障方面也制定了相关的制度。首先是对筹资人的背景及诚信度进行审核从而进行筛选,以保障出资人利益;其次,对于筹得的资金,将实行监控和专款专用;最后,为保障筹资人与出资人之间的信息透明度推出好评度机制。

(2) 股权众筹。

自从上线众筹以来,京东何时推出股权众筹一直是业内关注的焦点之一。而京东经过长期积极的准备,终于在 2015 年 3 月 31 日迎来了股权众筹平台——"东家",采用"领投 + 跟投"模式,以帮助创业者拓宽融资渠道,盘活融资市场。截至 2015 年 4 月 29 日,通过"东家"实现的各类股权融资项目上线1个月融资额就达到1.19亿元,创下了股权众筹月度融资纪录。平台共计给投资者提供22个项目,其中上线募集15个,路演预热7个。上线项目融资完成率达到127%。"东家"上的股权众筹项目除了能带来直接的融资之外,溢出效应也十分明显,最主要的体现在经营业绩上。例如,麻辣美食O2O"夹克的虾"在"东家"融资以来,其单日营业额已经增长近3倍。

(三)小结

综上所述,2014年京东在互联网金融领域的发展总体上可以归结为以下几个方面。

(1)京东互联网金融的发展着重围绕其电子商务生态圈来做文章,以电商销售积累的强大上下游客户和由供应商、平台、客户形成的电子商务产业链为其发展互联网金融业务,特别是供应链金融服务打下良好的基础。

(2)其互联网金融业务的发展是以贷款作为切入点,从供应链金融拓展到消费金融,业务的拓展脉络反映了京东互联网金融布局的思路和认识的延伸。

(3)支付业务的引入以及必然延伸出的理财业务为资金池的扩张提供了必要保障,以构建互联网金融生态圈为主体,围绕电子商务的金融业务必须有内生的支付体系,这是包括京东在内的多数互联网公司向金融转型的必然选择,即在一定程度上摆脱银行的制约,更灵活地开展其他金融业务。

(4)相对于其他公司,京东选择仅作为传统金融业务的代理平台而非成立网络金融机构,这是充分考虑和应用其互联网优势之后的结果。

(5)众筹使京东的互联网金融业务从投资扩展到了融资领域,丰富了金融的内涵。

二 腾讯

(一)发展历程

腾讯的使命——"通过互联网服务提升人类生活品质",由这个使命衍生出来的腾讯产品，涵盖了社交网络、在线游戏、内容服务以及电商。其中，游戏成为腾讯最主要的营收手段，在线游戏带来的收入占腾讯总体收入的50%以上。对于腾讯来说，开展互联网金融主要有两个意义：一是腾讯增值服务、网络游戏、电商平台的支付，财付通大量用户都将其用于支付腾讯旗下产品及服务；二是保持用户黏性。"人无我有"最好的例子就是微信支付，而腾讯的各种模仿产品则是"人有我也有"的最好体现，如模仿淘宝的腾讯拍拍网，模仿支付宝的财付通，类余额宝的腾讯现金宝。毕竟，在用户数量可以保证的前提下，用户黏性就是一切。

（二）金融布局

2013年以来，腾讯在互联网金融领域遍地开花，给业界留下了全面进军金融领域的印象。从投资来看，腾讯在基金、保险、股票、银行、证券方面全面出击，早在2012年初，腾讯便在财付通推出了一款内置应用——理财汇，理财汇现在已经涵盖股票、基金、保险三个资产类别，满足零售客户的大部分投资需求。从融资来看，腾讯2014年着手于P2P、电商小贷和征信。支付应用包括微信支付和财付通支付。腾讯金融布局见图2所示。

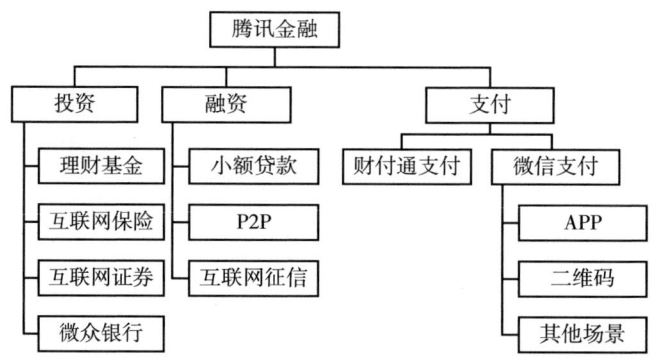

图2　腾讯金融布局

资料来源：网络数据。

1. 投资

(1) 基金。

理财汇中的基金主要有三个功能——投资者教育、信息分析以及在线交易。投资者可以通过理财学堂初步认识基金,运用理财汇提供的信息分析工具,如查看净值、查看评级机构对基金的评价和基金诊断工具等,在"基金e点通"上进行基金的在线交易。目前已有19家基金公司接入"基金e点通",其中支持财付通的已有博时基金、汇添富基金以及南方基金3家。用户开通1个财付通账号,就能一站开通多家基金公司的基金账户,并完成申购、定投、赎回、转换等多种基金在线交易服务。产品由基金公司直销,财付通仅作为支付工具。

除了理财汇外,腾讯旗下的"腾讯基金超市"也可以帮助用户在线上购买基金。随着余额宝的横空出世,腾讯"人有我也有"的思维使其与众禄基金合作的"现金宝"即时闪亮登场。投资者通过"现金宝"获得的收益率高于活期存款。现金宝与腾讯基金超市中的其他产品一样,基金公司为产品的设计与管理方,销售方是众禄基金,而支付工具则是工商银行网银、通联支付、易宝支付和汇付天下,暂时还未接入财付通。腾讯对于不熟悉的业务仍倾向于外包,在基金业务方面参与度其实并不高。

(2) 保险。

腾讯在保险领域主要涉足"在线保险代销"和"参股成立保险公司"。用户可以通过"财付通保险超市"和"QQ便民"直接在线购买保险,主要险种包括车险、家财险、健康险、意外险和投连险等。这点和淘宝理财及淘宝保险的产品覆盖面颇一致。

同时腾讯也参股成立了保险公司。2013年2月17日,由"三马"联手设立的众安在线财产保险公司取得了保监会的批文。迄今,众安保险业务范围涵盖特色保险、旅行保险、意外保险、健康保险和团体保险。在保险领域腾讯也倾向于与他人合作,浅尝辄止。

(3) 股票。

目前,腾讯在股票市场的布局主要有二:一是理财汇与国泰君安合作的

"在线交易",二是提供"股票信息分析"。客户在国泰君安开户便可以使用"在线交易"功能,在线上买卖股票。腾讯提供股票信息分析的产品主要有四个——腾讯股票频道、腾讯操盘手、腾讯"自选股"软件以及指数产品。腾讯股票频道可以为投资者提供各种新闻和数据,腾讯联合益盟操盘手推出一款股票分析软件——腾讯操盘手,该软件可以使用 QQ 号码登录,并且植入微博炒股等功能。同时,腾讯自己研发的"自选股"APP 可以为投资者提供手机、QQ、网页三端同步查看自选股票功能。此外,腾讯在 2013 年 5 月和济安金信联袂推出首只互联网媒体发布的 A 股指数"腾安价值 100 指数",吸引了大众的注意。2014 年 2 月 14 日腾讯和银河基金合作的银河"定投宝"正式发行,以中证"腾安价值 100 指数"为跟踪指数,是国内首只互联网权益类基金产品。

(4) 证券。

2011 年 12 月,腾讯花费 3.8 亿元收购益盟操盘手 20.2% 的股权,开始涉足证券咨询软件领域。在证券领域腾讯一直没有自己的公司,直到 2013 年 11 月 12 日,国金证券与腾讯签署《战略合作协议》,成为战略合作伙伴。2014 年 3 月,腾讯又与国金证券联合推出"佣金宝""万二佣金",冲击证券行业佣金体系。国金证券在腾讯网上推出的首个"1+1+1"互联网证券金融产品,具有诸如"万二开户""保证金增值""高品质咨询"等优势。

"佣金宝"的出现表明券商经纪业务将进入"实质零佣金"时代,券商交易佣金率的下降会使炒股交易成本极大下降,券商经纪业务佣金模式将迎来新一轮革命。

(5) 银行。

2014 年 10 月 22 日,腾讯旗下民营银行——深圳前海微众银行宣布成立,这是首家民营银行。根据银监会提供的资料,微众银行的经营范围包括吸收公众存款,主要是个人及小微腾讯发起的微众银行将"大存小贷"模式改为"个存小贷",就是说"个存"的存款将不再设定下限,这一点与阿里的"小存小贷"区别开来。

微众银行虽然刚刚成立，但此前早就开始从事各种金融业务。腾讯和阿里一样，虽然没有银行之名，但早有银行之实。2013年7月，腾讯和招商银行合作，推出"微信银行"，这项服务可以开展各种过卡类业务，包括借记卡账户查询、转信用卡账单查询、信用卡还款、积分查询等，同时可以实现多种便捷服务，包括贷款申请、办卡申请、生活缴费等。

2013年8月，腾讯又和平安牵手，推出信用卡智能微信服务平台，可绑定账户自助查询、优惠自主推送、智能机器人等强大功能，而且对服务需求量最大的前四种服务——额度查询、账单查询、费用介绍、卡种介绍，优先建立完整的知识库及引导式问答设计，使得客户可以用自然的微信对话，就能够第一时间享受到快捷全面的信息咨询服务，无须致电客服热线，也不受时间、地点限制。

2. 融资

（1）小额信贷。

2014年4月，拍拍网与中信银行合作推出两款在线贷款产品："在线小额短期信用贷款"和"在线订单贷款"。"在线小额短期信用贷款"授信期限为3个月，上限为50万元，单笔贷款可按天发放，用于经营周转及合法合规消费；"在线订单贷款"按天发放，匹配订单账期，用于短期经营周转及合法合规消费。两类贷款均无须任何担保，但注重对客户的经营收入和金融资产等信用分析，由系统自动审批，是以非现场管理为核心的贷后管理模式。

（2）P2P。

在阿里与百度相继成立小额贷款公司之后，腾讯旗下的财付通网络金融小贷款有限公司（简称财付通小贷）于2013年11月正式获批成立。腾讯旗下的电商企业和个体工商户是财付通小贷最为重要的目标客户。财付通小贷在模式上与阿里和百度基本相似，只是在拓展的速度上滞后于另外两家公司。依托腾讯已有的数亿用户，财付通小贷可挖掘的投资者潜力巨大。

2013年底，腾讯作为挚信资本的LP跟投了P2P企业人人贷母公司人人友信集团。在P2P领域，腾讯不仅有了自己独立的财付通小贷，也参股人人友信集团,逐渐展开在整个互联网金融领域的布局。

(3) 征信。

腾讯在 2014 年 10 月底的博鳌论坛上宣布,腾讯将要推出以腾讯大数据能力为基础的互联网征信体系,腾讯通过对用户行为的分析,从而提供用户信用风险的相关数据。在分析过程中,不涉及用户行为内容隐私信息。腾讯相关负责人表示腾讯远远超出其他机构的日数据量是腾讯开展征信业务的基础。腾讯建设征信体系将基于三个方面:首先是希望助力各大金融机构提高风险管理和控制水平;其次是推动金融行业普惠发展,使得普通用户借贷更为方便;最后是希望建立社会信用体系,引导并提高年轻客户的信用意识。在腾讯未来的业务架构中,征信业务排在高位,与"理财通"等理财产品并列为前端服务,腾讯对于征信业务的重视程度可见一斑。

3. 第三方支付

腾讯在支付领域主要的产品是财付通支付和微信支付,微信支付其实也建立在财付通的第三方支付牌照之上。

(1) 财付通支付。

第三方在线支付的存在立足于市场,支付宝主要立足于淘宝和天猫,而财付通主要立足于 QQ 网购、易迅、拍拍网以及腾讯旗下的游戏及其他增值服务。顺应"人有我也有"的思路,财付通的附加功能和支付宝没有很大差别,从生活缴费到彩票购买,应有尽有。财付通的最大对手——支付宝在第三方在线支付领域压倒性的市场份额其实有目共睹,接近50%的市场份额主要依托的是淘宝惊人的交易量。但财付通的 Q 币充值业务也为腾讯带来了巨大的收益,2014 年腾讯互联网增值收益达到 633.1 亿元,同比增长 47.4%。

(2) 微信支付。

在微信平台上拓展而来的微信支付,虽与财付通共享支付牌照,但其移动端却与其他第三方支付很不一样,真正地做到"人无我有"。微信支付主要有三个使用场景,即微信公众平台的支付、APP 支付、二维码扫描支付。

①微信公众平台支付。

微信公众平台支付有订阅号以及服务号两种。服务号更多的是强调互动，比如招行信用卡的公众号，用户可以进行账单查询、积分查询等操作。而部分订阅类的自媒体公众号，如"罗辑思维"和"改变自己"，已经开始探索广告之外的盈利方式——会员制。缴交会员费便可获得一定时期的会员身份，其间享受定制化的会员服务，如专属一对一交流、每月赠送推荐书籍等。2014年9月，明星陈坤的公众微信号实施了会员制，会员费的缴交通过微信支付完成。这是一次跨越性的尝试，据微信官方透露，此功能仍在试运营中，之后会逐步开放给企业账号。

②APP支付。

腾讯APP支付目前主要有自有的两个产品——表情商店以及微信游戏。安卓版本的表情商店早已使用微信支付，微信5亿的月活用户无疑会带来巨大的商机。微信游戏如《天天连萌》内置的付费道具也可以使用微信支付进行购买。

③二维码支付。

二维码支付实际是在叫板支付宝钱包的二维码支付以及当面付（声波支付）功能。据媒体报道，2014年9月微信支付联手友宝在线在北京地铁站摆放300台自动售货机，购买者可以通过微信支付扫描二维码完成购买。

④其他支付场景。

随着微信移动端的屡屡创新，微信支付也推出了很多有趣的新玩法，比如刚发布的最新版本，用户可以在"我的银行卡"中直接充值话费。此外，2014年初微信红包的横空出世，使微信绑卡用户数猛增，超过支付宝8年绑定量。2014年3月，QQ钱包正式上线，从原先在移动支付上的"微信"单轮驱动变成"微信+QQ"双轮驱动。2014年底，微信支付+QQ钱包绑卡数已突破1亿户。腾讯微信红包、打车软件的红极一时产生了大量的支付行为，但这些支付习惯并非每日都有，腾讯想在移动支付领域挑战支付宝钱包，就必须构建不亚于支付宝钱包的多层次支付场景，实现自身用户数的最大程度转化。

（三）小结

2014年腾讯在互联网金融领域的发展体现了鲜明的互联网企业特征，归结起来有如下几个方面。

（1）国内最大的社交网络所积累的客户资源成为腾讯发展互联网金融的强大基础，从最开始的聊天工具QQ到后来的微信，腾讯建立的庞大C（客户）端使其布局互联网金融业务时相对于其他企业有着明显的增长优势，特别是依赖参与规模的P2P、消费金融等业务。

（2）从业务类型上看，基于社交网络的互助型金融的特色极为鲜明，这也是腾讯互联网金融的典型特征。

（3）基于大量用户的支付业务多样化带来了较大的增长潜力，支付的核心在于场景和用户，从微信支付的发展来看，其产品线已覆盖了多种基于消费生活的场景。

（4）有别于京东等其他互联网公司，腾讯选择参与成立传统金融企业而非仅仅作为代理、咨询平台。

三 阿里巴巴

（一）发展历程

阿里巴巴集团自成立以来，互联网业务愈加多元化。除了在B2C、第三方支付、B2B领域保持领先之外，云计算、移动互联网和软件开发业务也发展迅速。2014年9月19日晚，阿里巴巴正式在纽交所挂牌交易，总共筹集到250亿美元资金，创下了有史以来互联网领域规模最大的一桩IPO交易。阿里的金融布局一直是走在众多同类企业之前的，从将集团定位为"平台、金融和数据"三大核心业务开始，阿里巴巴就迅速、有计划地进行了互联网金融体系的建设和布局，各种创新业务模式不断涌现，经历了十多年的发展，阿里金融形成了如今的五大核心板块，涵盖支付、信贷、担保、保险等。

（二）金融布局

阿里巴巴金融业务突出"平台"特征，充分发挥了阿里巴巴、淘宝和天猫三个平台建立起来的电子商务生态圈优势，基于电子商务平台衍生了支付平台——支付宝、理财平台——余额宝、融资平台——阿里小贷等，2014年以来，沿着这种平台思路，阿里巴巴已覆盖了多个互联网金融领域，如互联网保险、互联网证券、金融软件和民营银行等，从成功上市以来，阿里巴巴借助充足的资金，充分发挥电子商务优势和互联网思维，逐渐成为互联网公司转型互联网金融的典型案例。阿里金融布局和金融平台分布见图3和图4所示。

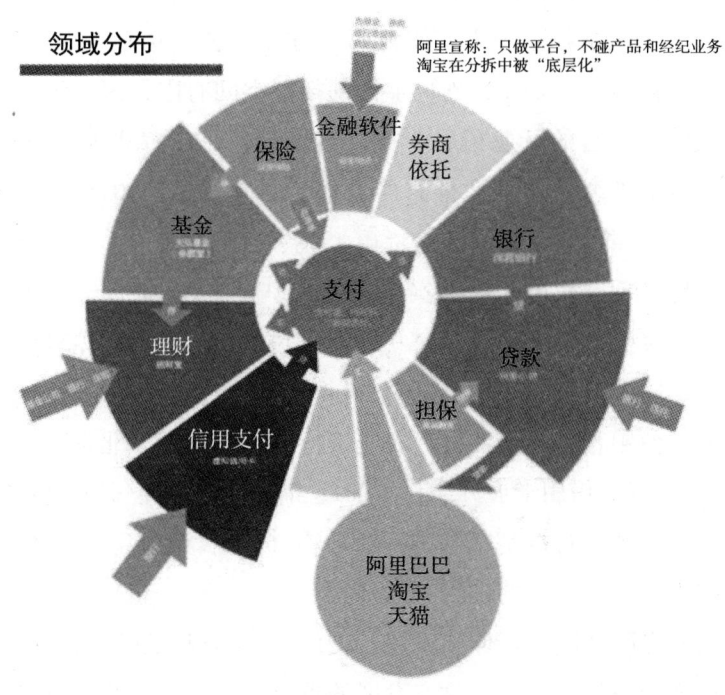

图3 阿里金融布局

资料来源：网易财经。

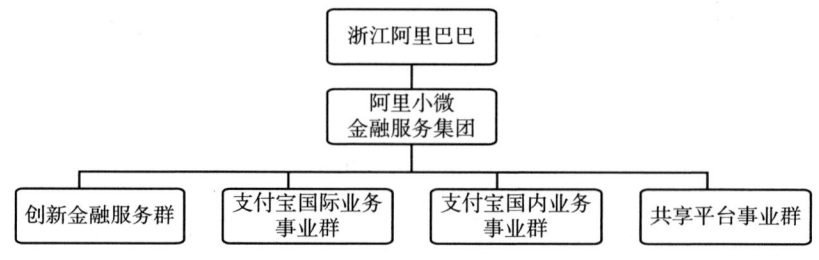

图4 阿里金融平台分布

资料来源：网易财经。

1. 互联网支付——起步支付宝

支付宝是阿里金融体系的核心环节，可以说阿里巴巴向金融界进军就是以支付宝为突破口的，作为第三方支付工具，支付宝为用户在阿里金融生态圈建立信任奠定了基础，使用的是"第三方担保交易模式"。2004年12月，支付宝从淘宝网体系独立出来，作为第三方支付公司单独运营。2005年网上消费仍处于初步发展阶段，支付宝外部拓展空间有限，因此先是在互联网交易较为成熟和丰富的行业拓展业务，如旅游、在线游戏等。2008年支付宝进入公共事业性缴费市场，全面覆盖生活缴费领域。2011年，支付宝获得第三方支付牌照，业务范围涵盖货币汇兑、互联网支付、移动电话支付、预付卡发行与受理（仅限于线上实名支付账户充值）、银行卡收单等，2014年7月，支付宝引入线下条码支付（快捷支付），实现了类似NFC的支付模式，使用户摆脱了银行卡束缚。2011年4月，支付宝快捷支付服务已经和中国银行、工商银行、建设银行、农业银行、平安银行、北京银行、上海农商行等10家银行的信用卡展开合作。2012年5月11日，支付宝获得基金第三方支付牌照，开始对接基金公司。2013年6月"余额宝"上线。图5为支付宝在阿里金融体系中的作用。

随着阿里金融不断的延伸和发展，支付宝逐渐成为联通阿里巴巴其他互联网金融业务的纽带。未来支付宝发展的重点一方面是继续向更多支付领域渗透以巩固其在互联网支付中的地位，如基金市场、证券市场等，同时加快推进移动支付和线下支付的布局，抢占市场；另一方面就是基于现有庞大用

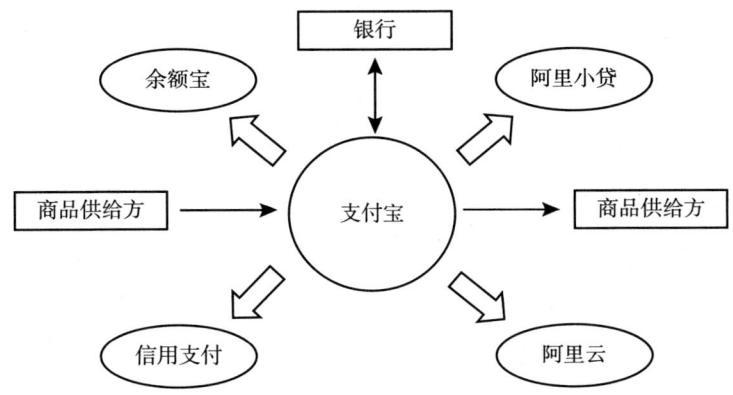

图 5　支付宝在阿里金融体系中的作用

户基数和平台业务,加速推进消费金融创新以及继续支持小微金融发展。

2. 互联网理财

余额宝是阿里巴巴互联网金融业务的重要分支,通过支付宝平台实现了小额长尾资金的理财服务,于 2013 年 6 月 13 日上线。余额宝首期合作的对象是天弘基金,依靠支付宝和淘宝的大平台以及余额宝产品设计的优点,余额宝自上线起就受到了追捧,截至 2014 年 2 月,余额宝规模已经超过 4000 亿元。

余额宝诞生的原因是用户需求,而其发展的原因很重要一部分是注重用户体验。由于大多传统理财产品起点高,普通投资者难以进入,银行理财的二八原则也将 80% 的收入不高但有理财需求的投资者拒之门外。同时,淘宝网的发展使得大量的资金沉淀在支付宝,消费者对于这一部分资金的增值有较强的需求。对此,支付宝根据消费者的需求设计相关产品,首先确定产品的类型,其次是寻找金融领域合作伙伴,而且由于注重用户体验,在产品设计上支付宝提出了如申购起点低、能随时申购和赎回、收益能每天计算等许多要求,这对基金管理、成本和技术方面有很大的挑战。最后支付宝和天弘基金合作,运用支付宝"大数据 + 云计算 + 云平台"的优势,成功地推出了余额宝并掀起了互联网金融的浪潮。图 6 为余额宝产生原因及过程。

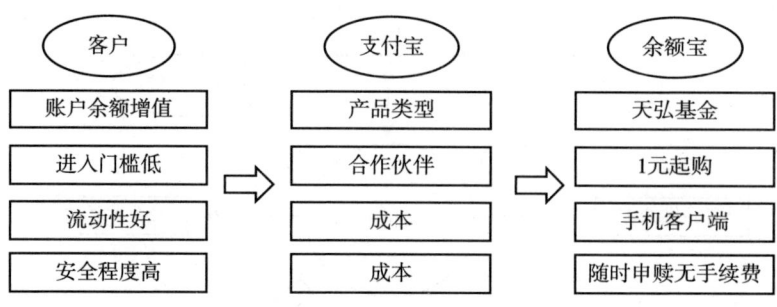

图6 余额宝产生原因及过程

3. 互联网资产管理

2013年，阿里小微金融服务集团成立，主要服务于中小微企业和大众。2014年10月16日，蚂蚁金融服务集团成功组建，旗下业务包括支付宝、支付宝钱包、余额宝、招财宝、蚂蚁小贷和网商银行（筹）等。2015年4月9日，蚂蚁金服正式宣布，开放内部代号为"维他命"的金融信息服务平台，并联合博时基金、恒生聚源及中证指数发布其首个指数产品"淘金100"，这也是首个电商行业数据推出的金融指数。

根据蚂蚁金服业务规划，第三方支付、融资理财、保险等共同组成了其服务体系，而信息技术，包括大数据、信用评级和云服务提供了支撑。未来，技术服务层面的开发与合作将是蚂蚁金服的发展战略之一。

4. 互联网微贷——深入阿里小贷

在蚂蚁金服中，微贷是一个重要的组成部分，成立于2010年6月8日的阿里小贷公司，成为阿里巴巴由电子商务向金融延伸的重要一步。阿里小贷顺利运行的基础是"诚信通"建立的商家"网上征信系统"及阿里强大的云计算技术。阿里小贷的贷款模式包括两个部分，一个是面向阿里巴巴电子商务生态圈商家的贷款，以商家历史信用为依据；另一个是对会员的信用贷款，具体比较如下。

截至2014年上半年，阿里小贷累计发放贷款突破2000亿元，服务的小微企业达80万家。阿里小贷的自身资金融资成本在8%左右，对外的贷款利息为12%~18%，阿里小贷贷款人平均占款周期为123天，贷款年化利率为6%~7%。

表1 淘宝贷款与阿里贷款比较

项目	淘宝贷款	阿里贷款
平台类型	B2C平台，为淘宝和天猫客户提供订单和信用贷款	B2B平台，为阿里巴巴企业客户提供信用贷款
贷款额度	订单贷款：额度100万元以内，期限30天；信用贷款：最高额度100万元，期限6个月	信用贷款：额度5万~100万元，期限1年
贷款方式	在线申请审核后通过绑定的支付宝发放	循环贷：备用金制度，随时还款；灵活利息固定贷：获贷额度一次性发放
还款方式	订单贷款：系统自动还款 信用贷款：按月付息到期还本、等额本息还款	每月还款日提前5天通知，支付宝自动扣款

5. 互联网保险——合作众安保险

2013年，国内唯一具有互联网保险牌照的在线保险公司众安在线成立，注册资金10亿元，股东由阿里巴巴（控股）、平安集团、腾讯和携程等组成。

众安在线是互联网和保险两大行业在互联网金融领域的重要尝试，其最大特点是在牌照授权下，完全通过互联网来开展保险业务。目前众安保险的首款产品是"众乐宝-保证金计划"，是专为淘宝平台定制的一款信用保证保险。卖家加入后，无须缴纳消保保证金，即可享受淘宝平台消费者保障服务，享有消保图标。对于买卖双方来说，"消保金"提高了资金的配置效率，提高了流动性并较好地保证了消费体验。

6. 互联网担保——建立商诚融资担保

2012年9月，商诚融资担保公司在重庆成立，作为阿里互联网金融板块的一环，股东由阿里巴巴、淘宝网和融信网络组成，注册资金3亿元。

阿里巴巴进入担保行业的原因之一是扩大阿里小贷的规模和经营地区范围。一方面，虽然阿里小贷已经开始在全国范围内经营，但因为小额贷款受区域经营限制，阿里小贷依然存在监管风险，如果希望跨区经营则必须通过新设公司来实现,这需要耗费一定的资源成本。另一方面,相比担保小贷的资金杠杆率不能超过1.5倍的规定,在一定程度上放大了公司的贷款额度,从而可以满足更多商家的资金需求。

另外就是实现阿里金融平台战略。2013年3月,阿里巴巴推出一款"信用支付"产品,银行基于用户在支付宝的交易行为大数据来确定用户的信用额度,用户获得额度之后可在淘宝网平台上进行类似信用卡的信用消费,该消费行为由阿里体系的担保公司进行担保以控制风险。与东方证券合作推出的阿里巴巴1~10号专项资产管理计划,由商诚融资担保公司为其担保,提供外部增信。由此可以看出,阿里成立的商诚担保公司在消费金融创新和小微信贷中为担保方提供了保障,完善了交易的链条。

7. 互联网外贸——收购一达通

在外贸领域,对一达通的收购有助于阿里巴巴打通其小额外贸业务的产业链,完善其中小企业数据库及建立信用体系,并增加用户黏性。深圳一达通公司成立于2001年,是中国首家结合专业进出口代理和电子商务功能的中小企业进出口环节外包服务提供商,主要是借助互联网一站式为中小企业提供金融、保险、报关、物流、外汇、退税、认证等全程的进出口服务。2010年11月阿里巴巴收购一达通,帮助一达通从"外贸资讯"转变为"外贸交易"的中小企业外贸综合服务平台,为广大中小企业和个人从事对外贸易提供了更为全面的外贸服务。

一达通设有金融中心,通过与中国银行等金融机构合作开发面对中小微企业的信用证融资、备货融资、货款买断、远期外汇保值等多项金融服务产品,满足中小微企业贸易环节的资金和风险控制需求。金融中心下设四个部门:国际结算组、综合管理部、产品项目及风险控制部、融资顾问部,分别负责国际结算、融资操作及管理、金融产品开发及风险控制等相关工作。收购一达通使阿里的企业征信体系建设更进了一步,基于更为翔实的交易行为数据,阿里金融能够为企业提供更精准、更快速、风险更低的信用小额贷款。

8. 互联网IT服务——控股恒生电子

2014年3月底,阿里巴巴完成对恒生电子的收购,持股20.62%,一举成为其大股东，马云也成为恒生电子的实际控制人。

恒生电子创立于1995年2月，2003年在上交所主板上市，是国内知名的金融软件和网络服务供应商，业务范围涉及证券、基金、期货、银行、信托、保险、财资管理、通信和电子商务。恒生电子在金融IT领域，如基金、证券和期货等，有较高的市场占有率。

这次收购更多的是为了实现双方的战略规划，特别是软件系统作为金融体系的后台，具有很强的渗透性和黏性，是构建互联网金融体系的基础，是保障业务开展、挖掘增长点和规避风险的需要。

9. 互联网数据处理——扩展阿里云计算

2004年，阿里（中国）软件研发中心成立，2007年阿里软件公司成立，这两家企业的建立标志着阿里巴巴正式进入了软件开发和服务领域，除了提供开发和服务之外，以SAAS作为架构的云计算技术将着重为中小企业提供云计算平台和服务。

2009年9月，阿里云成立，提供云平台计算服务和数据中心服务。2010年，阿里云对外开放其在云计算领域的技术服务能力。用户通过阿里云，用互联网的方式即可远程获取海量计算、存储资源和大数据处理能力。2014年底，阿里云已经为150万用户提供了云计算服务，涉及电子商务、在线游戏、音乐视频等多个领域。根据IDC调研报告，阿里云是国内最大的公共云计算服务提供商。

阿里云专门搭建了面向银行、保险公司、券商的金融云。随着云计算的安全性、稳定性不断地被实践证明，越来越多的政府机构、央企、大型民营企业纷纷开始拥抱云计算和大数据。2014年12月，12306网站75%的余票查询系统迁移至阿里云计算平台，以分担春运流量洪峰带来的压力。

2014年2月，阿里巴巴集团将"云+端"确立为未来十年的重要战略。阿里巴巴董事局主席马云认为，以控制为出发点的IT时代，正在走向以激活生产力为目的的DT（Data Technology）数据时代。这不仅仅是技术的升级，更是思想意识的巨大变革。

在未来的互联网中，云计算将会成为一种随时、随地，根据需要提供的

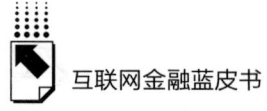

公共服务。高效的绿色数据中心,能支持不同互联网应用。大规模分布式存储和计算,是打造下一代互联网服务平台最基本的核心技术。

阿里云的一个实践案例就是蚂蚁微贷。蚂蚁微贷通过基于互联网的大数据提供信用金融服务,主要面向阿里电子商务体系和其他平台的中小企业及普通个人,提供"金额小、期限短、随借随还"的纯信用小额贷款服务。

依托大数据和云计算,蚂蚁微贷通过平台上积累的信用与行为数据,搭建了完善的数据模型,并通过技术和数据积累实现了快速处理和海量信息分析,服务效率超过了一般的商业银行。

(三)小结

2014年阿里巴巴在互联网金融领域的发展特征主要包括以下几个方面。

(1)以电商平台而非电商销售为特点所积累的海量用户是其全方位拓展互联网金融业务的基础,基于淘宝的供应链金融服务是阿里巴巴互联网金融快速发展的重要推力,之后衍生的征信、理财等业务均受益于此。

(2)类似腾讯,阿里巴巴也以支付业务作为互联网切入点,并因第三方支付压倒性的市场占有量和数额成为其开展理财、贷款等金融业务的核心,但2014年的第三方支付市场,支付宝受到了微信支付的较大冲击。

(3)作为平台而非销售商在物流上的缺失和拥有海量搜索、交易、支付数据使其主推信用信贷,并发展线下担保业务补充。

(4)作为互联网企业转型金融的典型,阿里巴巴更专注于互联网金融的后台服务和技术提供,这是其将互联网思维和优势转化为金融服务的重要表现形式。

四 百度

(一)发展历程

作为传统的互联网企业巨头,阿里和腾讯在互联网金融领域一直做得有声有色，相对来讲，百度的互联网金融就显得姗姗来迟，2014年中，百度首次对外阐述了其互联网金融的战略布局和发展策略，核心思路就是充分发挥自身在搜索领域的大数据积累优势，打造金融服务平台和连接渠道平台。

百度的互联网金融布局以搜索为核心，并在搜索的基础上建立起支付结算、融资与投资理财三足鼎立的模式。"搜索+金融"成为百度打造综合入口的重要部分。

（二）金融布局

1. 互联网支付

互联网公司发展互联网金融业务，首先就是要完善第三方支付，为建立互联网金融生态圈奠定基础。用户通过手机在网上完成订餐、打车或者订电影票等业务，并在网上完成支付。倘若支付这一环节没有打通，O2O业务发展必定受制于人。因此，这也成为各家电商公司竞相争夺支付牌照的原因。百度金融布局见图7所示。

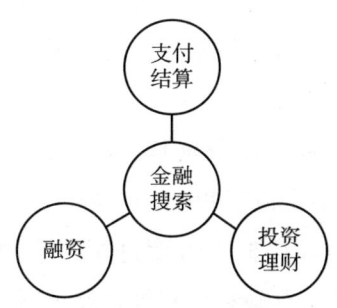

图7　百度金融布局

资料来源：网络数据。

2013年7月6日，央行发放了新一批支付牌照，百度旗下"百付宝"获得进入支付行业的许可证。"百付宝"是百度推出的在线支付和服务平台，之前主要用于百度自身产品的支付。2013年6月，百度对其组织架构

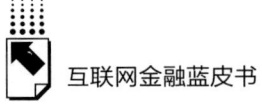

做出了调整，组建"前项收费业务群组"，发展用户收费业务，涉及在线娱乐、B2C 和视频等方向。

2014 年 4 月 15 日，百度正式推出旗下支付业务品牌"百度钱包"。"百度钱包"是一个"随身随付"、让优惠无处不在的钱包，不仅提供超级转账、付款、缴费、充值等生活服务，同时提供百度理财等资产增值工具。"百度钱包"将会内置在手机百度 APP、百度地图、91 助手等百度旗下的产品当中，向用户提供更多的支付和理财方案。可以说，"百度钱包"实际上是重新包装后的"百付宝"，是"百付宝"的升级版。

不管是"百付宝"还是"百度钱包"，移动支付的建立补齐了百度着力打造"用户—搜索—服务（平台）—支付"移动生态闭环的重要环节。与支付宝、财付通等其他"前辈"相比，"百度钱包"最独特的基因是"搜索"。依托百度的搜索功能，用户可以通过百度 APP 直接搜索需要的商品或服务，并通过"百度钱包"完成在线支付。百度"搜索 + APP + 支付"的运营模式使其得以实现"所搜即所得，搜索即服务"，使消费信息深度覆盖餐饮、电影院、KTV、商场、理财等全门类服务。"百度钱包"作为一个用户登录界面，彻底打通和缩短商家与顾客之间的对接路径，为商户提供商品和服务、用户消费体验评价商品与服务架起了桥梁。

2. 互联网理财

2013 年 10 月 28 日，百度与华夏基金联手推出首款理财产品"百度理财 B"。受其之前宣传"年收益率 8%"的影响，上线当天，"百度理财 B"10 亿元的额度被一抢而空，提振了百度进军互联网金融的决心。之后，百度又相继推出百赚、百发、百赚利滚利等几款理财产品，其收益率均维持在较高的水平。

表 2 为 2014 年 4 月 15 日余额宝类理财产品 7 日年化收益率走势。百度理财产品之所以能保持如此高的收益率，究其原因，与其合作的公募基金有关。无论是华夏基金，还是嘉实基金，均为具有丰厚基金管理运营经验的王牌公司，为百度理财的稳健性提供了保障。百度与这两大基金公司合作，有两个原因：其一，在流量上百度因其搜索引擎的积累一直处于行业优势地

表2　2014年4月15日各理财产品7日年化收益率

互联网理财产品	挂钩货币基金	7日年化收益率(%)	万分收益（元）	购买门槛（元）	单日取现额度（万元）
百度百赚利滚利	嘉实活期宝	6.02	1.52	0.01	25
百度百赚	华夏现金增利	5.69	1.53	1	20
微信理财通	华夏财富宝	5.42	1.44	0.01	25
微信理财通	汇添富全额宝	5.40	1.43	0.01	25
余额宝	天弘增利宝	5.29	1.40	1	5
苏宁零钱宝	广发天天红	5.10	1.28	1	14.99

位，目前积累的用户总量在千万级别，有利于基金的销售；其二，在技术和安全方面，百度一直以技术对接安全可靠著称。因此，百度无疑是基金公司首选的合作伙伴。

3. 互联网微贷

2013年，百度和京东联合设立小额贷款公司，全称为"上海百度小额贷款有限公司"，注册资本为2亿元。从行业横向对比，百度小贷业务还处于起步期。相对于腾讯和阿里的用户行为数据和产业链数据，百度的优势在于多年从事搜索业务积累的精准分析能力，其多维数据的积累其实并不逊于其他企业，只是需要与金融进行有效的嫁接。

4. 互联网信息和金融搜索

百度的金融搜索业务主要包括两个方面，一方面是以贷款搜索为主题的信息平台，另一方面是以理财、保险为核心的综合搜索。并且，在搜索运作模式上，百度正在建立金融垂直搜索模式。这种搜索模式可简单概括为：用户输入自己的职业、收入、资产后，百度可以根据输入的搜索条件直接提供符合条件的贷款产品，并且不同贷款产品的利率、月供、放款时间都能清晰分类显示，大大降低搜索和交易成本。

百度目前是国内互联网第一流量入口，其通过大数据分析中心，最短路径找到用户第一个搜索请求。网民每天在网上通过百度有超过60亿次搜索请求，包括问题、社交、产品等。因此，通过流量变现的方式实现金融业务突破是百度一直尝试的商业模式，通过搜索领域的绝对优势建立入口和推广分销渠道，实现金融业务的平台化。除了作为流量入口外，未来针对不同的客户进行精准推送，百度能够在细分金融领域，如团购、众筹等，开展更有效的金融服务。

然而，金融搜索与电商购物产品搜索不同，除了搜索和推荐技术外，还需要更多的金融专业技术，比如对数据的挖掘分析和金融建模等。因此，这也是百度能否将金融搜索进一步做深、做广，为其金融业务提供价值的核心所在。并且，如何对接银行、基金公司等金融机构，获得金融机构开放数据，并使金融垂直搜索成为金融机构的主要销售渠道，是百度需要慢慢摸索的。

（三）小结

2014年百度在互联网金融领域的发展相对于其他三家巨头略显滞后，但作为国内搜索引擎的巨头，走以数据为核心的互联网金融之路是百度充分发挥优势的较好选择。

（1）以国内最大搜索引擎积累的大量用户为基础发展数据金融，未来互联网金融需要征信的支持，而征信的核心即为数据，百度在这一领域有相当大的优势。

（2）同样，作为互联网企业，百度互联网金融的业务模式主要以金融大数据提供服务以及与金融机构合作为进军互联网金融的主要模式，以充分利用互联网思维和平台特点。

五 专题小结

通过对四家传统互联网巨头的互联网金融业务的梳理，我们不难看出，互联网企业向金融领域拓展主要有以下几个特点。

（1）进军金融领域比较成功的互联网企业，大部分都有一定的用户基础，其用户黏性都较强，在新业务推出之初就有大量拥护者与参与者。

（2）进军金融领域的互联网企业都有优势突出的主营业务，比如京东的电商销售、腾讯的社交服务、阿里巴巴的电商平台和百度的搜索引擎等，主业与金融之间起到相互促进的作用。

（3）支付业务对互联网企业进军互联网业务至关重要，这是互联网企业摆脱银行支配、取得主动权的关键一环。

（4）互联网企业进军金融领域比传统金融企业运用互联网工具更具互联网思维，互联网与金融的相互渗透性更加明显。

（5）互联网企业更多进军金融创新业务，而在传统金融业务的探索方面大多基于合作和投资的模式，角色定位多为平台和渠道，这种模式充分利用了互联网企业的特性，即提供基于金融服务的工具和手段，以第三方的视角来切入金融领域。

（6）互联网企业进军金融领域对金融监管提出了比金融企业发展互联网金融业务更为艰巨的监管难题，这点对金融监管部门更具挑战性。

B.5 新兴互联网金融型企业发展状况分析

摘　要： 2014年，互联网金融领域涌现了诸多新兴模式和企业，特别是拓宽普惠金融和挖掘长尾经济的思路得到了广泛的实践，其中以P2P网络借贷、互联网众筹和O2O金融为代表。P2P行业的发展内容比较丰富，融资规模和平台数量快速增长，尽管风险事件多发，但是依然获得了用户、投资人以及资本市场的认可；监管当局的谨慎，则为市场提供了试错、调整的空间；随着我国金融改革的步伐逐步加快，P2P发展符合国家建立多层次金融体系的总体要求，是融资和理财产业链的重要补充，未来发展值得关注。众筹方面，2014年国内众筹行业整体发展较为迅速，平台数量从1月的43家增至11月底的122家，但多数众筹平台没有找到合适的盈利模式或处于发展用户借贷阶段。2014年12月，《私募股权众筹融资管理办法（试行）》发布，这是众筹行业的首个监管办法，该办法在性质、运营等多个方面对众筹进行了规定，为未来行业健康有序发展奠定了基础。O2O行业的发展思路，即线上线下结合的方式，对互联网金融商业模式的影响是深刻的，解决了金融融入消费场景的问题。

关键词： P2P　众筹　O2O新模式　监管　金融风险

一 P2P

（一）概述

P2P 金融多为 P2P 信用贷款，其中，P2P 是 Peer‐to‐Peer 的缩写。P2P 金融一般是在线的信贷交易，借款人通过第三方互联网平台发布借款需求和其他公示信息，投资人根据借款信息决定投资项目，双方在互联网上通过平台实现自助的信贷交易撮合。

金融资产撮合交易平台的定义范围较广，包括 P2P（个人对个人）、P2B（个人对企业）、F2F（金融机构对金融机构）等多种形式，除了在投资资金端面向的客户类型不同，在融资端的金融资产也有显著差异。2014年，国内 P2P 行业的发展已经超出了原有的个人对个人的定义，网络借贷的含义在互联网金融的框架下有了更广的延伸，企业作为融资方的 P2B 也包含在 P2P 的概念之中；而新衍生的 F2F 则指金融机构之间的金融资产交易，金融资产是指所有可以进行交易的金融工具的总称，主要的金融资产种类包括股票、债券、信托、基金、保险和非标等，目前的中国市场中存在大量的非标金融资产无法在银行间金融市场进行交易，因此具有较大的发展空间。

回顾 2014 年，P2P 行业发展内容丰富，融资规模和平台数量快速增长，尽管风险事件多发，但是依然获得了用户、投资人以及资本市场的认可；监管当局的谨慎则为市场提供了试错、调整的空间；随着我国金融改革的步伐逐步加快，P2P 发展符合国家建立多层次金融体系的总体要求，是融资和理财产业链的重要补充，未来发展值得关注。

（二）行业概况

1. 网贷平台数量高速增长

根据统计，截至 2014 年底已经有 2000 余家在运营的 P2P 平台，相比

2013年，网贷平台增长速度有所减缓，月均复合增长率为5.43%，但绝对增量已经超过2013年，具体如图1所示。

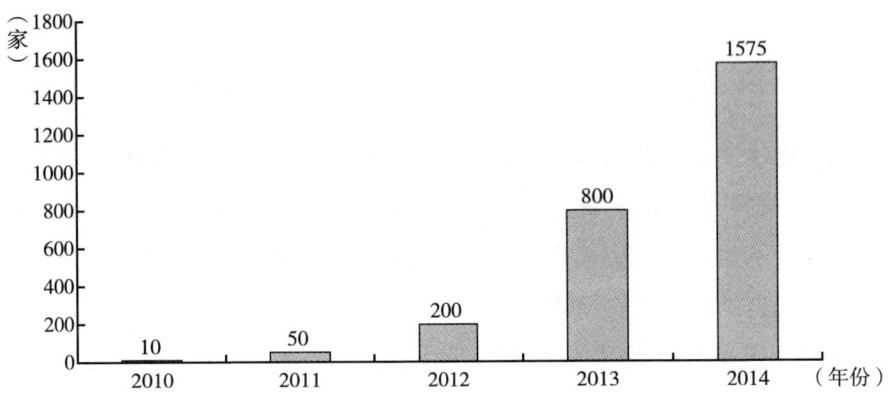

图1　2010~2014年网贷运营平台数量

资料来源：网贷之家。

从地区来看，运营平台的分布受地区经济活跃程度影响较大，多数集中于经济水平较高或民间借贷发展比较成熟的地区，其中广东省居首位，有360家运营平台，浙江、北京、山东、上海、江苏次之，排名前六位的省份平台数总计占全国的71.30%。其中，广东省网贷平台主要位于金融、IT业较为发达的深圳市，自由竞争环境和创新精神使广东省网贷行业在全国占据较为重要的地位，起到了一定的带动作用。2014年，北京市网络借贷行业发展最快，P2P平台数较上年增长了一倍。该地区网贷平台一般背景雄厚，多为P2N运营模式，轻资产模式使其快速扩张。标的量大、周期长、收益率低是北京地区网贷平台的显著特点。随着网贷这一新兴行业逐渐得到大众认可，安徽、重庆和四川等地区P2P行业也相应实现了较快发展，加之这些地区民间借贷较为活跃，网贷平台数量增长迅速，如图2所示。

从注册资本来看，2014年新上线的网贷平台在900家以上（含问题平台），平均注册资金约为2784万元，注册资金在1亿元以上的平台多达48家。注册资金虽然不能完全代表一个平台的真实资本实力，但它的增加也表明了行业隐形门槛提高了平台之间的竞争度，如图3所示。

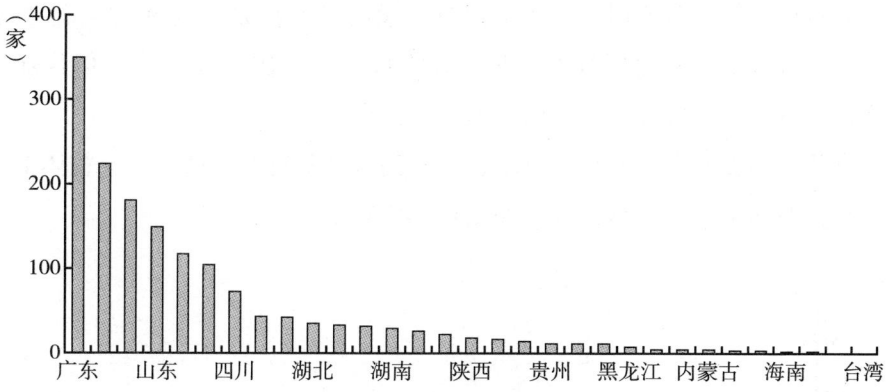

图2 2014年各省网贷运营平台数量

资料来源：网贷之家。

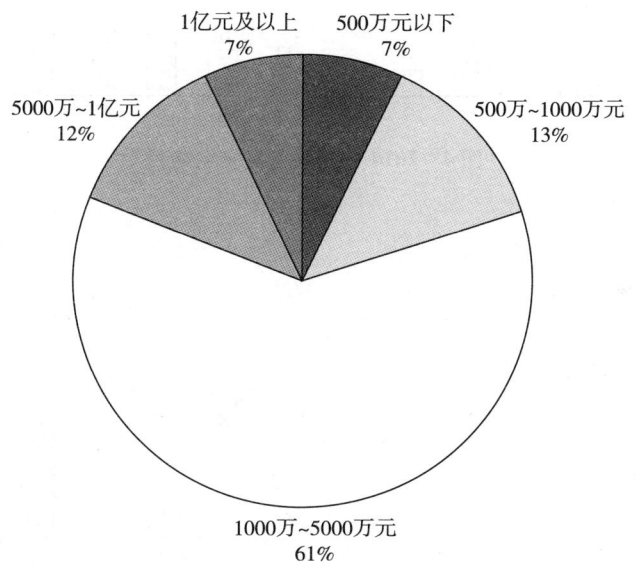

图3 2014年各注册资金区间网贷平台数量分布

资料来源：网贷之家。

2014年，P2P行业的快速发展吸引了众多的进入者，这其中不乏背景雄厚的银行、国资、上市公司、风投等，多样化的参与者使得P2P行业发展逐步进入重新布局和特色化运营阶段。根据统计，超过30家网贷平台获得了风险投资,上市公司、国企、银行入股的平台总数超过30家。这些平台依靠自身背景作为信用背书,其综合收益率一般在12%以下。但目前这些平台并没有迅速做大,行业仍以民营系平台为主。

目前,伴随新平台上线,资本、巨头涌入网贷行业,虽然行业整体上发展顺利,但问题平台陆续出现,如图4、图5所示。

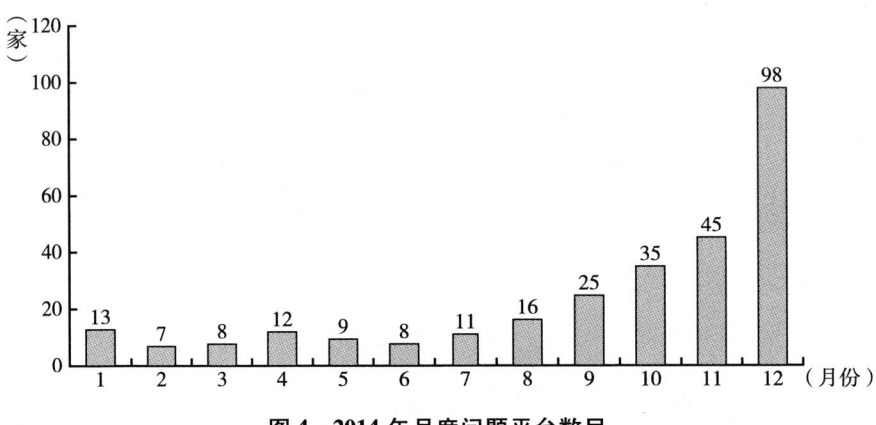

图4 2014年月度问题平台数目

资料来源:网贷之家。

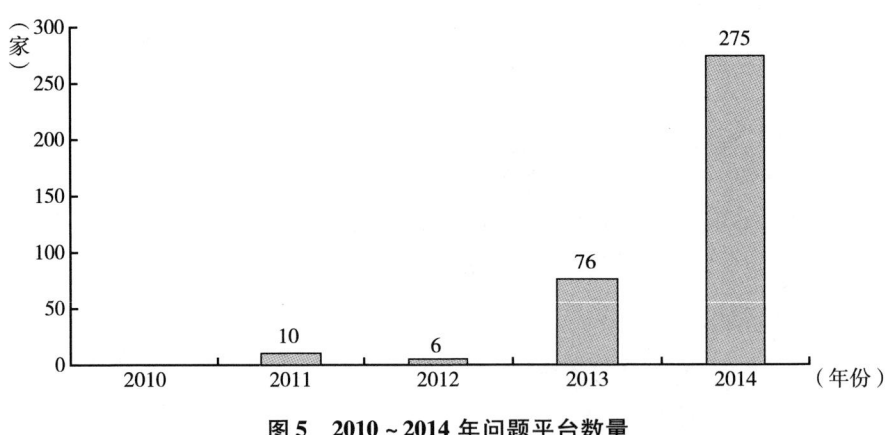

图5 2010~2014年问题平台数量

资料来源:网贷之家。

问题平台的出现呈现地域性分布特点,多位于广东、浙江和山东,这些地区网贷行业较为活跃,新上线平台数量较多,问题平台自然也较多。海南、湖南问题平台发生率最高，在30%以上；另外，山东、湖北、广西、甘肃等地问题平台发生率也高达20%以上，其中海南、甘肃两地问题平台发生率之所以较高是网贷平台数量较少的原因。

2013年出现问题的平台多是平台创始人不诚信，蓄意卷款"跑路"，2014年"诈骗、跑路"类，和"提现困难"类问题平台数量不相上下，占比分别达46%和44%。另外，还有部分平台因为停业或者刑侦介入等其他原因被曝光。10月以来，"提现困难"类平台大幅上升，其中，12月"提现困难"类问题平台占当月总问题平台数量的69%。网贷平台出现资金问题，主要由两方面因素导致：外因是实体经济不景气，借款人资金紧张，逾期、展期现象频繁，加之股市回暖影响，对网络借贷行业造成了一定的抽水效应，平台无力兑现；而其内因在于监督管理缺位和平台的建设和运营不规范，造成了系统性风险，一些网贷平台拆标现象较为严重，加上资金实力和风控能力较弱，一旦发生负面消息，容易导致挤兑现象发生。

2．网贷成交额平稳增加

截至2014年底，2014年全国P2P网贷交易额为3291.94亿元。2014年下半年P2P行业成交额增速明显，年末，P2P平台资金面趋于紧张，部分平台出现了一定程度的"提现困难"问题，投资人资金倾向于投入于有一定资金实力和背景，有官方公信力的平台，如银行、国企运营的网贷平台。

2014年，平台运营情况出现了分化，体系和风控建设稳健的平台逐步确立了领先地位，并进入了金融产品、运作模式创新阶段；而不规范平台或实力较弱的平台面临被市场淘汰或被收购的命运，行业整体进入洗牌和整合阶段。2015年网贷行业快速发展的势头预计将会继续延续，具体如图6和图7所示。

目前，全国各省网贷行业发展逐渐形成四个梯队，广东、北京、上海、浙江位于第一梯队，这些地区网贷平台数量众多，成交规模较大，发展十分迅速。这些地区的平台如红岭创投、陆金所、温州贷、鑫合汇、盛融在线、微贷网、合拍在线、PPmoney、积木盒子、爱投资2014年成交量位居全国前列。

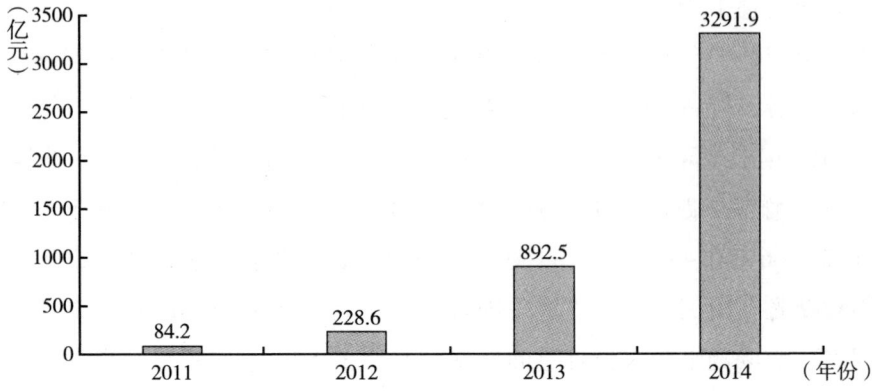

图6 2011～2014年网贷行业成交规模

资料来源：网贷之家。

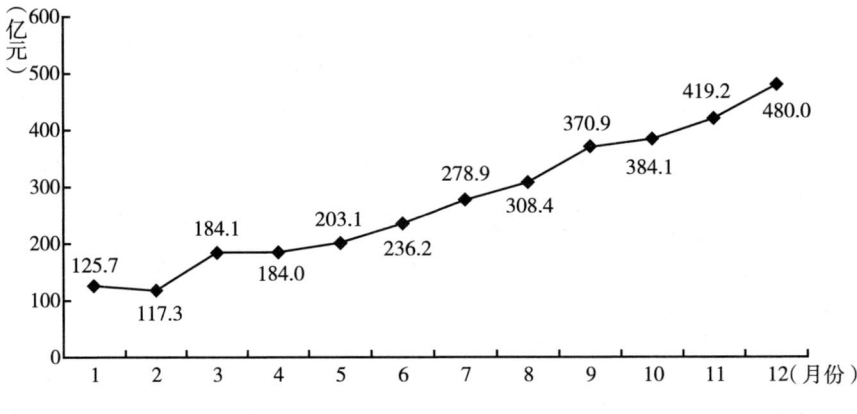

图7 2014年1～12月各月份成交额

资料来源：网贷之家。

3. 贷款余额仍处低位

贷款余额，也叫待收资金，是平台不计利息地放出未还贷款。贷款余额是衡量平台借贷规模和安全程度的重要指标。截至2014年12月底，全国P2P网贷的贷款余额达到1386.72亿元，较2013年底增加了1034.49亿元，增长293.7%。P2P平台贷款余额与平台交易量和借款期限有着正相关的联系，由2013年底的352.23亿元，上升到2014年底的1386.72亿元，月复合增长率达到12.10%。从总量上来看，不考虑银行贷款余额，相对于其他固定收益市场，P2P整体规模还比较小，如图8所示。

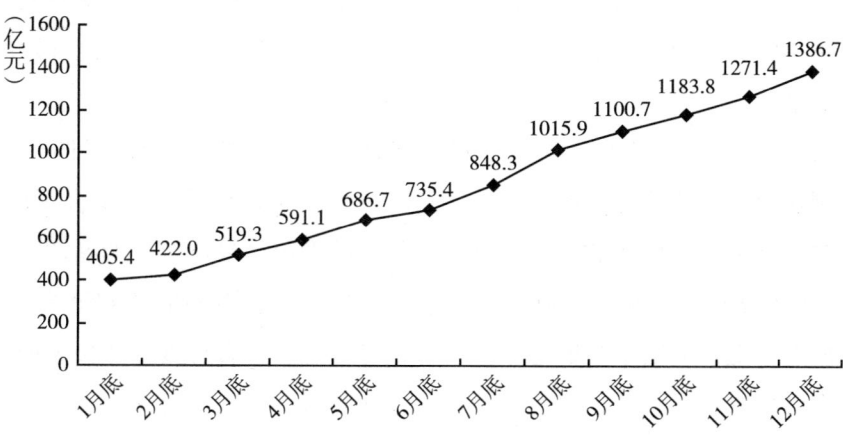

图8　2014年各月份P2P平台贷款余额情况

资料来源：网贷之家。

4. 网贷平台收益率稳定

2014年P2P收益率为17.52%。从年初开始，网络借贷领域整体呈现综合年利率下跌的趋势，具体情况如图9所示。

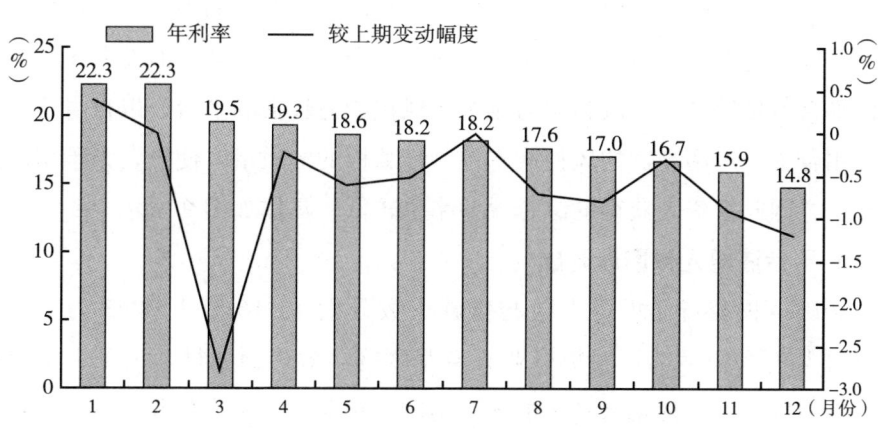

图9　各期限标综合收益率

资料来源：网贷之家。

收益率走低的原因主要有以下几点。

第一，我国经济正处于结构调整阵痛期，经济下行压力较大。资金面整体较为宽松，在货币政策方面，稳定总量、定向调控、降低社会融资成本是主基调。整个行业的资金面相对充裕，投资人资金供给多于平台能开发的借款人需求。

第二，2014年市场普遍预期P2P网贷行业监管的顶层设计即将出台，为了规避政策、法律方面的风险，P2P网贷平台纷纷调低利率至合理区间。而9月百度下达"综合收益率超过年化18%的平台将被下架"的通知，以翼龙贷等为代表的主流平台下调综合年利率，也影响了网贷综合年利率的走势。

此外，随着问题平台的增多，风险偏好低的投资者将资金转移至拥有更高安全性但收益率较低的平台致使行业整体收益率出现下滑。

从平台来讲，高息已不是平台吸引投资人的唯一策略。从稳定经营角度考虑，为了降低运营成本，发展更多优质的借款人扩大业务量，平台将逐步下调年利率水平。另外，一些运营时间较长的老平台和"国资系""银行系"背景平台利率普遍较低，也拉低了行业整体利率水平。

此外，从借款期限上看，借款标的利率随着期限的增加，呈现先上升后下降的结构。从天标到6月基本符合利率期限结论理论中的流动性偏好理论可以看出，期限越长，要求的流动性补偿越高。另外，期限越长，不确定性越大，风险越大，风险溢价也越高，故而综合收益率较高。而发布6月以上标的平台数量较少，一般为实力雄厚、风控能力较强的平台，以自身背景作为信用背书，运用高额的风控成本控制借款标的的质量，使投资人承担的风险较少，因此投资人获得的综合收益率也较低，具体如图9所示。

5. 平台注册人数增速明显

2014年网贷行业投资人数与借款人数分别达116万人和63万人，较2013年均有大幅增加。网贷行业具备互联网高效传播属性。另外，平台媒体宣传力度增大，使越来越多的人参与网贷行业，投资人数和借款人快速增加。截至2014年12月底，单月活跃投资人数和借款人数分别达88.20万人和17.85万人，如图10所示。

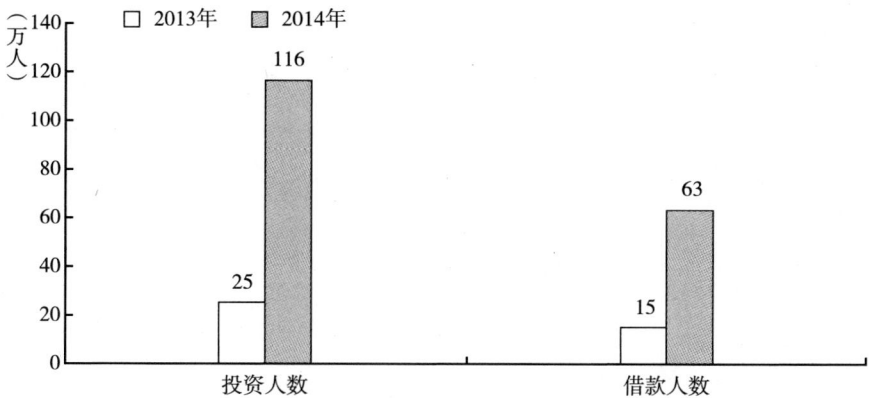

图10　2013~2014年网贷投资人数与借款人数

资料来源：网贷之家。

2014年网贷人均投资金额和人均借款金额分别达21.79万元和40.12万元，我们选取了216家运营较为稳定、成交量较为活跃的网贷平台，了解到P2P行业借款仍以小额为主，整体定位保持稳定，服务对象仍为普通民众。2014年，平台单月投资额在1万元以内的借款标的仍是大部分投资人的首选，占比高达63.74%，其次投资金额为1万~10万元。单月单个平台投资金额在100万元以上的投资人数占比为0.36%，投资额较大的一般为机构投资者，多集中于红岭创投、陆金所、鑫合汇等大额借款标的数量较多的平台。

（三）商业模式

我国P2P行业产业链包括平台公司、融资合作方、流量合作方、基础设施类公司及监管层。从参与者的角度一般包括以下五类：①平台，包括P2P贷款平台、第三方支付机构等；②融资合作方，包括担保公司、小贷公司、信托机构等；③流量合作方：各类资讯门户流量入口和行业导航网站；④基础设施类公司：P2P平台系统开发公司、第三方征信平台；⑤监管层：国家监管机构，如证监会、银监会等。

综合来看，我国的P2P模式以O2O线上线下结合型为主，包括金融和集团背景型、企业客户拓展型、新业务兼顾上下游客户型、信贷业务扩张型和独立平台型。从模式上看，由于目前国内的征信基础设施尚不完善，金融环境与国外相比尚不成熟，因此以纯线上获取资金和贷款为模式的 P2P 平台公司发展较慢，而 O2O 模式通过线上引入大量资金，线下与各类合作伙伴合作引入各类优质贷款，并通过合作伙伴审核及自身风控模型把关双管齐下，是目前主流的 P2P 发展模式。

对于 O2O 线上线下结合模式，我们将国内各种类型的 P2P 企业分为以下五种类型，具体情况如表 1 所示。

表 1　国内 P2P 企业分类

	金融资产来源	金融项目审核	投资资金获取	资产逾期处理	总体
金融和集团背景型	依托金融机构传统金融资产	金融机构传统风控手段	网上平台、金融平台品牌效应	由担保抵押向无担保发展	各环节均有优势
企业客户拓展型	主业积累的广大企业客户	借助金融合作伙伴	网上平台	以担保抵押为主	需要依赖合作伙伴
新业务兼顾上下游客户型	主业的上下游客户	自身风控水平	网上平台	以担保抵押为主	优势不明显
信贷业务扩张型	主业开展的信贷业务，但受限于总量	自身风控水平	网上平台	以抵押为主	拥有垂直领域优势
独立平台型	自身拓展同时与合作伙伴合作	自身进行风控并借助合作伙伴	网上平台	多种方式并行	品牌和风控打造

结合 P2P 平台商业模式和目前行业的发展状况，具备优质金融资产、优良风控体系和轻资产线平台模式的 P2P 平台更容易走在行业的前列。

（四）小结

从发展阶段来看，P2P 行业已经经历了 2007～2010 年的行业起步期和

2011~2013 年的快速发展期，从 2014 年开始整个行业逐步进入调整缓冲期。从金融的范畴来分析，P2P 并不只是单纯的互联网技术创新，对于金融发展而言，做出了许多创新和贡献：

（1）引入了点对点的投融资模式，充分利用了社会化的资金来进行金融活动，这是金融与互联网结合的典型思路。

（2）实现普惠金融，是传统金融的有益补充。P2P 平台一般借贷融资额度较小，专注于满足小微企业和个人的融资需求，有效提高小微企业和个人的融资覆盖率。

（3）以客户为中心提供服务。相对于传统银行产品设计不考虑客户感受及体验，P2P 站在客户角度，以满足客户需求和为客户创造价值为导向，设计产品。

（4）降低投融资门槛。一方面，为普通投资者提供实现财富增长的新机遇，为小微企业提供贷款；另一方面，投资金额降低，一定程度上有利于降低投资风险。

（5）开发金融长尾尾部。传统商业认为业界 80% 的业绩来自于前 20% 的客户，因此传统金融机构主要针对大客户；而互联网金融长尾理论认为只要储存和流通的渠道足够大，后面 80% 客户的市场规模会大于前 20% 客户的，P2P 平台具有交易成本低的特点，面对广大小微企业以及个人，激活长尾效应中的后 80% 客户，形成较大市场。

（6）突破传统银行重资产模式。传统银行以信贷业务为主，依靠资本金以及高杠杆提供资金支持；P2P 平台开发出信息撮合等轻资产运营模式，资金依赖小。

（7）减少资金借贷双方的信息不对称，弱化对实体金融中介的需求。资金供给方以及资金需求方可以通过 P2P 虚拟网络平台快捷地实现信息匹配，不需要物理空间的移动以及实体场所，节省租金以及人力成本。

（8）运用大数据等手段减少信用风险。随着信息储存成本的降低和大数据的出现，可以运用数据库以及大数据技术快速、准确地分析判断每个人的财务状况。

另一方面，P2P平台也存在着较多的不足：

（1）P2P本质上是普惠金融，是传统金融的有益补充，其体量难以做大。

（2）缺乏风险管理制度，风险较大。P2P针对得不到银行贷款的小微企业，这类小微企业风险较大。国外的P2P发展可依托国外完善的社会信用体系，而中国社会征信体系仍未建立，P2P信贷平台自行建立的信用模型难以被投资者认可，P2P具有较大风险。

（3）P2P准入门槛过低，加大了逆向选择和道德风险的问题。P2P信贷平台没有消除委托代理相关问题，由于门槛较低，逆向选择和道德风险的问题更加严重。

（4）消费者保护薄弱。国内P2P信贷平台没有义务对投资者进行教育，也没有统一的信息披露标准，投资者无法了解P2P运行情况，遇到争议也没有地方进行投诉。

（5）从统计数据来看，网络借贷行业坏账率不低，投资、融资方的资质低于传统金融的客户，加之引入互联网平台带来的信息技术漏洞，整个行业的系统性风险不容忽视。

P2P网贷本质属于金融业务，必然蕴藏着相应的风险，适当而及时的监管是这个行业保持有序高速发展的必要条件。梳理P2P行业的发展脉络，我们可以对其未来趋势进行一些总结，主要包括：

（1）细分、垂直领域会涌现出新的业内参与者，特别是具有强大实力和背景的传统金融公司及国企进入P2P行业，包括上市公司在内的大型集团对现有玩家进行的兼并收购会进一步加大行业整合的速度。

（2）预计P2P平台将会向一站式投资理财平台的方向发展，相对于银行体系的间接融资，P2P更接近于直接融资并具有债权的属性。从整个国民经济的运行情况和P2P网络借贷行业收益分析，债权市场存在走低的趋势，因此，为了实现稳定发展，P2P行业会寻求更多的增长空间和业务覆盖。

（3）未来几年将成为互联网金融监管年，P2P、众筹、征信等领域的监管都将慢慢落地，届时P2P行业也将被纳入健康发展的轨道中来，虽然相应的征信体系建设需要较长的时间，但也将逐步确立，并推动 P2P 行业的发展；监管模式上可能有选择的借鉴欧美的成熟经验，走行业自律和政府监管结合路子。

（4）线上纯信用贷款、过桥抵押贷款、供应链融资和科技融资可能成为未来 P2P 行业发展的突破口。

二　众筹

（一）概述

"众筹"的英文解释为 Crowdfunding，即大众筹资或群众筹资，是指通过集合购买或预先购买的方式，向投资人募集项目资金的模式。现代众筹的含义在近几年得到了延伸，指项目发起人通过互联网众筹平台展示其创业项目或产品并因此向投资人募集资金，出资人在投资众筹项目后获得创业企业股权收益或产品的融资模式。众筹接触互联网完成了资源的有效配置，满足了理财和资金需求，为创业企业或产品发行提供了一个相对快捷和低成本的融资渠道。对于创业者来说，众筹使其在实际运营之前就获得了未来消费者或投资人的资金，这不仅是一个融资的手段，也是一个评价、判断产品设计及市场前景的方式，相比风险投资和债权融资，众筹节省了创业者的成本、提供了试错的机会。

根据融资者提供的标的产品和投资者参与目的性不同，众筹大体包括三种类型：奖励众筹、捐赠众筹和股权众筹。

1. 奖励众筹

奖励众筹也称商品众筹或产品众筹，是投资者根据融资方对潜在产品和服务的介绍，按照契约规定为项目提供融资支持，等项目投产以后获得相应的产品或服务。如 2014 年，京东和阿里娱乐宝众筹平台为郭敬明编剧和导演的《小时代 3：刺金时代》采取奖励众筹募集资金，作为对价，项目筹资方承诺为符合条件的投资者提供供限量版 T 恤衫、首日电影票等奖励，甚至还可以到剧组探班。这种电影拍摄模式取得了巨大成功。无论是媒体还是观众对《小时代3》都存在许多负面评价，但在奖励众筹和互联网的宣传推动下，该影片依然获得了5.2亿元票房收入，排在2014年华语电影票房收入前10位。

2. 捐赠众筹

捐赠众筹是指投资者对公司或项目进行无偿的捐献。由于国内外公益事业发展和公民的慈善意识存在巨大差距，目前我国捐赠众筹还没有获得实质性突破。

3. 股权众筹

股权众筹是通过互联网平台，向众多投资者销售股权或类似于股权的权益份额的融资方式，即融资方通过互联网平台，按照融资契约规定出让一定股权，换取投资者的投资支持，通过众多参与者的共同投资，来完成早期创业项目。与奖励众筹相比，股权众筹并未提供产品和服务，而是通过互联网实现股权挂牌交易获得资金以投入项目发展，融资者与投资者共同分享项目或企业发展成果。国内典型的股权众筹是3W咖啡项目，2012年，3W咖啡采用众筹模式，向社会公众募集资金，每人10股，每股6000元。虽然3W咖啡不承诺收益，也没有投资保本的概念，但是3W咖啡众筹模式在国内依然十分火爆，投资者参与3W咖啡项目需要具备一定条件，要求必须是互联网创业者或投资圈资深投资者，3W咖啡给投资者的最大回报不是现金分红，而是股东之间的信息分享，为股东搭建相互沟通的桥梁。

（二）行业现状

1. 行业规模迅速扩张

虽然我国众筹发展历史较短，但已经呈现出蓬勃发展态势。融360发布的《中国互联网众筹2014年度报告》显示，2014年我国奖励众筹和股权众筹在平台数量和融资规模上都快速增长，一季度两类众筹合计募资总额为5245万元，到四季度单季度众筹募资总金额突破4.5亿元，全年众筹募资总额累计9亿多元。在平台数量方面，截至2014年底，我国奖励类和股权类众筹平台总数已达 116 家，新增平台数量达 78 家，其中股权众筹平台从 5 家增至 27 家。①

清科集团以 13 家众筹平台②统计数据为基础，对 2014 年我国众筹行业进行了分析。统计数据显示，2014 年 13 家众筹平台共发生融资事件 9088 起，募集总金额 13.81 亿元。其中，股权类众筹事件 3091 起，募集金额 10.31 亿元；奖励类众筹事件 5997 起，募集金额 3.49 亿元。

2. 奖励众筹平台起步较早

同为众筹融资，奖励众筹在我国起步较早。与股权众筹相比，奖励众筹以商品或服务作为回报，更能为投资者（潜在消费者）接受，因此，在众筹进入我国的早期阶段，奖励众筹无论是平台数量还是融资事件都处于行业前列。表 2 所示为清科观察发布的 2014 年我国部分众筹平台融资构成，2014 年我国奖励众筹累计发生融资事件 5997 起，占融资事件总数的 66%。融 360 提供的数据显示，按照众筹平台属性分类，2014 年我国奖励众筹平台数量从 33 家增至 89 家，占众筹平台（不含债权众筹平台）总量的比例为 77%。

表 2 2014 年我国部分众筹平台融资构成分析

众筹种类	融资事件（起）	已募集资金（万元）	预期融资额（万元）
股权众筹	3091	103112	350329
奖励众筹	5997	34946.19	28089.77
合　计	9088	138058.19	378418.77

资料来源：《2015 年众筹行业报告》，清科观察。

3. 股权众筹融资额快速增长

我国股权众筹虽然比奖励众筹晚，但是由于以融资为目的，因此 2014

---

① 《互联网众筹规模成倍增长　"马太效应"显现》，中国融资平台网，http：//www.rzptw.cn/jinrong/2015/0125/15854.html。
② 清科观察统计的 13 家众筹平台包括天使汇、众筹网、点名时间、追梦网、淘宝众筹、乐童音乐、觉（JUE.SO）、京东众筹、中国梦网、原始会、陶梦网、大家投、天使客。

年我国股权众筹融资规模和单个融资事件平均融资额都超过奖励众筹。如表2所示，2014年，我国股权众筹融资总额为103112万元，占众筹平台融资总额的74.7%，单起股权众筹平均融资额为33.4万元，而单个奖励众筹平均融资额为5.8万元，单个股权众筹融资额为奖励众筹的5.8倍，呈现快速增长态势。

4. 股权众筹平台业务相对集中，但新平台不断涌现

由于股权众筹在我国起步较晚，截至2014年，我国股权众筹平台在线开展业务的数量相对有限，呈高度集中态势。根据清科观察提供的数据，2014年，在我国4个典型股权众筹平台中，天使汇的融资规模占股权众筹融资总量的74.6%，融资总量达7.69亿元，具有绝对优势（见图11）。但是，随着新的股权众筹平台不断上线，2015年，预计这种单个平台业务规模占比过于集中的趋势将发生明显变化。

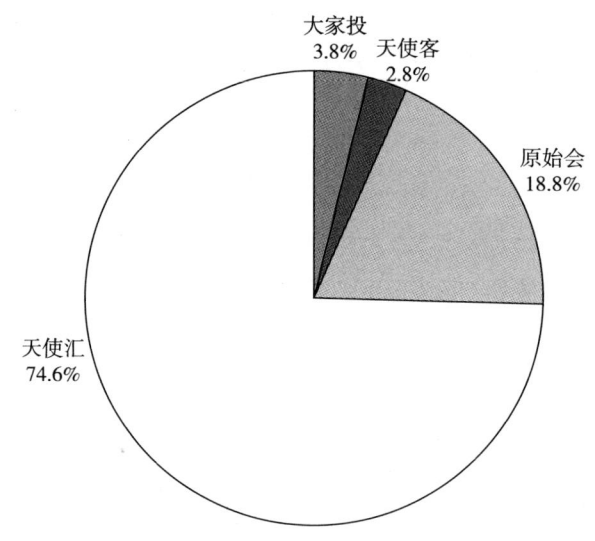

图11　2014年我国四个典型股权众筹融资平台融资规模占比

资料来源：根据《2015年众筹行业报告》数据整理。

5. 众筹项目成功率参差不齐

在几大众筹平台项目成功率排行中，淘宝众筹的项目成功率最高，达

88.5%，京东众筹项目成功率为50%，处于中游，新公益和中国梦网较低，均为37.5%。众筹项目的成功率与很多因素有关，包括项目的行业分布、融资规模、创业素质、众筹平台服务水平等，像淘宝、京东众筹这类以电子商务为载体的平台在推广商品众筹时有一定的优势，因为商品众筹本质上就具有预售的成分，项目依托电商土壤能够更好地进行后续销售和推广；其他类平台也并非没有机会，深挖行业垂直也是提高项目成功率的一种方式，同时，除了商品众筹外，股权众筹更看重金融服务能力和风险投资背景，这方面大部分平台是站在同一起点的。从目前行业共识来看，众筹行业的项目成功率逐渐成为评价众筹平台优劣的一个重要指标，也是各个平台发展项目和筹措资金的核心要素，如图12所示。

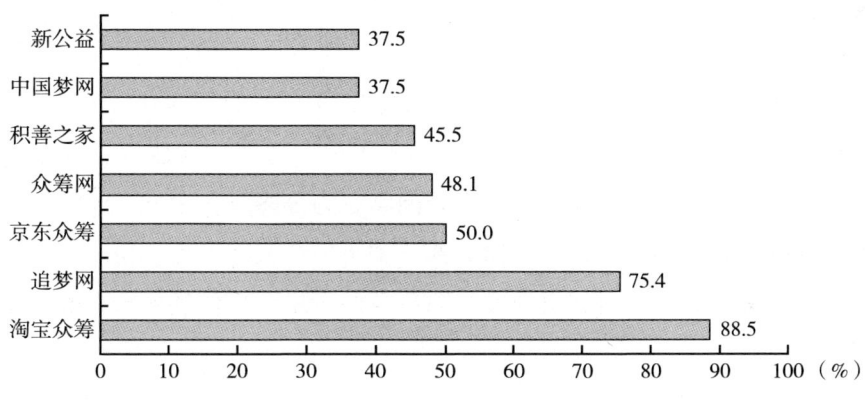

图12　部分众筹平台项目成功率

6. 法律风险有待释放

股权众筹行业面临的非法集资和非法发行股票等法律风险较大。近年来，国务院以及下属的金融监管机构、国家司法机关针对非法金融活动的打击力度不断加强，法律制度建设也在不断完善。如《非法金融业务活动和非法金融机构取缔办法》（国务院〔1998〕247号令）以及《关于取缔非法金融机构和非法金融业务活动中有关问题的通知》（银发〔1999〕41号）等法律规章均明确界定了非法集资行为，《国务院办公厅关于严厉打击非法发行股票和非法经营证券业务有关问题的通知》（〔2006〕99号）规定：

"严禁任何公司股东自行或委托他人以公开方式向社会公众转让股票。"2014年3月,最高人民法院、最高人民检察院及公安部联合下发的《关于办理非法集资刑事案件适用法律若干问题的意见》(公通字〔2014〕16号)等法律规章出台。股权众筹作为一种新的融资模式,如果得到合理引导和监管,有望在促进经济发展、缓解小微企业融资难等方面发挥巨大作用,但是在法律高压下,行业潜在风险无法忽视,加上作为一种新兴融资模式,各方对其认识和管理都有待进一步完善和深化,不能排除极少数人利用众筹平台进行非法活动,最终可能扼杀众筹行业的未来。

证券业协会《私募股权众筹融资管理办法(试行)(征求意见稿)》是我国证券管理机构针对股权众筹的首部行业性法规,但是部分条款门槛过高,对促进众筹行业发展不利。如要求投资者满足《私募投资基金监督管理暂行办法》:"投资单个融资项目的最低金额不低于100万元人民币;单位净资产不低于1000万元人民币;个人金融资产不低于300万元人民币,或最近三年个人年均收入不低于50万元人民币"等。发展股权众筹是为了解决我国数量巨大的中小微企业融资难问题,为更多投资者分享经济发展的果实,如果设置门槛过高,一方面大部分中小投资人将失去参与众筹市场的投资机会,另一方面,对解决我国当前严重的金融市场信贷配给失衡无益。

(三)商业模式

1. 奖励众筹商业模式

奖励众筹以提供商品为承诺,募集资金开展项目。经过几年探索,目前我国的奖励众筹已经形成了较为完善的商业模式,如图13所示,总体而言,我国的奖励众筹可以分为4个步骤。第一步,项目发起人进入众筹平台发布创意项目;投资者进入众筹平台选择合意的奖励众筹项目,双方进行初步对接,了解彼此需求;第二步,项目发起人根据投资者需求,优化创意项目,并确定项目筹资额度,投资者根据对项目本身和项目发起人的判断,提供融资支持;第三步,根据项目融资进展情况判断融资项目的成败,如果市场反应积极,项目筹资额达到预先设定的筹资额度,则项目融资成功,投资者确认项目投资并按时支付投资款,项目发起人获得融资支持,如果项目筹资额未达到预设的规模,则项目自动流标,已募集资金返还投资者;第四步,项目实施环节,投资者在项目实施过程中,可以随时提出项目完善建议,参与项目实施过程,帮助项目发起人提供更好的产品或服务,项目发起人控制项目进展,并在与投资者互动的过程中不断完善项目实施方案,最终完成产品或服务的生产提供。按照众筹项目协议,当项目产品或服务投放市场时,项目发起人优先向投资者提供产品或服务,完成交付。

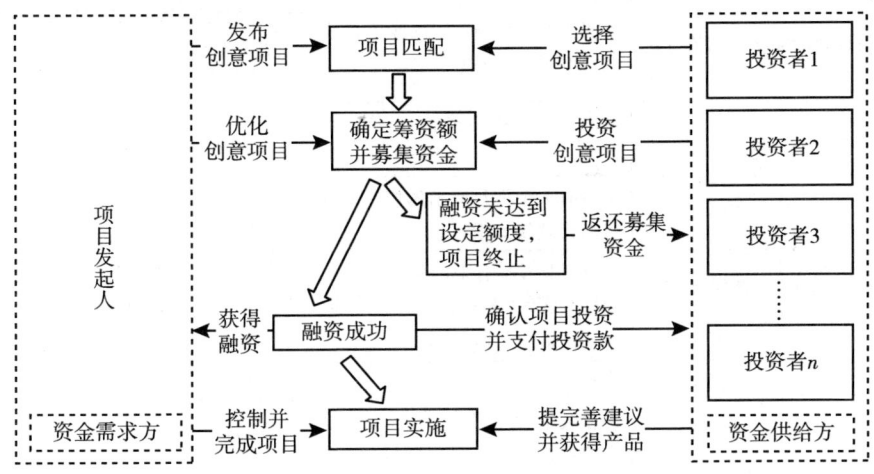

图13 奖励众筹商业模式分析

2. 股权众筹商业模式

由于股权众筹潜在投资风险高,普通投资者难以有效参与项目管理,合法权益也无法得到有效保障,为此,我国股权众筹平台在发展过程中逐步形成了较为稳定的"领投+跟投"模式。① 在"领投+跟投"模式下,项目投资者分为两个群体,一个是领投人,另一个是跟投人。领投人通常具有深厚的专业背景和丰富的投资知识,能参与项目管理,并协助项目发起人推进

---

① 也有文献(张希荣等:《我国股权众筹现状与发展障碍》,《上海证券报》2014年12月13日)认为当前我国股权众筹还存在合投模式、直接投资模式。但从当前国内各股权众筹网站的商业模式来看,应用最广泛的仍然是"领投+跟投"模式。

项目,而跟投人作为普通投资者,在领投人的带领下,参与众筹项目投资,分享投资收益,承担投资风险。然而,同样是"领投+跟投"模式,在我国也已经演化出了一些差异,以天使汇和大家投为代表的众筹平台在探索过程中,逐步形成了略有差异的商业运行模式(见表3)。

表3 天使汇和大家投商业模式比较*

差异比较		天使汇	大家投
融资期限		项目融资30天,允许超募	期限没有限制,不允许超募
项目资料的完善与估值方法		领投人协助融资方完善项目资料,同时确定估值	平台协助融资方完善项目资料;创业者先公开报价,领投人负责议价,跟投者跟随定价
投资人要求		要求有天使投资经验,审核非常严格	没有限制要求,不审核
领投人	资格要求	至少有1个项目退出的投资人方可取得领投资格	有一定工作经验即可
	激励措施	项目创业者享有1%的股权奖励,跟投人享有5%~20%的投资收益	只有项目创业者的股权奖励,股权数量由领投人与创业者协商
	成本支出	平台收取投资收益的5%	无任何成本,投资收益全归自己
跟投人	资格要求	未对外公布	无资格要求
	成本支出	平台收取投资收益的5%,领投人收取投资收益的5%~20%	无任何成本,投资收益全归自己
投资人持股方式		投资人超过3人实行有限合伙制,3人以下实行协议代持制	全部实行有限合伙制
资金托管方式		一次性到账,没有银行托管	可以分期拨付,兴业银行托管
平台收费		项目方支付相当于融资额5%的服务费;投资人支付投资收益的5%	只收项目方支付的相当于融资额5%的服务费;不收取投资人费用
项目信息披露		非常简单,没有实现标准化	完全实现标准化,要求项目信息披露非常详细
进入难度		针对专业投资人,普通投资者参与较难	参与门槛较低,普通投资者容易参与

资料来源:《国内两大股权众筹平台商业模式:天使汇 VS 大家投》,众筹之家网站,http://www.zczj.com/news/2014-08-17/content_197.html。

与奖励众筹模式一样,股权众筹也分为投资者、融资者和平台三部分。项目发起人作为融资者,首先进入股权众筹平台申请进行资格认证,通过认证即成为创业者,具有创业资格的融资者即可向股权众筹平台提交众筹项目申请,符合众筹平台要求的项目就可以进行项目推介路演,路演期结束就开始挂牌筹资,达到融资目标额度众筹即告成功,完成企业增资手续,如果在挂牌规定的期限内未能实现既定的募资目标,则项目众筹失败。

投资者要成为合格的众筹投资者,首先必须进入众筹平台进行注册,由于各平台对合格投资者的要求不同,因此现阶段我国尚无统一的股权众筹合格投资者标准。通过平台审核的投资者可以在平台上(线上)了解挂牌融资的众筹项目信息,并可以和项目发起人即融资者进行线下沟通,了解投资者和众筹项目情况,为项目发展提供完善建议,决定是否参与众筹。一旦投资者参与众筹项目融资,就必须在挂牌规定的期限内缴纳融资。

股权众筹平台作为投融资双方完成交易的中介,在众筹项目挂牌和前期需要对投资者和项目本身进行审核,在项目匹配阶段,需要协助投融资双方进行线上和线下路演和接洽,在项目众筹目标实现以后需要协助完成资金交付。然而,众筹平台本身并不对项目负责,无论众筹项目发展是否良好,都与平台本身无关。

综上所述,项目在股权众筹平台筹集资金的流程如图14所示。

(四)未来趋势

股权众筹是我国多层次资本市场体系的重要组成部分。仔细梳理我国多层次资本市场体系,可以发现股权众筹的战略定位是服务于我国创业创新型企业的"新五板"市场。当前我国已经建立起了多层次的资本市场体系,主板市场是一板市场,在上海证券交易所挂牌交易,服务对象主要是大型企业,挂牌上市的单个企业募集资金规模达到十亿元以上;创业板和中小板市场是二板市场,在深圳挂牌交易,服务对象是中型企业,企业初始IPO融资规模能达到5亿元以上。新三板市场是全国中小企业股份转让系统的简称,是经国务院批准设立的全国性证券交易市场,服务于创新型、创业型、成长型中小微企业。新四板市场是各地区性的股权市场,主要服务于地方辖区内的企业股权转让和交易。综观这四个市场,可以发现,虽然企业挂牌交易规

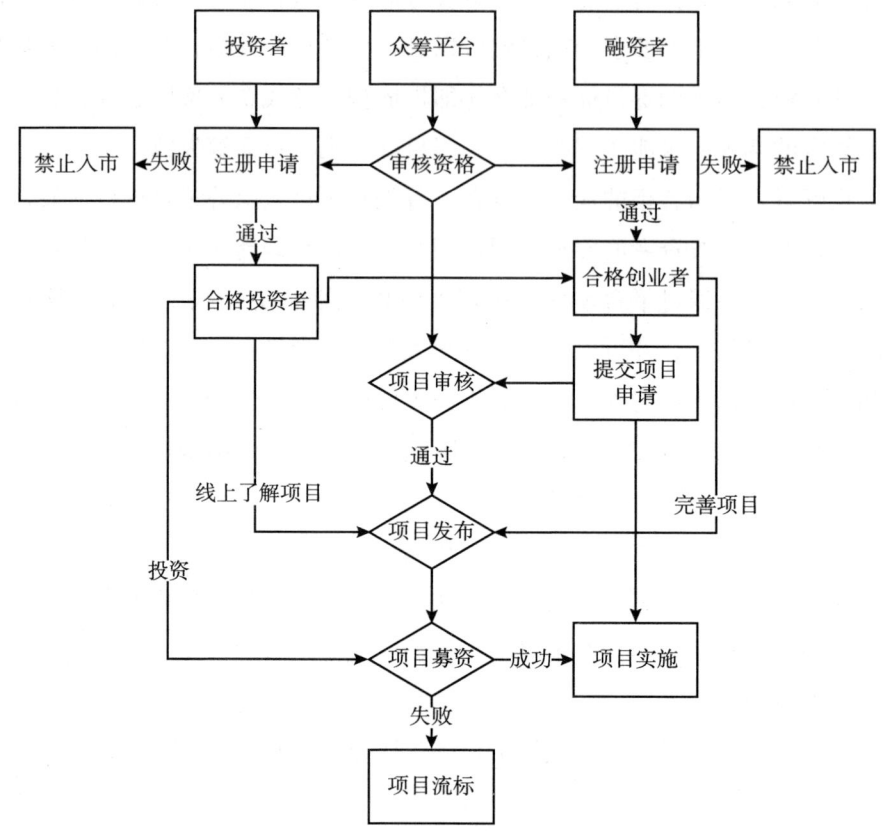

图14 项目在股权众筹平台筹资基本流程

模有差异，但是总体而言，以规模以上企业为主，中小型或小微型企业很难参与新四板以上的多层次资本市场进行股权融资。

股权众筹依托互联网技术，能为小微企业募集资金，同时相对较低的进入门槛能降低小微企业的融资成本。显然，股权众筹是我国当前多层次资本市场的自然延伸，其服务对象主要是我国未能进入前四板市场的小微型创新企业，因此我们将其定位为"新五板"市场。"新五板"市场和其他多层次资本市场之间没有明显的等级区分，未来如果"新五板"企业成长壮大以后，可以直接对接新三板，甚至中小板或创业板市场，而不是必须进入四板市场。这样，我国资本市场形成了覆盖大型企业、中型企业、科技创新企业

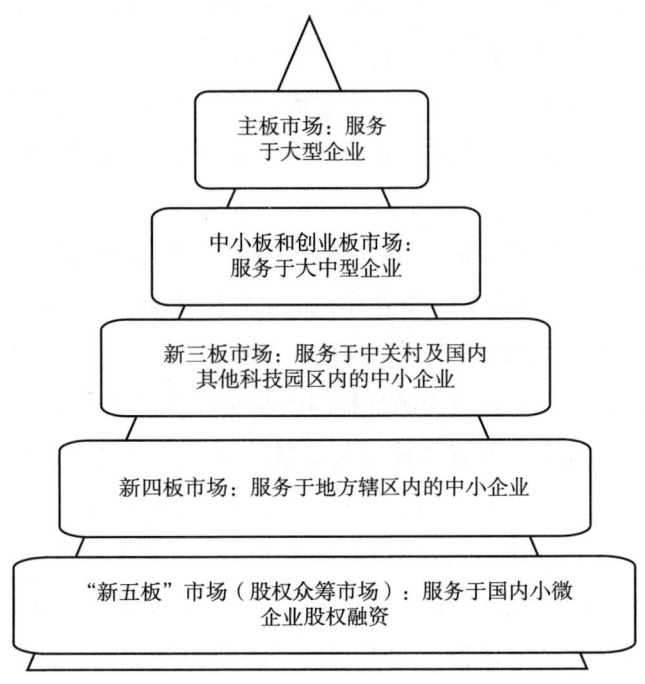

图 15　股权众筹是我国多层次资本市场体系的基础

以及小微企业的以股权融资为主的市场体系，能满足不同规模企业股权融资需求，降低企业融资成本，特别是新五板股权融资市场体系，由于小微企业数量巨大，即便是1%的企业成长为中型企业，1‰的企业最终成长成为大型企业，也将为我国经济发展注入强大的动力。

（五）小结

众筹融资作为新型融资方式，符合金融产业吸纳发展潮流，有利于优化我国金融市场结构，缓解间接融资过度发展导致金融风险过度向商业银行体系聚集的问题，引导资金流入中小企业，推动我国中小企业和技术创新型企业成长壮大。当前来看，众筹对我国经济发展的作用主要体现在以下几个方面。

（1）众筹为创业创新浪潮提供金融支持。大力发展股权众筹融资，在当前我国小微企业融资难、融资贵依然广泛存在的现实情况下，有利于为创业型企业提供宝贵的资金支持，在微观层面促进创业创新型企业快速发展壮大，在宏观层面不仅有利于促进资本形成，保证我国经济在未来较长时间内维持中高速增长，也有利于提升我国经济转型速度，增强我国经济在中长期内的竞争力和增长潜力。

（2）缓解金融抑制、促进小微企业发展。以股权众筹为代表的互联网金融服务不仅是传统金融的重要补充，也是解决我国小微企业金融抑制的重要举措，其灵活开放的融资模式，为更多创业型中小企业提供了更多发展机遇，在"十三五"期间将成为满足我国企业融资需求的主要发展方向。

（3）降低杠杆率，改善实体经济发展环境。企业杠杆比率持续上升而利润增速持续下滑，意味着我国企业依靠传统的增加杠杆、依托资产负债表实现高速增长的经济增长模式已经走到了尽头。通过众筹的方式能够有效地帮助中小微企业进行融资，降低企业杠杆率，改善实体经济发展环境。

（4）奖励众筹锁定风险。随着市场经济的快速发展，商品供给过剩成为我国经济常态，这使企业在商品生产时面临重大不确定性，很难准确估计市场潜在规模。奖励众筹通过商品预售，能使企业准确判断产品和服务的潜在市场规模，并以此为基础，合理确定投资规模，减少潜在投资风险。

（5）公益众筹提升我国居民公益意识。大力发展公益众筹，可以促进社会公益事业发展，提升我国居民的社会公益意识，有利于提升我国社会财富的第三次分配，同时也有利于我国经济和社会的可持续发展。

合理规范、推动我国众筹行业发展，互联网技术与金融产业融合是金融产业发展的长期趋势，大力发展股权众筹应是未来我国建设多层次资本市场的主要抓手。因此监管部门须从以下几个方面入手，通过"管好中间，放松两端，完善制度，适当监管"促进众筹行业在未来5年内获得较大发展。

（1）及时修订法规，释放众筹行业面临的法律风险，有序、规范地推动众筹行业的健康发展。

（2）加强平台市场进入前端管理，提升平台综合服务质量和发展潜力，防范市场欺诈，规范平台健康经营。

(3) 设定最高融资额、建立分层次的融资平台，并设定合理的投融资门槛，便利交易达成。

(4) 加强信息披露，并保证披露信息质量。减轻发行人的信息披露负担，但筹资项目发起人在发起项目时须向监管部门、融资中介和潜在投资者进行必要的信息披露。

(5) 加强制度建设和投资者教育，完善市场规则和风险揭示，增强投资者风险意识，保护投资者利益。

(6) 倡导设立众筹行业自律组织，强化行业内自律管理，及早发现各种不利于行业健康发展的苗头，并为监管机构的适度监管提供参考建议。

三 新兴O2O电商

（一）概述

O2O 即 Online to Offline（在线离线/线上到线下），是指将线下的商务机会与互联网结合，让互联网成为线下交易的基础，O2O 的概念非常广泛，既可涉及线上，又可涉及线下，统称为O2O。2014年以来，O2O进入高速发展阶段，开始了本地化模式迁移，并越来越多地与移动互联网进行融合。

从消费生活来看，由于信息不对称，线下商业具有一定的地域性、周期性和季节性，收益不稳定并容易受到外部环境的影响，如饭馆、商场的地理位置往往对生意起决定作用。O2O 的方式，使消费生活等商业活动有了新的拓展渠道，借助互联网，在一定程度上规避了外部环境的影响，实现了更高的转化率。如，通过大众点评，那些口味好但地理位置稍偏远的饭馆就可以被发现；再如，在没有"滴滴打车""快的打车"等打车工具之前，出租车的空载率往往达到20%～30%，晚班出租车空载率更高。而使用打车软件后，大量统计数据显示司机的收益高于使用之前，空载率有了较大幅度的降低。可见，众多的行业和领域，正在通过O2O方式改变传统的商业模式。

除了消费生活之外，金融产品也在逐步引入O2O的发展思路。如，"三马卖保险"——众安在线，其核心思路和目标是走金融O2O路子，业务模式就是完全通过互联网进行销售和实现理赔服务，但一些特定的查勘、理赔会采取线下的方式，客服、查勘、投资则进行外包。另一个金融应用O2O的例子是微信平台，银行、保险、基金都开始接入，目前除了信息展示、客户服务之外，也拥有简单的基金产品购买的功能，未来，通过微信支付可以完成更多的金融理财产品的购买行为，风险较高的理财产品也可以大规模地进行销售。

除了互联网保险和支付之外，2014年受到广泛关注的社区银行也是O2O与金融融合的典型案例。以民生社区银行为例，其在大型社区周边寻找店铺，进入社区，接近用户，这些社区银行往往与社区活动中心、健身房等在一起，也可以与家电卖场在一起，用户在进行生活消费的同时，也可以进行金融消费。未来，除了消费生活之外，还会进一步衍生出社区类的金融产品，并形成金融超市的模式，每家银行、基金、保险公司都可以在超市投放产品，而普通用户则可以通过一个第三方支付账号，完成任何金融产品的购买行为。

另外，无论是消费生活还是金融，在与O2O融合时一个关键要素就是要有闭环的概念，线上与线下需要有机地结合在一起。O2O要想完成闭环，就需要在网上完成支付，因为线上追踪订单的能力较强，而线下追踪订单的能力很弱，容易出现虚假的数据。用户无论在哪种线下场景，无论进行何种金融消费都需要在网上完成支付，所以，国内各个互联网平台都开始申请自己的支付工具，希望打通自己的产业链条，建立生态圈。支付宝、微信支付、百付宝、新浪支付等都开始以移动支付为基础，在O2O服务中，线下是重要的支撑环节，业务的成败与否除了取决于最后一公里的服务能否实现外，能否实现线上线下的联通也是重要的影响因素。

过去两年时间里，每天都有O2O创业公司获得融资，也有O2O创业项目中止、倒闭。表4列举了O2O主要领域创业公司死亡现象及原因分析。

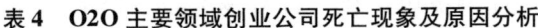

表4 O2O主要领域创业公司死亡现象及原因分析

O2O领域	死亡现象	原因分析
餐饮类	2013年,中国餐饮行业O2O市场规模达到623亿元。随着行业"领头羊"出现,规模小的公司出现倒闭现象,如饭是钢外卖网、好这口、品品美食、食神摇摇等网站或被关闭或被收购	行业壁垒底,创业公司需要不断砸钱补贴来吸引流量和客户,面临物流、规模化的压力和大公司的竞争
生活服务类	生活服务类O2O项目众多,既有传统企业向O2O转型的,又有大企业的重点布局。如家装360、身边家政、美装、邦家政PH+等公司关闭或者停止运营	竞争环境也不乐观,很多生活服务类产品不是大刚需、高频词的消费
出行类	2014年腾讯支持的滴滴与背靠阿里投资的快的在全国轰轰烈烈地上演了补贴大战,而合并后的滴滴快的推出了一系列出行产品,这让众多中小创业公司竞争压力加大,如停哪儿、威牛修车通、云洗车、车车易行等公司关闭或者停止运营	行业龙头出现,格局已成,投资收紧,大批拼车软件资金链断裂
美业类	中国整个美业市场有上千亿元规模,美容的市场规模最大,剩下的就是美发业和美甲业,没有能力融资持续培养用户的企业则困难重重,如简部网、美丽专家、Show发均已关闭	难以融资,低频次、非刚需,无法标准化,线上运营与线下到达的成本太高
房产类	公寓租房和租售平台青客公寓、魔方公寓、吉屋网等融资过亿元,行业门槛高,呈聚合现象,后进者机会较小,如房屋网、移居网、购居网、快租、V租网等均已倒闭	房地产行业告别黄金时代,行业洗牌,并购成常态,租房领域龙头隐现
医疗类	移动医疗和理疗保健呈集中爆发式发展。不过,也有大批医疗O2O企业默默退出市场,如金健康伴侣、医生之家、1号医网、51健康网等均已关闭	移动医疗、智能硬件以及上门服务的兴起,对传统在线医疗造成冲击,多以健康管理为主,难以形成竞争优势
旅游类	旅游O2O项目基本可以分为两类侧重某些品类旅行产品生产、服务商类以及综合提供商类,不但提供自营服务,而且兼作供应商平台,面对巨头和资本冲击,如1688门票、中国好导游、口袋旅行等均已关闭	在线旅游渗透率低,提升缓慢,巨头布局加速造成冲击
教育类	从2014年开始,资本持续进入教育领域,截至2014年底关闭以及被收购的在线教育企业不下30家,整个行业在资本的大量涌入以及创业者盲目进入的情况下已经进入泡沫期。择师网、满分网、乐而思等平台均已关闭	一方面,过于乐观,没有足够的现金流做支撑;另一方面,同质化竞争严重,缺少优质内容

O2O的关键在于商务电子化、打造线上线下形成闭环。如何迅速地聚合目标受众人群，形成入口优势和品牌势能，积攒做大的资本，是创业者必须思考的问题。

（二）O2O的金融拓展

O2O是传统线下业务互联网化催生的一个模式，其核心是"人"和"交易场景"，要解决的核心问题是，消费者、购买者希望"快速、便捷地获得满意、经济、高质量的消费服务或产品"，基于这个需求，衍生了产品、比价、口碑、便捷、服务、体验等一系列的需求和动作，而这些动作需要连接，才产生了O2O。O2O的核心价值是"连接"或者"引导"，即连接客群、连接需求、连接交易信息、连接线下交易场所，最终目标是达成交易、满足客户的消费需求。或者换句话说，就是通过连接、引导、信息辅助，确保快速、精准地满足客户的消费需求、达成交易。

O2O是一种交易达成模式，包括客户接触、需求捕获、意愿驱动、渠道引导、支付交易等环节和全过程，主要需要解决以下几个核心问题。

第一，需求入口。通常有三种典型入口，一是面向消费需求接触点，如点评网（评比＋口碑驱动）、周边快查（位置驱动）等，一般主要针对日常生活消费；二是搜索入口，包括移动搜索、特定垂直APP等；三是面向特定客户群体的开放需求入口，比如学生群体、社区群体。

第二，精准定位。基于O2O特定的线下场景，目前比较能发挥O2O模式优势的消费类型包括租车、餐饮、洗衣、母婴、旅游等，其中特别值得注意的是基于社区的消费场景，可以按地理位置精准定位人群，同时覆盖社区生活的大部分需求。

第三，传播方式。在互联网及粉丝经济时代，品牌认知已开始虚无化、边缘化，好品牌不等于好产品，口碑营销、社交与人际传播成为主流。O2O的营销传播，更需要借助互联网思维。

第四，交易闭环。一定要实现支付闭环，很多模式无法达成最终交易，就很难发挥O2O的优势，也很难获取交易信息，因此要避免交易流程中断。

比如，可以充分利用二维码支付和移动支付。

O2O 与金融的嫁接往往需要媒介的帮助，或是电子商务或是供应链，这些行业的共性是具备很好的金融土壤，有用户、有交易场景、有资金流、有交易记录。消费金融是国家一直在着力引导的，拉动消费具有很强的现实意义，国民的消费观念和理念也的确在改变，因此，在下一个经济增长周期，消费金融有很大的发展空间。消费金融就是让消费嫁接金融服务，通过消费金融，可以很大程度上刺激消费需求、提高交易量，特别要关注会员及具有忠诚度、有良好交易记录的优质客户。目前各类电商，包括京东、1 号店等之所以推出各项金融服务，核心也在于刺激消费和交易。消费金融的嫁接，具体来说，就是通过现金、预付、分期等模式将增值金融服务嵌入消费场景。通过给客户提供现金额度、预付额度、分期额度促进客户消费，而每一次履约还款又可以帮客户增加和积累信用，从而提升额度，这样额度可以循环使用，相当于给用户提高了一个可随借随还的虚拟钱包。

2014 年末，全国首家具有 O2O 属性的消费金融公司——马上消费金融股份有限公司成立，这是 O2O 与金融结合的一次有益尝试和案例。公司成立后数月内正式推出了产品，消费金融首次与物美、浙江小商品城等大型传统零售商家结合，能够更快地实现客户资源共享、账户关联和数据同步，用户可以从实体网点和互联网平台两个渠道获得金融公司的信用贷款用于消费，实现线上线下融合。马上消费是经银监会批准的首个整合传统零售、银行、保险公司和互联网四大领域的公司，具备发放现金贷款、信用卡等多种权限。此前，国内仅有 4 家消费金融试点企业，由传统银行主导管理。马上消费有重庆百货、北京秭润、重庆银行、阳光产险、浙江小商品城、物美控股六家股东。

（三）小结

从商业逻辑的角度来讲，O2O 是一种运营思路的创新，能够与多种行业有机地结合，并带动发展。O2O 与金融的结合是互联网金融的深度发展，总结起来有以下几个方面的特征。

第一，O2O 行业的发展思路，即线上线下结合的方式，对互联网金融商业模式的影响是深刻的，解决了金融融入消费场景的问题。多年来互联网金融在线上的探索已逐渐成熟，但忽略了线下的场景应用，如消费、生产等，金融与线下的黏性不足就难以实现服务和支持功能。

第二，互联网金融的核心——信用体系的建设在目前我国的金融环境中还不是非常健全，依托线下的支持，能够较好地解决信用审核的问题，也有利于降低互联网金融参与者的运营成本和保护投资者的利益。

第三，总体来说，2014 年，O2O 在互联网金融的应用还处于探索阶段，P2P、互联网保险、供应链融资等细分领域都不同程度地在进行 O2O 思路的尝试，从已试行的案例来看，发展的空间还是非常大的。

B.6 其他传统企业的互联网金融转型状况分析

摘　要： 我国的传统产业面临诸多问题，在传统产业转型升级的过程中，"互联网+"的提出，无疑启动了传统产业升级的新周期。"互联网+"将推动移动互联网、云计算、大数据、物联网等信息化技术与传统产业相结合，促使传统产业在产业转型升级方面充分利用互联网思维，突破原有的产业发展模式，以更高效、更低成本、更灵活的方式来发展。在传统产业"互联网+"的过程中，很多成功转型的优秀企业都融入了供应链金融、消费金融、金融大数据、征信、第三方支付等互联网金融要素，这些成功转型的案例对于同行业以及其他行业企业的转型升级有很大的借鉴意义，企业可以通过对自身优势的分析，借鉴这些典型案例的互联网金融转型模式，创新性地推出自己的互联网转型模式，实现"产业+互联网+金融"的跨界融合。本部分选取了工业、农业、制造业、外贸业这四个行业中典型的互联网金融转型代表，通过分析，希望为其他传统企业互联网转型升级提供借鉴和指导。

关键词： "互联网+"　传统产业　转型升级

"互联网+"启动了产业互联网金融平台发展的新周期。"互联网+"行动计划的提出，将推动移动互联网、云计算、大数据、物联网等与现代制造业结合,有利于促进电子商务、工业互联网和互联网金融健康发展。互联网金融的快速发展,将推动传统产业出现更多创新的商业模式,"产业+互联网+金融"的跨界融合将成为趋势,最终通过资源和资金的整合推动传统产业的优化升级、创新发展。本部分将选取一些传统企业向互联网金融转型的典型案例,来分析传统行业与互联网金融相融合的主要模式。虽然转型所涉及的行业种类繁多,从商业、工业到农业都有涉及,但其转型模式可基本分为O2O模式和供应链金融模式两大类。

一 O2O模式转型案例

(一)概述

O2O模式作为传统行业与互联网结合的新模式,能够有效地帮助传统行业进行电子商务化。但是,O2O模式并非简单的互联网模式,此模式的实施对企业的线下能力要求颇高。模式能否成功很大程度上取决于线下能力的高低,而线下能力的高低又与线上的用户黏度有很大的关系。因此,拥有大量优势用户资源、本地化程度较高的垂直网站将借助O2O模式,成为未来电子商务领域的主力军,代表企业有大北农、义乌小商品城。

(二)大北农的互联网金融转型

2013年开始,以阿里、京东为首的各大电商纷纷开始进行渠道下沉,抢占农村市场,阿里旗下蚂蚁金服和京东金融都高调杀入农村金融市场。国务院在2014年5月发布的《关于金融扶持发展三农建设的指导性意见》指出,积极鼓励有资金、有实力的企业进军农村,为繁荣农村金融市场,为农民提供金融信贷及资金支持从而发展农业做出贡献。在此背景下,2014年传统农资企业在互联网金融领域有所突破,农资企业将线下产品销售转化为线上产品或结合线上产品销售，做农资电商，并通过互联网技术升级服务，促进产品销量的提升和公司产业链的延伸。此举在于利用线上资源，通过互联网技术重塑新业态，介入农村互联网金融，开展农村综合服务（产品供销、金融等），全方位搭建智慧农村平台，解决养殖户、饲料经销商所面临的资金筹措和融通的难题，推动农业现代化发展。下文以大北农为例详细阐述其互联网金融转型过程中采用的模式。

1. 发展历程

据大北农官方介绍，大北农自1993年创建以来，始终致力于以科技创新推动农业现代化发展。集团产业涵盖疫苗、饲料、动保、种业、植保等，横跨畜牧、种植两大领域，几乎包含所有农资品种的生产和销售。1999年上线中国农软信息网（农博网，农信科技集团的前身），通过互联网为用户提供农资信息服务。2007年确立战略目标，引入智慧大北农的概念。公司自2013年底正式对外推出智慧大北农服务体系，以智农通（APP）/智农网（网站）为核心，分猪管网、智农商城、农信网三大模块，结合已有的内部OA系统，使智慧大北农服务体系贯穿各个环节。大北农认为如果要发展，需要先立足大北农的平台；但如果要做大，就必须"跳出"大北农的体系，因而2014年12月，在农博信息科技公司的基础上增资2亿元，组建农信集团，更名为"北京农信科技有限责任公司"，拓展智慧大北农体系。农信集团主要分为智农互联平台（负责智农商城、猪管网等）和农信金融平台（负责支付、结算以及为事业合作伙伴提供信贷、投融资服务等），大北农公司仍是农信集团的控股股东。农信集团的成立，推动着中国农业业态的变革。大北农打破封闭式发展格局，利用日益积累的信用数据建立了行业内第一个以农村信用为核心、可持续的普惠制的农村互联网金融服务体系，希望解决结构不对称的问题，增强大北农客户的黏性，培育大北农互联网金融产业的基础，如图1所示。

2. 发展模式——智慧大北农生态圈

大北农建立以互联网为核心的综合服务平台。大北农"未来2~3年以

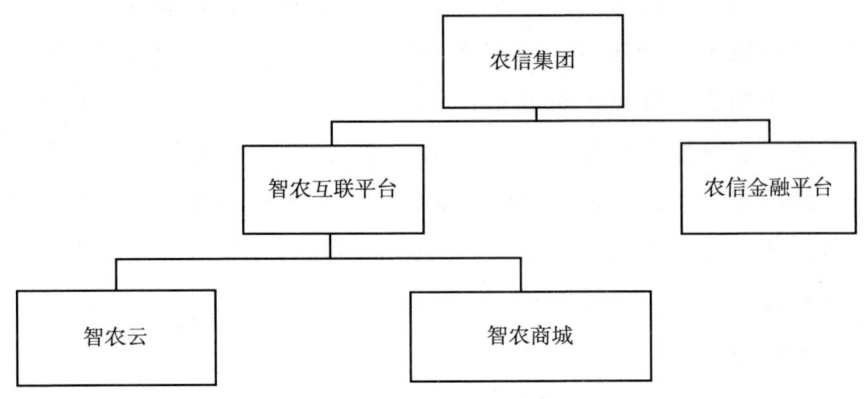

图 1　大北农农信集团结构

资料来源：中科金财。

养殖链的互联网生态圈建设为核心，致力于打造'三网一通'生态圈"，其中包括智农通（链接各垂直平台和功能）、智农云（养殖技术服务接口和大数据）、农信网（互联网金融）、智农商城（综合服务平台）。从人、信息、金融三个维度，以互联网手段改造传统养殖业生产方式、生产关系和饲料销售模式，重塑新业态，如图2所示。

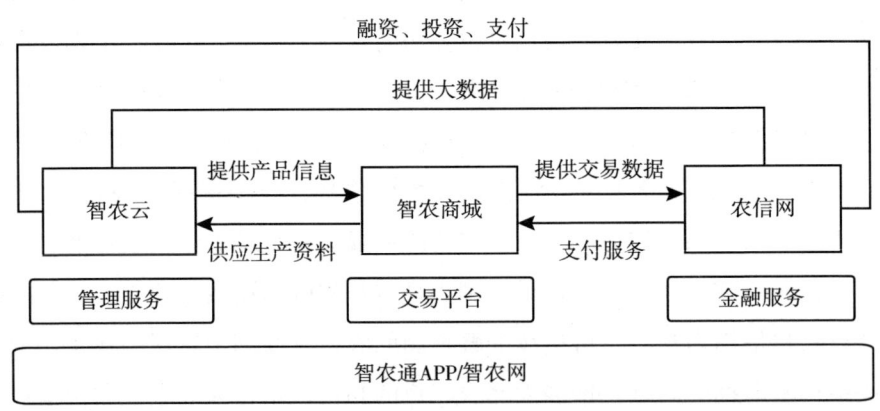

图 2　智慧大北农生态圈

资料来源：申万宏源研究。

（1）智农云：目前主要是猪管网。主要服务于养殖户，提供一体化的养猪信息化解决方案，是生猪养殖户以及养殖企业集采购、饲喂、防疫、疫病治疗、财务与日常管理为一体的信息化智能管理平台。猪管网主要包括猪场生产管理系统、猪场进销财系统、猪场关键指标监控系统等，并且与公司及 OA 系统以及智农通/智农网直接对接。线下基础搭建好后，公司利用移动互联网手段，逐步从线下转移到线上，并以猪管网的便捷、高效性吸引外部养殖户入驻。利用猪管网的平台，一方面可以提高现有的盈利客户对大北农的平台黏性，另一方面可以吸引其他待开发的重点客户加入大北农平台，为公司加快智慧大北农战略建设及优化饲料产能布局打下基础。

（2）智农商城：是主营农资的电商。将大北农及其合作伙伴的产品放在智农商城上进行销售，依托大北农齐全的产品线和线上用户，从交易规模、界面设计等各方面来看，智农商城已经成为较为成熟和完善的农资电商平台，是大北农与用户的主要交易平台。截至 2014 年 12 月 31 日，智农商城累计完成订单 63 万个，总额 210 亿元，发货款 158 亿元。未来，更多的交易将在智农商城上进行。目前的智农商城是垂直类电商，既研发、生产饲料又在自己的网站上销售饲料，并利用第三方进行配送。随着养殖户数量的增加，地域的宽泛，以及后续"类智慧大北农"体系在种植领域的延伸，未来的智农商城可能会逐步、有条件地向其他企业开放，即向类京东模式转型。

（3）农信网：农村互联网金融平台。农村金融体系薄弱，最核心的原因之一是农民征信体系不健全、农户贷款额度偏小导致银行成本偏高、缺少资产抵押物等。大北农通过猪管网，积累了优质客户的一手财务数据和日常农资产品购销数据，在此基础上，对农户进行资信评级，这是大北农开展基于互联网的农村金融服务的最大优势。猪管网中的财务系统与大北农内部 OA 网对接，配合智农商城的交易数据以及农富宝的资金流向情况，可以了解养殖户的资金情况和诚信情况，把有效的信贷客户从中筛选出来，同时在未来帮助大北农建立农民资信体系。农信网的大平台有效、低成本地对接了分散、小额资金的需求方和庞大的资金供应方，通过农富贷、农银贷、农农贷、农富宝四大产品解决不同层次养殖户的不同资金需求。未来智农商城的结算可以通过农富宝进行，供销双方将资金存到农富宝，相当于是农村的支付宝，资金保有就能成为公司的一大盈利点，如图3所示。

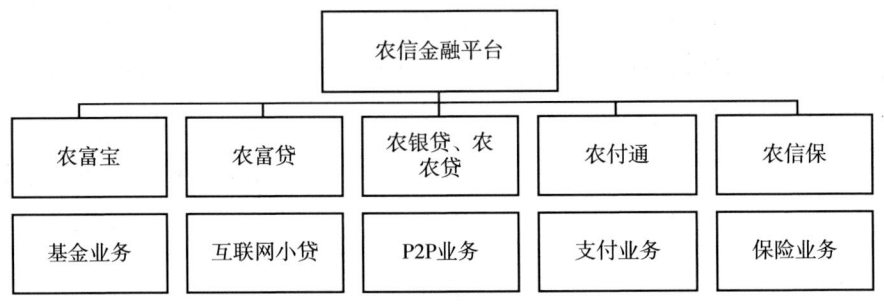

图3 农信金融平台结构

资料来源：农信网站。

农信网提供的金融服务产品主要包括：在农户贷款方面，提供"农信贷"服务，包括农富贷、农银贷、农农贷；在理财和支付方面，提供"农富宝"服务，如表1所示。

表1 农信网各产品分类

产品	客户规模	客户资信	盈利模式
农富贷	中、小	优	利差5%~8%
农银贷	大	最优	目前免费，未来或收取通道费
农农贷	小	中等	通道费，预计为0.2%~0.5%
农富宝	大、中、小	中等及以上	通道费

资料来源：申万宏源研究。

①农富贷：基于互联网的小贷公司，是公司自有资金放贷的业务平台。2014年11月，成立北京农信网小额贷款有限公司，注册资本2亿元。公司已逐步从北京周边地区开始，试点互联网小额贷款业务，预计2015

年放贷目标为6亿~8亿元。目前，大北农更多地以"零成本"的自有资金进行放贷。未来更多的新增贷款需要借用合作银行的资金，如图4所示。

图4 农信网金融服务产品——农富贷

②农银贷：公司通过与银行合作，以供应商信用为基础，以客户的交易数据及积累的自身信用为依据，将具有最优质资信的农户介绍给银行的平台，为农户提供无抵押、无担保的贷款支持。截至2014年末，农银贷已帮助数千位农户融资超过11亿元，有效解决了广大农村客户难以从银行获得贷款支持的问题，合作银行有光大银行、广发银行、招商银行等。农银贷通过对交易数据、供产销数据的积累，对客户进行评级，把AA级以上的客户推荐给银行。目前，农银贷平台未向银行收取介绍费，未来2~3年内，在公司平台资源积累到一定程度后，随着越来越多的银行加入此体系中，通道费可能成为又一盈利点，如图5所示。

图5 农信网金融服务产品——农银贷

③农农贷：公司 P2P 业务平台（暂未上线）。对于规模较小的农户，猪管网跟踪其资信情况难度大、成本高。通过对事业财富共同体内的经销商进行跟踪，经销商对与其有过合作的老客户的资金情况较为了解。因此，对于这类客户的借贷需求，仍由经销商模式解决，从线下搬到线上，利用"农农贷"产品规范这种服务。

④农富宝：农富宝是大北农与银华基金共同为大北农公司、客户、员工、供应商创造的一款货币基金理财产品。农户在农忙、农闲时资金需求差异大，往往在年底有大量现金结余，且农民理财意识薄弱，因此农民理财市场的空间很大。农富宝2014年累计充值23亿元，存量金额11亿元。通过智农商城结算的资金达到3.6亿元；累计总收益699万元；开户数12678户。在盈利模式上，公司通过农富宝可以和基金管理公司分享管理费。从长远来看，农富宝是农民的理财工具和未来农民电子商务的支付账户，第三方支付的通道费用又是一个盈利点。结合农付通平台，公司可以实现网上支付结算，如图6所示。

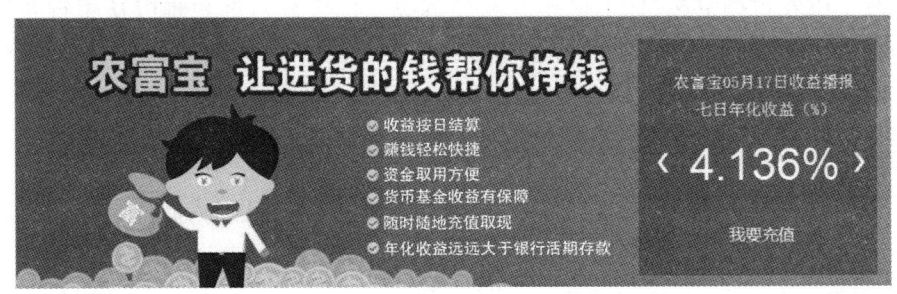

图6 农信网金融服务产品——农富宝

3. 发展趋势

（1）目前，大北农所建立的农信网平台提供融资和理财等互联网金融服务，但与之相配套的农民资信体系还未完全建立起来，只是依托智农商城所积累下来的历史交易数据和资金流向情况加以甄别。未来需要建设更加完备的资信体系，以完善大北农的互联网金融生态圈。

（2）智慧大北农生态圈的开放程度还不够，金融服务主要的对象是体系内的客户、供应商，未来在平台更加完善的基础上，可以向外部供应商开放，扩大生态圈，增加服务人群以实现更大的发展。

4. 小结

（1）大北农的互联网金融业务，将线下与线上相结合，在自身积累的养殖客户资源的基础上，通过互联网线上的支付、搜索、整理分析工具，从而建立一套自己的信用数据库，最后通过旗下金融平台为符合条件的客户提供不同层次的金融产品，以资金借贷的利差、支付手续费等实现盈利。这种模式既不同于商业银行也不同于传统资本市场，是一种O2O的金融模式，适应目前农村金融融资成本高、信息不对称的融资环境，对建立行业内可持续的农村普惠金融服务体系进行了有益的探索。

（2）大北农主要是以农村金融业务为核心，实现了农信网（金融）与猪管网（管理）、智农商城（交易）的交互式发展。这种模式具有高度的可复制性，不仅可以在其他农业领域复制，而且可以被其他农业电商企业所复制与借鉴，从而共同支持农业金融与农业产业发展。

（三）小商品城互联网金融转型

受电子商务的冲击，传统线下商城等贸易实体店经营状况堪忧，越来越多的线下实体店开始谋求互联网转型，通过电子商务和产业链流程再造，降低成本、提升效率。互联网天然具有跨地域性，改变了传统贸易行业区域分割的状况，帮助传统贸易企业建立一个集交易、物流、信息于一体的信息化平台，使贸易企业更加有效了解市场和用户的行为，从而进行更贴近市场的产品创新。

A股贸易类上市公司中不乏成功互联网转型的典型案例，在这里以小商品城（股票代码600415）为例，通过研究其互联网转型以及布局互联网金融的模式，以期对同类的批发流通型企业的转型有所启发。

小商品城传统上以独立经营开发、管理、服务于义乌中国小商品城为主业，公司建有国际商贸城，分为五个区。公司旗下子公司商城贸易公司成立于 2002 年，主要为商户提供进出口的全程服务，是义乌市规模最大的专业外贸公司之一。此外，公司还有酒店及房地产业务。

1. 义乌购 B2R 电商平台

小商品城在 2012 年上线了义乌购平台（Business-to-Retailer），把公司线下的义乌小商品市场搬到线上，并提供独有的商铺 360°全景展示，很生动地将线下店铺的商品和面貌展示出来。平台建立了诚信交易保障体系，提供商铺信用等级、投诉处理、担保交易、受欺诈买家赔偿等服务。

义乌购自建立开始就发展迅速，2013 年线上交易额 5900 万元，到 2014 年底，在线总交易额迅速增长到 15 亿元，通过义乌购线上询单达成的撮合交易额已超过 100 亿元。

图 7 是义乌购平台提供的服务，以及义乌购通过这些服务所形成的盈利模式的一个直观呈现。

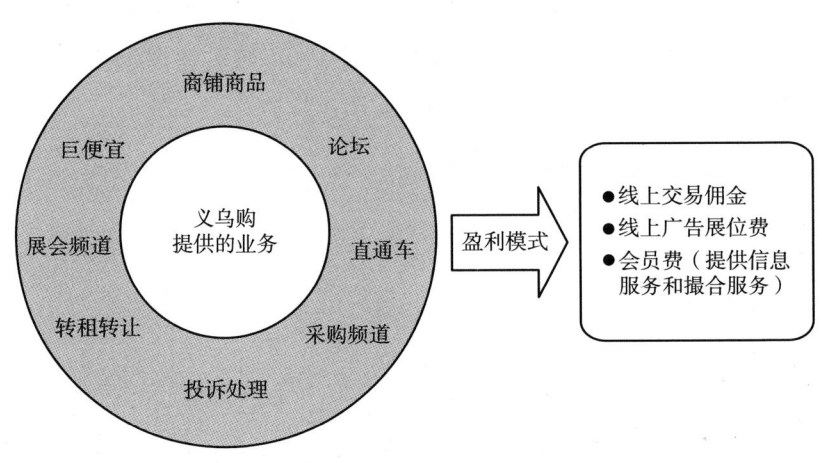

图 7　义乌购平台服务

传统的小商品批发行业产业链条长，中间环节非常多，从生产商到几层批发商到零售商再到消费者，流通成本居高不下。小商品城创新性地将传统的多层级的产业链条改成了 B2R2C 的模式，即生产商（B）→零售商（R）→消费者（C），首先将各地零售商的订货信息进行汇总，消费者在义乌购平台产生购买行为时，义乌购的母市场会根据消费者所在的地区以及当地零售商的存货情况，挑选最有利的零售商，将订单转给该零售商，然后由零售商发货配送。

2. 跨境电商：义乌购国际站

在发展跨境电商方面，小商品城具有其他地方不可比拟的优势。首先，在地理位置上，义乌是全国县级城市中外国常驻机构最多的地方，多达3059家。同时联合国难民署以及外交部等机构在义乌建立了采购信息中心，有83个国家和地区在义乌设立了进口商品馆。义乌城市的整体布局为小商品城发展跨境电商业务提供了良好的环境。

其次，小商品城此前多年积累的业务为发展跨境电商业务奠定了良好的基础。小商品城是我国最大的小商品出口基地之一，无论是在国内还是在国外都享有很高的知名度，小商品城中的商户同样从事出口业务，遍布200多个国家和地区；小商品城在国际商贸城五区市场开辟了面积为10万平方米的"进口商品馆"，目前有来自世界各大洲的各种各样具有民族特色的产品。

义乌购国际站（en.yiwubuy.com）在2013年10月上线。该平台整合了跨境电商方面的业务，由于跨境电商碰到的首要问题是语言障碍，因此平台设置了自动翻译工具，国内商户可以利用该工具发布英文商品信息；平台还提供多语言即时互译在线客服系统，为跨境贸易涉及的一系列需要在线问答的问题提供咨询服务；同时义乌购还建立呼叫中心系统，提供多种语言服务，为义乌购的"义支付"提供跨境电商的外汇结算等服务；此外，小商品城还提供跨境电商发展过程中需要的报关、仓储等服务。

3. 打造互联网金融生态圈

小商品城在公告中指出，"义乌购金融生态圈将对金融服务进行整合，为线上线下的数万商户提供更具个性化的金融服务，其核心内容是利用义乌购及市场积累的数据，搭建大数据服务平台，通过义乌中国小商品城征信有限公司（以下简称征信公司）的运作，为商户提供资信评级、投融资等大数据金融服务"，如图8所示。

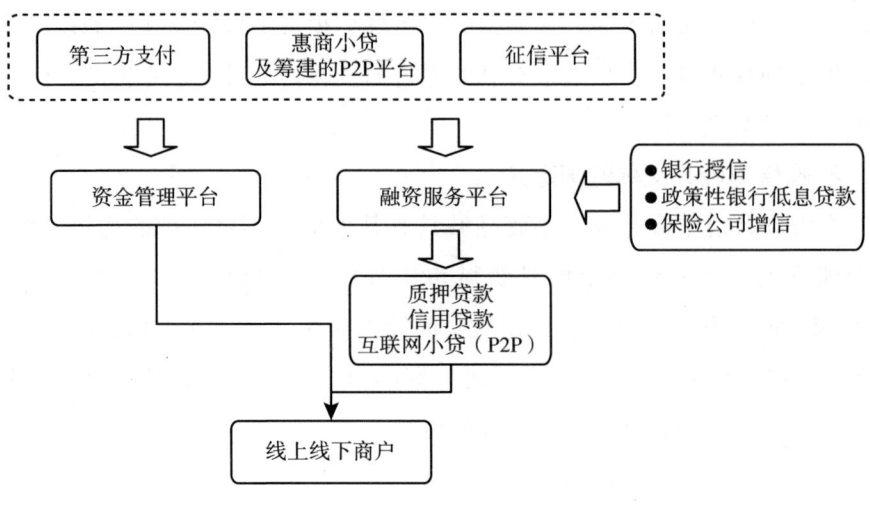

图8 义乌购金融生态圈

资料来源：中科金财。

（1）第三方支付平台："义支付"。

小商品城旗下的支付平台"义支付"正在申请第三方支付牌照。在整个小商品城互联网金融体系中，"义支付"一是为义乌购电商平台以及小商品城线下的商户提供支付结算，二是为小商品城跨境电商平台提供外汇支付结算的服务。

（2）惠商小贷。

小商品城早在2009年就参与设立了义乌市惠商小额贷款股份有限公司（以下简称惠商小贷），投资4000万元，占股权比例为20%，可以为商户提供信用贷、商位质押、存货质押三种贷款方式的服务。小商品城打算推动旗下惠商小贷在香港H股上市，惠商小贷基本上符合香港上市的条件，当然也不排除在新三板上市的可能。惠商小贷在上市之后会拓宽融资渠道，逐步做大做强，为小商品城互联网金融体系提供服务。

（3）征信平台：义乌中国小商品城征信有限公司。

小商品城成立了义乌中国小商品城征信有限公司，公司于2014年7月25日成立，注册资本1000万元，主要是为小商品城的商户提供信用评级、大数据分析，进而为互联网金融服务如 P2P 打好基础。

（4）资金管理平台：义乌中国小商品城惠商投资管理分公司。

义乌中国小商品城惠商投资管理分公司是小商品城集团旗下的分公司，主要的业务是在义乌购平台上推出理财和资产管理业务，进而为商户提供投资理财、资产管理等服务。

（5）融资服务平台。

小商品城结合义乌购平台的优势和积累的信息，搭建一个为线上线下商户服务的融资服务平台，提供授信服务以及多样的融资产品。

小商品城目前的融资产品主要有如下几个方面。

①为商户提供商位使用权的质押贷款。资金来源是政策性银行的低息贷款。

②由义乌购公司提供担保，通过合作银行进行授信，为商户提供信用贷款。

③由义乌购公司提供担保，保险公司提供相应的服务，为商户提供信用贷款。资金来源是政策性银行的低息贷款。

④构建 P2P 平台，密切结合公司旗下的惠商小贷公司的业务，以及由公司旗下征信平台提供征信服务，为商户提供互联网小贷服务。

⑤积极布局供应链金融、票据理财等新兴的互联网金融形式。

4. 小结

（1）义乌小商品城能够把大量分散的小商品集中起来形成一个展示平台进行互联网运作，同时又对实体店进行集中管理，由此形成的电商平台和互联网信贷模式，不同于阿里巴巴，有独到之处，特别在隐性担保和降低信贷方面更具优势，因而更具有互助式社交网络的特点，这是小商品城进行互联网金融转型的一个鲜明特色。

（2）小商品城的互联网改造仅仅是完成了框架搭建，在深度融合线上线下、充分挖掘供应链金融业务方面还需不断深入。

（3）实体商场集聚的先天优势有助于形成社交网络式的互联网金融构架，如果将之渗透于小商品城互联网金融的发展理念中，将会是小商品城发展当中最具想象力的部分。

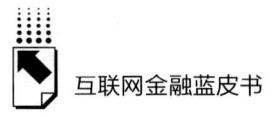

二 供应链金融模式转型案例

(一)概述

随着互联网推进社会化生产方式的变革,市场的竞争不是企业与企业之间的竞争,而是供应链与供应链之间的竞争,同一供应链上下游各方相互依存。同时,由于赊销已成为交易的主流方式,处于供应链中上游的供应商,难以通过银行的信贷渠道获得资金支持,而资金短缺又会直接导致企业生产等环节的停滞,甚至出现倒闭。维系所在的供应链,提高供应链资金运作的效率,降低供应链整体的管理成本,已经成为各方积极探索的一个重要课题。发展供应链金融的传统企业代表有物流行业的欧浦钢网、钢铁行业的宝钢,以及零售行业的青岛海尔。

(二)欧浦钢网的互联网金融转型

1. 欧浦钢网发展历程

广东欧浦钢铁物流股份有限公司成立于 2005 年,是国家高新技术企业、中国物流示范基地、国家 AAAAA 级物流企业、广东省现代产业 500 强,位于全国唯一的"国家级电子商务试点"乐从镇,是一家集"电子商务"与"现代物流"为一体的大型第三方现代钢铁物流服务性企业。广东欧浦钢铁物流股份有限公司在考察了国外物流、电商的基础上,结合公司的实际情况,整合公司线下庞大的仓储、加工等物流资源的基础上,推出了 B2B 钢铁现货交易电子商务平台——"欧浦钢网"。欧浦钢网是钢铁现货交易网站,是一个以真实库存为基础,以欧浦公司六大实体,即"大型仓储、剪切加工、运输调度、高效配送、金融质押、物业租赁"为配套的一站式钢铁交易服务平台。欧浦钢网拥有两大网络服务:钢铁资讯服务平台、钢材超市现货平台。现有注册会员近 10 万家,网站日均点击量高达 20 万余次。2014 年 12 月 19 日,旗下欧浦家具网正式上线,线下有 100 多家传统家具商与其合作。

凭借强大的行业背景和一流的技术团队，欧浦钢网致力于通过钢铁电商平台降低钢铁企业交易成本，创造钢铁交易新模式，推动钢铁产业发展。

2. 欧浦钢网发展模式——互联网综合服务商

公司是国内第三方钢铁物流行业的领导者，以电子商务平台为依托，为钢铁上中下游企业提供仓储、剪切加工、综合物流、金融质押监管、转货、运输、商务配套等全方位的钢铁物流服务。公司钢铁线上交易平台充分融合了当代物流理念，注重钢铁流通领域电子商务系统的交易体验与价值，强调各企业商务系统的整合，实现商流、信息流、物流、资金流的融合，降低钢铁流通领域的交易成本，提高物流运作的效率与效益。目前公司已经形成欧浦商城、欧浦家具电商平台等子平台。欧浦钢网发展模式如图9所示。

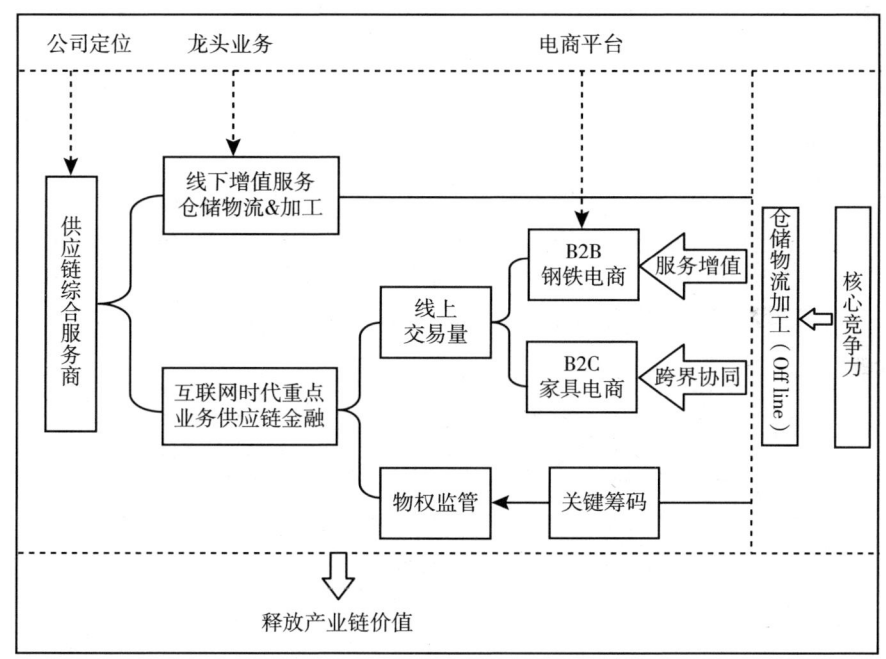

图9　欧浦钢网发展模式

资料来源：欧浦钢网。

欧浦商城是欧浦钢网旗下钢铁线上贸易平台，公司在佛山顺德乐从镇和佛山南海九江镇拥有两个现代化仓储加工基地，总仓储容量为250万吨。在这两个基地中有热轧板系列和冷板系列的加工设备共37台，总的加工能力为每年360万吨左右。2014年公司上线欧浦物联式钢铁仓库管理系统，其中包括智能仓储、加工作业以及客户自助服务平台三个子系统，进一步加强公司在钢铁线上交易第三方平台的领先地位。欧浦商网电商平台如图10所示。

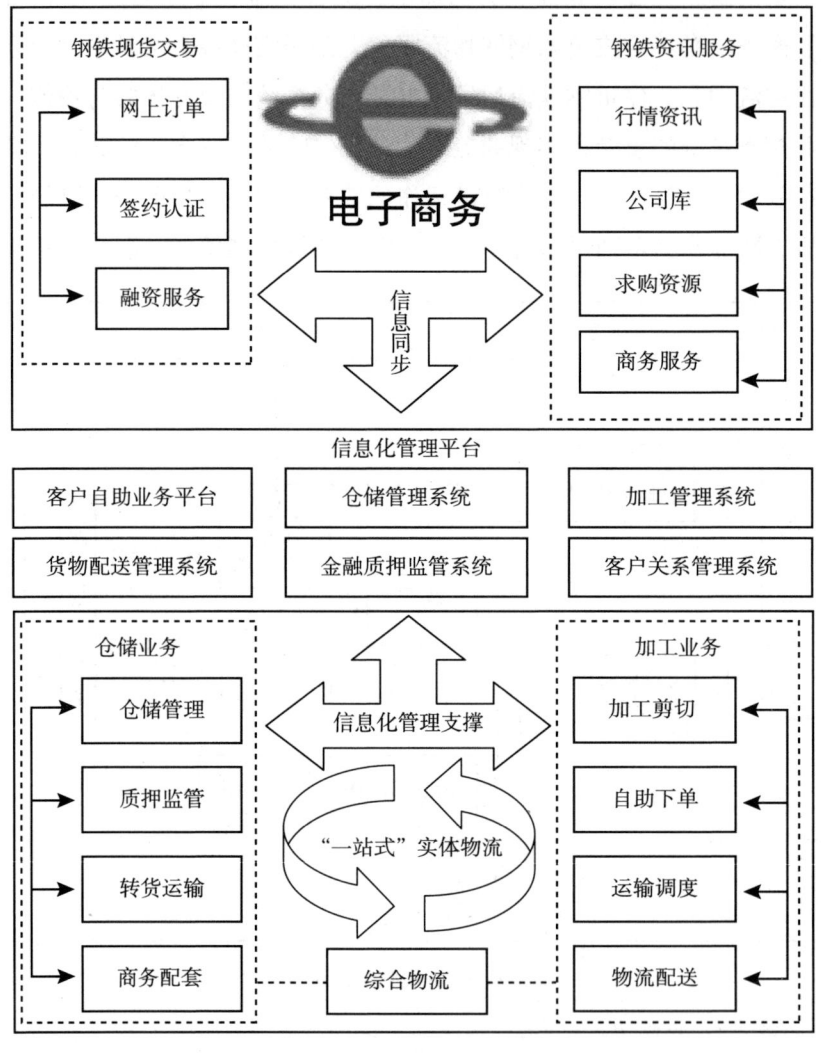

图10 欧浦商网电商平台

资料来源：欧浦钢网。

公司利用通过线上钢铁电商平台得到的数据，整合公司的线下仓储监管、物流优势，进而开展供应链金融业务；公司通过收购欧浦小贷、申请第三方支付牌照等举措，打造钢铁供应链金融闭环。欧浦小贷作为公司供应链金融服务综合平台，通过各种金融创新，满足钢铁企业的短期资金需求的同时，增强公司金融服务的整合能力，服务钢铁上中下游企业。

公司跨界进入家具电商领域，利用公司在钢铁交易平台积累的经验，实施多元发展战略，拓展公司供应链综合服务领域。传统家具行业中间环节让利空间大，而家具行业线上模式将优化家具行业交易流程，降低供应链整体成本，释放利润给消费者，因而其线上业务发展潜力巨大，线下市场空间容量转到线上电商平台是发展趋势。欧浦钢网于2014年底专门设立从事家具电商业务的全资子公司并同时推出家具电商线上平台——"欧浦家具网"，进军家具电商业这片蓝海。欧浦钢网家具电子商务平台项目见表2所示。

表2　欧浦钢网家具电子商务平台项目

项目名称	欧浦家具电子商务平台项目
项目建设内容	B2C在线购物商城及O2O线上线下体验系统
建设期	三年
总投资额	公司出资0.6亿元，全资子公司出资0.3亿元
可行性	随着电子商务的发展，传统行业将逐步向电子商务转型，实现渠道下沉。家具行业发展电子商务是转型升级的必然方向
项目影响	有利于拓展公司销售渠道和服务内容，进一步优化供应链服务体系建设，加速O2O的互动和深度融合，为客户提供更全面的金融支持服务，但短期内对公司经营和业绩无重大影响

资料来源：欧浦钢网。

欧浦家具电子商务平台项目建设内容包括B2C在线购物商城及O2O线上线下体验系统。公司平台建设充分考虑了行业市场实际需求，把在线交易与采购业务作为平台建设核心，以欧浦家具微商城、移动APP系统、金融质押平台、供应链金融服务平台、物流配送调度服务平台、第三方支付平台、私人定制平台、大数据服务平台和专业导购平台等建设为配套服务，为消费者提供全方位的网上交易和管理服务。

3. 小结

欧浦钢网作为第三方平台，为整个钢铁行业电商化带来深远影响，为钢铁企业和采购商提供撮合交易平台，并提供融资服务，成为钢铁行业交易和金融服务平台的标杆；目前钢铁大企业出现自建电商平台现象，如宝钢的欧冶云商平台，未来必然会有更多的钢铁企业自建电商平台，会给第三方平台带来冲击。

（三）宝钢的互联网金融转型

1. 发展历程

宝钢集团早在2000年12月就创办了为自身服务的网上平台——东方钢铁平台，2年之后，宝钢开始在东方钢铁平台上从事真正意义上的电商业务。2011年，东方钢铁公司成立东方付通公司，专业提供第三方支付服务，使电商业务体系得到进一步完善。随着钢贸第三方电商平台的快速发展，2013年，宝钢与上海宝山区政府联合成立了上海钢铁交易中心，致力于打造国内领先的钢铁第三方B2B网上交易市场。2014年3月，宝钢股份旗下的东方钢铁电子商务有限公司与上海钢联共同组建成立上海银行业动产质押信息平台，主要以钢材质押为切入点，逐步覆盖各类动产质押业务。该平台服务于钢贸、钢铁和银行，只须把钢材产品放在指定的仓储区域内就可以向银行申请做质押。公司运行该平台需要与仓储公司紧密合作，各仓库必须实时提供质押产品的状态反馈，并保证处于仓储状态的钢材产品是安全的。2015年3月，宝钢股份与宝钢国际、宝钢集团共同出资成立钢铁电商服务平台——欧冶云商，欧冶云商旗下又成立了欧冶金融、欧冶电商、欧冶物流、欧冶材料、欧冶数据5个子公司。而欧冶电商的组织架构中涵盖了钢铁交易中心和东方钢铁，这两个业务板块是之前提到过的宝钢在钢铁电商领域的早期布局，宝钢通过欧冶云商将早期的钢铁布局进行了重新构建。

2. 发展模式——打造欧冶云商生态圈

欧冶云商注册资金20亿元，是由宝钢股份和宝钢集团分别持股51%和49%共同设立的钢铁供应链综合服务平台。欧冶云商通过整合宝钢集团和宝钢股份以及社会外部在相关电子商务、加工配送、技术服务、支付结算、金融服务和大数据分析等方面的资源和业务，为钢铁企业与钢铁用户提供个性化的生产型服务。欧冶云商力图打造成全行业、全产业链的生态型服务平台，发展模式如图11所示。

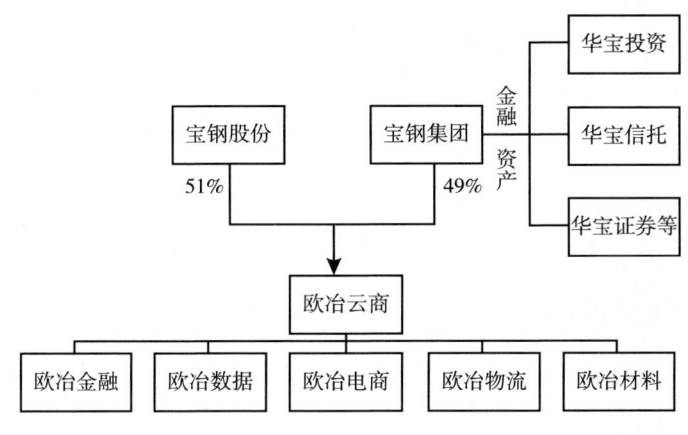

图11 欧冶云商发展模式

资料来源：中科金财。

（1）欧冶金融：欧冶云商旗下金融服务板块，面向欧冶云商生态圈提供融资、理财、资产管理和支付等服务，定位于利用互联网金融手段，建立基于产业链的金融服务体系，携手各类金融机构，形成全方位的金融服务集群，为生产厂家、大宗商品交易平台、贸易企业、终端用户等提供在线支付、融资服务、投资理财、资产管理等互联网金融产品。2015年5月7日，欧冶金融与中国建设银行、中国工商银行、中国银行、交通银行、中国农业银行等15家银行及中信保和中合担保等金融机构签署战略合作协议，锁定信贷额度1627亿元。同日欧冶金融平台（www.ouyeelf.com）正式上线运营。另外，2015年3月，欧冶金融与上海钢联共同出资成立诚融动产信息公司，运营动产质押平台，注册资本1亿元，欧冶金融持股73%。欧冶金融以风险控制为着力点，在业务上通过两种手段解决风险问题，一是针对不动产融资引入集中登记制，用以解决重复质押问题；二是针对个性化较强的动产，不断地完善功能，着力解决质押标的的跟踪、控制等难题，设计和执行系统化管控措施，力争做到全程跟踪和控制。

欧冶金融的互联网金融产品主要包括以下四大类。

①财富管理：面对个人和企业用户的理财服务。针对客户对理财产品期限、风险等的需求不同，欧冶金融推出了多样的理财产品，并由中合中小企业融资担保有限公司提供担保。首创阶梯式递增收益模式产品，包括可实现T+0赎回的"天添得利"、周期灵活的"月悦稳盈"、收益较高的"年年优余"等。年化收益率在5.3%~8%，如图12所示。

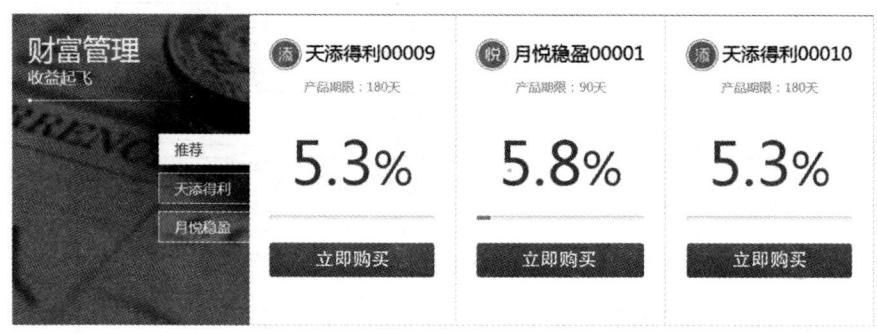

图12 欧冶金融的互联网金融产品——财富管理

②融资服务：围绕供应链的上下游企业推出特色融资服务，包括提供动产质押融资的存货通产品；以及依托宝钢财务公司推出的在线货物质押贷款的宝融通产品；以及提供多家合作银行贴现渠道进行在线贴现的票据通产品。三种产品的贷款利率在4%~8%的范围内浮动，如图13所示。

③资产管理：将客户自己拥有的动产、不动产注入欧冶金融资产池来获得增信，同时利用网络担保发挥朋友圈、熟人圈的作用，借助其在欧冶金融的资产价值互相担保来获得增信，如图14所示。

其他传统企业的互联网金融转型状况分析

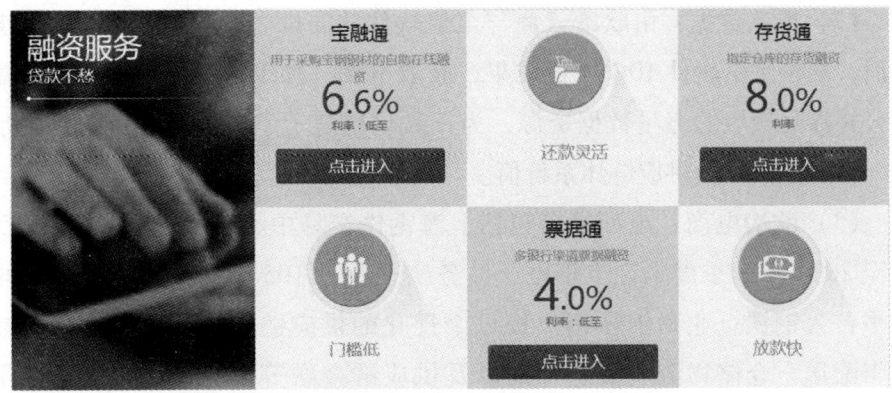

图 13 欧冶金融的互联网金融产品——融资服务

 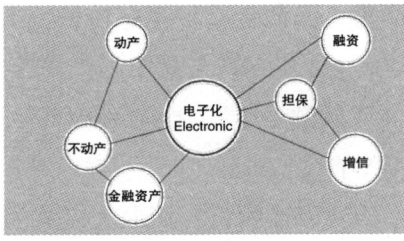

图 14 欧冶金融的互联网金融产品——资产管理

④支付结算：宝钢集团旗下的第三方支付平台东方付通，成立于 2011 年 3 月，注册资金 1 亿元，围绕钢铁 B2B 交易市场提供包括充值、支付、提现、担保交易、保证金交易等在内的在线支付结算服务，如图 15 所示。

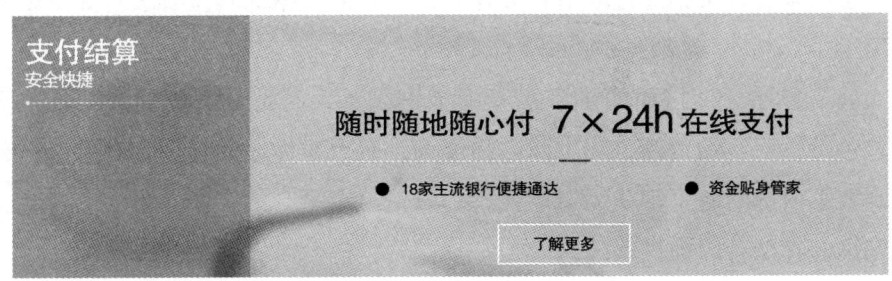

图 15 欧冶金融的互联网金融产品——支付结算

(2) 欧冶数据：由欧冶云商与宝信软件共同设立，欧冶数据投入运营之后，基于宝信软件 IDC 项目成果，获取电商、加工、物流配送以及金融等公司涉足领域的海量数据资源，为钢铁供应链上下游提供有针对性的服务，深度挖掘工业供应链体系价值。

(3) 欧冶电商：电商平台包括上海钢铁交易中心、东方钢铁等单元，截至 2014 年三季度末，宝钢电子商务实现收入 105.6 亿元。通过两大电商平台为钢铁企业和钢铁用户提供个性化的供应链集成综合服务，涵盖加工配送、仓储物流、信息咨询以及供应链金融等内容，在提供增值服务的同时，开拓全新的盈利模式。东方钢铁旗下的第三方支付平台东方付通围绕钢铁企业的采购、销售业务，提供包括充值、支付、提现、担保交易、保证金交易等在内的支付服务功能。宝钢在电商领域已经形成"线上（上海钢铁交易中心）—东方付通在线支付—线下仓库—动产质押平台（诚融动产）"全流程闭环生态链，成为业内第一家全线贯通的钢铁电商平台。

(4) 欧冶物流：面向大宗物资流通领域的专业化在线物流服务平台，平台业务范围包含大宗物资物流过程中的仓储服务、运输服务、加工服务、物流交易、融资监管等。

(5) 欧冶材料：欧冶云商旗下的钢铁材料服务公司提供贸易及材料技术支持、钢材应用解决方案服务，链接钢铁产品到加工制造的多环节，实现产业链上的各方共赢。

总体来看，宝钢通过欧冶云商建立的平台对宝钢的转型升级有如下积极作用。

(1) 欧冶云商搭建的平台不专为宝钢服务，而是全产业链的开放式平台，包括钢厂、钢贸商、加工商、物流商，各个主体之间是一种产权合作关系。宝钢内部的各个钢铁制造单元，都只是这个平台的客户，平台的建成将为宝钢的转型升级提供保障。

(2) 宝钢有三大依托：一是依托欧冶电商获取大量有效数据，通过欧冶数据进行深度挖掘，为布局互联网金融提供信用评价体系；二是依托与银行的合作拓宽融资渠道，为布局互联网金融提供资金来源；三是依托金融业务平台联结客户与资金，为布局互联网金融提供通道。金融业务的开展无外乎资金来源与资金运用两个端口，一方面通过电商平台提高客户黏性、客户数量并确保客户的良好信用度，另一方面通过与银行的合作获得资金支撑，二者共同构成宝钢开展金融业务的两端，同时控制了风险。

（3）欧冶云商可以使宝钢集团各业务单元之间实现协同整合。比如欧冶金融在2015年5月推出"双十亿"活动，即针对个人用户的10亿元高收益理财，针对需要融资的企业用户的10亿元低利率融资。10亿元高收益理财业务即欧冶金融和宝钢集团旗下的华宝投资（下辖华宝信托、华宝证券和华宝兴业基金）之间进行的合作。欧冶云商充当了华宝投资的互联网金融入口。回到钢铁产业链来看，欧冶云商不仅推动宝钢集团实现纵向延伸，而且基于欧冶云商的钢材销售数据有利于宝钢集团及其子公司开展钢铁行业的兼并收购重组。

3. 小结

（1）欧冶云商目前更多的是扮演宝钢内设机构的角色，对整个行业的影响还远远不够，甚至对宝钢内部的影响力也未得到充分发挥，开放性不够，资源整合能力有限，必须吸引更多社会资源的参与，淡化宝钢自身色彩，增强独立性与开放性，才能实现建立第三方平台的目标，成为钢铁行业交易和金融服务平台的标杆。

（2）欧冶云商与宝钢集团旗下各个金融企业的融合还未实现，事实上，它可以作为华宝信托、华宝证券，华宝兴业基金，甚至是宝钢集团参股的太平洋保险、新华保险和渤海银行的互联网金融接口，可以在钢铁供应链金融领域探索创新的业务模式，提升互联网金融的价值，对宝钢内部流程改造以及行业影响力的提升将会发挥重要作用。

（四）青岛海尔的互联网金融转型

2014年，在众多传统制造业中，青岛海尔转型模式非常值得研究和借鉴。下文以青岛海尔为例，详细分析青岛海尔在互联网金融转型过程中采用的模式。

2012年12月，海尔集团宣布进入网络化战略阶段。事实上早在10多年前，海尔就开始通过参股或自己设立公司的方式涉足了银行、保险、证券、信托、财务等众多金融领域的业务，而当初的战略布局为海尔日后发展互联网金融提供了技术、业务支撑。

图16是海尔互联网金融的战略布局：海尔自身参与了第三方支付、物流仓储、金融类机构的构建，为互联网金融业务发展提供所需的要素；海尔建立了一系列互联网金融平台，包括电子商务平台、金融超市、消费金融平台、供应链金融平台，这些平台又促进核心要素的良性发展。

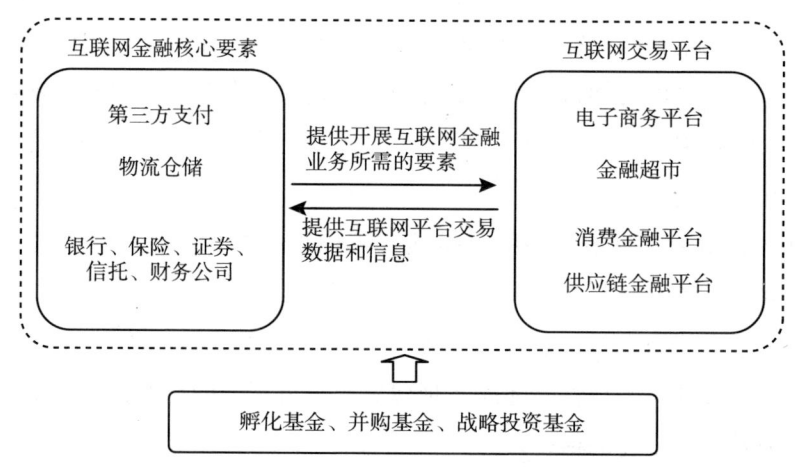

图16　海尔互联网金融战略布局

资料来源：中科金财。

1. 第三方支付：快捷通支付服务有限公司

快捷通支付服务有限公司成立于2012年7月11日，注册资本1亿元，隶属海尔集团。为了顺应海尔集团互联网转型的需要，其业务重点慢慢转向第三方支付，并于2013年7月获得中国人民银行颁发的《支付业务许可证》。

快捷通支付以海尔集团的互联网金融业务为核心导向，整合了海尔集团旗下各成员企业的互联网资金收付业务。目前公司已承接海尔旗下多类服务。

（1）为海尔商城电商平台提供身份认证、快捷支付结算、信用卡分期服务。

（2）为网上金融超市海融易提供在线支付结算服务。

（3）为海尔集团电子钱包提供信用卡还款、便民生活、差旅、移动APP+SDK等服务。

（4）为接入日日顺电商平台的实体商户提供POS服务、实现O2O闭环支付服务。

（5）为B2B平台"365RRS.COM"提供供应链融资的支付结算服务。

（6）对外提供更多社会化支付服务，以及金融创新业务。

海尔的第三方支付业务整合上下产业链的各参与者：供应商、集团各部门、集团员工、下游经销商等，形成一个支付的生态圈，可以有效地集合和再利用集团生态圈的资金。

2. 四网融合的电商平台型业务：日日顺平台

日日顺是海尔电器旗下的独立子品牌，其核心业务是四网融合的平台型业务，所谓四网融合是指虚网、营销网、物流网和服务网的融合。

虚网是指互联网，通过网络和用户形成互动交易，进而形成用户黏性。在虚网上，海尔构建了海尔商城、日日顺商城两大网络平台。

海尔商城是海尔集团官方建立的海尔全系列家电产品一站式销售服务平台。依靠线下多年积累的营销、物流、服务资源，提供全国24小时免费选购、送货、安装同步等一站式服务。如果在24小时内没有送货到门，消费者购买的任何产品都可免单。之所以能做出这样的承诺，归功于充分利用海尔线下的服务，密切融合线上业务。用户在网购平台上下单，海尔通过遍布全国的专卖店迅速配送、安装。

日日顺家居网RRS.COM是家居类产品的O2O电商，产品覆盖全套家居生活服务，平台还为用户提供在线家居设计、线下体验、售后服务、产品

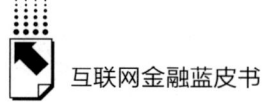

个性化定制、送装同步等服务。平台的定位是整合线上线下产业链条上的品牌商、服务商和设计师，为用户提供家居、家电一站式解决方案。

营销网是指海尔遍布全国的销售网络，海尔在多年发展的过程中，形成了7600多家县级专卖店、2.6万家乡镇专卖店和19余万个村级联络站及10万名服务兵，庞大的营销网络和线下门店有助于海尔新业务的推广。

物流网方面，海尔在全国建立了14个物流发运基地、93个物流配送中心、2800多个二级配送站。日日顺已在1500多个区县实现24小时限时送达，在460个区县实现48小时内送达。庞大的物流体系为海尔电商快速发展提供了支撑。

服务网方面，海尔在全国有6000个服务网点提供售后服务。目前，海尔家具等大件品的售后服务还只限于一、二级市场，但正在快速向三、四级市场推进。

3. 消费金融

海尔布局消费金融领域的优势在于其有大量的可转换为消费金融客户的线下客户资源。海尔在全国有3.8万个经销商提供家电、家居服务，通过这些经销商，海尔间接对接了终端用户。此外，海尔的自有电商和物流品牌日日顺也可以实现客户的再开发。

海尔消费金融产品定位是为与家庭生活相关产品的消费提供分期服务，例如家电、家居、旅游等。海尔面向产品的终端消费者，提供低息信用贷款，既能刺激消费又可以获取终端消费者消费行为数据，从而通过大数据来协助企业经营和决策的制定。

2015年初，海尔推出"感恩3·15 海尔0元购"的活动，活动采取了0首付、0利息、0手续费的"0元购"消费贷款模式，"0元购"活动涵盖了空调、冰箱、冷柜、洗衣机、彩电、厨卫等全系列产品。

海尔"0元购"政策的申请流程：消费者凭带有银联标识的借记卡即可在海尔专卖店申请分期消费，可在店内直接通过网上申请，提供必要材料，就可以享受分期付款服务。在资料齐全的情况下，最快10分钟、最迟2小时，便可办理完成。

"0元购"一经推出,吸引了大量的"80后""90后"消费群体,这类群体有接受分期付款的消费习惯,并且大多有房贷和车贷的压力,存在分期付款的需求。海尔"0元购"推出之后业绩显著,从2015年初开始试行以来,第一个月已经放款5000多万元,直接拉动门店销售3亿元,随着更多海尔专卖店的加入,海尔消费金融2015年预计将提供30亿元额度用于"0元购"项目,在不少专卖店,"0元购"活动销量已占到总销量的40%以上,且增长十分迅猛,这对未来家电市场的发展有着非比寻常的意义。

4. 互联网理财平台：海融易

海融易由海尔集团全资控股成立,于2014年12月正式上线。平台上的金融产品如表3所示。

表3 海融易平台金融产品

类别/产品	产品类型	年化收益率	融资周期
融易发	优质企业流动资金借款项目	6%~9%	90~365天
小金票	电子银行承兑汇票理财业务	5.9%~6.8%	14~180天
海赚	理财产品	8.8%	365天
小金链	应收账款理财产品	7%~8%	43~85天
新客专享	优质企业流动资金借款项目(与融易发的差别在于起投金额仅需100元)	6%~9%	60~365天
预付款理财	为海尔经销商打造的预付款增值理财产品	5%	30天

从平台上的金融产品可以看出,海融易为其产业链上下游提供了融资贷款服务。海尔长期积累的资源优势为海融易积累优质项目和吸引投资者提供了保障,海融易的发展反过来又为海尔提供其他互联网金融服务以及征信领域的拓展积累了大数据,形成了良好的闭环。

5. 供应链金融平台：日日顺B2B平台

2013年,海尔开始建设日日顺B2B电商平台,B2B平台一方面将海尔旗下2.5万经销商与海尔的交易搬到平台上完成,另一方面为海尔供应链金融业务做了很好的铺垫。

2014年9月1日,海尔B2B线上供应链金融平台正式发布,在海尔日日顺平台上有一个"在线融资"窗口,点击该窗口即可进入供应链金融服务平台。该平台为日日顺B2B平台上的所有企业用户提供直接授信、订单融资等金融服务,如图17所示。

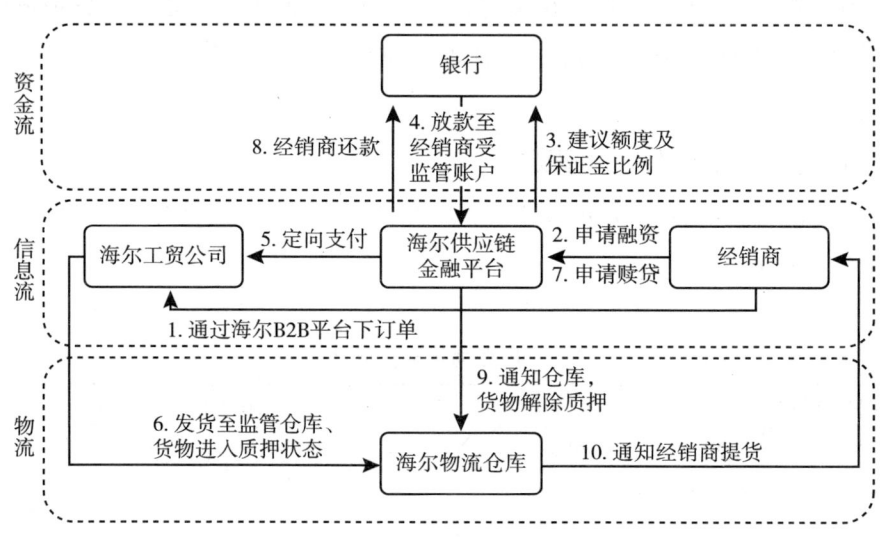

图17 海尔的供应链金融体系

资料来源:中国经济网。

海尔的供应链金融体系改革了传统企业的融资体系和交付体系,帮助日日顺B2B平台上的企业降低融资和信贷的门槛和成本,提高企业的经营效率、管理效率,进而有助于业务的进一步扩大。

6. 海尔的孵化体系

2014年初,海尔CEO张瑞敏指出:"现在企业不是给每个员工提供一个工作岗位,而是提供一个创业的机会。现在我们的员工就不再局限于在册的,因为海尔为员工提供了一个平台,一个并联的生态圈,只要在这生态圈里的,都可以算海尔员工。"海尔将目前拥有的8万多名员工分成了2000多个自主经营体,这种变革使得海尔的组织架构变得扁平化。

车小微就是海尔孵化的典型案例，车小微模式是以加盟模式吸引社会资源进入海尔的配送体系，海尔为加盟商提供运营、派工、结算等多项系统以及POS机、定制的平板电脑，每一个加盟商成为一个小微公司。海尔通过大数据分析为加盟商分配订单。而这个孵化案例有效地缓解了日日顺日益增长的业务压力。海尔内部孵化的成功产品为海尔主业的发展提供了很大的帮助。

除了内部孵化，海尔还建立了创客实验室平台，凭借海尔多年积累的资本和产业经验，为社会层面上的创客提供项目落地的全流程解决方案，包括产品设计指导、技术支持、商业计划书、投资机构的对接、产品生产制造的资源对接、海尔全国分销系统的对接等。

7. 小结

海尔的互联网转型以及互联网金融的布局不是仅仅设立电商平台从而进行供应链金融活动这么简单，它把"互联网+"运用于企业运行的各个方面，对传统企业产业链的上下游资源重新进行整合，把互联网金融作为企业管理的中枢神经，这是对互联网金融的更深层次理解，不仅是企业发展中的一环，而且是对企业管理的互联网金融式的重塑，这对于传统企业运用互联网金融手段进行业务再造具有极大的启示意义。

三 专题小结

（1）目前传统产业的互联网金融转型还处于初期，并没有全面铺开，市场前景十分广阔。

（2）传统上对互联网金融改造的基本路径是电商化和供应链金融化的交织。通过电商化将原有的商品展示和交易环节搬到网上，缩短流程，节约成本；同时通过供应链金融化，将原有产业链上下游密切结合起来，形成一个投资、融资、交易的闭环。

（3）O2O将会是传统产业互联网金融化的主要模式。

（4）传统产业互联网化不能离开其业务优势，包括物流资源、上游供应商、下游客户、传统渠道资源等。一方面带动传统产业的需求增长,另一方面通过互联网化改造引入新的模式,降低成本,提高效率。

(5)互联网金融转型的深入是以互联网金融为中枢对业务流程的再造,这将是传统企业实现转型升级的重要一环,也是除投资与融资外,互联网金融对实体经济转型发展的又一重要贡献。

B.7
互联网金融发展的金融学分析

摘　要： 相比于传统金融机构，互联网金融在各项功能的实现上都更加有效率，实现了"金融宽化"与"金融深化"。利用在交易成本、信息成本以及参与成本等方面的优势，互联网金融提高了金融体系资源配置与信息生产的效率。而随着金融功能实现方式的改变，金融体系的结构不断变化，并通过各种功能效应，对金融体系的效率和经济增长产生影响。本文从互联网金融的金融学理论分析入手，按照"金融创新扩散—金融功能演进—金融功能效应"的逻辑演进思路，通过对既有研究理论的分析和综述揭示互联网金融发展的理论逻辑，并结合既有互联网金融发展的实际情况为上述金融学理论提供有效支撑。

关键词： 互联网金融　金融功能　金融创新扩散　金融功能效应

近年，互联网技术及移动技术深入社会生活的方方面面，其与传统金融相结合诞生的互联网金融引起了学界和业界的广泛关注。互联网金融本身是一种以传统金融为内核，以互联网技术和移动技术为依托的金融创新，突破传统金融领域服务边界，实现资金融通、支付和提供信息中介服务的新兴金融模式。互联网金融的发展可能导致有别于直接金融和间接金融的"第三种金融模式"出现，有学者将此称为"互联网金融模式"（谢平、邹传伟，2012）。

经过近几年的爆炸式发展，互联网金融的行业边界一直在不断扩张，因此亟须为这些现象背后的逻辑和动力找到相应的理论支撑，对互联网金融的发展进行理论分析，从而提出一个互联网金融发展的理论范式。本报告结合金融创新与金融功能的相关知识，设计分析框架，对互联网金融的发展进行理论剖析，报告分为三部分，第一部分对互联网金融的微观经济特征进行分析；第二部分结合功能金融理论与金融创新相关理论对互联网金融的发展进行分析；第三部分对互联网金融发展的功能效应进行分析。

一 互联网金融的微观经济特征

金融活动从根本上讲是价值在时间和空间中的配置和转移。金融中介连接了资金的借贷双方。它之所以存在，是因为市场上存在摩擦与信息不对称。在阿罗-德布鲁分析框架下，金融市场中不存在市场摩擦与信息不对称，因此金融中介"可有可无"。但在现实中，这两个假设条件并不成立。根据现代金融中介理论，金融中介的存在是由于其具有以下三种作用：降低交易成本、降低信息不对称程度、降低参与成本。互联网金融作为一种新兴的金融模式，在这三个方面具有较大优势。

（一）信息成本优势

信息不对称是指由于市场中各参与主体对信息的了解有限，信息优势一方可以凭借其拥有的信息优势给交易对手方造成损害。当信息不对称达到一定程度后，市场本身无法通过信号发送与搜寻形成足够有效的信息流，市场就会失灵。在金融体系实现资金融通的过程中，信息不对称问题的存在，抬高了市场上信息传递与搜寻的成本，并最终造成市场失灵。首先，在处理事前的信息不对称问题即逆向选择问题时，互联网具有信息搜集、处理以及传递的效率优势。传统金融中介在授信过程中会通过尽职调查和设立抵押品标准对借款人的信用水平进行评价和筛选。但是由于技术限制，传统金融中介在信用水平评价和筛选的过程中进行尽职调查的信息搜寻成本较高。因此，传统金融中介往往对抵押品标准和贷款规模进行限制，以使其收益能够弥补提供贷款所需花费的成本。第一，利用互联网的信息搜集和处理优势，互联网金融中介能够以较低的成本高效地对借款人的信用特征进行分析。基于互联网金融平台个人信用评价体系的不断完善，蚂蚁金服推出了芝麻信用，利用用户在淘宝及支付宝的使用记录，对个人的信用历史、行为偏好、履约能力等进行分析，并给出个人信用打分。金融中介可以在贷前获得充分的客户信息，对客户信用水平进行评价和筛选，降低了事前不确定性的影响。同时，互联网金融的信用评估体系不再拘泥于对结构型数据的使用，通过使用非结构型数据，利用其社交工具端口或商户端口的数据，对用户进行差异化评级，对客户的信用水平进行精确定位，对不同评级的用户给予不同的授信权限和借款利率，通过价格歧视，针对不同信用水平的客户制定不同的贷款规则，同时提高贷款资金的使用效率。第二，交易发生之后的不对称信息博弈称为道德风险问题，是指从事经济活动的人在最大限度地增进自身效用的同时做出不利于他人的行为。由于贷款方无法观测到借款方的具体信息，因此会对信贷进行事前的契约规定和事后的贷后管理，通过在契约中对违约行为进行规定和对贷款后借款者资金使用和偿还能力进行实时监控，从而抑制道德风险问题的发生，而这会抬高金融中介的契约制定成本和监管信息成本。对于小微主体的贷后行为，监督成本可能会高于其贷款收益。因此传统金融中介会青睐于规模更高、抵押品质量更好的借款需求，这限制了一些低净值贷款人的贷款获得机会。互联网金融的出现降低了金融中介对小微主体的贷款使用时的监督成本。

（二）交易成本优势

交易成本的存在会对市场交易行为造成扭曲，而金融中介是许多个借贷者通过联合利用规模经济在交易中降低交易成本的方式。金融中介利用金融交易的边际成本递减的特性，通过规模经济和范围经济降低了自身交易成本。传统金融中介依靠金融创新来降低交易过程中的市场摩擦，但受到技术限制，往往成效有限。与传统金融相比，互联网金融依托大数据、云计算和移动互联网等新兴技术创新，降低了金融体系的交易成本。降低交易成本有以下四种途径：一是技术进步带来的交易和支付方式的便捷化降低了交易过程中的显性成本；二是基于大数据和云计算实现了与"信息孤岛"的连接，提高了交易者违约的成本，使其违约的可能性降低，因此降低了违约失信带来的隐性成本；三是多元的产品组合降低了金融机构的客户开发及风险管理等成本，同时降低了用户在交易过程中的执行成本和机会成本；四是降低了金融市场的垄断性，降低了交易的垄断成本、寻租成本和新进入者成本[①]。张晓朴（2014）推算 2013 年仅由互联网金融支付功能所节约的支付成本就约为 500 亿元。通过降低交易成本，互联网金融提高了金融体系的资源配置效率。谢平和邹传伟（2012）通过对不同交易成本与信息不对称程度下"交易可能性集合"进行研究发现，交易双方之间的交易成本与信息不对称程度越低，交易发生的可能性就越大。而当信息不对称与交易成本趋近不存在时会形成"交易可能性集合"。他们由此提出，在互联网金融模式下，整个市场接近福利经济学一般均衡理论中的无金融中介状态，市场的资源配置效率极高。同时，互联网金融可以提高金融体系的公平性。由于交易成本高，金融中介在提供服务时往往难以顾及小额优质的投融资方。在贷款发放的过程中，当单笔贷款小于一定额度或期限时，银行的信贷审核成本要高于其贷款收益。同时由于存在人力与渠道成本约束，银行所覆盖的客户群体较小，无法满足广大中低端客户的需求。由于信息技术不断进步，互联网金融降低了贷款审核成本、人力与渠道成本，使金融服务的受众范围变广，提升了金融体系的公平度，推动了普惠金融目标的实现。

（三）参与成本优势

Greenwood 和 Smith（1996）提出了"参与成本"的概念。他们认为，金融中介成立的必要条件为固定的市场进入费（C），他们认为只有当经济发展到一定阶段后，交易量（n）增加才会使单位交易量所负担成本（C/n）下降，利用银行等金融中介获得的收益（M）超过成本（C/n）时，金融中介

---

① 《交易成本低是互联网金融的最大竞争力》，http://www.douban.com/note/392245878/。

才能得以形成。Allen 和 Santomero（1998）认为，投资者有效地参与市场需要支付参与成本，包括支付学习使用金融工具的固定成本和支付监控和跟随市场的边际成本两部分。参与成本的存在，造成了金融市场的有限参与。相比于传统金融机构，利用互联网金融发现市场信息的成本要更低，因此会降低监控市场的边际参与成本。如果将市场分为高净值与低净值两部分，传统的金融中介认为由于信息不对称等原因，为低净值客户进行差异化产品设计所付出的平均成本要低于这部分客户所能带来的收益。因此其在产品设计上偏重于为高净值客户设计期限长、额度大的标准化产品。对于低净值客户而言，参与成本较高。但是随着信息技术的进步，基于大数据运算和网络信息共享，设计差异化产品所需的信息成本大大降低；并且第三方支付等互联网支付清算功能的完善也降低了提供差异化产品的交易成本。这使互联网金融可以为优质的尾部客户提供差异化产品，从而消除对微型主体的金融抑制，拓宽市场的交易边界。

二 基于金融功能观的互联网金融发展分析框架

（一）金融功能观分析框架

1. 功能金融理论的基本内容

功能金融理论是从金融功能的实现方式、效率以及演进路径等方面研究金融发展问题的一种分析框架。Levine（1997）等最早引入了关于金融功能的概念，其通过金融功能将金融发展与经济发展联结在一起。根据 Levine 的研究，金融体系具有风险配置、资源配置、监督激励、吸收储蓄等功能。金融发展内生于经济发展的过程当中。包括信息成本和交易成本等市场摩擦的存在促进了金融中介与金融市场的产生和发展，金融中介和市场通过提供各种金融功能，促进了经济增长，而经济增长又促使市场主体对金融功能产生新的需求，从而促进金融发展。在这种"经济发展—金融发展—经济发展"的螺旋作用下，对现存金融体系在商业模式、运行结构和风险管控等方面的要求不断提高，从而推动了整个金融体系的不断进步，实现了金融基本功能的不断演进。在此基础上，Merton 和 Bodie（1995，2005）进行了深入的研究，并提出功能金融理论的分析范式。功能金融理论认为，相比于承担这些功能的金融中介机构，金融系统的功能要更加稳定，随着时间的推移和环境的变化，金融功能所产生的变化要小于金融机构；同时，竞争将导致机构的结构发生变化，从而提高金融体系的运行效率。

Merton 和 Bodie（1995）认为金融体系有六种核心功能：清算和支付结算功能，即提供商品和服务的交易清算和支付结算手段；资源转换的时态中介功能，提供促使经济资源跨时空转移的方法与机制；资源转换的规模中介功能，即聚集与分散金融资源进行大规模投资或分散化经营；信息生产功能，即通过提供价格信息帮助协调不同经济当事人间的非集中化决策；风险中介功能，即通过管理和配置不同行为主体间的风险，提高社会福利；激励功能，即提供处理不对称信息与激励问题的策略方法。其中资源转换的时态中介与规模中介功能又合称为资产转换功能。金融机构的变化就是这六种基本功能演进的结果，而对金融功能的分析可以从多个层面来进行。Crane 等（1995）认为金融体系的基本功能在金融体系、金融机构、金融业务以及金融产品四个层次上体现不同，并且不同功能之间并非相互独立的，往往同一个机构、业务或产品可以同时具有多种功能；同样，一项金融功能也可以经由不同的金融机构共同实现，体现为金融功能和金融机构的双重交叉。

2. 金融体系的结构变化：金融功能的演进过程

从静态的角度来看，金融体系结构的演进过程其实是金融功能实现方式的变化过程。金融中介与市场在金融功能的实现上各具优势。相比于金融市场，金融中介可以通过提供非标准化的产品与服务，更有效地进行风险管理，并降低交易过程中的交易成本与信息不对称程度。金融市场则更擅长提供大规模、标准化的金融产品与服务，为市场参与者提供资产转换功能。现代金融中介理论认为，由于金融交易中金融资产存在不可分性和非凸性，阿罗－德布鲁分析范式中的无市场摩擦与完全信息的假设不能成立，因此需要金融中介参与金融交易以解决市场摩擦与信息不对称问题。金融中介可以发现更多的途径来实现一种或多种金融功能，并通过降低交易成本与信息不对称程度，以此更有效地实现储蓄向投资的转化。同时，可以将金融中介看作多个独立交易者通过联合实现规模经济，从而实现资产的多样化与最大限度的风险分担的机构。由于金融中介与金融市场在实现金融功能方面存在一定差异，当对金融功能的需求发生变化时，一定会出现金融功能供给在金融中介与金融市场之间的重新分配，表现为金融体系结构的变化。

从动态的角度来看，金融体系结构的演进是通过金融中介与金融市场之间竞争性的"金融创新螺旋"（Financial Innovation Spiral）实现的。根据Merton的"金融创新螺旋"理论，金融中介通过产品创新降低金融体系的交易成本，而交易成本的大幅降低会导致金融市场交易量的大幅上升并加剧竞争，同时在制度结构上部分替代金融中介所履行的金融功能，反过来刺激金融中介进一步加快创新。金融中介利用其在交易成本方面的优势，可以为少量客户提供高度定制化的产品和服务。而随着对这种高度定制化的产品和服务需求的提升，金融中介将更多地参与市场交易并推动交易量的增加。交易量的增加又通过规模效应等降低了交易的边际成本，使金融中介能够进行进一步创新，从而将市场规模推至更高水平，并最终成为标准化产品。

（二）互联网金融功能分析

从功能金融的角度来看，互联网金融的发展过程可以看作基于金融功能演进的金融体系的结构变化。相比于传统金融机构，互联网金融所承担的基本功能大体不变。但由于互联网在降低交易成本、信息不对称程度与参与成本等方面具有优势，因此其使金融体系的核心功能的实现效率大幅提高（吴晓求，2013）。本部分首先介绍互联网金融的基本功能，然后结合金融创新的扩散模型对互联网金融的发展过程进行分析，最后对金融功能演进所导致的金融体系的效率变化进行分析。

1. 互联网金融的基本功能

（1）基础功能：支付清算功能。作为金融中介最早也是最基本的功能，支付中介功能是金融系统的基础，具有极其重要的意义。Friedman 和

Schwartz（1982）认为有效的支付系统将会降低交易费用，从而提高生产性收益；同时，随着经济货币化程度的不断提高，支付系统的效率对经济活动的影响将越来越大。支付中介功能也是互联网金融的基础功能。我国互联网金融最早起源于1996年的"首信易支付"，而后在此基础上逐渐衍生出了包括P2P网贷等其他形式。互联网金融的支付中介功能主要包括第三方支付、移动支付以及在此基础上发展的网络货币等。互联网金融的支付中介功能不断发展，对传统银行的中间业务造成了较大冲击。到2015年5月，拥有央行颁发的支付业务许可的企业已经达到270家，第三方支付的业务范围已经涵盖互联网支付、货币汇兑以及数字电子支付等众多领域。

相比于传统金融中介，互联网金融克服了其在支付功能方面的一些缺陷，降低了交易成本。传统的金融中介的支付活动一般以柜台支付和信用支付为主，这就使其受到网点分布等物理因素的限制；同时传统金融中介的支付功能也往往对交易规模有所限制，一些小额的、频繁的资金流转交易成本会相对较高，这限制了传统金融中介的业务覆盖广度与深度。而互联网金融依靠移动网络的第三方支付与移动支付方式，降低了交易成本，扩大了支付功能的服务边界。因此，随着第三方支付、移动支付的发展，商业银行作为社会支付平台的地位逐渐弱化，现实货币的使用量（现金等）占社会货币流动性的比例会逐渐降低，同时对传统的银行信用支付业务也造成了一定冲击。

（2）核心功能：资产转换功能。金融中介的资产转换功能是指金融中介促进了借款者和贷款者之间的资产与负债的转换。Gurley和Shaw（1960）认为，金融中介机构的主要职能是从最终借款人那里买进初级证券，并通过发行间接证券将其转化为最终贷款人的资产。资产转换功能包括时态中介和规模中介两部分。时态中介是指金融中介利用其技术、规模、管理的优势，对资金进行期限错配，以满足借款人与贷款人在支出模式和融资期限上的不同偏好。规模中介是指金融中介通过对其资金规模进行组合拆分，以满足借、贷双方在投、融资规模上的不同需求。互联网金融的资产转换功能体现在两个方面。一是以P2P、众筹为代表的互联网金融产品创新，运用互联网在渠道与信息生产方面的优势，在资金供需双方之间建立联系，使其跳过传统金融中介直接进行资产转换。二是如余额宝等，在原有的金融产品和服务基础上进行功能整合与渠道创新，通过降低投资者的参与成本，提高金融中介已有产品的服务效率。

在市场的分散交易中，投资者本人花费成本进行信息收集并做出投资决定，而在金融中介体系中，信息搜集等所需的交易成本由中介结构代为支付（Allen and Gale，1993）。在金融市场比较发达的体系中，分散交易的信息搜集与处理成本较低，投资者个人可以以较低的成本从市场上获取较为完备的信息，并对未来收益进行有效判断。而在金融中介占主导的体系中，金融中介将大量分散投资者的意见进行整合，通过管理信息优势实现大规模集中交易，降低投资者的参与成本。互联网金融体系具有以上两种金融体系的优点。一方面，互联网金融具有信息优势。投资者能以较低的信息成本获得所需的信息，并以此进行投融资决策。另一方面，互联网金融体系存在网络效应。互联网金融通过其网络效应所带来的规模效应，降低了投资者的投资管理成本。以余额宝为例，天弘基金通过支付宝吸收资金，对资金进行规模转换，实现规模中介的功能，提升了资源配置的效率。

（3）衍生功能：信息中介功能与风险管理功能。金融中介的信息中介功能包括两个方面。一是指信息生产功能，即金融中介在支付功能与资产转换功能的实现过程中，对参与者的经济信息条件进行搜寻、加工。二是指信息提供功能，指对金融中介通过信息生产所获得的信息的有效传递。在金融体系中，信息中介功能是金融中介或市场在实现支付或资产转换功能过程中的衍生功能，但这些信息并非无关紧要，可能对各个部门的经济策略选择产生重要影响。互联网金融具备更强的信息生产与提供功能。互联网最基础的功能是对信息的搜集与处理。单个的信息只有很小的价值，但当众多信息通过一定的机制整合形成信息流以后，其价值才会体现出来。互联网金融依托大数据，并在云计算的技术保障下，能够对从支付宝、微信等信息端口获得的数据进行处理，将零散的非结构化数据进行整合，最终形成连续、动态的信息集合，实现其信息生产功能，满足对资金供需双方标准化信息的需求。与传统金融相比，互联网金融可以提供更加细分的价格数据。例如 P2P 信

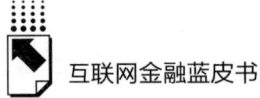

贷根据每一笔贷款的特殊性会形成自己的利率，而分散的决策者也更容易根据不同的利率水平决定自己的借款与贷款行为。在一定程度上，这种细分的价格数据有利于避免逆向选择的发生。除了能够生产更多更有效的信息集合，互联网金融还增进了信息提供功能的效率。互联网金融所提供的信息相比传统金融来说，也更加容易获得。许多数据不再需要通过使用特定的数据库便可以获得，从而提升了信息的使用效率。

金融中介的风险管理功能是指其在保留金融交易的系统性风险或与交易目的直接相关的非系统性风险的同时，通过转移或者风险分担降低与金融交易目的不相关的特质性风险影响的作用。金融中介的风险管理功能通过三种方式实现，主要包括：一是通过不同的资产组合实现风险分担与风险转移；二是在不同参与者之间进行风险配置；三是通过搜集和提供信息，为各参与主体提供解决信息不对称问题的信息流与工具。管理风险一直都是金融中介的主要功能之一（董琦，2008）。依靠在信息生成和处理方面的专业化以及分散个体信贷和期间风险，中介能够对风险进行管理。相比于传统金融中介，互联网金融在实现风险管理功能的过程中具有一定优势，主要体现在互联网金融具备更强的信息生产与提供功能，能够以更低的信息成本高效地实现信息生产与传递。以贷款业务为例：第一，互联网金融使用实时数据，提高了数据的时效性和真实性，同时提升评估的精确程度；第二，互联网金融可以通过借款者的商业运行状况分析其资金运转情况，可以依此判断每笔贷款的还款能力及还款时间，有效地制定资金的期限错配策略；第三，互联网金融依靠对资金使用和代理人商业运行状况实现动态监控，并与第三方支付功能中的担保作用搭配，为市场参与者提供了实现监督激励功能的有效工具。但同时也要看到，互联网金融在实现风险管理功能的过程中，仍然对传统金融中介所使用的风险控制工具有一定的依赖性，缺乏基于资产增值的风险管理工具，还不能通过标准化的金融交易实现风险在市场不同参与者之间的重新分配。

2. 互联网金融的发展：金融创新的扩散与金融功能的演进

Finnerty（1988，1992）提出，金融中介推出的金融产品创新最终都将向市场进行转移。这一金融产品的扩散过程往往伴随着金融体系结构的变化。在产品创新初期,金融中介的重要性相对较高,通过提供新产品,金融中介获得竞争优势。而随着创新产品的扩散,金融产品逐渐成熟并更多地由金融市场来完成。例如,资产证券化这一创新,通过将资产负债表上的非交易资产转移到金融市场上进行标准化交易,一定程度上弱化了银行在金融体系中的作用。金融创新推动了金融功能的实现和效率的改进。因此,可以将互联网金融发展所带来的金融体系的功能演进过程看作其金融创新的扩散过程。

本文参照已有的金融创新扩散分析方法(李春燕,2006;王爱俭,2008等),构建一个简单的扩散模型。假设 $X(t)$ 是互联网金融创新的使用者在潜在使用者中所占的比例,即在 t 时刻,金融创新的扩散速度即为 $dX(t)/dt$。同时假设扩散的速度与使用者比例 $X(t)$ 和未使用者比例 $[1-X(t)]$ 成正比,则扩散速度可以表示为:

$$\frac{dX(t)}{dt} = \beta X(t)[1 - X(t)],其中 \beta 为常数$$

对方程求解得到结果

$$X(t) = \frac{1}{[1 + e^{(\alpha - \beta t)}]},其中 \alpha > 0, \beta > 0$$

由图 1 可以看出,使用者比例 $X(t)$ 呈现一种 S 型曲线,分为三个阶段。第一阶段,即扩散的初始阶段,由于使用者从获取信息到使用产品存在时滞,发展速度较慢;第二阶段,即扩散的成长阶段,随着时滞的消失和产品运行环境的改善,金融创新的扩散速度大幅提高;第三阶段,即扩散的成熟阶段,在这一时期中,扩散速度下降,使用者数量逐渐稳定,并逐渐接近其全部潜在使用者的数量。

互联网金融作为一种金融创新其发展过程也体现出这种金融创新的扩散过程。图 2 是 2010~2014 年 P2P 网贷平台成交量的统计,通过添加趋势线,可以看出 P2P 网贷平台作为一种金融创新其使用规模的扩散过程。在 2012 年之前,P2P 网贷平台由于接受程度低等原因,扩散速度较为平稳;而从

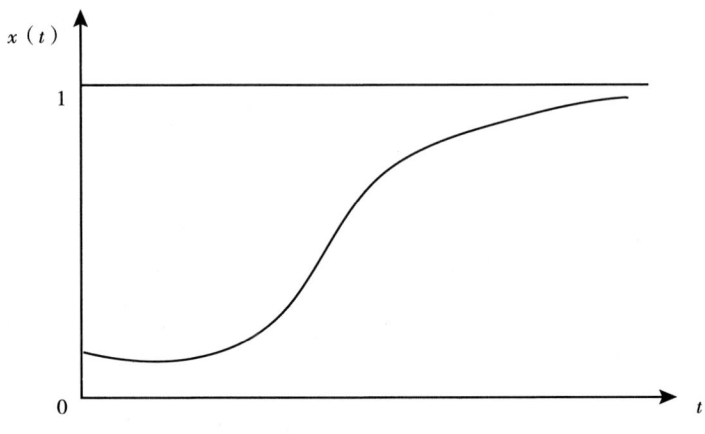

图 1　金融扩散的速度曲线

2012年开始，P2P网贷平台成交量开始快速上升，进入金融创新扩散的成长阶段。

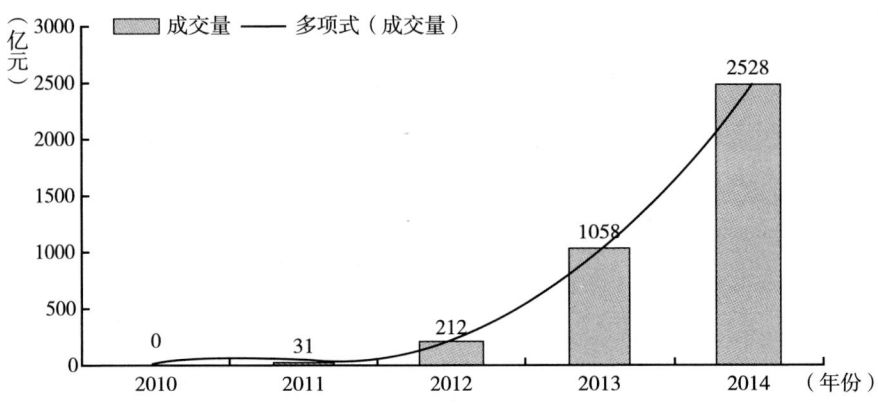

图 2　P2P网贷平台成交量统计

资料来源：《互联网金融投资白皮书》，清科研究中心，2014。

三　互联网金融发展的阶段分析

根据金融功能理论，金融机构和金融市场是金融功能内生发展的结果。

在经济发展的早期，人均收入和人均财富很低，金融功能的需求水平相对较低，金融机构与金融市场并不存在；但当经济发展到一定水平后，经济变得日益复杂，经济中的摩擦会促使对金融功能产生需求，市场参与者有动力通过支付一定的成本去构建金融机构和金融市场（Greenwood and Smith，1996）。互联网金融的发展过程，就是金融功能需求不断提高过程中金融体系内生演化的过程。

人民银行在《中国金融稳定报告（2014）》中将互联网金融的发展分为三个阶段。第一阶段是2005年以前，互联网金融主要体现为传统金融机构运用互联网技术作为技术支撑的"金融服务的互联网化"。第二个阶段是2005~2012年，以P2P网络借贷的出现和第三方支付牌照的发放为特征，互联网与金融的融合从技术领域向金融领域演进。第三个阶段是2013年以后，互联网金融呈现爆炸式发展。业务规模和行业边界不断扩张，互联网金融的"生态体系"逐渐形成。本部分将结合功能金融理论的分析框架，对互联网金融的三个发展阶段进行分析。

（一）第一阶段：金融服务的互联网化

互联网金融在中国最早的发展阶段以金融服务的互联网化为特征。传统金融中介利用互联网不受地域条件限制和信息处理的优势，为客户提供线上服务，实现传统金融服务的线上延伸。在此阶段，金融中介的互联网化取得了一定的成绩。1996年我国只有1家银行提供网上银行服务，到2002年已有27%的银行提供网上银行服务。而到2005年底，我国网上银行业务已达到72.6万亿元；其中企业用户发展为约74万户，交易额达到70万亿元；个人用户发展为3460万户，交易额已超过2万亿元[①]。

2000年后，我国宏观经济保持持续高速增长，居民和企业部门已经完成了初步的财富积累，对金融服务的需求开始上升。而传统的金融中介由

[①] 百度百科"网上银行"词条，http://baike.baidu.com/link?url=EGRSoY7N1HgKKtTx4Z0hKLcyDR4WGkfbBgr_u0aWepUpV-TfLohJ1twpCQFEYuqT74QGbVw-uROruLfxve4MmK#3。

于受到地理因素以及网点规模等限制，其提供的金融服务效率不能满足不断上升的金融服务需求。互联网由于不受地域条件限制以及在交易过程中具有信息处理优势，因此促进了传统金融中介与互联网的第一次融合，即金融服务的互联网化。在这一阶段中，金融系统的功能基本保持稳定，金融业处于平稳发展的分业经营格局，互联网金融的发展是以传统金融中介为主体的技术创新。互联网技术的引入并没有对金融体系的结构产生太大的影响，只是提供了技术支持，提升了金融体系执行各项基本功能的效率。

（二）第二阶段：互联网金融与传统金融中介的互补

第二阶段以2005年以后支付宝等第三方支付平台的发展以及P2P网络借贷的出现为标志。在这一阶段，网络借贷开始出现，第三方支付机构逐渐成熟。互联网金融开始实现金融体系的资产转换功能，并为其风险管理、信息中介等衍生功能的发展奠定了基础。

20世纪70年代末期，我国开始了从计划经济向市场经济的逐渐转型，同时金融体系也逐渐从计划金融向市场金融演进。但由于金融部门改革过程中存在较大的外部效应，其改革程度远远落后于实体经济部门，并且在此过程中出现了包括利率非市场化定价在内的一系列问题，使得国内的金融体系长时间处于一种金融抑制的状态。利率的非市场化定价导致利率体系不够完善，不能满足各个层次的金融需求。金融资产的供给与资产配置被抑制在较低水平，金融体系处于一种市场非出清的状态。在银行主导的金融结构下，由于存在信贷约束，商业银行更倾向于向大型国有企业提供资金贷款，而居民、中小企业等小微主体无法获得资金供给。

此外，由于受到国内外为应对金融危机而采取的非常规货币政策的冲击，国内金融体系的资产负债表大幅扩张，金融资产的供给大幅提升。同时，由于经济发展以及资产价格的上升，居民部门的财富大量增加，民间资本对投资功能的需求逐渐上升。但传统商业银行的存款利率较低，不能满足资本的投资回报要求。同时，大额存款、理财产品等存在产品期限长、起售金额大等限制，拉高了投资的参与成本，对民间资本的投资渠道产生了限制。金融资产的供给与需求存在错配。因此，市场参与主体对新的投融资渠道的需求十分强烈。

在这一阶段，互联网金融的发展开始出现一些新的特征。第三方支付平台和P2P网络借贷的出现，使得互联网金融在一定程度上对传统金融机构进行了补充，实现了金融体系功能的扩展。长期以来，国内金融市场的直接融资职能不完善，而以银行为代表的间接融资体系存在较高程度的金融抑制，金融体系的信用中介功能严重缺失，出现资本错配的现象。金融交易的产生是基于对信息的合理定价，这需要金融体系具备信息中介功能和风险管理功能，来减少交易过程中所产生的市场摩擦与信息不对称问题。在传统金融体系中，由于金融市场缺乏多层次的股权和债权融资工具，风险与收益无法在不同参与者之间实现分散和匹配，因而削弱了金融体系的资产配置功能。

互联网金融的发展，对传统银行的资产和信用配置功能进行了补充。互联网金融由于具有"长尾化"和"碎片化"的特征，能够对传统金融中介无法覆盖的"尾部客户"进行覆盖。互联网金融可将那些有融资需求，却因融资额较低或不具备相关融资资质，而被排斥在传统融资体系以外的客户纳入互联网金融体系，满足其对金融体系投融资功能的需求，实现全民共享的"普惠金融"。如果按照资产规模的大小对借款者的融资偏好进行分类可以发现，资产规模较大的企业更倾向于市场融资，而资产规模较小的借款者由于借款的交易成本与参与成本较高，更倾向于通过内源融资解决资金问题。互联网金融的发展使得中介融资的范围变广，表现为服务范围的"左扩"（见图3）。

在这一阶段中，互联网与金融的结合开始从技术领域深入金融业务领域。金融功能的广度不断扩展和延伸，交易参与者的规模和复杂程度以及金融消费者需求的满足程度都实现了提升。金融体系仍处于分业经营格局。互联网的介入开始对金融体系的结构产生一定影响，为传统金融中介无法覆盖的客户提供金融服务，提高了金融服务的可获得性。

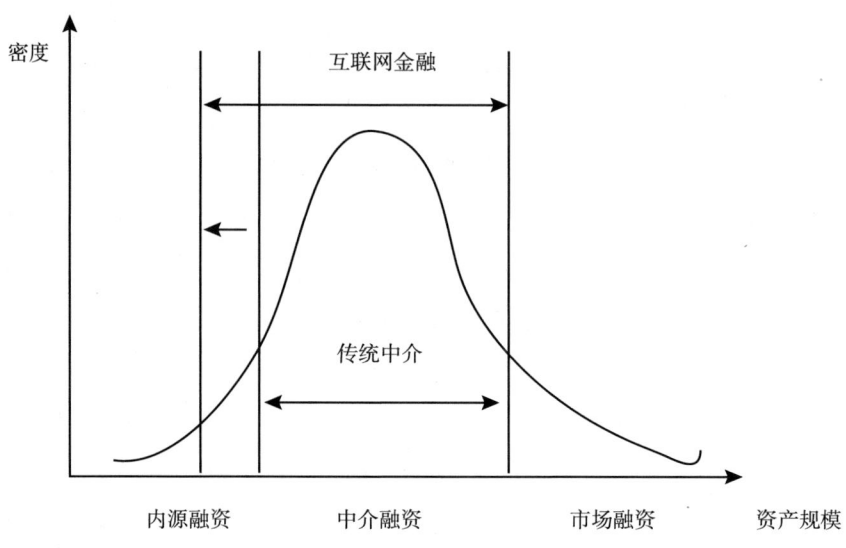

图3 金融功能广度的扩展

（三）第三阶段：互联网金融对传统金融中介的替代

在这一阶段中，互联网金融在拓展其金融功能的广度和深度的过程中，对传统金融机构产生了部分替代，并促使银行等传统金融中介开始以互联网为依托，对业务模式进行重组改造。

从P2P网贷平台的发展来看，虽然出现了部分平台破产、"跑路"的现象，对行业的发展造成了一定影响，但从整体来看，P2P网贷仍然呈现爆炸式的发展（见图4）。同时，以余额宝为代表的金融产品改变了传统金融体系中基金业的行业格局。在"宝宝类"产品的推动下，到2015年3月，全市场货币基金规模从2013年6月的3038.7亿元增长至2.13万亿元。

互联网金融在这一阶段的发展首先体现为对传统金融中介的替代。在传统融资模式下，资金供求双方存在信息不对称现象，需要通过金融中介进行交易，以提高融资成本为代价来降低信息不匹配所导致的风险。P2P网络贷款平台以及众筹融资模式的发展，使资金供求双方可以在互联网金融模式下通过网络贷款平台自行完成信息甄别、匹配、定价和交易，从而不再需要通

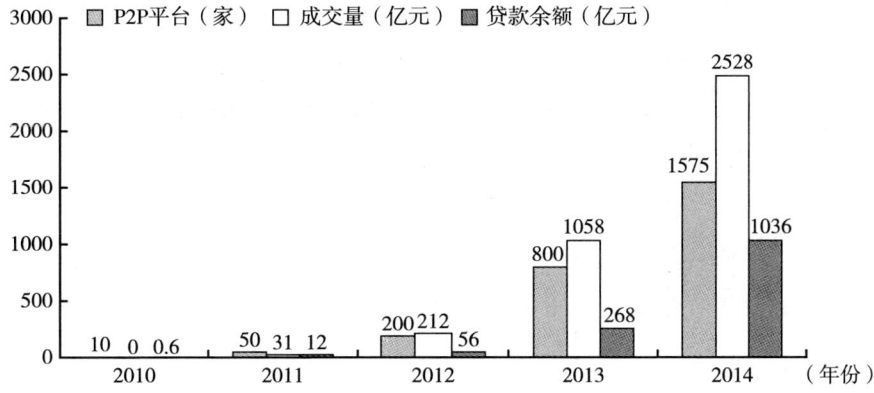

图 4 2010~2014 年 P2P 平台发展情况

资料来源：《互联网金融投资白皮书》，清科研究中心，2014。

过传统金融中介进行交易，这对传统金融中介资产负债表的资产端造成了一定冲击，体现出一定的"去中介化"作用。同时，以余额宝为代表的互联网理财产品对金融中介资产负债表的负债端造成了冲击，通过发挥资产配置功能，吸引存款流向收益更高的货币基金，加剧了"去中介化"。

互联网金融的快速发展促使银行等传统金融中介开始对其业务模式进行改造，实现"金融的互联网化"。首先，从信息中介功能来看，互联网金融的发展使得信息挖掘和传递的成本大大降低，因而拓展了金融机构的客户范围，将潜在客户转化为可以为之提供服务的客户，从而提高了可信性信息的产出。在这一过程中，传统金融中介不再将服务范围局限于大型企业等高净值客户，而涵盖了部分信用资质较好的小微客户。其次，在2008年金融危机以后，对银行等传统金融中介的监管更为严格，进一步限制了银行作为金融中介的资产配置效率。监管部门对传统的金融机构制定了详细的监管政策并严格监管，而对互联网金融机构的监管体系至今尚未建立，只是针对部分业务设定了一些法律法规予以规范。互联网金融创新的速度领先于金融监管的跟进速度，金融监管存在错配。相比于传统金融中介，互联网金融相对宽松的政策监管环境使得其存在制度红利，这也使得包括传统金融中介在内的金融机构有动力去发展互联网金融以进行套利。最后，金融中介的客户导向性质促使其向互联网金融领域发展。Scholtens 和 Wensveen（2000）提出，金融中介作为市场主体，是通过创造金融产品为其客户提供增加值从而获取收益的，因此具有顾客导向的性质。在互联网金融发展的过程中，唐海军（2009）的研究表明，在传统金融市场中，金融产品的高参与门槛限制了投资者的选择权，"尾部客户"的异质性需求无法得到满足。而随着这部分需求的释放，异质性的"尾部客户"占市场的比例会逐渐升高。客户消费习惯的变化要求为其提供金融服务的金融中介做出相应的改变来满足客户对金融服务的需求。

从金融功能的角度分析，互联网金融在这一阶段的发展有两个特征，一个是金融功能广度和深度上的演进，另一个是不同金融功能模块之间的融合。首先，P2P网贷平台的发展，以及众筹融资等互联网金融模式的出现，均属于金融功能在广度和深度上的演进。互联网金融进一步提高了金融体系中参与者的覆盖程度，并且通过降低交易成本与信息成本提高了金融功能的实现效率。同时，余额宝等产品的出现，体现了在互联网金融发展过程中，金融功能不断融合的趋势。以余额宝为代表的互联网理财产品，是将支付清算功能与资源配置功能相结合。从理论上看，在互联网金融快速发展的环境下，两种甚至多种金融功能的相互组合将会衍生出新的互联网金融产品形式，如互联网风险管理功能与资产配置功能相挂钩的信用衍生产品等。

（四）总结

通过对互联网金融的发展历程进行分析可以看出，通过金融功能内涵的扩展以及不同金融功能之间的融合，互联网金融实现了交易成本及信息不对称程度的降低。在互联网与金融的融合过程中，金融体系的结构不断发生变化。

从互联网金融的发展特征来看，在互联网金融发展的当前阶段，一方面，互联网企业与传统金融中介都在纷纷抢占互联网入口，另一方面，双方均在加快建设互联网金融平台，以期实现互联网金融生态闭环的建立，形成大型化、全功能的互联网金融体系。通过互联网金融生态闭环的建立和互联网入口的接入，在体系内为自身客户提供全方位的金融服务，以满足高度定制化的金融产品和服务需求。此外，体系内互联网金融平台的机构属性被弱化，更多地以功能模块的形式出现，通过金融功能不同模块之间的配合使用实现协同效应，从而进一步扩展金融体系的交易边界并降低交易成本，加快金融创新的扩散速度，推动金融体系进一步发展。从金融体系的动态发展过程来看，互联网金融的发展过程可以通过"金融创新螺旋"来解释。互联网金融由于自身具有网络效应，其产品具有大规模、标准化的特征，具有金融市场的性质。互联网金融中介通过将传统金融模式中的产品与服务与互联网技术相结合，在原有的产品基础上进行金融创新，扩张了市场的交易边界并推动交易量扩大。交易量的增加反过来使得交易活动的边际交易成本大幅降低，使得金融中介可以在此基础上进一步开发更多的新产品和交易策略，刺激交易量达到更高水平，从而形成互联网金融闭环内的"金融创新螺旋"（见图5）。互联网金融体系在金融功能上的不断演进，提高了市场的完整性，在增加交易量的同时，降低了市场的边际交易成本，推动着金融体系向谢平（2012）所描述的完全竞争的无金融中介状态演进。

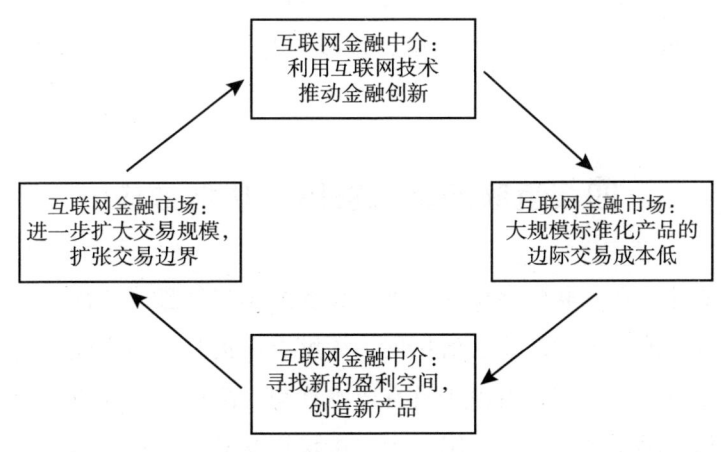

图5　互联网金融的"金融创新螺旋"

从互联网金融发展的外部环境来看，技术的进步和制度红利起到了主要的推动作用。关伟（2014）认为，中国互联网金融的发展速度如此之快，究其原因，其实是在改革过程中，市场的力量借助互联网金融这一工具，不断对传统金融业进行补充和替代，互联网金融的发展过程就是技术变革和制度变迁的结合。而随着互联网金融的不断发展，相关金融体系基础设施的不断完善以及互联网金融监管措施的不断跟进，制度红利会逐渐消失。互联网金融将步入"监管时代"，行业将实现从混乱的野蛮生长到有监管的规范化发展的转变。

2015年7月，人民银行等十部门发布了《关于促进互联网金融健康发展的指导意见》（以下简称《指导意见》），对互联网金融的发展做出规划，其中明确了客户资金第三方存管制度等监管要求。互联网金融在整个金融体系中的作用将更加明确，为证券小额快速发行提供"通道"，并利用互联网金融在信息处理等方面的优势助力金融体系的基础设施建设。《指导意见》更加明确了互联网金融今后的发展方向，也为监管措施的跟进奠定了基础。一方面，互联网金融将通过进一步的金融创新完善其金融功能，提高市场的完整性，进一步提高金融体系的运行效率，并通过"金融创新螺旋"推动互联网金融不断发展；另一方面，由于监管体系不断完善，互联网金融行业可能会加快进入"成熟期"的速度，市场边界的扩张速度和交易量的增长速度可能会放缓。

四 互联网金融发展的功能效应

如前所述，在互联网金融模式下，交易成本与信息成本都大大降低，这使得其基本功能实现的广度有所拓展，深度有所提升。在广度上，从金融服务的范围来看，互联网金融由于具有成本优势，降低了金融市场的人均进入成本，使得金融服务的受众范围变大，市场可交易边界扩张。在深度上，互联网金融通过降低金融活动中的交易成本与信息成本，提高了金融功能的实现效率，提高了金融市场的参与程度，促进了金融深化。互联网金融功能的演进对金融体系和经济增长产生了一定影响。因此,本部分结合经济学和金融学相关理论,对金融功能演进进行阐述,分析互联网金融的功能效应。

(一)互联网金融发展对价格发现机制的影响

互联网金融的发展对金融市场的价格发现机制造成了一定影响。互联网金融的一个重要功能就是利用其在信息流整合效率上的优势,推动竞争价格的形成(吴晓求,2014)。这种价格形成机制由于降低了市场中的信息不对称程度与交易成本,远比传统市场结构下的价格形成机制合理而透明。

互联网金融平台具有双边定价的特征,可以替代做市商,撮合资金供求双方直接竞价,推动竞争价格形成。Demsetz(1968)提出了交易成本对市场的影响机制。供给和需求在时间上的不一致使得市场需要一个做市商来对交易的双边指令进行匹配。交易的非即时性会使需求方提高报价以求能够进行交易,从而使得供给和需求曲线上移。交易达成的均衡点由 A 移至 B,这衡量的就是交易价格对均衡价格的偏离程度(见图6)。相比于传统金融中介,互联网金融机构的交易成本更低,资金匹配效率更高。根据 Watson 和 Stock(1988)的结构模型,资产价格可以下式来表示:

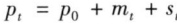

$$p_t = p_0 + m_t + s_t$$

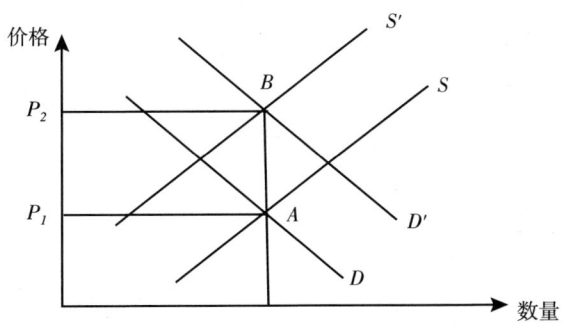

图6 时间不一致造成的价格偏离

资产价格同时受到3种因素的影响:资产有效价格 m_t、价格误差 s_t 以及常数 p_0。其中,资产有效价格 m_t 的变化是一个随机游走过程。常数 p_0 表示包括交易成本在内的市场价格与有效价格偏离的非随机部分，价格误差 s_t 表示市场价格对有效价格偏离的随机部分。互联网金融在信息中介功能上的效率提升，可以降低交易过程中的交易成本与信息不对称程度，分别降低常数 p_0 以及价格误差 s_t 对资产价格的影响，使其更接近有效价格。

此外，互联网金融从负债业务与资产业务两个方面推动了利率市场化的进程。在负债业务方面，互联网金融利用其信息优势，为用户提供更为有效的信息中介服务，使得互联网金融用户可以快速有效地获取关于金融产品收益与风险的信息。同时，互联网金融在负债端进行产品创新，在收益性上相对于银行存款具有优势。这就导致了银行存款的不断"脱媒"，拉高了银行的资金成本。戴国强（2014a）通过对以余额宝为代表的互联网金融工具进行分析，认为互联网金融的本质是活期存款的利率市场化，而活期存款利率先实现利率市场化会推动整体存款市场快速实现利率市场化。在贷款业务端，互联网金融对传统银行依赖资本市场信息不对称赚取利差收益的盈利模式产生冲击。P2P借贷平台通过公开发布信息而将资金价格公开化，消除了传统金融中介的信息优势。互联网金融产品通过缩小银行的存贷利差倒逼银行和监管当局调整利率决定机制，由此加速了利率市场化的进程。

（二）互联网金融发展对金融稳定的影响

互联网金融在发展过程中产生了新的风险，对金融体系的稳定造成一定冲击。首先，从互联网金融自身来看，互联网金融由于存在操作风险与流动性风险，具有内在脆弱性，可能带来新的经济风险。关于金融中介的内在脆弱性，Diamond 和 Dybvig（1983）认为，银行等金融中介机构的基本功能是将缺乏流动性的资产转化为流动性较强的债务。银行的负债和资产在时间和数量上存在错配，很有可能会因为受到流动性冲击而失去清偿能力，准备金无法支付同期的贷款损失，引发挤兑，从而造成金融体系的局部不稳定。而且由于存在信息不对称，银行挤兑可能扩展到整个银行业甚至整个金融体系，引发金融体系的崩溃。互联网金融降低了资源配置过程中供需关系的扭曲程度，在一定程度上增强了金融体系的稳定性。但同时，互联网金融由于存在操作风险与流动性风险,具有内在脆弱性,可能带来新的系统性风险。此外,互联网金融客户群体的"碎片化"和"长尾化",使得其所面临的资金需求方和供给方的不稳定因素更加复杂(许荣等,2014)。如果操作或流动性冲击引发投资者对互联网金融产品安全性的担忧,投资者会迅速将资金抽回,并可能将那些运营正常的平台也"拖下水",造成整个互联网金融行业的挤兑风潮。同时,互联网金融行业缺乏"最后贷款人"的保护,一旦出现较大规模的产品违约,就很可能会引发一系列连锁反应,从而对金融市场造成冲击。

其次,从互联网金融对传统金融中介的影响来看,互联网金融的发展,影响了传统金融中介的风险承担水平。戴国强(2014b)通过一个局部均衡模型,对经济体系中的贷款和供给进行了分析,得出互联网金融的发展会提高银行的风险承担水平的结论,并对影响渠道进行了分析。从负债端来看,互联网金融推高了银行的资本成本,降低了银行的盈利能力,因此增加了银行风险;从资产端来看,互联网金融间接推高了贷款利率,贷款申请者将选取风险更高的投资项目,增加了银行风险。此外,互联网金融推动了利率市场化的进程,对银行业的风险程度造成影响。根据利率市场化的国际经验,利率市场化会导致过度竞争,加剧银行业的过度竞争,银行更容易冒险经营。同时,利率波动幅度变大后,由于存贷款存在期限错配,流动性风险水平会进一步提高。现在存款保险制度刚刚开始运行,存款利率快速市场化,可能会导致银行破产潮的提前到来(戴国强,2014a)。

(三)互联网金融发展对传统金融中介的影响

现阶段互联网金融的发展对以银行为主体的传统金融中介造成了一定冲击,其实质是互联网金融在功能实现上对传统金融进行了补充与替代。互联网金融在资产转换等功能上,相比于传统金融中介存在效率提升,对传统金融中介理论的存在基础形成了有力挑战。下面从资产负债规模和成本收入构成两个方面,分析互联网金融对传统金融中介的影响。

互联网金融业务的创新引起了银行存款的转移,第三方支付平台演变成

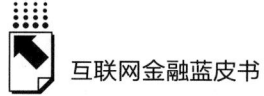

为新型银行中介机构,这就使得银行不得不效仿互联网金融企业推出类似的产品和服务。从本质上来看,互联网金融对传统银行业的冲击主要表现在使银行资金成本增加和存贷款利差缩小,倒逼银行提升资金管理和利用效率。

首先,互联网金融的发展对传统金融中介的资产负债规模造成了影响。从负债端来看,第一,互联网金融在资产转换功能上的效率优势使其在一定程度上取代了传统银行在金融业务往来过程中的资金中介职能。余额宝等互联网金融产品加快了存款的流失速度,将存款引向货币市场基金等收益率更高的投资工具,降低了银行的存款基数。2012年以来,人民币新增存款水平呈下降趋势,尤其是在2014年以后,这种下降趋势更为明显。第二,由于备付金制度的存在,支付中介功能的发展也对银行的负债端造成一定影响,体现为存款在不同银行间的重新分配。在第三方支付业务中,监管方要求备付金全额缴存至支付机构在备付金银行开立的备付金专用存款账户,并且第三方支付机构应当并且只能选择一家备付金存管银行①,这就使得存款能够在不同银行之间进行重新分配。从资产端来看,互联网金融作为一种替代性融资来源,对传统银行的贷款业务更多的是起到补充作用而非替代作用。基于前文对互联网金融比较优势的分析,相对于传统金融中介,互联网金融的参与门槛较低,可以为无法从银行获得融资的个体提供资金融通服务,因此在客户构成方面,互联网金融与传统金融机构更多的是一种互补关系,即互联网金融为商业银行无法覆盖的客户群体提供资产转换服务。

其次,互联网金融对传统金融模式中的成本收入构成造成了冲击。银行的盈利主要包括两部分,一部分是存款和贷款之间存在的利息差,另一部分是中间业务收入,相对应的成本即为吸收存款的利息成本与提供中间业务服务的成本。从净息差收入来看,互联网金融造成存款流失,银行吸储困难,不得不高息揽储,因而拉高了利息成本。同时,由于存在包括存贷比在内的

---

① 《非金融机构支付服务管理办法》,http://fuzhou.pbc.gov.cn/publish/fuzhou/3185/2011/20111220102506044919315/20111220102506044919315_.html。

监管指标，存款基数的下降导致可贷资金规模下降，从而降低了商业银行通过贷款获得的利息收入。从中间业务收入来看，互联网金融由于存在交易成本和信息成本优势，在中间业务的提供上具有竞争优势，挤占了传统金融中介中间业务的发展空间。瑞银证券估算，在极端情况下，由于存款成本提高和手续费收入的冲击，互联网金融的发展对银行业短期净利润的负面影响可能达到4%。①

（四）互联网金融发展对经济增长的影响

金融发展与经济增长之间的关系一直都是金融发展理论的核心问题。Levine 利用 77 个国家的数据，对金融发展与经济增长之间的关系进行了实证检验，证明了金融发展与经济增长存在显著的正相关关系。随着研究的不断深入，金融发展对经济发展的促进作用已经被越来越多的学者所认可。参照 Levine（1997）的研究思路，将金融部门加入内生经济增长模型，分析互联网金融发展对经济增长的影响。

假设一个只生产一种产品的封闭经济，资产（K）的折旧率为 δ，人口规模不变。假设储蓄（S）中有 φ 部分经由金融中介与金融市场转化为投资（I），而（$1-\varphi$）部分的储蓄被金融中介和金融市场所吸收，则该封闭经济可以用以下公式来刻画：

$$Y_t = AK_t$$
$$K_{t+1} = I_t - (1-\delta)K_t$$
$$\varphi S_t = I_t$$

解得经济增长速度（g）满足：

$$g_{t+1} = \frac{Y_{t+1}}{Y_t} - 1 = A\varphi s - \delta$$

由上式可以看出，经济增长速度主要受社会资本的边际生产率 A、储蓄

---

① 《瑞银证券：互联网金融对银行业的短期净利润负面影响或达 4%》，http://finance.ifeng.com/a/20140218/11687104_0.shtml。

率 s 和储蓄的转化效率 φ 的影响。下面分别对互联网金融发展对这三个系数的影响进行分析。

1. 更好地实现资本配置，提高社会资本边际生产率

首先，互联网金融能够更好地支持企业家的创新活动，从而促进技术进步、知识溢出及全要素生产率的提高。Rajan 和 Zingales（2003）指出，如果金融体系偏向于向具有创新精神的企业家提供融资，则有利于打破依靠资本或关系获得财富的社会格局。一个人能否在经济上取得成功将不再取决于其拥有的资本或"关系"，而主要取决于他的知识、技术以及工作成果。在传统金融中，这部分企业家往往由于缺乏相应的贷款资质而无法获得有效融资，不能获得足够的资金支持其业务发展，抑制了社会的技术进步与全要素生产率的提高。互联网金融利用其在数据处理和交易成本方面的优势，改进了资源的配置效率，使得资金可以流向这些优质项目，提高了资金的配置效率。其次，在以银行为主导的金融体系中，占主导地位的国有银行在进行信贷配给时，会偏向于与政府相关的企业或项目，不利于私人部门的发展，造成"国进民退"的现象。互联网金融带来的"鲇鱼效应"，改变了金融体系的竞争格局，降低了包括国有银行在内的传统金融中介的垄断水平，促进了利率市场化以及市场边界的扩展，通过改善市场运行机制促进了市场资源配置效率的提高。

2. 提高"储蓄－投资"的转化效率

首先，与传统金融中介相比，互联网金融具有交易成本与参与成本优势，具有更高的"储蓄－投资"转化效率。其次，互联网金融的发展弱化了传统金融部门的垄断，促进了金融行业配置效率的提升，降低了市场不完全所带来的制度性交易成本，提高了储蓄向投资的转化效率。最后，互联网金融具有"普惠金融"的特性，通过"金融宽化"降低了金融业的参与成本水平，使得更多具有创新思想的企业家可以获得融资（Kunt，2008）。这种社会资本配置效率的提高，对收入不平等起到了缓解作用。收入分配的改善有利于金融市场化和金融的稳定。随着财富分配的分散程度的提高，金融市场及分散的投资者会占据主导地位，从而提高金融体系的"储蓄－投资"

转化效率（Perotti 和 Thadden，2006）。

3. 部分取代了传统银行的中介职能，降低了储蓄率

互联网金融在资产转换功能上的效率优势使其在一定程度上取代了传统银行在金融业务往来过程中的资金中介职能，降低了储蓄率，这可能对经济增长速度造成一定的不利影响。

综上所述，互联网金融的发展提高了社会资本的边际生产率和储蓄的转化效率，提高了资源的配置效率，对经济增长起到了一定的促进作用。但由于部分取代了传统银行的中介职能，因此降低了储蓄率。不过，从储蓄结构来看，互联网金融对储蓄率的影响较低。总体来看，互联网金融的发展促进了经济增长速度的加快。

五 结论

随着互联网金融的发展步入"快车道"，其对金融体系和经济增长的影响已经开始显现。作为一种金融创新，随着互联网金融的传播、扩散，其金融功能不断实现和演进。相比于传统金融机构，互联网金融在各项功能的实现上都更加有效率，实现了"金融宽化"与"金融深化"。利用自身在交易成本、信息成本以及参与成本等方面的优势，互联网金融提高了金融体系的资源配置与信息生产效率。而随着金融功能的实现方式的改变，金融体系的结构不断变化，并通过各种功能效应，对金融体系的效率和经济增长产生影响。

依靠互联网及移动通信技术的不断发展，金融功能的内涵式拓展推动着金融体系不断发展，其最终目标是降低市场交易成本与信息不对称程度，从而扩大金融交易的交易规模和市场边界。从静态来看，互联网金融的发展过程就是互联网金融创新扩散的过程。随着互联网与金融的不断融合，其结合方式从技术领域不断深入金融业务领域。在金融服务的互联网化阶段，由于互联网金融创新的应用程度较低，金融体系的功能基本保持稳定，互联网技术的引入并没有对金融体系的结构产生太大的影响。随着金融创新的扩散水平不断提高，互联网金融对银行等传统金融中介主导下的金融体系的冲击越

越来越大，体现为对传统金融中介功能的补充与替代。从动态角度来看，在互联网金融创新的扩散过程中，互联网金融产品的标准化实现了，而这又将促进互联网金融的进一步创新和扩散，从而实现"互联网金融创新螺旋"。在这一螺旋推进的过程中，金融体系的交易范围不断扩大，同时其参与成本不断下降，运行效率也得到优化，促进了金融发展。

金融功能的内涵式发展，催生出金融体系的各种功能效应，在提高金融体系资源配置效率的同时，对经济产生了外部性。首先，互联网金融的发展对金融市场的微观结构产生影响。互联网金融机构通过降低金融交易中的交易成本与信息不对称程度，实现了做市商的作用，在资金供需双方中起到中介作用，推动竞争价格向均衡价格趋近。其次，互联网金融机构对传统金融机构的资本结构产生一定冲击，并对其盈利水平造成影响。再次，互联网金融机构的发展对金融体系的稳定性造成了冲击。一方面，互联网金融降低了金融体系的信息不对称程度，并且增加了金融体系的层次，提高了金融系统的稳定性；另一方面，互联网金融机构与传统金融中介一样具有内在脆弱性，一旦受到流动性冲击，就会对金融体系产生较大影响。最后，互联网金融的发展促进了经济增长。互联网金融由于具有"普惠金融"的性质，可以通过提高社会资本配置效率和储蓄向投资的转化效率，提高经济增长的效率。

从现阶段互联网金融的发展来看，其更多的是依靠技术进步与制度红利的推动，随着金融基础设施的不断完善与金融监管的不断跟进，互联网金融的制度红利将逐渐消失，互联网金融的扩散速度可能暂时放缓，互联网金融行业将步入自己的"成熟期"。但互联网技术与金融业的融合趋势并不会发生改变，制度创新的不断跟进将推动金融市场不断完善，促进互联网与金融进一步融合。

参考文献

［1］白钦先、谭庆华：《论金融功能演进与金融发展》，《金融研究》2006 年第 7

期。
- [2] 戴国强、方鹏飞:《利率市场化与银行风险——基于影子银行与互联网金融视角的研究》,《金融论坛》2014年第8期。
- [3] 戴国强、方鹏飞:《监管创新、利率市场化与互联网金融》,《现代经济探讨》2014年第7期。
- [4] 董琦:《中国金融中介功能完善的战略研究》,复旦大学博士学位论文,2008。
- [5] 关伟、蒋逸:《互联网金融的理论解释与中国现实》,《金融理论与实践》2014年第12期。
- [6] 江春、苏志伟:《金融发展如何促进经济增长——一个文献综述》,《金融研究》2013年第9期。
- [7] 李春燕、俞乔:《网络金融创新产品的市场扩散——针对银行卡产品的实证研究》,《金融研究》2006年第3期。
- [8] 李二亮:《互联网金融经济学解析——基于阿里巴巴的案例研究》,《中央财经大学学报》2015年第2期。
- [9] 李洪梅、王文博、姚遂:《基于金融功能观的互联网金融对中国金融发展的贡献研究》,《现代管理科学》2014年第5期。
- [10] 李鑫、徐唯燊:《对当前我国互联网金融若干问题的辨析》,《财经科学》2014年第9期。
- [11] 潘庄晨、邢博、范小云:《中国P2P网络借贷运作模式的比较研究》,《现代管理科学》2014年第7期。
- [12] 唐海军、李非:《长尾理论研究现状综述及展望》,《现代管理科学》2009年第3期。
- [13] 王爱俭:《金融创新在区域经济发展中的动力传递研究——基于系统控制、演化与滨海金融视角的分析》,《华北金融》2007年第12期。
- [14] 王燕:《非对称信息对资产价格的影响》,天津大学博士学位论文,2004。
- [15] 王国刚、张扬:《互联网金融之辨析》,《财贸经济》2015年第1期。
- [16] 谢平、邹传伟:《互联网金融模式研究》,《金融研究》2012年第12期。
- [17] 许荣、刘洋、文武健等:《互联网金融的潜在风险研究》,《金融监管研究》2014年第3期。
- [18] 袁志刚、吉馨、樊潇彦:《中国居民储蓄率真的过高吗?——事实与原因的综述》,《生产力研究》2010年第4期。
- [19] Allen, F., "Stock Markets and Resource Allocation," *Capital Markets & Financial Intermediation*, 1993.
- [20] Allen, F., Santomero, A. M., "The Theory of Financial Intermediation," Center for Financial Institutions Working Papers, 1997, 21 (97): 1461 – 1485.
- [21] Anderson, C., "The Long Tail: Why the Future of Business Is Selling Less of

More," *Journal of Product Innovation Management*, 2006, 24 (3): 274 - 276 (3).

[22] Bodie, Z., Merton, R. C., "The Design of Financial Systems: Towards a Synthesis of Function and Structure," *General Information*, 2005.

[23] Crane, D. B., "The Global Financial System: A Functional Perspective," *Journal of Finance*, 1995, 52 (2).

[24] Demirguc - Kunt, A., Beck, T., Honohan, P., "Finance for all: Policies and Pitfalls in Expanding Access," *Patrick Honohan*, 2008: 259 - 267.

[25] Demsetz, H., "The Cost of Transacting," *Quarterly Journal of Economics*, 1968, 82 (1): 33 - 53.

[26] Dybvig, D. W. Diamond, P. H., "Bank Runs, Deposit Insurance, And Liquidity," *Journal of Political Economy*, 2000, 91 (3): 401 - 419.

[27] Finnerty, J. D., "Financial Engineering in Corporate Finance: An Overview," *Journal of the Financial Management Association*, 1988, 17 (4): 14 - 33.

[28] Finnerty, J. D., "An Overview of Corporate Securities Innovation," *Journal of Applied Corporate Finance*, 1992, 4 (4): 23 - 39.

[29] Greenwood, J., Smith, B. D., "Financial Markets in Development, and the Development of Financial Markets," *Journal of Economic Dynamics & Control*, 1997, 21 (95): 145 - 181.

[30] Gurley, J. G., Shaw, E. S. 1960, *Money in a Theory of Finance*, Washington, DC: Brookings Institution.

[31] Katz, M., Shapiro, C., "Technology Adoption in the Presence of Network Externalities," *Journal of Political Economy*, 1986, 94 (4): 822 - 41.

[32] Laidler, D. Friedman and Schwartz, "On Monetary Trends: A Review Article," *Journal of International Money & Finance*, 1982, 1: 293 - 305.

[33] Levine, R., Loayz, N., Beck, T., "Financial Intermediation and Growth: Causality and Causes," *Journal of Monetary Economics*, 2000, 46: 31 - 77.

[34] Merton, R. C., "A Functional Perspective of Financial Intermediation," *General Information*, 1995, 24 (2): 23 - 41.

[35] Perotti, E., Thadden, E. L. V., "The Political Economy of Corporate Control," *Tinbergen Institute Discussion Papers*, 2005, 114 (1): 145 - 174.

[36] Rajan, R. G., Zingales, L., "Financial Dependence and Growth," *Crsp Working Papers*, 1996, 88 (3): 559 - 586.

[37] Scholtens, Wensveen., "A Critique on the Theory of Financial Intermediation," *Journal of Banking & Finance*, 2000, 24 (99): 1243 - 1251.

[38] Watson, J. H., Stock, M. W., "Testing for Common Trends," *Journal of the American Statistical Association*, 1988, 83 (404): 1097 - 1107.

B.8 中国互联网金融驱动模式研究

> **摘　要：** 近两年中国互联网金融各种商业模式的飞速发展引起了学术界和业界的广泛关注，互联网金融作为普惠金融的代表已经上升为国家战略的一部分。本报告概括了中国互联网金融当前的发展状况、商业模式和存在的风险，基于产业融合、新型金融中介以及金融深化的经济学理论分析框架探讨了中国互联网金融发展的驱动因素，从总体上分析了中国互联网金融的投融资状况，并且从产业组织理论的角度出发，采用市场结构—市场行为—市场绩效的分析框架（简称SCP分析框架）研究了驱动中国互联网金融投资的因素，最后给出了中国互联网金融未来的发展前景和政策建议。
>
> **关键词：** 互联网金融　驱动模式　SCP框架

一　中国互联网金融的发展现状、模式和风险

（一）互联网金融总体发展状况

互联网金融是一种新兴的金融模式，市场参与者通过大数据、云计算等先进的信息工具来完成融资过程和支付结算。互联网金融可以看作互联网行业和金融业的融合，是一个新兴的金融领域。从本质来看，互联网金融归根结底是金融。在互联网金融中，金融行业承载了互联网精神，互联网行业和金融行业进行了有机结合，形成了一系列创新型的金融模式。互联网金融的

具体模式有 P2P 平台、众筹、第三方支付、金融网销等。区别于银行、证券公司等传统金融机构，互联网金融业为交易双方提供了全新的渠道，极大地满足了交易者的融资需求，同时也提高了资金融通的效率，已经成为中国金融市场不可或缺的一部分。互联网金融能大大降低交易成本和分散金融风险，使中小微企业和个人从中获益。

截至 2014 年底，中国互联网金融的规模已经突破 10 万亿元，预计到 2015 年底，中国互联网金融的用户数量将接近 4.9 亿人次，同时网民渗透率也将逼近 72%。最新的调查研究报告指出，2015 年第一季度中国互联网金融第三方支付规模达到 9.22 万亿元，在所有互联网金融模式中独占鳌头。从其他互联网金融模式来看，基金销售的规模同样较大，金额超过 6000 亿元，而财富管理规模最小，仅有 100 亿元。网络借贷的规模共计 5000 亿元，P2P 借贷的金额达到 1000 亿元，而众筹融资的规模只有 100 亿元。从 P2P 市场和众筹市场的规模可以看出，中国的 P2P 市场和众筹市场仍处于发展的起步期。对于金融机构而言，其创新市场金额达到 2000 亿元，这一部分收益主要来源于金融机构的互联网金融平台。

研究报告显示，近 3 年中国互联网金融用户数量大幅度增加，2013 年用户数量为 3.24 亿人，网民的渗透率达到 52.26%。到了 2014 年，互联网金融用户数量增加至 4.12 亿，网民渗透率上升至 63.38%。按照这样的发展状况，报告预测 2015 年中国互联网金融用户数量将继续增加，接近 4.9 亿人，网民渗透率也将逼近 72%。①

2015 年第一季度，以银行为代表的传统金融机构加大了对互联网金融的投入，通过构建自己的互联网金融平台和开发新型理财产品，银行等传统金融机构紧跟中国互联网金融的步伐。P2P 网络借贷在 2015 年 3 月的成交量接近 500 亿元，当月 P2P 平台活跃人数达到 14 万人。据统计，在 2015 年 4 月，全国新成立的 P2P 网络借贷平台有 112 家，山东依然是新增 P2P 平台

---

① 以上数据来自《一季度互联网金融市场规模超 10 万亿》，http：//epaper.stcn.com/paper/zqsb/html/2015 - 05/07/content_ 686626. htm。

最多的地区，新增平台38家。

2015年5月18日，中国多个互联网金融企业联手，欲打造互联网金融领域的"双十一"。此次大规模的互联网金融理财节由网贷之家发起，参与者都是中国著名的P2P网贷平台，包括陆金所、人人贷、有利网等。通过这一网贷界的"双十一"活动以及多种形式的互动，提高互联网金融行业的整体公信力，让更多人了解互联网金融并参与进来，让互联网金融成为普通大众投资理财的有效渠道。

（二）主要互联网金融模式发展状况

1. P2P网络借贷

P2P网络借贷，是指通过第三方平台进行借贷双方的供求匹配，第三方平台帮助资金需求者寻找合适的贷款人，而资金提供者可以与其他贷款人一起分担信用风险。P2P网络借贷有两种运营模式，第一种是纯线上模式，其特点是资金借贷活动都通过线上进行，不进行线下的审核，第二种是线上线下相结合的模式，具体操作流程是，借款人在线上提交借款申请后，P2P平台通过代理商对借款人进行调查，以审核借款人的信用状况和还款能力与意愿。对于中国而言，目前P2P纯线上模式较少，多以线上线下结合的模式进行。目前P2P产业链已经基本成熟，征信是P2P网络借贷发展的基础。P2P平台由P2P贷款平台、第三方支付机构等构成；融资合作方由担保公司、小贷公司和信托机构等构成；流量合作方包括各类资讯门户流量入口；基础设施类公司包含P2P平台系统开发公司以及第三方征信平台等；监管层是国家监管机构如银监会。

P2P平台是中国互联网金融发展最快的领域。自从2007年拍拍贷成立以来，我国P2P平台在过去几年出现了爆发性的增长。到2014年底，我国P2P网络借贷平台的数量超过1500家。2014年全年的成交额突破3000亿元大关。在从业人员数量上，2014年P2P从业人员达到39万人，这些从业人员为200多万家企业提供融资服务，从而带动了6000多万人的就业。从成交额来看，目前国内共有59家P2P平台的成交额超过10亿元。从P2P平台的地区分布来看，我国目前P2P行业的发展非常不平衡，地区差异十分显著，具体表现为：东部沿海等投融资发达的地区拥有最多的 P2P 平台，其中广东、浙江和山东三省分列平台数量的前三位，而西藏则没有 P2P 平台。①

未来随着国家对 P2P 行业监管方案的正式出台，将会形成 P2P 行业自律组织，P2P 行业将逐步形成统一的标准，P2P 平台的发展也将更加科学和规范，地域分布上的不平衡也将有所缓解。

2. 第三方支付

第三方支付是指非金融机构作为金融中介，为收付款人提供网络支付结算等支付服务。第三方支付作为央行电子支付体系重要的组成部分，是实现资金流信息化的重要途径，能够有效地提升资金流动效率，并且降低资金流动的成本。

艾瑞咨询的数据显示，2014 年中国第三方支付市场全年的成交额达到 80767 亿元，比 2013 年的交易量增长了 50.3%。随着我国电子商务的不断发展，支付场景的不断丰富，以及金融创新的日益活跃，第三方支付机构的互联网支付交易规模显著扩大。从图 1 中可以看出，和 2010 年相比，2014 年第三方支付的金额大幅增长。

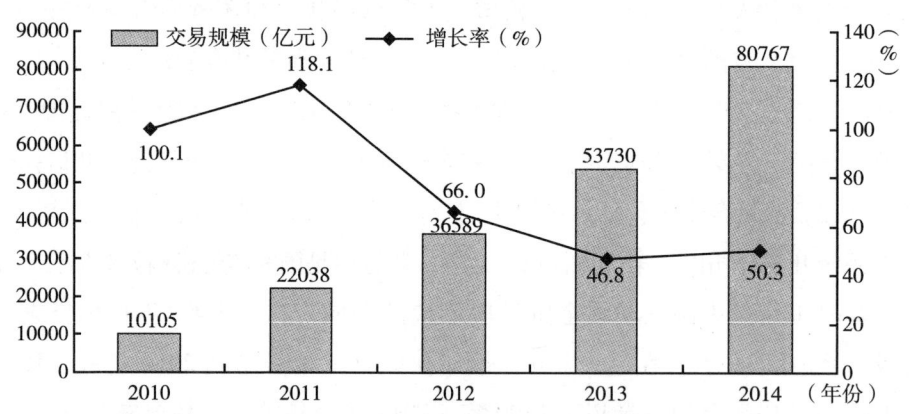

图 1 2010~2014 年中国第三方互联网支付交易规模

资料来源：清科研究中心。

---

① 以上数据来自《2015~2018 年中国互联网金融发展趋势研究报告》。

我国目前第三方支付市场呈现寡头垄断现象，根据市场占有率的数据，阿里巴巴的支付宝和腾讯的财付通在第三方支付市场占有率上具有绝对的优势，两者市场占有率之和接近70%，为第三方支付的两大巨头。未来第三方支付机构的演化将包含4个步骤：快捷支付、信用服务、数据营销以及综合服务。最终将形成以支付为基础的新型金融机构，提供综合类金融服务，如互联网银行。

3. 众筹

众筹是项目发起人通过互联网平台发布自己的产品和创意，借助众筹平台向社会公众寻找合意的投资人，并在规定的时间内完成项目发起者预先设定的目标，这是一种新型的互联网金融模式。目前，众筹融资主要有股权众筹、债权众筹、奖励众筹和公益众筹4种模式。中国股权众筹平台主要有天使汇、原始汇、大家投等；债权众筹平台尚未在我国真正出现；奖励众筹平台主要有京东众筹、淘宝众筹、众筹网等，奖励众筹是中国众筹行业发展最快的众筹模式；公益众筹主要以公益项目的形式分布在综合性权益类众筹平台中。

据统计，截至2014年底，我国奖励与股权类众筹平台的数量合计有116家，平台数量的增长率已经突破200%。与奖励类众筹平台相比较，股权类众筹平台的发展更为迅速，而从平台数量上分析，在2014年底，奖励类众筹平台数量达到69家。从众筹融资规模看，股权众筹平台的融资规模远远超过了奖励众筹平台。

根据私募通的统计，2014年中国奖励众筹市场共发生5997起融资，募集资金达到3.49亿元。在统计的9家奖励众筹网站中，京东、众筹网和淘宝的统计指标均居于前列。从募集项目数量上来看，众筹网以1964的项目个数占据首位，而京东众筹则在募集金额上独占鳌头，募集金额高达1.47亿元，项目个数为301，表现出较好的发展前景（见图2）。

随着奖励众筹平台的不断发展，各平台之间的竞争将会愈加激烈，奖励众筹未来的发展趋势将表现为：平台业务更加专业、投资主体更加多样和平台服务更加一体。

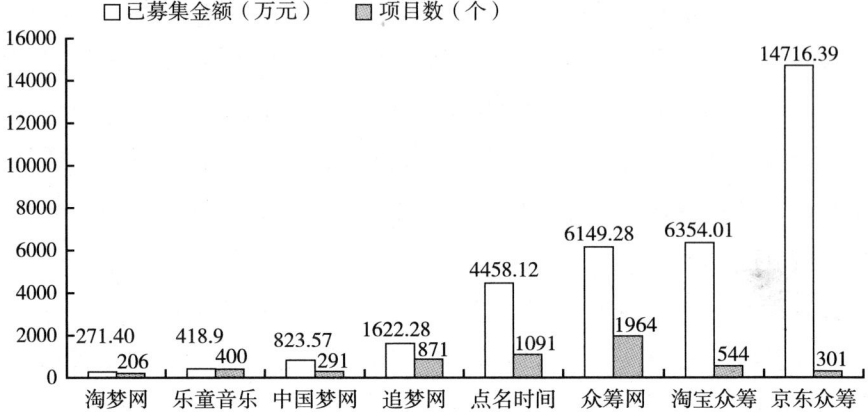

图2 2014年中国奖励类众筹市场份额

资料来源：私募通2015年4月统计数据。

（三）互联网金融的风险

1. 法律风险

目前中国的互联网金融行业由于监管的缺失门槛较低，同时缺乏行业标准。在这样的大环境下，一部分互联网金融产品在打"擦边球"，有可能会触碰法律的底线。同时，鉴于互联网金融的进入门槛较低且不存在统一的行业标准，中国互联网金融行业存在着较多的泡沫，一旦出现大幅度违约的情况，政府就难免会出台相应的监管政策或紧急叫停，从而阻碍互联网金融行业的发展。中国的信托业和证券业在发展初期都出现过混乱现象，互联网金融的发展应该吸取这些经验教训，不得越过法律的底线①。

2. 期限错配和流动性风险

互联网金融理财产品的投资资产和负债在到期期限方面有所区别，资产偏长期而负债则多为短期。资产和负债的期限不匹配可能给互联网金融企业带来与银行业类似的流动性风险。金融机构或多或少会面临不同程度的期限

---

① 《关于互联网金融你需要知道的8大风险》，http：//www. yanglee. com/news/newsdetail. aspx? NodeCode = 105022017002&id = 100004392552522。

错配，考察金融机构流动性管理的重要评价指标是错配的程度，我国现有互联网金融的支付功能都来源于货币基金的现金备付和互联网企业的垫资。因此，和银行系统类似，互联网金融行业也面临着较大的流动性风险，也有可能发生挤兑。一旦出现挤兑，互联网金融行业就可能给整个中国经济带来新的系统性风险，影响金融系统的稳定性（戴国强、方鹏飞，2014）。

3. 最后贷款人风险

作为传统金融机构的商业银行一直以来都面临着期限错配风险和流动性风险，但是由于中央银行具备最后贷款人功能，商业银行在面临挤兑破产危机的时候往往能够获得央行最后贷款人的支持。反观互联网金融行业，目前并没有建立类似最后贷款人的机制体制。在没有央行最后贷款人保证的情况下，如果互联网金融市场内爆发较大规模的产品违约，就很可能会引发一系列连锁反应，从而给金融市场带来系统性风险，投资人的利益无法得到有效的保护，2014年大量P2P平台负责人"跑路"就是典型的例子。

4. 技术风险

传统商业银行的通信网络具有很强的独立性与安全性，通常情况下不会发生重大的系统故障。然而，互联网金融企业与商业银行的通信系统结构全然不同，互联网企业的通信系统更为开放，并且其密钥与加密技术漏洞较大，互联网金融体系更容易遭受来自网络的攻击。2014年，我国几大著名P2P网贷平台都未能幸免，先后遭遇了网络黑客的安全攻击。同时，互联网金融企业的信息系统并不是依靠自己的技术开发的，多数来源为购买，其安全性和稳定性都大打折扣，需要投入大量的资源进行管理和建立防火墙。在具体业务操作过程中，计算机硬件系统和网络运行等环节都可能出现问题，严重影响数据的安全性、完整性以及保密性。综上所述，互联网金融行业面临着巨大的潜在安全风险与技术风险。

二 中国互联网金融发展的驱动因素

从全球范围来看，美国作为全球技术最发达的国家，率先将互联网技术融入金融行业，促成了电子金融的诞生，因此当前世界上各个国家主要的互联网金融模式都与美国电子金融的发展密不可分。回顾美国几十年的互联网金融演化过程，较为成熟的互联网金融产业链在20世纪90年代末就已经初步形成。虽然美国的互联网金融模式经过几十年的发展并没有真正地成为一种全新的金融形态，但是互联网金融对美国金融体系和金融机构产生的重要作用不容忽视，互联网金融因其金融的本质属性在很大程度上推动了美国金融市场的发展（王达，2014）。

就中国而言，从2013年以阿里巴巴为代表的互联网金融企业入驻传统金融行业开始，到2014年互联网金融首次进入政府工作报告，再到2015年互联网金融监管方案出台，短短的两三年时间之内，中国互联网金融的发展赶上了美国互联网金融几十年的发展。是什么因素驱动中国互联网金融井喷式的发展？中国互联网金融的兴起有哪些原因？这些问题引起了各方的关注，业界和学术界也在尝试从不同视角解析中国互联网金融发展的驱动因素。然而，目前国内的研究大多数尚未形成一个较为完整的理论框架，更多的研究集中于互联网金融的模式、发展动因等，并没有相关的经济学理论作为支撑，基于经济学理论分析框架的互联网金融研究十分匮乏。李二亮（2015）在现有经济学理论和研究的基础上，提出了一个基于产业融合理论、金融中介理论、金融创新理论和金融深化理论的研究框架，对中国互联网金融的经济学基础进行解析。他认为，在产业融合的背景下，金融服务的供应商不再局限于金融机构，互联网企业充当了新金融中介，开展了金融创新业务，成为金融创新的领导者，继而促进了中国的金融深化进程。基于这样的理论模型，他选取阿里巴巴互联网金融业务的发展对该框架进行了实证检验，研究结果表明该经济学研究框架能够较好地阐述中国互联网金融发展的内在逻辑，可以解释众多的经济现象，因此弥补了当下互联网金融研究理论模型的缺失。

本报告将借鉴李二亮（2015）提出的互联网金融经济学研究框架，来探讨中国互联网金融发展的驱动因素。本报告的理论框架是：制度因素和技术进步促成了互联网行业和金融行业的产业融合，互联网企业在产业融合中成为新型金融中介机构,解决了传统金融机构面临的高交易成本和信息不对称难题,并且推动了金融深化的进程,金融行业和互联网行业在金融深化中共同起到了催化剂的作用。最终,中国的互联网金融在这一系列催化剂的作用下应运而生,其本质仍然是金融。本报告采用的经济学分析框架如图3所示。

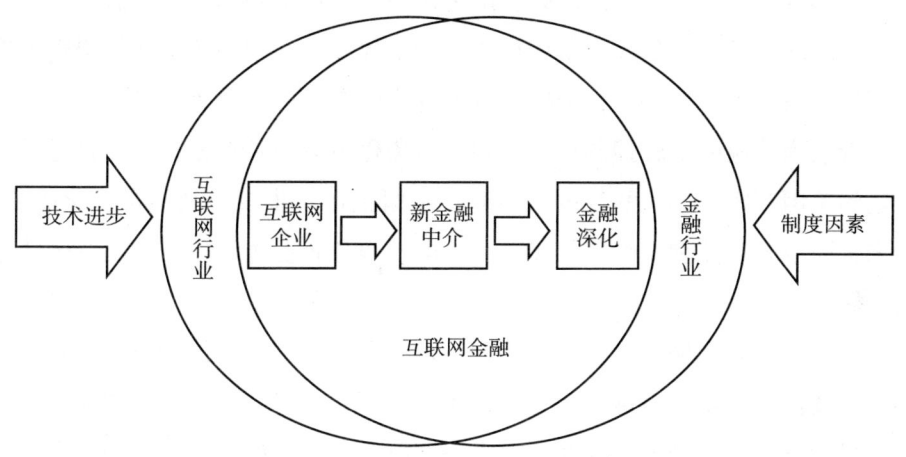

图3　互联网金融的经济学分析框架

资料来源:李二亮:《互联网金融经济学解析——基于阿里巴巴的案例研究》,《中央财经大学学报》2015年第2期。

(一)产业融合

产业融合是指不同的产业或处于同一产业内的不同行业之间发生作用,通过相互渗透、交叉与融合,最后生成一个全新产业的过程。互联网金融就是互联网产业和金融产业相融合的结果,这一过程表现为从技术的融合到产品的融合,再到市场的融合,最终形成新的互联网金融产业。在这一互联网金融产业融合路径中,制度因素和技术因素起到了决定性的作用。中国特殊的国情和制度决定了互联网金融可以在中国诞生,而根据产业融合理论,技术创新是产业融合的重要驱动因素,两者共同作用促成了互联网产业和金融产业的产业融合。产业融合后的互联网金融产业,其本质属性是金融。下面将从制度角度和技术角度进一步解析互联网金融产业融合的驱动因素。

1. 中国利率非市场化

中国与美国互联网金融发展状况的不同主要源自两国金融体系的巨大区别。在美国,银行体系呈现多层次的特征,其中既有全国性的大银行,也有大量地区性银行、社区银行和信用社。完善的社会信用体系和市场化的利率使得大部分金融需求能够通过高度市场化的价格水平和利率得到满足。

美国的金融体系是高度市场化的市场主导型,而中国的金融结构则表现出明显的银行主导的特征,金融业以国有或国有控股企业为主导,金融市场存在着较为普遍的金融抑制现象,利率市场化虽然一直在推进,但是远远没有达到美国利率市场化的程度。目前,中国正在逐步进行利率市场化改革,尚未全面放开存款利率管制,又适逢由电子商务企业主导的互联网金融的蓬勃发展(王达,2014)。商业银行更倾向于为大型国有企业提供资金贷款,导致中国大量的金融需求得不到满足。除此之外,我国征信体系尚不完善,金融市场信息严重不对称、不透明,相当一部分小微企业和个人的融资需求无法得到满足,金融市场存在着很大一部分空白。这些市场空白和无法满足的融资需求极大地促进了互联网与金融的产业融合。

利率非市场化毫无疑问推动了互联网金融的发展,而在中国利率市场化的大趋势下,互联网与金融产业的融合同时也推动了利率市场化的进程。刘博、吴贤斌(2014)指出,互联网金融集聚闲散资金的功能会令银行的负债结构发生变化,银行获取负债的成本提升,带来的直接后果就是存贷利差缩小。互联网金融提供的金融产品比传统的银行产品具有更高的收益率,因此受到了广大消费者的青睐,这就倒逼银行进行存款利率市场化改革。互联网与金融产业不断融合,利率市场化进程也在不断加速。互联网金融在负债、贷款等方面改变了以银行为代表的传统金融行业的定价模式,市场利率的确定也变得更加透明化、公开化,中国利率市场化进程因此加速(郎岩、赵明婷,2014)。

2. 政策和监管红利

互联网与金融产业融合的顺利推进,与政府的政策支持密不可分,2013年以来政府连续颁布了一系列促进中国互联网金融持续健康发展的文件。

2013年8月12日政府发布的《关于金融支持小微企业发展的实施意见》以及2013年11月12日通过的《中共中央关于全面深化改革若干重大问题的决定》都为中国互联网金融的发展奠定了政策基础。2014年3月5日，李克强总理在第十二届全国人大会议中指出，要促进和引导中国互联网金融的可持续发展，就需要建立、完善互联网金融监管体系与协调机制。这是多年来政府工作报告首次正式提出互联网金融的概念，这标志着我国政府鼓励和支持互联网金融健康发展的政策方针。2014年5月，人民银行对外发布了《2014年中国金融稳定报告》，该报告从互联网金融的基本情况、我国互联网金融发展的积极意义等5个方面全方位剖析了中国的互联网金融。[1] 从以上政府层面的大力支持与引导可以看出，互联网与金融产业融合的一个直接原因就是政府的支持。

除了政府政策上的支持，互联网与金融产业的融合还得益于政府宽松的互联网金融监管政策。从全球其他国家的经验来看，中国的互联网金融正处在发展的初级阶段。美国和欧盟等西方发达国家针对互联网金融这个全球金融大趋势，正在不断完善其国内的互联网金融监管措施，主要手段是在原有的金融监管基础上建立新的互联网金融法律法规。总体来看，各发达经济体对本国互联网金融发展所采取的态度都是较为宽松的。[2] 对于中国而言，提供余额宝、财付通、第三方支付以及众筹等互联网金融服务的机构都属于类金融机构。对于金融机构，监管部门有严格的法律法规和监管措施。然而对于发展日益迅猛的互联网金融，监管条例却迟迟没有出台。在互联网金融发展出的众多商业模式中，只有在第三方支付方面存在着一些法律法规。而对于其他形式的互联网金融模式，包括P2P网络贷款、众筹融资等，现有的法律及监管几乎都是一片空白，这就导致互联网企业利用创新技术进入传统金融行业的门槛极低。总体来看，政府的政策支持与对互联网金融监管的宽松态度共同促使了互联网与金融产业的融合，为互联网金融的诞生打下了制

---

[1] 《中国互联网金融爆发的三重因素》，http://www.newbillion.cn/jrsc/4068.html。
[2] 《欧美怎样监管互联网金融?》，http://finance.qq.com/a/20140412/007667.htm。

度基础。

3. 技术因素

2011年德国"工业4.0"的提出，2012年美国工业互联网的提出，以及计算机技术深度融合到现代工业中来，标志着第四次工业革命的开始（霍学文，2015）。互联网技术正在各个领域与传统工业相结合，传统工业也在借助新兴互联网技术焕发第二春，全球的互联网金融正是在这样的背景下，与这些新经济和新技术一同发展起来。整个金融创新的历史，就是不断地和先进科学技术相结合的历史。互联网技术的出现使金融行业和互联网行业具有天然的融合性，两个行业具有基本共同的技术基础（李二亮，2015），当金融业进入互联网时代，互联网金融也就应运而生。

互联网金融最初的起源是金融机构在开拓业务时借用了互联网等新兴的信息工具，将自身的业务模式和金融产品与互联网相结合，诞生了诸如网上银行、电子银行和手机银行等新模式。随着互联网经济的进一步发展，美国由于其在全世界技术创新方面的领先地位，率先将互联网技术运用于金融业，并且衍生出众多的互联网金融商业模式。在技术进步促进互联网金融发展方面，美国学者也做了大量的研究。Mishkin和Strahan（1999）探讨了技术进步，尤其是信息技术和通信网络的快速发展对美国金融市场的影响，他们研究发现，现代信息技术的发展和创新大幅度降低了交易成本，同时克服了美国金融市场上普遍存在的信息不对称问题。交易成本的降低和信息不对称问题的解决提升了美国金融市场的流动性，同时促进了金融衍生品市场的发展。Sato和Hawkins（2001）认为，通信网络技术的创新使得金融业不再受到地理区域的限制，使得商业银行能够通过并购等方式获得规模经济效应。

霍学文（2015）指出，技术是保证金融市场持续稳定和繁荣发展的主要推动力，如果没有创新技术的支持，金融业的发展创新将难以为继。他认为：信息技术的进步可以促进金融监管朝着数字化、信息化的方向发展；信息技术还可以提升整个市场的运营效率，降低金融企业的经营成本；信息技术拓展了金融服务和产品的内涵和边界，为金融创新提供了技术保障和支持。在互联网时代，通信方式和通信工具的不断创新升级以及大数据处理能力的提高，使得现阶段的支付体系不再完全依赖于传统的银行系统（谢平、邹传伟，2012）。以大数据、云计算、移动互联网和垂直搜索引擎四大技术创新为代表的互联网技术进步导致了互联网支付、移动支付等新兴互联网经济的出现，而互联网经济的飞速发展又促进了互联网行业与金融行业的融合，从而产生互联网金融的新业态。王达（2014）研究表明，根据美国互联网金融发展的经验以及中国互联网金融发展的实践，技术性因素催生并推动了互联网金融的出现和迅速发展。同时，互联网金融的发展又加快了技术进步和金融创新，两者呈现相辅相成的关系。其结果就是金融业态不断地推陈出新，金融市场日益深化，互联网行业与金融行业的融合顺利进行，而金融属性也成为互联网金融的本质属性。

（二）新型金融中介

改革开放以来中国经济经历了飞速发展，居民财富收入的大幅度增长带来了可投资资产的直线飙升。《2015中国大众富裕阶层财富白皮书》的数据表明，到2014年底，中国私人可投资资产总额增长迅速，已经达到106.2万亿元。

然而，与中国可投资资产飙升相对应的则是我国中小微企业融资难的问题。我国中小微企业在近年来同样得到快速的发展，为社会创造了大量的就业机会，同时吸纳了大量的劳动力，为社会经济的发展做出了重要的贡献。但是可以清晰地看到，制约我国中小微企业发展的一个重要因素就是融资贵、融资难的问题。政府一直致力于采取各种途径来降低中小微企业的融资成本，出台了很多鼓励中小微企业发展的政策方针，但是中小微企业融资贵、融资难问题依然存在。据统计，我国企业中大约90%都是中小微企业，这些数量众多的中小微企业创造了众多就业机会，我国约80%的就业岗位都是由中小微企业提供的。然而，中小微企业获得的贷款和融资数额非常有限，2014年中国中小微企业获得贷款的余额仅占全部企业贷款余额的30.4%，曾经申请过银行贷款的中小微企业仅占总数的30%。

互联网企业在互联网金融产业融合中开展一系列创新性业务活动，这就使得其成为新产业环境下的新型金融中介机构。这些新型金融中介机构与以银行为代表的传统金融机构相比，更能够满足中小微企业对资金的需求。互联网金融公司作为新型金融中介，具有信息、交易、服务和成本等方面的显著优势，能够有效地甄别市场上不同参与主体的声誉和信用水平，从而减少了互联网金融市场的逆向选择，降低了道德风险，从根本上解决了中小企业融资难、融资成本高的问题。以互联网金融为代表的新金融中介通过创新型金融产品推进利率市场化，从而倒逼传统金融机构改革，并且有针对性地为中小微企业提供资金支持，显著降低了中小微企业的融资成本（郑志来，2014）。

国内学者近年来研究了以互联网金融为代表的新金融中介解决中小微企业融资难的问题。赵岳、谭之博（2012）构建了一个基于信息经济学的理论分析框架，探讨了信贷配给产生的原因。他们的研究结果表明，新兴的电子商务平台能够调整企业的违约成本，自动甄别市场上的信息，进而解决金融市场信息不对称的问题。中小微企业融资难问题的解决关键在于降低信息不对称的程度，而基于云计算的大数据能够缓解传统金融机构面临的信息不对称问题，新型金融中介机构提供的大数据金融平台可以直接撮合资金供给者和需求者，交易不再需要通过传统金融中介机构来进行（郑志来，2014）。

霍兵和张延良（2015）引入了 Anderson（2004）首次提出的长尾理论来研究互联网金融市场。长尾理论的核心观点是，市场上大量异质化、零散化潜在需求的集合凭借其低廉的经常成本能够和主导市场相抗衡，这些需求和产品最终形成一个长尾市场，对企业来说该市场同样存在着巨大的利润空间。他们认为，信息不对称、交易成本、风险管控使得传统金融中介机构排斥中小企业和低收入人群，这些因素催生了互联网金融的长尾市场。传统的金融中介机构重点关注高端客户，倾向于采用"二八定律"，即认为占20%的高端客户为其提供了高达80%的利润来源；而以互联网金融为代表的新型金融中介机构则凭借其产品的数字化特征及网络化销售的特点，为另外80%的客户提供融资服务，即互联网金融的长尾。互联网金融公司凭借先进的互联网技术拓展了信息的传播渠道，降低了资金供求双方的成本，使得投融资需求能够无障碍地得到满足。综合以上因素，在考虑了长尾理论的互联网金融市场上，以互联网金融为代表的新型金融中介能够很好地为中小微企业融资提供服务，开拓了互联网金融长尾理论新的研究视角。

赵雅敬（2014）研究了P2P网络借贷缓解科技型中小微企业融资难的问题，其研究结果表明，P2P网络借贷对科技型中小微企业融资的促进效应主要体现在以下几个方面：解决市场信息不对称问题，降低企业参与门槛，拓展科技型中小微企业信贷额度，推动科技创新评价体系的建设。

（三）金融创新与金融深化

Tufano（1989）指出，金融中介与金融创新密不可分。他认为，金融中介是金融创新的主要施行者，对于金融中介机构来说，高度集中化的全能型银行体系的创新能力显著低于分工型银行体系，金融中介的规模直接关系到金融创新的进行。互联网金融的本质是金融，其创新属于金融创新的范畴。相对于银行等传统的金融中介机构，以互联网金融为代表的新金融中介在开展互联网金融业务时更具有创新精神与创新动力，在大部分时间里表现为创新的领导者，依托新兴互联网技术开拓了银行等传统金融机构过去无法开展的业务，在很大程度上推动了中国金融市场的完善。

与此同时，互联网金融所带来的金融创新冲击了中国现有的金融体系。中国的金融业从整体上来看呈现显著的垄断性，并且不同地区的垄断程度不一。互联网金融的创新业务带来了银行存款的"搬家"，同时第三方支付平台也逐渐演变成为新型银行中介机构，这就使得银行不得不效仿互联网金融企业推出类似的产品和服务。从本质上来看，互联网金融对传统银行业的冲击主要表现在使银行的资金成本增加和存贷款利差缩小，倒逼银行提升资金管理和利用的效率。就民营银行和小额贷款公司而言，互联网金融企业的创新性业务更大程度地促进了中国金融行业的竞争，从而提升了金融市场运行的效率。

互联网金融作为新金融中介为金融市场带来的金融创新促进了我国金融市场的金融深化。金融深化理论由麦金农提出，其具体要求有：放开利率管制，由市场决定利率水平；消除银行垄断，鼓励竞争；消除信贷配给，重视中小企业融资（曾康霖，1997）。在近两年中国金融市场改革过程中，民营银行和小额贷款公司的创立有助于打破国有银行垄断的局面，提高金融市场的竞争水平，同时在一定程度上遏制非法融资和地下钱庄的发展。然而，在中国利率没有彻底市场化的情况下，民营银行和小额贷款公司推进中国金融深化的作用显得十分有限。

以互联网金融为代表的新型金融中介引发的金融创新则极大地推动了中国的金融深化。互联网金融产品通过缩小银行的存贷利差倒逼银行和监管当局调整市场利率，由此加速了利率市场化进程。第三方支付机构的出现打破了银联在支付领域的垄断，第三方支付牌照的逐步发放更是促进了中国多层次资本市场的建设进程。再者，互联网金融公司凭借先进的互联网技术挖掘互联网金融的长尾市场，通过降低交易成本和缓解信息不对称在极大程度上解决了中小微企业融资难的问题。综上所述，互联网金融极大地促进了中国的金融深化进程。

（四）总体评价

本报告基于互联网金融的经济学研究框架，按照产业融合、新型金融中介以及金融深化的经济学模式探讨了中国互联网金融发展的驱动因素。在互联网与金融产业融合的进程中，制度因素和技术进步起到了重要的推动作用，打破了两个独立产业的产业边界，共同促进了产业融合的进程。在中国当前资金供求严重不匹配的情况下，互联网企业在产业融合的大趋势过程中成为和传统金融中介不同的新型金融中介机构，从而在一定程度上解决了传统金融机构面临的高交易成本和信息不对称的难题，极大地缓解了中小微企业的融资压力，为中国中小微企业的发展提供了资金支持。互联网金融所带来的金融创新改变了市场利率的决定机制，倒逼银行等金融机构进行改革，从而推动了中国利率市场化的进程，金融行业和互联网行业在金融深化过程中共同起到了催化剂的作用。最终，中国的互联网金融在以上因素的共同作用下应运而生。中国互联网金融目前仍处于发展的初期阶段，各项业务流程以及平台的建设并不完善，市场的进入门槛相对较低。未来随着互联网金融行业步入成长期以及成熟期，行业内的兼并整合是大势所趋，优质的互联网金融企业将占据市场主导地位，获得较多的市场份额。互联网金融也将进一步服务于实体经济，保证中小企业的生存和发展，同时对互联网金融的监管条例也将陆续出台，中国互联网金融将在行业自律和政府监管中规范化、持续化发展。

三 中国互联网金融投融资状况

2014年，中国互联网金融投融资市场持续火爆，全年一共有169起投融资案例，共有150家企业获得了资金支持，投融资市场的总体资金规模达到23.31亿美元。根据中申网（zcifc.com）监测的数据，在发生的所有案例中，超过一半的投融资案例没有披露融资金额。

从投资币种来看，2014年市场上以美元作为投融资货币的融资项目共计59起，共获得资金107154万美元。而以人民币作为投融资货币的融资项目共计融资95起，共获得资金781889万人民币。另外，有15起投融资项目没有投资币种的信息。

从投资项目地域分布来看，2014年北京获得了最多的融资金额，同时在北京发生的融资项目也最多。从近几年互联网金融投融资市场的地域分布可以看出，目前中国互联网金融市场的投资依然集中在经济发达的北京以及东部沿海地区，呈现明显的地区不对称性。这样的分布是因为各地出台的互联网金融政策有区别，积极推动互联网金融发展的政策显然吸引了大量对该地区互联网金融的投资。

从投资方来看，2014年互联网金融投融资市场共有131家投资者。其中，IDG投资数目最多，红杉资本投资数目位列第二，联想控股占据第三位，经纬中国排名第四。具体分析，IDG参与投资12起，占7.10%；红杉资本参与投资10起，占5.92%；联想控股参与投资9起，占5.33%；经纬中国参与投资7起，占4.14%。从被投资方来看，金融服务类企业获得了最

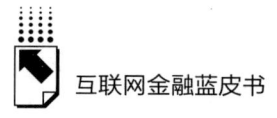

多的投资金额，P2P网贷类企业紧随其后，支付类企业获得的投资位列第三。

从投融资轮次来看，和2013年类似，2014年A轮融资占投融资市场的主导；天使融资案例数量排在第二位，随后是B轮、C轮、战略投资以及收购融资。另外还有2起投融资项目缺少信息，无法获知其融资轮次。[①]

从投融资轮次的金额来看，收购类案例涉及的金额最多，其次是A轮融资，战略投资融资的金额最少。

四 中国互联网金融投资的驱动因素

从产业的角度来看，Shahrokhi等学者认为互联网金融是继传统金融中介和资本市场之后的第三种金融模式。中国互联网金融的快速发展引发了对互联网金融领域的投资浪潮。谢平和尹龙（2001）认为，建立在信息革命基础上的网络经济在很大程度上影响了传统意义上的金融产业和金融理论。自互联网诞生以来，以移动支付、社交网络、搜索引擎和云计算等为代表的技术创新，将会改变人类的金融模式。随着互联网金融创新的推进，鉴于其本质属性依然是金融，可能会出现第三种金融融资模式。该模式既不同于以商业银行为代表的间接融资，也不同于以资本市场为代表的直接融资，可以把这种金融模式称为互联网金融模式（谢平、邹传伟，2012）。

SCP分析框架是产业组织理论中的重要研究模式，该理论按照市场结构、市场行为以及市场绩效的逻辑，构建了其市场研究框架。该理论可以用于研究产业内市场的组织结构、产业内市场各参与者的具体价值行为和产业最终的绩效，在产业经济学研究中应用非常广泛。SCP研究模式认为，市场结构在三者中起到了决定性的作用，整个市场的构架决定了市场主体的行为和市场最终的绩效。本报告将基于产业组织理论，运用产业组织理论中的SCP分析框架，从市场结构、市场行为和市场绩效3个方面来进行理论分析和经验检验，研究驱动中国互联网金融投资的因素。

---

① 以上资料来源于中申网《2014年中国互联网金融投融资报告》。

（一）市场结构

市场结构反映了市场中各参与主体之间的内在联系及普遍特征，具体而言有企业数量、市场份额、市场规模以及竞争关系等。市场结构可以通过市场集中度、市场进入退出壁垒、规模经济、成本结构、产品差异化等指标来衡量，本报告将通过市场集中度、市场进入壁垒和网络外部性与规模经济3个主要因素来分析中国互联网金融投资的驱动力。

1. 市场集中度

市场集中度是衡量某个行业的市场结构的重要指标，可以用来分析整个市场的集中程度。市场集中度指标在市场结构研究中尤为重要，通过对该指标的研究可以判断一个市场属于竞争型市场还是属于垄断型市场。测度一个市场集中度的主要指标有行业集中率（CR_n）和 H 指数等。

从 P2P 网络借贷来看，市场绝对集中度指标 CR_5 在 2014 年上半年呈现下降的趋势，从 2014 年第二季度开始回归上升趋势，在 2014 年第四季度重新达到 0.2，并在 2015 年继续上升（见图 4）。

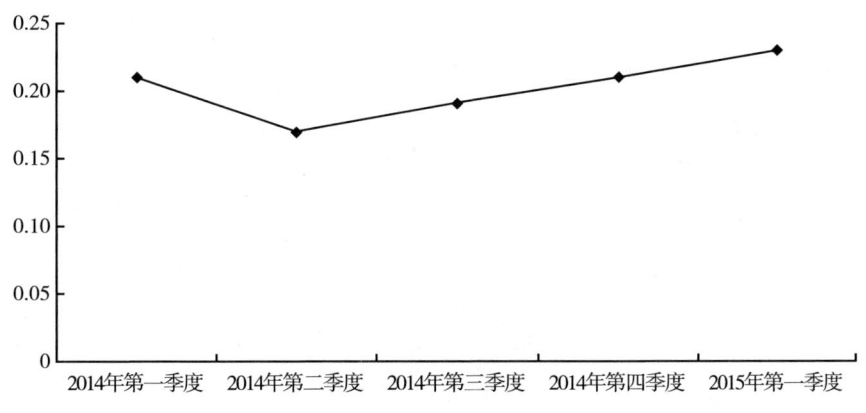

图 4　互联网金融市场 CR_5 走势

资料来源：《P2P 市场集中度分析》，百度文库。

图 5 描绘了中国 P2P 市场 H 指数的总体状况，从图 5 中可以看出，互联网金融市场的 H 指数走势基本与绝对集中度 CR_5 指数的走势吻合。2014 年第

一季度到2015年第一季度，P2P网络借贷成交量排前5位的企业的H指数为0.006~0.02。由于H指数远小于1，可以认为我国目前的P2P行业内企业的规模和市场份额差距不大。尽管从2014年第二季度开始，P2P行业的市场集中度开始稳步上升，但其H指数还比较低，最高值没有超过0.25，以上数据清晰地说明我国的P2P行业集中度不足，属于竞争型的市场结构。

通过以上对P2P市场集中度的分析，本报告认为目前中国的P2P行业处于发展的初级阶段，P2P市场上有众多的投资者与参与者，行业的进入门槛相对较低。随着竞争的加剧以及政府P2P监管条例的出台，P2P市场未来将会更规范地发展，不良贷款较多的P2P平台将被市场淘汰，由此中国P2P行业的集中度将会提高。①

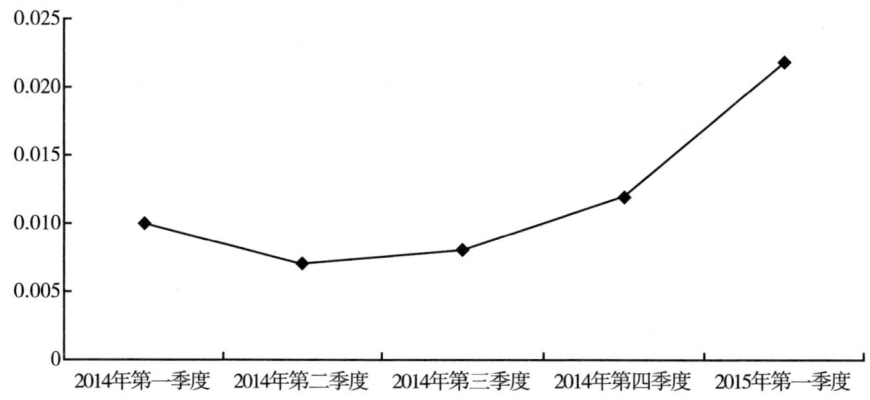

图5　互联网金融市场H指数走势

资料来源：《P2P市场集中度分析》，百度文库。

在第三方支付市场的市场占有率方面，调查数据表明，支付宝、财付通、中国银联在我国第三方支付市场上的占有率排前三名，其中支付宝的市场占有率最高，财付通紧随其后，二者的市场占有率之和接近整体市场份额的70%。以上数据表明，我国目前的第三方支付行业是寡头型行业。从电

---

① 《P2P市场集中度分析》，百度文库，http://wenku.baidu.com/view/0bfd5e3069dc5022aaea0082.html。

子商务行业来看，阿里旗下的天猫占据了市场份额的半壁江山，京东紧随其后，同样表现为寡头型行业。

2. 市场进入壁垒

进入壁垒（Barriers to Entry）是市场结构理论中的重要组成部分，具体而言是指行业的潜在进入者在与行业内现有企业竞争时可能会面临的不利条件。和其他传统行业一样，互联网金融行业作为一个新兴的产业同样存在着一定的市场进入壁垒，综合来看，当前中国互联网金融行业的进入壁垒可以概括为以下几方面。

（1）资质壁垒。任何互联网公司想要进入金融行业来分一杯羹都必须解决牌照资质的问题，作为新兴金融业态的互联网金融产业，政府对其的监管相对宽松。未来监管部门对于互联网金融行业资质的界定和行业牌照的发放将对整个互联网金融行业的发展起到重要作用，对申请牌照企业的审核将更加严格，新进入企业获取行业牌照的难度将加大，互联网金融行业的资质壁垒将越发显著。

（2）技术壁垒。技术对于互联网金融行业的重要性不言而喻，互联网金融的特性要求互联网金融公司建立信息安全预警机制，掌握风险控制技术，保证大数据平台的平稳运行。但是，我国互联网金融行业的技术依然有所欠缺，存在着大量的安全隐患，用户的信息安全无法得到保证。这就意味着只有具备最先进信息技术和运营管理模式的企业才能够长久地立足于这一领域，技术是互联网金融的必备要素。

（3）用户群体壁垒。以阿里巴巴为代表的互联网金融企业经过电子商务等领域多年的发展，积攒了大量的客户群体。这些用户已经成为阿里巴巴等互联网金融企业的核心客户，具有一定的黏性和忠诚度，新的互联网金融企业想要进入该市场挖掘这些用户群体十分困难，这些企业不得不去寻找新的客户，这就带来了运营成本的增加。因此，在当前的市场格局下，互联网金融行业存在着显著的用户群体壁垒。①

---

① 《从"五力模型"角度看互联网金融市场吸引力》，http：//zhidao. mingin. cn/2015/0430/28926. shtml？utm_ source = tuicool。

3. 网络外部性与规模经济

网络外部性概念的提出在新经济中具有重大的意义，Rohlfs 于 1974 年最早提出了这一概念。网络外部性表现为：某个消费者正在使用一种产品，随着该产品使用者数量的增加，该产品对消费者的价值也随之上升。网络外部性的正式定义由 Katz 和 Shapiro 于 1985 年提出：使用同一种产品或服务用户数量的变化导致所有用户从该产品服务中获取效用的变化程度。揭示了网络技术发展规律的梅特卡夫定律（Metcalfe's Law）更进一步地给出了网络价值与用户规模的关系，即网络的价值等于网络中存在的节点数的平方，网络的价值随着网络中用户数量的平方的增加而上升。该理论背后的逻辑是，网络只有当人们使用它的时候才具有价值，随着网络使用者数量的增加，网络的价值得到提高，从而能够吸引更多的人加入该网络，这一循环的最终结果就是网络的整体价值得到提高。互联网金融具有非常明显的网络外部性，通过社交网络能够迅速地进行传播，按照梅特卡夫定律的解释，使用互联网金融服务的人越多，每个使用者能够获得的效用水平就越高。

在互联网金融规模经济的研究方面，叶玉萍（2014）认为，互联网金融可以看成信息产品，因此，互联网金融的成本能够划分为两部分：较高的不变成本和较低的可变成本。在产品的研发初期，信息产品所需的固定成本较高，需要大量的人力、物力投入，但当产品研发完成后，产品生产的成本相对较低。不变成本由不可收回的沉没成本构成，同时单位产品的可变成本很低，因此信息产品的生产曲线表现为随着产量的增加，生产的平均成本逐渐降低。信息产品的边际成本在产品生产初期较高，随后迅速降低并趋近于零。从产品的成本曲线图可以发现，边际成本曲线一直低于平均成本曲线，因此网络经济能够实现边际报酬递增，互联网金融作为现代网络经济的一部分，同样具有规模经济的特征。互联网金融市场的需求是有限的，由于存在规模经济，互联网金融市场最后只能容纳少数几个大规模的厂商，市场集中度将会很高。可以使用规模障碍系数来研究规模经济和市场的垄断性，该系数用公式表示为：规模障碍系数 = 最小有效规模/市场总体规模。规模障碍系数的取值在 0 到 1 之间，该取值越接近于 1，表明市场出现垄断的可能性越大。由于互联网金融企业追求无限大的市场，规模障碍系数会无限趋近于1，这说明了互联网金融行业未来的垄断程度会很高。

通过以上对互联网金融市场结构中市场集中度、市场进入壁垒以及网络外部性与规模经济的分析可以看出，互联网金融市场仍处于产业发展的初期阶段，市场集中度不高，存在着一定的进入壁垒，同时互联网金融具有显著的网络外部性和规模经济效应，互联网金融市场未来可能会出现很高的市场集中度和很强的垄断性。互联网金融市场结构的特点决定了对互联网金融市场的投资主要集中于种子期和初创期，投资者希望被投资企业在互联网金融行业迈入行业成长期时能够获得较大的市场份额，以实现市场垄断优势和规模经济效应，借助互联网金融市场的进入壁垒和规模经济获得巨大的利润与投资回报。

（二）市场行为

市场行为是指基于市场上的供求关系和竞争状况企业所采取的策略，具体包括以控制和影响价格为基本特征的定价行为，以研究开发、形成产品差异、促销为基本内容的非价格行为以及以企业规模变动为基本特征的组织调整行为。本报告将从产品服务、营销渠道和企业创新的角度来分析中国互联网金融投资的驱动力。

1. 产品服务

传统金融机构由于受到政府监管要求的影响一向是以风险控制为核心目标，无论是 IT 系统的完善、发达程度还是对风险的控制都有很多规范与制约。而互联网金融秉承以开放和分享为核心的互联网精神，互联网金融产品有产品新、需求多、变化快、周期短等特点，并且把客户体验作为重要的评价指标（牛新庄，2015）。因此，对于互联网金融行业而言，产品服务的竞争是互联网金融行业最为基本和重要的竞争，也是其核心竞争力的体现。

我国互联网金融行业目前依然处于发展的初始阶段，市场机制和客户群体尚未成熟，从近几年涌现的大量"宝宝"类理财产品以及 P2P 网贷平台来看，其提供的产品和服务没有呈现明显的差异性，同质化较为严重。对于"宝宝"类理财产品而言，产品服务的竞争表现为产品收益率上的竞争，在刚性兑付的市场潜规则下，互联网金融理财产品的收益率越高，就越能够吸引广大投资者，但是支付高额投资回报的刚性兑付压力意味着互联网公司必须承担高风险。同时，互联网金融理财产品的高收益率难以为继，从余额宝等金融理财产品7日年化收益率曲线可以清晰地发现，"宝宝"类理财产品的收益率已经远远低于其刚推出时的水平，反映出整个市场竞争的日益激烈。随着中国互联网金融市场的持续发展以及资本市场的逐渐开放，互联网金融产品服务的竞争必然会由产品收益率的竞争转向产品差异化竞争、创新性产品竞争、服务质量竞争、改善用户体验竞争以及最为核心的品牌竞争，国外大型金融机构的实践已经证明，金融品牌是金融企业核心竞争力的重要组成部分，互联网金融产品与服务的竞争归根结底就是品牌的竞争。目前，阿里巴巴、腾讯、京东等互联网企业都已经推出了自己的互联网金融产品，塑造自己的品牌优势和竞争力。对于传统金融机构而言，2015年3月23日，中国工商银行打破了僵局，正式对外发布其互联网金融品牌"e-ICBC"，这也预示着中国的商业银行正式进军互联网金融市场，开始着手打造属于自己的互联网金融品牌。工行率先发力引起了"鲇鱼效应"，国内银行争相布局互联网，截至目前，五大国有商业行都已经意识到互联网金融重要的战略意义，未来传统银行业将加快产品创新并与互联网更加紧密地融合。

2. 营销渠道

按照金融市场营销、电子商务的相关定义，互联网金融营销可以概括为以互联网络为基础，利用数字化的信息来完成营销目标的一种新型互联网金融产品市场营销手段。广义上互联网金融营销的概念包括两个范畴：传统金融产品与服务的网络销售和新兴互联网金融产品服务的网络营销。同时，互联网金融产品服务的营销由线上和线下两方面构成。中国工商银行渠道管理部课题组（2014）认为，依托互联网企业线上接口和创意产品，互联网金融是金融业务由线下交易向线上交易转变的结果。从本质上来说，互联网金融是一种依托于新技术和新产品的渠道创新。

网络营销是互联网时代金融企业必须掌握的重要营销手段，在互联网出现之前，传统商业银行最主要的营销渠道是线下网点。随着移动通信网络的不断发展，金融行业不再像以前那样完全受制于地域、时间等因素，移动互联网的出现使得客户能够随时随地享受金融服务，也使得金融服务提供商获取了零散化、碎片化的利润。近年来以阿里巴巴为代表的电商平台和以微信为代表的社交网络飞速发展，P2P网络借贷、第三方支付等互联网金融模式相继出现，并迅速派生到互联网理财和金融网销等更广泛的金融领域之中，在短时间内迅速扩大了互联网金融的用户规模（中国工商银行渠道管理部课题组，2014）。

微信、微博、搜索引擎等社交网络的普及极大地推动了互联网金融市场网络营销工具的应用。互联网与金融完美结合的各大金融类门户网站，为金融企业在同质化竞争日益严重的金融市场上脱颖而出起到了至关重要的作用，有效地提升了客户的满意度，是互联网金融企业重要的营销平台，也是网上金融有效地应用渠道。调查研究显示，我国金融行业的传播渠道已经从传统的电视、平面媒介渠道向互联网领域转变，企业广告投入的变化也反映出这样的趋势，互联网金融企业在各大类型网站上的投入已经超过了其在传统媒介上的投入额，未来互联网金融营销渠道的创新将成为企业利润新的增长点[①]。

3. 企业创新

创新一直都是互联网金融产业持续快速发展的动力源泉。Arthur（1989）提出了边际收益递增的观点，边际收益递增指的是，在知识驱动型经济中，企业的产出随着知识与技术等要素投入的增加而增加，由此企业的收益表现为规模递增的趋势。互联网金融产业作为典型的技术驱动型产业，先进技术的拥有者将占据市场主导与垄断地位。由于互联网金融行业

---

① 芮晓武、刘烈宏主编《互联网金融蓝皮书：中国互联网金融发展报告（2014）》，社会科学文献出版社，2014。

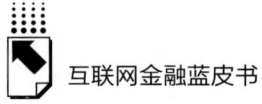

具有进入壁垒、自然垄断和规模经济等行业特征，互联网金融企业能够通过技术创新将市场竞争与市场垄断相结合，尤其是中国互联网金融目前处于发展初期，面对日益激烈的竞争和潜在进入者，互联网金融企业必须以技术创新为企业文化，形成自主创新的局面，应用最新知识和技术，开拓新的市场需求和用户，创新企业组织管理形式，这样才能够获取更多的市场份额。

我国当下的互联网金融产品总体而言包括三类：支付类金融产品、理财类金融产品以及融资类金融产品。在企业间产品差异不大、同质化较严重的情况下，想要占领市场制高点，互联网金融企业就必须高度重视商业模式以及产品服务方面的创新。在支付类产品方面，互联网金融企业应进一步创新其支付中介的平台和渠道，开发相应的创新型支付产品，确保支付交易的安全性和快捷性，使支付环节更加流畅与便利，改善支付用户的客户体验；在理财领域，互联网金融企业应根据细分客户群体的不同需求开发差异化的互联网金融理财产品；在融资领域，互联网金融企业需要从客户消费行为出发，有针对性地推出各种融资产品，包括线上产品和线下产品。①

综合以上对互联网金融市场行为的分析，当前互联网金融企业提供的产品和服务没有呈现明显的差异性，同质化较为严重。同时，互联网金融行业具有进入壁垒、规模经济和自然垄断等特点，决定了创新是该产业发展的动力源泉。对互联网金融的投资正是看中了未来互联网金融产品服务的差异化和品牌效应，投资者希望自己投资的企业能够借助技术创新实现边际收益递增，塑造自己的品牌优势和核心竞争力。此外，投资者也非常关注渠道创新方面的投资，不断开发新的互联网金融营销渠道。

（三）市场绩效

市场绩效反映了一个产业的运行成果，通过产业内企业的市场行为来实

---

① 《互联网金融企业应注重商业模式创新》，http://news.163.com/15/0130/09/AH6R4TQR00014AED.html。

现，市场绩效能够度量市场的整体运行效率，是一个重要的评价指标。衡量市场绩效的指标有利润率、勒纳指数等。金融交易和组织形式的变化和金融市场信息不对称程度的降低带来的是交易可能性集合的拓展，金融的去中介化可能会在交易可能性集合拓展到一定程度时得到实现（谢平，2015）。因此，本报告将从两个角度对互联网金融市场绩效进行分析，即互联网金融节约交易成本和降低金融市场信息不对称。

1. 节约交易成本

随着金融改革的不断进行以及利率市场化进程的推进，我国的金融行业日益完善，但是不容忽视的是，中国的金融行业依然存在着大量的问题，国内的企业、高校学者和政府一直致力于解决现有金融系统的问题，但是成效有限，中小微企业融资难、融资贵等问题还是普遍存在。导致这些问题的一个重要因素就是过高的交易成本带来市场交易行为的扭曲。和传统金融不同，互联网金融依托大数据、云计算和移动互联网等新兴技术创新，能够实现金融交易的去中心化，并且打破了传统金融体系内的信息不对称。在互联网金融模式下，交易中介的作用不像在传统金融模式下那样大，因此大幅度降低了金融交易的成本。互联网金融降低金融交易成本的作用具体表现在以下4个方面：新兴网络化的交易方式降低了传统金融行业的显性成本；大数据、云计算等创新性信息处理方式降低了金融行业的隐性成本；互联网金融带来的产品创新以及多元化的产品组合满足了各种客户群体的需求，因此降低了金融机构的客户开发成本；此外，互联网金融大大弱化了金融市场的垄断性，新技术、新产品、新市场和新客户能够不受限制地分享，整个金融市场的开放性大大增强。[1]

蔡洋萍（2014）认为，大力发展互联网金融可以显著降低普惠金融的交易成本。互联网金融能够提高支付结算的效率，优化金融资源的配置，从而降低了金融行业的成本，推动普惠金融目标的实现，并且正在消除我国金融市场发展的障碍。谢平和邹传伟（2012）研究发现，若交易双方所掌握

---

[1]《交易成本低是互联网金融的最大竞争力》，http://www.douban.com/note/392245878/。

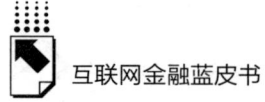

的信息近乎对称，同时市场上的交易成本极低，则互联网金融模式就能形成一个充分交易可能性的集合，该集合中的市场信息极其透明，同时拥有接近完全竞争的市场定价机制。这种资源配置方式最有效率，同时也使社会福利最大化，资金供需双方在金融市场上地位平等、机会公平。此外，整个市场接近福利经济学一般均衡理论中的无金融中介状态，市场的资源配置效率很高。

2. 降低信息不对称

金融的本质作用是资金融通中介，而信息不对称的存在催生了金融中介的诞生，同时抬高了市场上信息搜集的成本。信息不对称是金融业产生和发挥作用的基本条件，也正是信息不对称导致金融行业时常出现市场波动和周期性的危机。互联网、移动互联网技术的发展和互联网金融的诞生是一个良好的契机，传统金融业可以凭借互联网金融的东风重塑信用体系，提升自身的风险控制能力。金融业经营成本的降低、资源配置效率的提升得益于互联网金融所带来的信息公开化、透明化。①

在互联网金融的模式下，交易双方享有充分的信息，交易在公开、透明的环境下进行，定价机制也完全市场化，数字化的风险管理和信用评级体系提升了市场交易的效率。在当今的互联网金融时代，传统商业银行能够更加充分地发挥其信息中介的职能。互联网金融降低资金融通时信息不对称的作用具体表现为：交易双方不需要金融中介的参与即可直接交换资金、信用等信息；通过搜索引擎可以对信息进行组织和检索，可以增进交易双方的相互了解；互联网上的交易会留下交易信息与痕迹，这些信息和痕迹能够降低资金融通双方的道德风险，保证互联网金融发展的可持续性（章连标、杨小渊，2013）。在此模式下，支付十分便捷，市场上的信息处理和风险评估都通过网络化的方式进行，因此信息不对称的程度非常低，贷款、股票、债券等的发行和交易都可以直接通过互联网进行而不再依赖于传统金融机构

---

① 《互联网金融最大意义在于消除信息不对称》，http://www.99qh.com/s/news20141205082801060.shtml。

(谢平、邹传伟，2012）。

综上所述，新型互联网金融模式解决了传统金融面临的高交易成本和信息不对称问题，提高了风险定价和风险管理的效率，显著地提升了市场绩效和金融行业市场运行效率。市场上的投资者认为，互联网金融可以解决传统金融交易成本高的问题，能够通过搜集电商平台的数据量化放贷的依据，还可以缓解传统金融系统信息不对称的问题。投资者集中投资于金融服务类、P2P网贷类以及第三方支付类互联网金融企业，期望借助整体市场运行效率的提升获得投资回报。

（四）总体评价

本报告基于产业组织理论，运用产业组织理论中经典的SCP研究方法，从市场结构、市场行为和市场绩效3个层次对中国互联网金融市场进行了详细的理论阐述。研究结果发现，目前国内对互联网金融的投资主要集中于企业的种子期和初创期，投资者希望被投资企业能够借助资金的支持迅速壮大，实现市场垄断优势和规模经济效应。通过不断开发新的互联网金融营销渠道，投资者希望自己投资的企业具有差异化的产品与服务，能够借助技术创新实现边际收益递增，塑造自己企业的品牌优势和核心竞争力。市场上的投资者认为，互联网金融可以解决传统金融交易成本高的问题，能够通过搜集电商平台的数据量化放贷的依据，还可以缓解传统金融系统信息不对称的问题。投资者期望通过互联网金融业务的开拓显著提升金融市场绩效和市场运行效率，投资机构关注的是如何发展传统金融机构无法涉足的领域，从而为自己创造巨额的投资回报。未来随着互联网金融监管政策的陆续出台，互联网金融行业的发展趋势将日益明朗，优质企业将吸引大量机构投资者和个人的投资，行业资本集中度将进一步提高，这也预示着中国互联网金融投资将逐渐跨入资本时代。同时，备受关注的股权众筹管理办法的公布，将引导大量的社会资本进入新兴的股权众筹领域，互联网金融资本市场将持续火爆，互联网金融行业也将更加躁动。

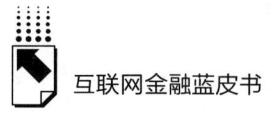

五 中国互联网金融发展前景和政策建议

（一）互联网金融发展的前景

金融是互联网金融的本质属性。互联网金融发源于欧美等发达经济体，但是在中国这样的发展中国家得到了迅猛的发展，纵观中国整个互联网金融的发展进程，有制度的因素，有技术进步的推动，也有货币需求和货币供给不匹配的影响。本报告基于一个产业融合、新型金融中介以及金融深化的经济学研究框架探讨了中国互联网金融发展的驱动因素。展望未来中国互联网金融的发展，将会呈现以下4个趋势：互联网金融行业的整合、自金融与微金融的出现、互联网金融为实体经济服务以及互联网金融将步入监管时代。

1. 互联网金融的行业整合

当前，中国互联网金融的发展存在显著的差异，未来随着监管政策的相继推出，P2P网络借贷将进入整合阶段，行业内竞争必然会加剧，龙头企业将通过兼并扩大自己的市场份额，这将导致互联网金融行业集中度的提升。此外，第三方支付企业未来的业务将更加多元化，并且逐步演化成综合型金融服务提供商，在传统的支付结算业务之外，第三方支付企业还会针对不同客户提供个性化的金融服务。通过拓展多元化的业务，资金周转效率也会提高。

2. 自金融与微金融的出现

2015年，互联网金融的自金融形态将逐步浮出水面，以微信为代表的自媒体凭借其强大的社交背景形成了自平台，而互联网金融则具有碎片化、零散化的特性，自媒体和互联网金融呈现很强的相关性和互补性，二者的结合是必然的趋势，未来可能会出现一个全新的金融形态，即自媒体、自平台与互联网金融结合而形成的自金融形态。此外，中国大量中小微企业的融资需求将催生微金融生态，新兴的微金融平台将致力于服务中小微企业和创业型企业，同时其业务模式也将持续创新。自金融与微金融体系的不断完善，将使中国的互联网金融行业迈入自时代和微时代。①

3. 互联网金融为实体经济服务

近几年随着全球经济的萎靡，中国经济的增速也不断放缓，政府不断下调 GDP 增速的预期，可见未来经济下行的压力依然较大。想要保持中国经济的高速发展，中小微企业必须发挥决定性的带头作用。互联网金融持续健康的发展有助于中国建设多层次的金融体系，金融市场的发展不能局限于自身，还必须为实体经济服务。中国未来的发展关键在于中小微企业，而中小微企业的融资需求在很大程度上将依赖互联网金融。银监会已经成立普惠金融工作部，专门引导和支持互联网金融的发展。未来随着互联网金融模式的不断创新，我国中小微企业融资难、融资贵等问题有望得到解决，这就要求互联网金融企业在发展创新的同时不忘真正地为实体经济提供融资服务。

4. 互联网金融将步入监管时代

互联网金融的不断发展伴随着监管政策的相继出台。2014 年 12 月 10 日，首份互联网金融领域的监管文件《互联网保险业务监管暂行办法（征求意见稿）》发布；12 月 18 日，有关股权众筹的文件《私募股权众筹融资管理办法（征求意见稿）》正式出台；2015 年 1 月，银监会成立普惠金融工作部，负责牵头推进银行业的普惠金融工作，同时管理时下备受关注的 P2P 网贷平台。种种迹象都表明，互联网金融行业将从混乱的野蛮生长转变为有监管的规范化发展，互联网金融行业监管将成为 2015 年行业发展的重要事件。与此同时，互联网金融自律组织也在逐步形成，互联网金融行业将在规范中不断发展。

（二）互联网金融发展的政策建议

合理有效的监管是中国互联网金融健康发展的必备条件。当前国内互联网金融监管的前瞻性研究较为匮乏，也不存在真正意义上的应急机制和监管

---

① 王斌：《2015 中国互联网金融十大趋势》，http://stock.sohu.com/20150104/n407500406.shtml。

体系。同时，鉴于金融是互联网金融的本质属性，互联网金融这个新兴产业和传统金融行业一样存在较大的风险，需要把合理有效地控制风险作为重中之重。总体而言，为了保证中国互联网金融的发展和活力，中国人民银行和有关部门将按照"鼓励创新、防范风险、趋利避害、健康发展"的总体方针进一步探索和完善中国互联网金融的监管政策。

参考文献

[1] 蔡洋萍：《互联网金融：以降低金融交易成本为目标的普惠金融实现模式》，《西部经济管理论坛》2014年第4期。

[2] 曾康霖：《金融深化论对金融经济学的发展》，《经济学家》1997年第4期。

[3] 戴国强、方鹏飞：《监管创新、利率市场化与互联网金融》，《现代经济讨论》2014年第7期。

[4] 胡滨主编《金融监管蓝皮书：中国金融监管报告（2015）》，社会科学文献出版社，2015。

[5] 霍兵、张延良：《互联网金融发展的驱动因素和策略——基于长尾理论视角》，《宏观经济研究》2015年第2期。

[6] 霍学文：《互联网金融的发展框架与哲学思考》，《银行家》2015年第4期。

[7] 郎岩、赵明婷：《互联网金融加速利率市场化进程》，《时代金融》2014年第7期。

[8] 李二亮：《互联网金融经济学解析——基于阿里巴巴的案例研究》，《中央财经大学学报》2015年第2期。

[9] 刘博、吴贤斌：《互联网金融与利率市场化的发展》，《区域金融研究》2014年第6期。

[10] 牛新庄：《对互联网金融产品创新的思考》，《银行家》2015年第3期。

[11] 清科研究中心：《2015年中国互联网金融行业投资研究报告》。

[12] 芮晓武、刘烈宏主编《互联网金融蓝皮书：中国互联网金融发展报告（2014）》，社会科学文献出版社，2014。

[13] 王达：《美国互联网金融的发展及其影响》，《世界经济研究》2014年第12期。

[14] 王达：《美国互联网金融的发展及中美互联网金融的比较——基于网络经济学视角的研究与思考》，《国际金融研究》2014年第12期。

[15] 谢平、尹龙：《网络经济下的金融理论与金融治理》，《经济研究》2001年第

4 期。
- [16] 谢平、邹传伟：《互联网金融模式研究》，《金融研究》2012 年第 12 期。
- [17] 叶玉萍：《网络外部性视角下的互联网金融内在机理及绩效分析》，《常州工学院学报》2014 年第 1 期。
- [18] 章连标、杨小渊：《互联网金融对我国商业银行的影响及应对策略研究》，《浙江金融》2013 年第 10 期。
- [19] 赵雅敬：《P2P 网络借贷缓解科技型中小企业融资难问题研究》，《经济研究参考》2014 年第 25 期。
- [20] 赵岳、谭之博：《电子商务、银行信贷与中小企业融资——一个基于信息经济学的理论模型》，《经济研究》2012 年第 7 期。
- [21] 郑联盛、刘亮、徐建军：《互联网金融的现状、模式与风险：基于美国经验的分析》，《金融市场研究》2014 年第 2 期。
- [22] 郑志来：《大数据背景下互联网金融对中小企业融资影响研究》，《西南金融》2014 年第 11 期。
- [23] 中国工商银行渠道管理部课题组：《互联网金融时代的跨行业渠道竞争》，《金融论坛》2014 年第 7 期。
- [24] 中国互联网金融行业协会：《2015～2018 年中国互联网金融发展趋势研究报告》。
- [25] 中申网：《2014 年中国互联网金融投融资报告》。
- [26] Allen, H. Hawkins, J. and Sato, S., "Electronic Trading and Its Implications for Financial Systems," BIS Papers Chapters with Number 07 – 04, November, 2001.
- [27] Anderson, C., "The Long Tail," *Wired Magazine*. October, 2004.
- [28] Arthur, W. B., "Competing Technologies, Increasing Returns, and Lock – in by Historical Events," *Economic Journal*, 1989, 97: 642 – 665.
- [29] Berger, A. N., "The Economic Effects of Technological Progress: Evidence from the Banking Industry," *Journal of Money, Credit, and Banking*, Volume 35, Number 2, March, 2003.
- [30] Manuchehr Shahrokhi, "E – finance: Status, Innovations, Resources and Future Challenges," *Managerial Finance*, 2008, 34 (6): 365 – 398.
- [31] Mishkin, F. S. & Strahan, P. E., "What will Technology Do to Financial Structure?" NBER Working Paper No. w6892, 1999.
- [32] Tufano, P., "Financial Innovation and First – Mover Advantages," *Journal of Financial Economics*, 1989, 25 (2): 213 – 240.

B.9
基于第三方支付视角的货币转移对中央银行货币政策的影响研究

摘　要： 以第三方支付为代表的互联网金融创新导致货币转移机制发生了根本性改变，进而对中央银行履行货币政策、维护金融稳定带来了重大影响。本报告分析了货币转移对货币政策影响的理论基础和对金融稳定的理论基础，同时探讨了货币转移对金融监管和金融监管效率影响的理论基础，最后从理论和现实两个角度，展望了互联网金融创新下建立起来的新货币转移机制对传统支付体系架构的影响。

关键词： 互联网金融　货币转移　货币政策　金融稳定　金融监管效率

货币转移是货币控制权从一方向另一方移交，也就是市场交易方在开展交易时通过某种支付系统和制度安排完成货币的转移支付。互联网金融发展推动了我国第三方支付机构和电子支付体系快速成长，对我国传统的以中央银行为主导的货币支付清算体系形成了挑战。更重要的是，随着互联网金融的发展，货币转移机制和转移方式等都发生了深刻变化，对中央银行货币政策的制定和实施都产生了深远的影响。

一　货币转移对货币政策影响的理论基础

（一）货币政策与货币转移的关系

货币政策是中央银行利用数量型或价格型货币政策工具调整货币供给的

一系列措施，其目的是调节整个经济活动，以达到当前经济目标。货币政策传导机制是制定政策到影响中介目标，再到影响宏观经济的传导途径和作用机理。货币传导机制是否通畅和高效，直接影响经济目标实现的程度和效果。货币理论认为，货币政策传导机制的环节有3个。商业银行体系是传统货币政策传导机制的核心，中央银行通过货币政策工具如再贴现率、法定准备金率和公开市场操作等作用于商业银行体系，并由商业银行体系通过信贷规模和贷款利率传递至实体经济部门，最后从非金融部门经济行为主体传递到社会各经济变量。

支付是货币的逻辑起点和根本属性，货币转移是货币支付的体现，是货币支付权的转移。货币转移体现在两个方面：一是货币工具，二是货币支付。因此，货币转移涉及的是货币转移支付过程中的载体和方式，而货币政策则以调节宏观经济、稳定货币环境和促进经济增长为使命，货币转移可视为金融基础设施，货币政策则是宏观经济政策，但两者发挥作用的关键载体都是货币，因而决定了二者之间的密切联系。货币转移对货币政策传导过程的各个环节产生不同程度的影响。首先，货币转移能够影响经济体中的货币层次结构和货币供应量，并能够改变货币流通速度和最终的货币需求，从而影响货币政策的实施效果（周光友，2007；盛松成和方轶强，2009）。其次，随着利率市场化的改革，货币转移将极大地制约"利率走廊"的形成，而"利率走廊"是货币政策发挥作用的重要工具（周金黄，2007）。最后，货币转移通过支付工具的创新和对货币供求关系的影响对货币供应量的可测性、可控性产生影响而且这种影响是持续的，会降低货币供应量作为中介目标的有效性（庞贞燕、王桓，2009）。

随着信息技术和网络经济的快速发展，互联网金融快速发展，电子支付的货币转移机制逐渐成为我国支付结算系统的主流。相较于传统纸质支付方式，新型货币转移机制具有操作简便、效率高和成本低的优点，颠覆了人们的支付方式和习惯，也对传统的货币银行理论提出了挑战（王鲁滨，1999；荆林波和刘波，2008）。货币转移的发展和创新大大地冲击了人们对金融资产的需求模式，并改变了货币的供给结构、规模、货币乘数以及货币流通速度（周光友，2006；肖崎，2009；樊玉红，2010），这些改变进而会影响央行货币政策的制定实施和有效运行（见图1）。

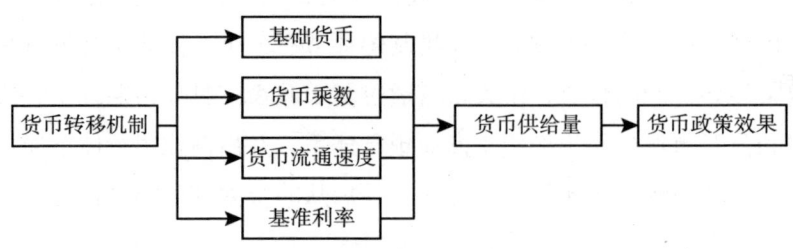

图1 货币转移影响货币政策的理论机制

（二）货币转移对货币供给的影响

根据货币理论，货币供应量是基础货币和货币乘数的函数。假设 M 为货币总量，B 为基础货币量，m 为货币乘数，则货币供应量公式为：$M = B \times m$。其中，基础货币包括流通中的通货和银行准备金总额，中央银行可以直接或间接调节基础货币量，因而基础货币是外生变量。而中央银行难以调节和控制货币乘数，因而货币乘数是内生变量。电子货币和电子支付等新型货币转移的创新和发展，一方面颠覆了人们的持币动机和支付习惯，另一方面给中央银行控制基础货币的能力和把握货币乘数的内生性增加了难度，从而给传统的货币金融理论带来了极大的挑战。

1. 货币转移机制对基础货币的影响

凯恩斯的流动性偏好理论认为，人们持有货币的动机有交易性货币需求、预防性货币需求和投机性货币需求，而电子货币在这3个方面具有明显的现金替代效应。首先，通过电子货币指令和依托电子支付平台，电子货币的高流动性可以使客户迅速实现不同实物资产和金融资产之间的相互转化，因而可以满足人们的交易性货币需求；其次，电子货币不再拘泥于一种形式，其创新性使得多种形式的存在成为可能，而且不同形式的电子货币具有不同的收益特性，从而可以降低人们预防性的货币需求量，如电子货币形式之一的信用卡具有预付和超前消费的功能，可以明显满足人们的预防性货币需求；最后，电子货币的高流动性和低交易成本特性，使其可以代替现金在生息资产间迅速转化，从而满足人们的投机性货币需求。

电子货币使得相应价值的现金流通量降低，并表现在中央银行的资产负债表上。同时，电子货币的现金替代效应会在一定程度上提高商业银行的活定期存款之比，并表现为商业银行在央行的法定准备金率提高。由此可知，电子货币的现金替代效应并没有改变基础货币总量，而是对基础货币的结构产生了一定的影响。另外，一些电子货币具有信用创造功能，如信用卡。商业银行发行具有一定信用额度的信用卡，消费者可以利用信用卡提前消费自己的信用，而这部分信用额度并未计入银行存款条目，而是作为银行或有资产业务的一部分，并且这部分信用不需要用等值的资产进行担保，因而也不受法定准备金率的约束。一旦消费者利用信用卡完成消费支出，就完成了信用创造存款的过程，消费金额会在一定程度上转变为基础货币。

2. 货币转移机制对货币乘数的影响

要分析电子货币和电子支付等新型货币转移机制对货币乘数的影响，需要剖析基础货币、存款准备金和货币供给量之间的逻辑和理论关系。中央银行的货币供给量 M_s，由银行体系外的现金量 C 和银行体系内的活期存款量 D 两部分组成，即：

$$M_s = C + D \tag{1}$$

基础货币 B，由商业银行所缴纳的存款准备金 R 和银行体系外的现金量 C 两部分组成，即：

$$B = R + C \tag{2}$$

因此，货币乘数 m 为：

$$m = \frac{M_s}{B} = \frac{C+D}{R+C} = \frac{\frac{C}{D}+1}{\frac{R}{D}+\frac{C}{D}} \tag{3}$$

其中，C/D 称为通货比率（现金/存款比率），记为 k，R/D 为准备金率，记为 r_d，则：

$$m = \frac{1+k}{k+r_d} \qquad (4)$$

式（4）表示的货币乘数是假设经济系统中仅包括银行体系外流通的现金和银行体系内的活期存款。但现实情况下，受较高存款收益和预防性需求的影响，人们会将部分货币以定期存款的形式存入商业银行，而定期存款也在法定准备金的征收范围内。假设银行体系内的定期存款量为 T，定期、活期存款的比值为 t（$t = T/D$），活期存款的准备金额和准备金率分别为 R_d 和 r_d，定期存款的准备金额和准备金率分别为 R_t 和 r_t，可推算定期存款准备金额 $R_t = T \times r_t = t \times D \times r_t$，总准备金额为活期和定期存款准备金额之和，即 $R = R_d + R_t$。根据我国货币层次的概念可知，狭义的货币包括流通中的现金和银行活期存款两部分，即 $M1 = C + D$，广义的货币包括狭义货币和定期存款，即 $M2 = C + D + T$。除此之外，为防范流动性风险，商业银行会额外持有一部分现金，被称为超额准备金，假设超额准备金额和超额准备金率分别为 R_ε 和 r_ε，可推算 $r_\varepsilon = R_\varepsilon/D$。那么，在考虑经济系统中的定期存款和超额准备金时，狭义货币供给量 $M1$ 的货币乘数 m_1 和广义货币供给量 $M2$ 的货币乘数 m_2 分别为：

$$m_1 = \frac{M_1}{B} = \frac{C+D}{C+R_d+R_t+R_\varepsilon} = \frac{C/D + D/D}{C/D + R_d/D + t \times r_t/D + R_\varepsilon/D}$$
$$= \frac{1+k}{k + r_d + t \times r_t + r_\varepsilon} \qquad (5)$$

$$m_2 = \frac{M_2}{B} = \frac{C+D+T}{C+R_d+R_t+R_\varepsilon} = \frac{C/D + D/D + T/D}{C/D + R_d/D + t \times r_t/D + R_\varepsilon D}$$
$$= \frac{1+k+t}{k + r_d + t \times r_t + r_\varepsilon} \qquad (6)$$

根据式（5）和式（6）可以看出，影响货币乘数的变量包括通货比率 k、活期存款准备金率 r_d、定期存款准备金率 r_t、超额准备金率 r_ε，以及定期、活期存款比 t。

（1）货币转移机制能够改变通货比率。关于通货比率 k 对 m_1 和 m_2 的影响，在假定 t、r_d、r_ε 和 r_t 不变的情况下，对式（5）和式（6）分别对 k 求偏导可得：

$$\frac{\partial m_1}{\partial k} = \frac{(k + r_d + r \times r_t + r_\varepsilon) - (1 + k)}{(k + r_d + t \times r_t + r_\varepsilon)^2} = \frac{r_d + t \times r_t + r_\varepsilon - 1}{(r_d + t \times r_t + r_\varepsilon)^2} \tag{7}$$

$$\frac{\partial m_2}{\partial k} = \frac{(k + r_d + t \times r_t + r_\varepsilon) - (1 + k + t)}{(k + r_d + t \times r_t + r_\varepsilon)^2} = \frac{r_d + t \times r_t + r_\varepsilon - 1 - t}{(r_d + t \times r_t + r_\varepsilon)^2} \tag{8}$$

根据历史经验数据，大多数年份我国法定准备金率小于20%，即 r_d 和 r_t 小于 0.2；超额准备金率 r_ε 一般小于 0.1①；定期、活期存款比 t 一般介于 2 和 3 之间②，即 $t \times r_t < 0.6$。由此可知，$\frac{\partial m_1}{\partial k} < 0$，$\frac{\partial m_2}{\partial k} < 0$，表明狭义货币乘数函数 m_1 和广义货币乘数函数 m_2 与通货比率 k 呈负相关关系，流通中的现金越多，存款就越少，则 k 就越大，货币乘数就越小，商业银行的货币创造能力就越弱。在新型货币转移背景下，电子货币和电子支付的现金替代效应在一定程度上缩减了经济系统中的现金流通量，降低了通货比率，从而增大了货币乘数，进而增加了经济系统的货币供给量。

（2）货币转移机制会改变法定准备金率和超额准备金率。人们对电子货币和电子支付等新型货币转移方式普遍接受和使用，货币支付权转移的形式越来越表现为银行内和银行间电子资金的转移，而电子资金的转账系统能够实时、快速地弥补资金缺口，降低流动性不足的风险，使得央行调整法定准备金率的货币政策工具在一定程度上失效，央行继续提高准备金率来维护商业银行流动性的动机就会减弱。因此，法定准备金率也会随着电子支付和电子转账的推广而趋于降低，由式（5）和式（6）可知，法定准备金率 r_t 和 r_d 降低，则货币乘数增大。另外，电子支付的快速转账功能使得商业银行储备较少的超额准备金即可预防流动性不足的风险，从而降低了商业银行对超额准备金率的需求，解放出来的资金可以投资收益率较高的金融产品。

---

① 朱芳、李俊：《我国金融机构超额准备金率变动分析》，《暨南学报》（哲学社会科学版）2009 年第 3 期。
② 资料来源于中国人民银行的《货币政策执行报告》。

因此，新型货币转移从交易性需求和预防性需求两个方面降低了法定准备金率和超额准备金率，从而在一定程度上增大了货币乘数。

（3）货币转移机制会改变定期、活期存款比。通过对式（5）和式（6）分别对 t 求偏导可得：

$$\frac{\partial m_1}{\partial t} = \frac{-(1+k)r_t}{(k+r_d+t\times r_t+r_\varepsilon)^2} \quad (9)$$

$$\frac{\partial m_2}{\partial t} = \frac{k(1-r_t)+(r_d-r_t)+r_\varepsilon}{(k+r_d+t\times r_t+r_\varepsilon)^2} \quad (10)$$

由于 k、r_d、r_ε 和 r_t 均在 0 和 1 之间，$t>0$，在一般情况下 $r_d = r_t$，因此 $\frac{\partial m_1}{\partial t}<0$，$\frac{\partial m_2}{\partial t}>0$，表明狭义货币乘数与定期、活期存款比 t 呈负相关关系，广义货币乘数与定期、活期存款比 t 呈正相关关系。

电子货币和电子支付等新型货币转移工具和手段能够实现货币在不同类型金融资产间的快速转化，从而改变人们持有货币的动机和货币在不同流动性下的资产配置，信用卡同时满足了人们的交易性和预防性货币需求，减轻了对持有现金的依赖性，方便人们把握投资机会。同时，新型货币转移还降低了定期、活期存款比，这都会在一定程度上影响货币乘数的大小。

3. 货币转移机制会改变货币流通速度

传统货币数量论指出：货币数量与货币价值成反比，货币数量越多，其单位货币代表的价值越小；货币数量与商品价格成正比，货币数量越多，单位商品的价格越高。费雪（Fisher）的货币数量理论认为，经济系统中的实物交易总额等于货币数量与货币流通速度的乘积，即：$MV = PT \Rightarrow V = PT/M$。其中，$M$ 为货币总量，T 为交易物总量，P 为总价格指数，V 为货币流通速度。费雪认为货币总量、总价格指数和交易物总量为内生独立变量，而货币流通速度则是由制度和技术等外部因素决定的外生变量。在以电子货币和电子支付为主体的货币转移机制下，流通的货币总量 M 可划分为传统形式的 M_T 和电子货币形式的 M_E，总货币流通速度、传统形式货币流通速度和电子货币流通速度分别为 V、V_T 和 V_E，费雪公式可拓展为：$MV = PT \Rightarrow M_T V_T +$

$M_E V_E = PT$，其中 $M = M_T + M_E$，可得：$M_T V_T + M_E V_E = (M_T + M_E) V$。由于电子货币交易效率显著高于传统货币，因此不同形式货币的流通速度关系为：$V_E > V > V_T$。

传统货币理论根据流动性、风险性和收益性差异，将货币划分为不同层次，各层次货币的边界清晰且明确。电子货币和电子支付的新型货币转移工具和方式改变了不同层次货币的流动性、风险性和收益性，从而使得各层次货币的边界不再清晰和明确。一方面，电子货币替代了传统货币，提高了流动性货币比率，加快了整体的货币流通速度；另一方面，电子货币和电子支付能够实现货币在不同金融资产间的快速转化，如传统上不作为流通货币的货币市场基金具备了较强的货币属性，人们持有货币的交易动机和预防性动机也不断向投机性动机转变。

总之，电子货币和电子支付等新型货币转移方式改变了货币的层次划分和不同金融资产间的边界，也改变了经济系统中货币供给的结构，进而减慢了货币流通速度（卢花兰，2015）。电子货币和电子支付等货币转移机制可以大大降低货币和非货币资产之间的转换成本，使人们可以明显观察到持有现金的机会成本，从而增大了利率的张力。因此，电子货币和电子支付等货币转移可以提高商业银行超额准备金需求对利率的敏感程度，同时，电子货币和电子支付的货币转移机制也会使商业银行降低因预防动机或交易动机而持有的超额准备金，即系数将逐渐减小。因此，在电子货币和电子支付的货币转移机制下，中央银行在调节基准利率时，需要加大在公开市场上操作非借入准备金 NBR 的强度。

二 货币转移对金融稳定影响的理论基础

电子货币和电子支付的新型货币转移机制面临着多种金融风险，既包括传统金融共有的流动性风险、操作风险和信用风险，也衍生出具有自身特性的技术、法律、声誉等方面的风险。在电子货币和电子支付等新型货币转移过程中，参与者通过支付网络被连接起来，任何对网络和网络节点的冲击都可能会通过网络的扩散效应在整个金融体系中引起连锁反应,引发全局性、系统性的金融风险,从而对金融稳定性造成威胁。图2为货币转移对金融稳定影响的理论机制,货币转移的风险之间具有相互转化的特征,并在货币转移平台构成的复杂网络中转移和扩散,从而引发全局性的系统性金融风险,最终影响金融系统的稳定性。

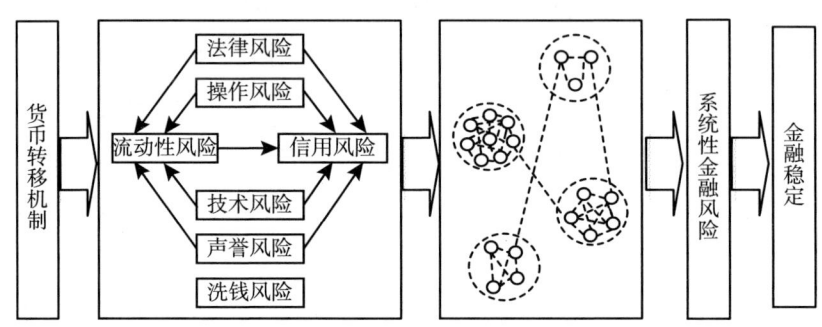

图2 货币转移对金融稳定影响的理论机制

(一)技术风险

作为一种特殊的网络产品,电子货币必须依托精密的计算机运行程序以及网络设备。电子货币支付系统的设计、实施及维护尤为重要,任何一个环节的疏忽或故障都将给其带来严重的威胁。目前,电子货币和电子支付的货币转移机制主要面临两种技术风险。一是软硬件系统风险,这尤其会给金融深化和信息化程度较高的国家和地区的金融业造成巨大损失。计算机软硬件是电子货币转移业务运营和风险控制的实施平台,电子信息系统的技术及管理缺陷会给电子货币转移机制带来重要风险,如货币转移过程中经常遇到的系统漏洞、病毒干扰、黑客攻击、储存装置损害等不确定技术风险,若参与者之间的系统软硬件不兼容或产生故障而导致信息传输不畅,也会给交易双方带来较大的不确定性和风险。二是外部支持风险。由于信息网络技术的高度专业化和知识化,为适应电子支付的发展要求,金融机构往往需要借助外部的专业化信息服务机构来解决电子货币转移过程中的信息技术及管理问题。这种做法虽然降低了金融机构的运营成本,但也让其面临重大的操作风险,如外部技术支持者的自身能力不满足金融机构的需求,或外部技术支持者终止提供服务等。

(二)法律风险

电子货币和电子支付等新型货币转移具有高风险性,在具体操作过程中涉及多项法律法规,主要涉及电子货币发行主体的确定、电子货币发行量的限定、电子支付业务资格的限定、电子支付业务监管主体的确定,以及电子支付业务参与者的权责关系等。然而,现行的法律法规主要针对传统的货币形态和支付行为,对电子货币和电子支付等新型货币转移问题的法律问题涉及的还较浅。目前,我国专门针对电子货币和电子支付的法律法规不多,相关的法律包括1999年颁布的《银行卡业务管理办法》、2004年颁布的《电子签名法》、2005年颁布的《电子支付指引(第一号)》等。2009年人民银行首次提出电子货币的概念,明确了电子货币是用于支付手段的预付价值,其价值依附于电子介质上。2010年9月实行的《非金融机构支付服务管理办法》首次确定了电子货币的监管框架。然而,电子货币高度依赖计算机网络环境,技术原因造成的纠纷和损失难以定责,同时参与者的隐私也有较大的泄露风险,也需要进行明确的法律规范。电子货币和电子支付的新型货币转移具有高度的创新性,而现行法律法规的滞后性无法满足新型货币转移的需求,因而在许多方面还存在着明显的法律风险。

(三)操作风险

操作风险是指系统的可靠性和完整性存在漏洞并造成损失的可能性。以互联网为代表的新兴信息科技所可能造成的损失大大超越了个体范围,极易给整个经济系统带来威胁,而操作风险是所有风险中影响最为广泛的风险。电子货币的伪造和不当利用都会给银行或消费者造成经济损失,这些都属于操作风险的范畴。这种伪造和欺诈行为可能源自银行体系之外的黑客,更可能源自银行内部员工,后者的危害更大。电子支付的操作风险包括利用电子

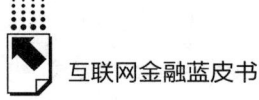

货币犯罪导致的安全风险、内部员工欺诈导致的风险、客户操作失误造成的风险，以及系统和平台设计、运行和维护不当造成的不确定性和风险。电子货币和电子支付等新型货币转移已渗透到整个支付体系，一旦因操作风险造成损失，其影响范围会迅速扩大，严重者会对整个金融体系的稳定造成负面冲击。互联网诈骗、网上黑客攻击、非法窃取消费者信息等行为层出不穷，已成为威胁国家金融安全的重要因素。对于银行来说，操作风险主要存在以下几种：系统运行风险、网络连接风险、业务运行风险，以及运行中的操作和管理风险。

（四）信用风险

信用风险是交易者在约定的时间内未履行承诺的风险。电子货币的虚拟性特征使其在转移过程中突破了地理限制，无边界的金融服务对信用的要求更高。电子支付过程涉及的主体有电子货币发行机构、发售机构、清算和结算机构等，而这些机构都可能面临违约的可能性，加之目前关于电子支付系统的法律法规体系尚不完善，这些机构发生信用风险后的权责难以判定，难免会有争议和纠纷。以网上银行为例，网银交易无须面对面，而是借助远程通信平台，根据交易双方发送的指令完成交易过程，是否对借款者放款一般依据借款者的信用信息，由于借款者的信息真实性和可预测性很难得到保障，对借款者的信用评估会存在偏误，因而借款者在履行电子货币的应承担义务时会面临较大的不确定性，从而可能增加网上银行的信用风险。信用风险产生的根本原因是社会信用体系不够健全，这也是制约电子支付等新型货币转移发展和创新的重要因素。

（五）流动性风险

流动性风险是流动资金难以兑付和结算的风险，电子支付机构的流动性风险是电子账户上的电子货币无法满足客户兑现和结算要求的风险。相较于传统支付模式，电子支付的流动性强，面临着更大的流动性风险。电子支付的流动性风险常常伴随着声誉风险，两者相互关联，成为风险共同体。一旦电子支付机构通过吸收资本和增加负债以"新债还旧债"时，就会有潜在的流动性风险，电子货币发行机构通常会因投资需要而出现期限错配的情况，这样在突发事件引起恐慌时就会出现挤兑行为，从而使电子货币发行人陷入流动性危机，并同时引发声誉风险。电子货币的流动性风险与电子货币的发行规模和存量呈正比，发行规模越大，用于结算的存量就越大，发行单位面临的无法赎回或缺乏足额清算资金的流动性风险就越大。

（六）声誉风险

声誉风险的出现主要有两个潜在原因。一是可能出现的大量伪币。由于电子货币只能通过加密数字签名等技术手段进行防伪，如果防伪技术和信息为违法分子所用，就会造成重大的经济损失，进而给电子货币发行机构的信誉带来严重的负面影响。二是电子货币使用者的个人信息容易被盗用和伪造。电子货币使用者在不良的支付平台和环境下进行支付，可能会被黑客盗用个人身份、电子银行卡号和密码等个人信息，所导致的财产和经济损失会涉及权责纠纷，一旦这种风险普遍化，则会使公众对电子支付丧失信心。另外，支付安全事故对电子支付机构的声誉杀伤力巨大，即使在没有经济损失的情况下也会使客户对该机构的安全性丧失信心。目前，电子货币和电子支付等新型货币转移尚处于发展初期，声誉风险对其健康稳定发展极为重要，支付安全是客户信任的根源。

（七）洗钱风险

电子货币具有虚拟、流通速度快、突破地域限制和身份难以识别等特性，这给洗钱者提供了逃避监管的便捷通道和机会。首先，反洗钱的监管范围限于银行账户流向非银行账户，而对非银行账户的资金流向尚无法监管。电子货币能够利用网络平台在各账户间方便快捷地转移，绕开人民银行的监管系统，逃避惩治和处罚。其次，电子货币使洗钱更容易跨国进行。网络无国界，电子货币能够通过互联网轻松地完成国际转移，这在很大程度上加大了追踪难度。再次，国际黑钱很可能利用我国反洗钱体系不够完善、外资需

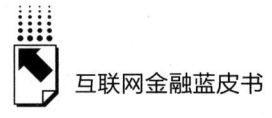

求量很大这些特点流入我国，对我国的反洗钱工作提出更大的挑战。最后，利用电子货币洗钱的成本低廉。在传统洗钱犯罪活动中，黑钱的 1/4～1/2 是提供给洗钱行为人的洗钱费用，与之相比，利用电子货币和网络洗钱的成本非常低廉，甚至可以做到免费洗钱。

三 货币转移对金融监管及金融监管效率影响的理论基础

货币转移创新既可以带来便利，也能催生出新的风险，特别是以电子货币和电子支付为代表的新型货币转移面临着更大的风险，因此需要对货币转移的风险机制进行有针对性的监管。货币转移风险监管是指央行、银监会等对货币转移中可能存在的风险予以监督管理，以达到保证货币转移安全的目的。对货币转移的风险监管有两个基本宗旨：一是不能挫伤货币转移平台的积极性，二是要保证货币转移参与者的资金安全。金融监管的目标通常包括保护货币转移参与方的利益，疏通货币政策传导渠道，营造良好的竞争环境，优化金融资源配置，以及促进经济发展等。因此，金融监管是否具有效率也要从两个方面进行评价：一是金融监管是否保护货币转移参与方的利益，是否维持良好的竞争环境，是否增强货币转移平台的抗风险能力，是否最终提高了整个金融体系的效率；二是金融监管当局是否以最小的监管成本达到了最大的监管效果。基于此，本节首先介绍货币转移机制的一般业务模型，然后分别从监管机构的社会福利最大化和监管效用最大化两个理论机制角度，来探索货币转移对金融监管和金融监管效率的影响。

（一）货币转移机制的一般业务模型

1. 货币转移的主要参与方

货币转移的本质就是货币支付权的转移。电子货币和电子支付等新型货币转移通过电子终端轻松地完成货币在不同账户之间的转移，而且从交易指令确定到货币的所有权转移是实时同步的，这是与传统资金转移的最大不同之处。因此，货币转移的直接参与方包括付款账户、收款账户和货币转移平台，其中一笔货币转移可能涉及多个付款账户和收款账户，货币转移平台可以是银行也可以是非银行的第三方支付平台。

2. 支付工具

传统的货币转移工具主要是纸币、硬币和票据，随着信息技术的发展和网络环境的日益优化，电子形式的货币转移工具越来越成为货币转移支付的主流。这些电子形式的货币转移工具大致包括三类：电子货币类，如以数据形式流通的电子现金、与银行卡绑定的电子钱包等；电子信用卡类，如借记卡、智能卡、信用卡、电话卡等；电子支票类，如数字传递的电子支票和电子汇款等。与传统支付工具相比，电子形式的支付工具采用先进信息技术通过数字流转完成货币转移，其依托开放的互联网信息系统和通信手段，因而具有方便、快捷、高效和经济的优势。

3. 支付受理方式

电子货币和电子支付等新型货币转移工具和方式，在支付流程上也有别于传统的货币转移支付，主要包括支付的发起、支付指令交换和支付结算3个环节，结算前对支付指令的发送、对账和确认进行处理，对参与方余额或债务进行对冲，产生结算余额，最后完成参与方之间债务的清偿。电子形式的货币转移工具在支付受理上至少需要两项职能：一是识别支付工具和指令；二是将支付指令安全发送到支付平台。新型货币转移工具常见的支付受理方式有 ATM/POS、互联网、机顶盒、支付卡、手机、智能电视、移动终端、IVR 语音等。

4. 服务功能

电子货币和电子支付等新型货币转移工具和方式最初只是为了方便消费支付，服务功能仅限于货币从付款方向收款方的转移，类似于银行卡的消费业务。随着安全技术的不断提升和消费模式的日益创新，新型货币转移工具也衍生出新的服务功能，如转账、预付款、代付款、充值、缴费、分期付款等。

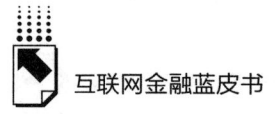

（二）社会福利最大化目标下的监管效率

《非金融机构支付服务管理办法》及《支付机构互联网支付管理办法（征求意见稿）》的相继颁布，标志着央行对以电子支付为代表的新型货币转移行业的监管日趋细化，新型货币转移行业进入严厉监管时代。在以社会福利最大化为监管目标的条件下，监管机构要将付款方、收款方和货币转移平台等参与者看成一个整体。以电子支付为例，假设整个电子支付行业中付款方的数量为 B，收款方的数量为 S，收款方与付款方交易的概率为 P（交易意愿），电子支付平台交易完成后付款方和收款方的收益分别为 β_B 和 β_S，电子支付平台的收益为 $(F-VC)$，F 为电子支付平台的收益（服务费），VC 为电子支付平台提供货币转移服务的可变成本。假设整个电子支付行业提供的货币转移服务同质，则电子支付下的社会福利 $W = B \times \beta_B + S \times \beta_S + B \times S \times P \times (F-VC)$。电子支付平台的收益主要是付款方和收款方所付的服务费 R_B 和 R_S，并且付款方和收款方减少的福利正好等于电子支付平台增加的福利，因此服务费的高低不影响总社会福利，但通过影响付款方和收款方选择电子支付的数量间接影响社会福利。

为实现社会福利最大化的监管目标，监管机构可以采取令服务费 $F=0$ 的措施，如补贴收款方和付款方的福利损失，或补贴电子支付平台免收服务费的福利损失。在具体的监管实践中，由于付款方和收款方的价格弹性难以量化，另外，不同于现金转移、票据转让等传统的货币转移机制，电子支付平台采用先进的信息技术来完成信息传输与款项的汇兑，货币转移费用相当于传统转移手段的几十分之一甚至几百分之一，从而可以大大节约货币转移费用，因此监管机构选择直接补贴支付平台相对科学且具有可操作性，能使监管机构的监管效率大大提升，最终提升社会总福利水平。

四 新的货币转移机制对传统支付体系架构的影响

传统的支付方式主要包括现金、票据、信用卡（银行卡）3种形式，而新的货币转移则是通过金融电子化网络，以数字信息转移完成货币支付和流通。与传统支付工具相比，电子形式的支付工具采用先进信息技术通过数字流转完成货币转移，其依托开放的互联网信息系统和通信手段，因而具有方便、快捷、高效和经济的优势。用户只需拥有一台可以上网的电脑，足不出户，就可以在很短时间内完成整个支付过程（见图3），而传统支付则需要烦琐的程序，有时还会花费很多时间。新的货币转移机制对传统支付体系势必造成较大的冲击。

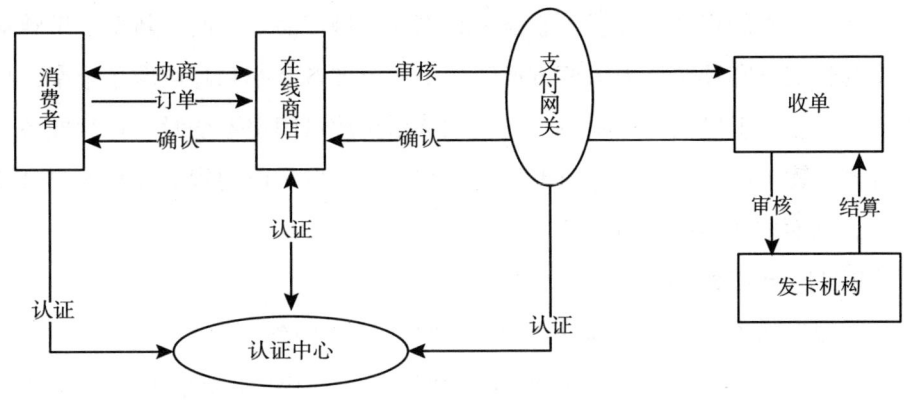

图3 电子支付过程

（一）新的货币转移机制对传统支付体系冲击的理论分析

熊彼特指出，每一次重大的技术创新都意味着一种新的生产函数的建立，原有的理论研究应当考虑新技术对传统研究框架的冲击。电子支付货币转移的发展，将从货币乘数、货币周转速度、货币需求等方面对传统支付方式下的货币体系产生冲击。

1. 对货币乘数的冲击

影响货币乘数的因素包括法定准备金率、现金比率和超额准备金率等。电子货币和电子支付等新型货币转移机制将从存款准备金率和现金比率两方面对传统支付体系下的货币乘数产生冲击。首先，电子货币和电子支付工具和手段的创新，使人们能在极短的时间内完成变现和货币转移，这一功能大大降低了人们持有现金的需求,而且使人们越来越倾向于使用方便快捷的电子支付,因而电子货币和电子支付方式导致现金比率远低于以前的水平。其次,非银行第三方支付平台具有一定的资金沉淀,同时掌握了中小企业的交易数据和信息,能够识别信用良好的中小企业并发放贷款,而目前非银行的信贷投放并未纳入监管框架,无须缴纳存款准备金,从而拉低了存款准备金的整体水平。最后,电子支付的快速转账功能使得商业银行储备较少的超额准备金即可预防流动性不足的风险,从而降低了商业银行对超额准备金的需求,解放出来的资金可以投入收益率较高的金融产品。因此,新型货币转移从交易性需求和预防性需求两方面降低了法定准备金率和超额准备金率,从而在一定程度上增大货币乘数。在基础货币投放量固定不变时,存款准备金率和现金比率的降低,会导致电子货币和电子支付货币的货币乘数效应日益增大,从而增加整体货币供给量。

2. 对货币需求的冲击

凯恩斯的流动性偏好理论认为,人们持有货币的动机包括交易货币需求 L_1、预防性货币需求 L_2 和投机性货币需求 L_3,货币需求总量 M 可用下式表示:$M = L_1 + L_2 + L_3$。其中,交易货币需求是公众出于交易目的形成的货币需求,预防性货币需求是公众为应付意外事故而形成的货币需求,投机性货币需求是为避免利息损失或实现资产增值而形成的货币需求。

(1)交易性货币需求分析。交易性货币需求是收入的函数,随着收入的提高,人们的购买力增强,交易性货币需求增强。关于交易性货币需求量的理论模型是 Baumlo 和 Tobin 根据最优货币控制理论提出的"平方根定律":

$$L_1 = \frac{1}{2}\sqrt{\frac{2bY}{r}} \qquad (11)$$

其中,L_1 为最优交易性货币需求量;Y 为交易成本,衡量商品和货币交换过程中产生的成本,如时间成本和服务手续费成本等;b 为基准利率水平。在式(11)中分别对交易成本、基准利率水平和总交易量求偏导数可得：$\frac{\partial L_1/L_1}{\partial b/b} = \frac{1}{2}$，$\frac{\partial L_1/L_1}{\partial r/r} = -\frac{1}{2}$，$\frac{\partial L_1/L_1}{\partial Y/Y} = \frac{1}{2}$，即交易性货币需求量与交易成本和总交易量成正比，与基准利率水平成反比。

电子货币和电子支付等新型货币转移的创新和发展对交易成本、基准利率水平和总交易量均会产生一定程度的冲击，并最终影响交易性货币需求量。首先，电子货币、电子支付和第三方支付依托互联网信息系统和通信手段，采用先进信息技术通过数字流转完成货币转移，具有方便、快捷、高效和经济的优势，无论从时间上还是从服务手续费上都大大降低了货币与商品转化的交易成本。其次，电子货币和电子支付等货币转移机制可以大大降低货币和非货币资产之间的转换成本，导致人们可以明显观察到持有现金的机会成本，从而增大利率的张力，因而在一定程度上提高了基准利率水平。最后，总交易量主要受宏观经济和收入的影响，但电子货币和电子支付等新型货币转移极大地方便了人们的消费，一些具有预付功能的支付工具不断刺激着人们的消费欲望，一些积分和奖励活动也成为刺激人们消费的普遍手段，两个方向的力量相互作用。本报告分析短期交易性货币需求，因此将交易量视为外生变量。综上所述，新型货币转移降低了交易成本 b，提高了基准利率 r，而总交易量 Y 不变，根据式（11）可知，新型货币转移降低了传统支付体系下的交易性货币需求。

（2）预防性货币需求分析。预防性货币需求是公众为应付意外事故而形成的货币需求。Whalen（1966）根据收入和支出的不确定关系提出了预防性货币需求的"立方根定律"，认为预防性货币需求与支出波动和现金转化成本呈正比，与基准利率水平呈反比，预防性货币需求量用公式表示为：

$$L_2 = \sqrt[3]{\frac{2S^2C}{r}} \tag{12}$$

在式（12）中，S 为未来支出波动，用支出函数的标准差表示；C 为现金转化成本，同样包括时间和服务手续费等成本；r 为基准利率水平。在式（12）中分别对支出波动、现金转化成本和基准利率水平求偏导可得：

$\frac{\partial L_2/L_2}{\partial C/C}=\frac{1}{3}$,$\frac{\partial L_2/L_2}{\partial r/r}=\frac{2}{3}$,$\frac{\partial L_2/L_2}{\partial r/r}=-\frac{1}{3}$,即预防性货币需求与支出波动和现金转化成本呈正比,与基准利率水平呈反比。

电子货币和电子支付等新型货币转移的创新和发展对支出波动、基准利率水平和现金转化成本均会产生一定程度的冲击,并最终影响预防性货币需求量。首先,未来支出的波动主要受收入水平、物价水平、税收负担、社会保障体系等的影响,电子货币和电子支付等新型货币转移并不会对以上因素产生实质性影响,但新型货币转移极大地方便了人们的消费,一些具有预付功能的支付工具不断刺激着人们的消费欲望,因此人们消费的频率会加快,消费信息也会被记录下来,相应的,未来支出波动会有所降低。其次,电子货币和电子支付等新型货币转移越来越模糊了电子货币与现金之间的边界,安全的技术手段能够快速实现两者之间的转化,电子货币的现金替代效应已非常明显,因此新型货币转移大大降低了现金转化成本。最后,如上所述,电子货币和电子支付等货币转移机制可以在一定程度上提高基准利率水平。综上,新型货币转移降低了现金转化成本 C,提高了基准利率 r,降低了支出波动 S,根据式(12)可知,新型货币转移降低了传统支付体系下的预防性货币需求。

(3)投机性货币需求分析。投机性货币需求是为避免利息损失或实现资产增值而形成的货币需求。Tobin(1958)指出利率和风险是制约投机性需求的主要因素,并在 Markowitz(1952)投资组合理论的基础上提出投机性货币需求的资产组合理论。该理论认为,投机性货币需求对利率波动的敏感程度较高,若利率升高,人们会普遍预期利率有下降压力,从而导致风险资产的价格提升,投机性的货币需求会相应增加;相反,若利率下降,风险资产的价格较高,人们会预期利率上升的压力较大,因而会偏向于持有货币避险。

电子货币和电子支付等新型货币转移的创新和发展会影响人们对利率的预期和投机性货币需求。首先,如前所述,电子货币和电子支付等货币转移机制可以大大降低货币和非货币资产之间的转换成本,导致人们可以明显观察到持有现金的机会成本，从而增大利率的张力，使利率更能反映金融市场的货币供需情况。其次，电子货币和电子支付等货币转移可以提高商业银行超额准备金需求对利率的敏感程度，也会使商业银行降低因预防动机或交易动机而持有的超额准备金，从而削弱货币当局以利率为中介目标的货币政策效果。最后，电子货币和电子支付能够实现货币在不同金融资产间的快速转化。

综合来看，电子货币和电子支付等新型货币转移能够影响交易成本、总交易量、现金转化成本、基准利率，从而影响交易性货币需求、预防性货币需求和投机性货币需求。

3. 对货币政策传导的冲击

（1）紧缩性货币政策。紧缩性货币政策是指为降低总需求水平而采取的缩减货币供应量的货币政策，在该政策下货币流动性减弱，利息水平提升。本报告引入 CC – LM 模型，从影响信贷渠道的角度构建新型货币转移影响紧缩性货币政策的理论机制。CC – LM 模型是 Bernanke 和 Blinder（1988）在 IS – LM 模型中引入银行信贷供给后构建的，因而涉及商品市场、信贷市场和货币市场 3 个市场，同时在货币市场利率的基础上加入了贷款利率。在图 5 中，横轴是产出水平 Y，纵轴是利率水平 i，LM 为商品市场均衡曲线，CC 代表信贷市场均衡曲线。当央行采取紧缩性货币政策时，货币供给降低，LM 曲线左移至 LM_1，利率水平从 i_1 上升到 i_2，产出从 Y_1 下降到 Y_2；同时，随着银行贷款的减少，CC 曲线也左移至 CC_1，导致利率由 i_2 降低至 i_3，产出从 Y_2 进一步降低至 Y_3。

电子货币和电子支付等新型货币转移通过金融电子化网络，以数字信息转移完成货币支付和流通，能够从 3 个方面影响商品市场均衡曲线：一是交易的低成本和高效率；二是信息累计和加速传递；三是拓宽融资渠道。特别是第三方支付平台和供应链电商平台，在开展支付服务的过程中能够积累企业大量的交易信息，对企业的生产运营情况了如指掌，因此，在具有一定资金沉淀的情况下可以为信誉良好的中小企业放贷，拓宽其融资渠道。当央行采取紧缩性货币政策时，货币供给降低，资金需求方特别是中小企业受益于新型货币转移带来的融资机会，降低了对传统信贷渠道的依赖，对利率的敏感减弱，融资成本也有所下降，从而改变商品市场均衡曲线。如图4右图所示，新型货币转移使商品市场均衡曲线趋于平坦，LM 和 LM_1 曲线分别移至 LM_2 和 LM_3，利率降低，产出增加。因此，与传统支付体系相比，新型货币转移降低了紧缩性货币政策的影响程度。

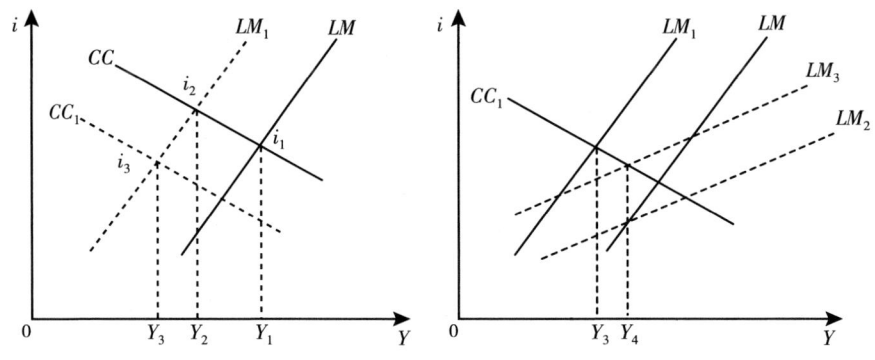

图4　CC–LM模型（左）和新型货币转移下的CC–LM模型（右）

（2）扩张性货币政策。扩张性货币政策是指为刺激总需求而加快货币供应增长速度的货币政策，在该政策下货币流动性增强，利息水平下降。随着金融的不断深化和发展，金融体系中微观主体持有的风险资产不断增多，对投资收益率的敏感性不断增强。因此在扩张性货币政策下，货币流动性增强，商品市场均衡曲线右移，利率降低，风险资产价格上升（见图5）。这一方面刺激了实体经济增长，另一方面影响了扩张性货币政策传导机制。

首先，新型货币转移提高了企业利用闲置资本的效率。电子货币和电子支付等新型货币转移大大降低了现金转化成本，为电子货币在金融产品之间的转移提供快速通道，因此企业能加快资金运转速度和周转频率，推动资产价格上涨，为实体经济注入源源不断的流动性，最终反过来刺激企业的投资行为。其次，扩张性的货币政策增加了总需求，商品交易活动更加活跃，而电子形式的新型货币转移为商品交易带来了低成本和高效率的货币转移服务，为实体经济带来了可观的财富效应。从社会福利效应看，电子货币和电子支付等新型货币转移加强了扩张性货币政策的实施效果，起到了商品交易润滑剂的作用，最终刺激企业加速投资和扩大生产。

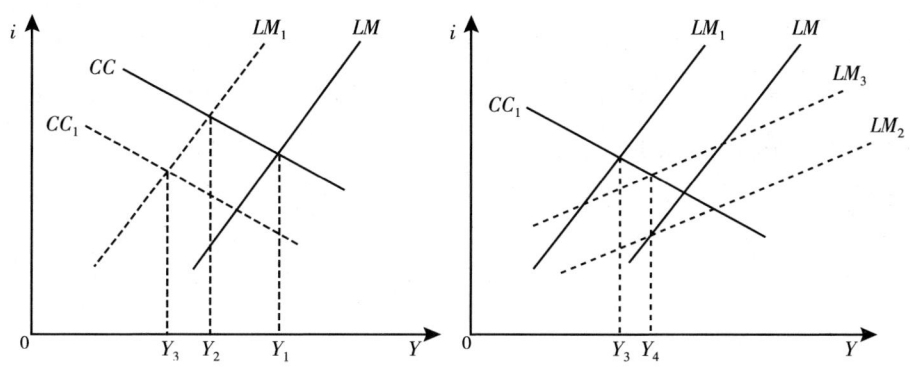

图 5　CC‐LM 模型（左）和引入金融创新因素的 CC‐LM 模型（右）

（二）新的货币转移机制对传统支付体系冲击的现实证据

电子货币和电子支付的新型货币转移彻底颠覆了传统支付体系，特别是网络第三方支付和移动互联网支付发展速度之快，影响力、冲击力之大都是前所未有的。

中国人民银行支付结算运行报告显示，2014 年，网上支付业务达285.74 亿笔，交易金额达 1376.02 万亿元，同比增长 20.70% 和 29.72%。2014 年，支付平台网络支付业务累计达 374.22 亿笔，交易金额累计为24.72 万亿元，同比增长 93.43% 和 137.6%。2014 年网上支付继续保持20%~30%的增长速度，特别是支付金额增速超过 2014 年非现金支付业务的 16.67%。这标志着网上支付由注重数量的增长，开始转向注重质的增长，并且这种质的增长是跳跃性的。①

2014 年移动支付业务发生 45.24 亿笔，总金额达 22.59 万亿元，同比

---

① 数据来自中国人民银行发布的《2014 年支付体系运行总体情况》。

增长170.25%和134.30%，分别高于2014年全部非现金支付结算的笔数和金额的145.14%和121.25%，其增速分别高于全部网上支付结算的笔数和金额的149.55%和111.38%。同时，移动支付的市场容量大、后劲足。截至2014年12月，中国网民规模达到6.49亿人次，手机网民规模达5.57亿人次，手机支付用户规模达到2.17亿人。未来移动支付客户将呈现几何式增长。网上支付跨行清算系统业务继续大幅增长。截至2014年末，共有146家机构接入网上支付跨行清算系统。2014年，网上支付跨行清算系统共处理业务16.39亿笔，金额达17.79万亿元，同比分别增长128.27%和87.86%。日均处理业务452.80万笔，金额达491.42亿元。网上支付全覆盖、多领域、交互式等特点已经显现，随之而来的是对银行等传统金融机构的支付方式所带来的巨大冲击。

在以移动支付为主的网上支付大幅度增长的同时，银行等传统金融机构的支付方式则呈现颓废态势。2014年，票据业务量的笔数和金额分别下降16.56%和6.16%。银行卡发卡量增速放缓2.10个百分点，其中借记卡增速放缓2.16个百分点，信用卡增速放缓1.58个百分点。平均每台ATM和POS机对应的银行卡数量较上年末分别下降0.95%和21.72%。银行卡交易金额增速同比放缓16.01%，银行卡笔均消费金额同比下降12.55%。网上支付特别是移动支付，将继续呈现几何增长趋势，给银行等传统金融机构的传统支付结算方式带来的冲击将会越来越大。支付结算作为银行三大主体业务的份额正在急剧缩小，其主导地位正被新型货币转移机制所取代。

参考文献

[1] 樊玉红：《银行卡对货币流通速度的影响》，《生产力研究》2010年第5期。

[2] 方轶强：《支付系统发展对货币政策操作效果的影响》，《上海金融》2010年第6期。

[3] 荆林波、刘波：《我国电子支付工具与传统支付方式的竞争分析》，《经济管

理》2008 年第 11 期。

[4] 李楠、黄旭、谢尔曼:《支付体系变革对中国货币体系的影响》,《金融论坛》2014 年第 11 期。

[5] 卢花兰:《货币流通速度的实证研究》,《统计与决策》2015 年第 8 期。

[6] 庞贞燕、王桓:《支付体系与货币和货币政策基本关系研究》,《金融研究》2009 年第 3 期。

[7] 盛松成、方轶强:《支付系统发展对公开市场操作的影响》,《金融研究》2009 年第 10 期。

[8] 王鲁滨:《电子货币与货币政策研究》,《金融研究》1999 年第 10 期。

[9] 王鹏、付延平、魏文、伍艳君:《大额支付系统中系统性风险传染规律研究》,《吉林大学学报》(信息科学版)2014 年第 5 期。

[10] 王小瑞:《电子货币对央行货币政策的影响探究》,《经济论坛》2011 年第 8 期。

[11] 肖崎:《支付体系变革及其对中央银行的挑战》,《上海金融》2009 年第 12 期。

[12] 周光友:《电子货币的货币乘数效应:基于中国的实证分析》,《统计研究》2007 年第 3 期。

[13] 周光友:《电子货币的替代效应与货币供给的相关性研究》,《数量经济技术经济研究》2009 年第 3 期。

[14] 周光友:《电子货币发展对货币流通速度的影响——基于协整的实证研究》,《经济学季刊》2006 年第 7 期。

[15] 周金黄:《现代支付体系发展与货币政策机制调整》,《金融研究》2007 年第 1 期。

[16] 朱芳、李俊:《我国金融机构超额准备金率变动分析》,《暨南学报》(哲学社会科学版)2009 年第 3 期。

[17] Baumol, W. J., "The Transactions Demand for Cash: An Inventory Theoretic Approach," *The Quarterly Journal of Economics*, 1952 (66): 545–556.

[18] Bernanke, B. S., Blinder, A. S., "Credit, Money, and Aggregate Demand," National Bureau of Economic Research, 1988.

[19] Boss, M., Elsinger, H., Summer, M., et al., "Network Topology of the Interbank Market," *Quantitative Finance*, 2004, 4 (6): 677–684.

[20] Markowitz, H., "Portfolio Selection," *The journal of finance*, 1952, 7 (1): 77–91.

[21] Newman, M. E. J., Watts, D. J., "Scaling and Percolation in the Small-world Network Model," *Physical Review*, 1999, 60 (6): 7332.

[22] Soramäki, K., Bech, M. L., Arnold, J., et al., "The Topology of Interbank

Payment Flows," *Physical Review*, 2007, 379 (1): 317 – 333.

[23] Tobin J., "Liquidity Preference as Behavior Towards Risk," *The Review of Economic Studies*, 1958 (25): 65 – 86.

[24] Tobin, J., "The Interest – elasticity of Transactions Demand for Cash," *The Review of Economics and Statistics*, 1956 (28): 241 – 247.

[25] Whalen, E. L., "A Rationalization of the Precautionary Demand for Cash," *The Quarterly Journal of Economics*, 1966 (80): 314 – 324.

B.10 互联网保险的发展

摘　要：	互联网保险是互联网金融在保险领域的渗透，发展互联网保险是现阶段我国保险业发展的必然选择。互联网特别是移动互联网的快速发展为互联网保险的爆发奠定了技术基础，国家政策的支持为互联网保险的发展提供了政策红利，而现阶段我国对保险业的现实需求则是互联网保险发展的强大驱动力。
关键词：	互联网保险　网络保险　相互保险

一　互联网保险概述

今天，"互联网＋"时代已经来临，互联网对零售、媒体出版、通信、广告营销、旅游、教育等领域的冲击有目共睹。在金融领域，互联网的影响也无处不在，互联网基金、互联网证券、互联网银行、第三方支付、网络借贷、众筹等纷纷兴起，保险业也不例外。

（一）定义

保险业界一般将互联网保险定义为保险公司或保险中介机构通过互联网为客户提供产品及服务信息，实现网上投保、承保、核保、保全和理赔等保险业务，完成保险产品的在线销售及服务，并通过第三方机构实现保险相关费用的电子支付等经营管理活动。

（二）特点

1. 经济性

据美国著名咨询机构 Booz Allen Hamilton 的测算，通过互联网营销保险产品和服务能比传统营销方式减少 58%~71% 的成本。整个保险环节的线上营销使保险公司省去了大量的机构网点运营费用以及保险经纪人的佣金，大幅度地节约了成本，提高了管理效率，从而提高了产品的质量和性价比。

2. 交互性

互联网保险为客户与保险公司间的交互提供了便捷。一方面，客户可以自主通过互联网获取保险公司的信息以及了解险种的详细情况，全程参与到保单服务中，这种"主动需求"的投保活动，在一定程度上可以有效降低退保率，增加客户黏性。另一方面，保险公司利用互联网平台服务客户，快速直接地对客户的需求做出反应，大大缩短了投保、承保、给付等过程的时间。互联网保险为客户与保险公司提供了多形态、多触点的交互式沟通平台。

3. 个性化

互联网保险在我国的发展还处于初级阶段，产品类型以标准化、简单化为主，但是成熟的互联网保险是个性化保险。互联网保险以其独特的渠道优势为保险公司设计个性化保险产品和服务提供海量数据支持。保险公司可通过分析客户和潜在消费者在网站上的海量信息数据，对其进行专业化处理并提取有价值的信息，借此实现保险产品的定制化。随着互联网保险销售的场景化发展，形态各异的场景将产生差异化的保险需求，进而催生个性化的保险产品。

（三）分类

互联网保险按照销售和服务渠道大致可以分为两大类：一类是保险公司官网，另一类是保险公司与第三方平台合作。据统计，在 2014 年开展互联网保险经营的 85 家公司中，有 69 家公司通过自有网站开展经营，有 68 家公司与第三方电商平台进行深度合作。其中，有 52 家公司采用"官网＋第三方平台"的商业模式，占 61%；有 17 家仅通过自身官网经营，占 20%；有 16 家仅通过第三方合作平台经营，占 19%（见图 1）。

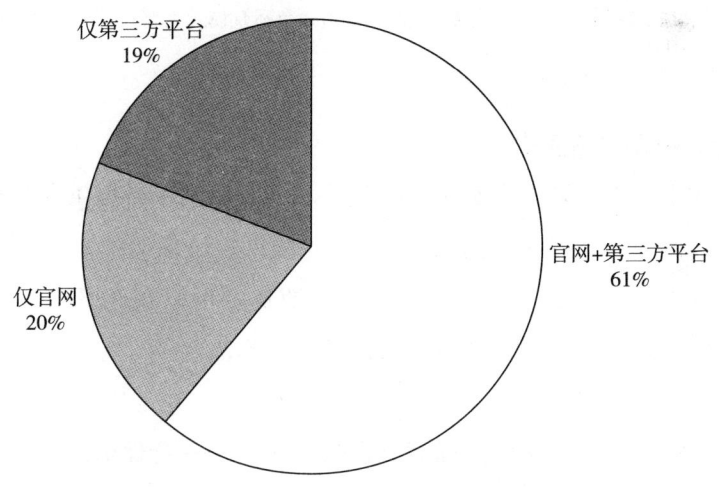

图 1　保险公司互联网保险经营渠道

1. 保险公司自有网站模式

中国人寿、太平洋保险和太平保险等保险集团均由专业的电子商务公司经营其互联网保险业务。其他一些保险公司虽然没有成立专门的电子商务公司，但纷纷加强官网作为销售和服务平台的建设，使官网成为重要的业务平台（见表 1）。

表 1　主要保险集团自建互联网保险平台的运营情况

公司	网络平台	简介	运营机构
中国人寿	国寿 e 家	人身保险	中国人寿电子商务有限公司
中国平安	网上商城、万里通、一账通	人身险、车险、意外险及小微团险	事业部负责

续表

公司	网络平台	简介	运营机构
中国太保	在线商城	在线 e 购、车险直通车、人身保险	事业部负责、太平洋保险在线服务科技有限公司
新华保险	网上商城	人身保险	新华电子商务有限公司
太平人寿	网上商城	人身保险、车险、意外险	太平电子商务有限公司
泰康保险	泰康在线	人身保险	事业部负责

资料来源：缴文超、刘欣琦：《互联网保险：渠道之争还是模式之变？》，载《平安证券研究报告》，2014 年 4 月 9 日。

2. 专业中介网站模式

该模式是指由保险中介及兼业代理公司的互联网平台提供保险产品和服务，包括优保网、慧择网、捷保网、e 家保险网、金保盟等。第三方保险网站为消费者提供了"货比三家"的平台，消费者可以在此平台上对比多家保险公司的条款和费率，选择适合自己的保险产品。

专栏 1 保险产品互联网推广平台——金保盟[①]

金融保险销售联盟（简称"金保盟"）是烟台伟岸信息科技有限公司（简称"烟台伟岸"）旗下的互联网保险平台，并且是烟台伟岸的主要盈利来源。金保盟的主要业务模式是通过会员渠道，在网络平台上撮合消费者通过金保盟购买各家保险公司的网销产品。当消费者购买保险产品或做出有效行为（如填写完整信息）时，保险公司支付金保盟广告费，金保盟再向其推广会员支付佣金。一方面，金保盟为保险公司的产品提供在线推广服务；另一方面，金保盟为其会员提供网络后台技术支持。经营模式的主要步骤如下。

（1）金保盟获得保险公司线上产品推广授权。首先金保盟获得保险公司线上产品推广授权。双方签订授权合同后，金保盟才可在网站上推广合作

[①] 《成都三泰控股集团股份有限公司重大资产购买预案（修订稿）》，中国银河证券股份有限公司，2015 年 3 月 6 日。

方的网销产品。

（2）金保盟对会员授权。当申请人注册会员资格时，申请人将与金保盟在线签署《注册协议》，同意该协议后，申请人才可以继续进行注册。金保盟将根据会员的个人能力和资源，授权其适合的产品推广。

（3）客户进入金保盟页面查看产品信息或填写信息。客户通过会员提供的链接进入产品展示页面，客户要在该页面上查看产品信息或者填写客户资料。

（4）客户进入保险公司页面。客户填写完个人信息后，点击页面上"立刻报价"的按钮，客户的个人信息以及报价需求就会发送至保险公司的后台。

（5）保险公司支付金保盟广告费。保险公司将根据金保盟导入的有效客户名单和成交效果支付广告费。有效客户是指在金保盟页面填写信息正确，并经保险公司客服电话确认在近期有购买意向的客户。

（6）金保盟支付会员佣金。若引入有效客户的渠道是会员，则金保盟将按约定金额支付会员佣金。

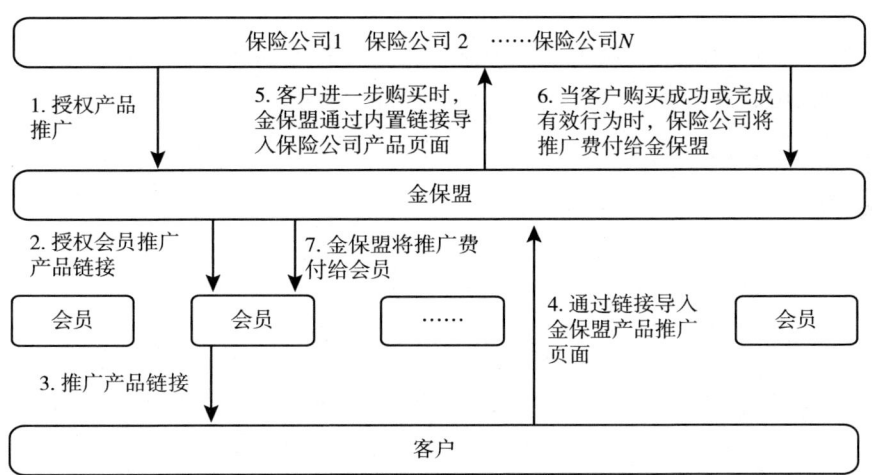

图2　金保盟的业务流程

3. 电商平台模式

国内主要的保险电商销售平台有淘宝、苏宁易购、京东商城、拍拍网、网易等（见表2）。2014年互联网保险保费的43%是以淘宝网和网易等为代表的第三方电子商务平台贡献的。

表2　主要电商平台保险经营情况

主要电商平台	合作保险企业
淘宝	目前有10家财险公司和16家寿险公司在淘宝设立官方旗舰店
苏宁易购	中国平安、太平洋保险、泰康人寿、阳光保险和华泰保险5家
京东商城	泰康人寿、太平洋保险等7家险企
腾讯拍拍网	平安车险、阳光车险、太平洋车险、天平车险
网易	中国平安、人保、太平洋保险、阳光保险和大地保险5家

资料来源：缴文超、刘欣琦：《互联网保险：渠道之争还是模式之变？》，载《平安证券研究报告》，2014年4月9日。

4. 专业互联网保险公司模式

专业互联网保险公司模式在国外发展较为成熟，已经成为互联网保险的主要模式，但在我国刚刚萌芽。专业互联网保险公司利用互联网开展业务，没有线下的分支机构，保险的全部过程均通过网络完成。专业的互联网保险产品依托电子商务保险需求设计险种，产品更具有针对性和个性化。众安在线财产保险股份有限公司（以下简称"众安在线"）、易安财产保险股份有限公司、安心财产保险有限责任公司、泰康在线财产保险股份有限公司是我国目前仅有的4家具有保险牌照的专业网络保险公司。

专栏2　众安在线①

众安在线是由阿里巴巴、腾讯、平安、携程等知名企业发起设立的国内首家专业互联网保险公司，注册资本10亿元。2013年9月29日，众安在线获得中国保险监督管理委员会同意开业批复，这是中国首张互联网保险专业牌照。

众安在线的业务范围包含企业/家庭财产保险、货运保险、责任保险、信用保证保险，上述业务的再保险业务，合法合规范围内的保险资金运用业

---

① 根据众安在线官方网站材料及公开信息整理。

务以及经保监会批准的其他业务。

众安在线的业务全程在网上操作，不设立分支机构。众安在线并不是单纯地将线下产品拿到线上销售，而是真正地将保险渗透在互联网的物流、支付、消费者保障等环节，满足消费者在互联网场景下的保险需求。

截至2014年11月9日，众安在线累计投保件数达到6.3亿件，累计客户数超过1.5亿人次。2014年11月11日当天，保单数超过1.5亿件，保费超过1亿元。

据媒体报道，截至2015年5月，首轮私募股本融资已经进入收尾阶段。众安在线在香港路演的融资推介材料显示，首轮融资金额约为10亿美元，众安在线首轮融资估值高达90亿美元。

二 国外互联网保险发展

（一）美国

美国互联网保险业经过20多年发展，据统计目前有2.45亿人（占总人口的78%）使用网络，有71%的网民在网上购物，互联网成为开展经济活动的重要渠道。在保险方面，61%的美国消费者使用互联网进行相关保险产品信息的搜索，与2006年相比，这一份额增长了近38%。在美国，几乎每家保险公司都有自己的官网，在其官网上提供全面翔实的产品和服务信息，并可定制个性化的保险方案，提供人性化的购买流程。

美国互联网保险的营销模式主要有代理和网上直销两种。代理模式主要是通过与保险中介及兼业代理公司合作，依靠其广泛的网络覆盖面和大批的潜在客户群获得规模经济效应；网上直销模式有助于树立企业门户形象，帮助保险公司挖掘创新型的营销渠道和服务模式。

美国InsWeb公司是互联网保险代理模式的典范，成立于1995年2月。目前是全球最大的保险电子商务网站，每年有数以百万计的客户访问量。2011年12

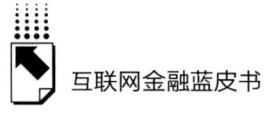

月，被 Bankrate.com 收购后，成为全球保险业规模最大的网络保险企业，主要为客户提供全面的保险产品对比信息和为代理人提供消费者的投保意向。

除以上两种模式外，美国市场上还存在一种仅在网上销售保险的公司，如 eCoverag，其主要在全球范围内提供汽车、轮船以及房屋的保险业务，客户直接在互联网上购买其产品。

（二）欧洲

在德国，信息产业发达，网销普及程度及市场规模世界领先，法律体系健全，推动互联网保险迅速发展。早在 2009 年，就约有 26% 的车险和 13% 的家财险是通过互联网完成销售的，而在短短的一年内，上述份额就上升至 45% 和 33%，德国互联网保险发展速度之快可见一斑。

英国的保险市场是世界上历史最悠久的，早在 2004 年，就大约有 41% 的车险业务和 26% 的家财险业务通过互联网完成。英国的互联网保险从 B2C 起步，之后 B2E 和 B2B 逐步发展起来。其中 B2C 模式大致经历了 3 个阶段：①保险公司官网普及率很高，利用官网发布详尽的产品和公司信息；②建立全新商业模式，创建门户网站和信息平台，实行反向拍卖；③公司和行业紧密合作，打破保险公司的壁垒，在同一页面展现多个品牌。近几年，英国的互联网保险发展势头很猛，互联网个人财险保费收入占个人财险总保费收入的比例，2000 年为 29%，2008 上升至 43%，而传统渠道销售份额在同期由 42% 下降至 29%。

意大利 KAS 公司建立了成熟完备的互联网营销服务体系，在网上提供产品报价、咨询和投保服务。

（三）亚太地区

日本人寿保险市场是世界上第二大保险市场，90% 的日本家庭拥有人寿保单，每个家庭的年均人寿保费支出在 45 万日元左右。

韩国的互联网保险仍处于成长初期，寿险网销约占 10%，非寿险网销约占 10.9%。值得一提的是，在线车险占到了车险总保费的 25% 以上。

韩国保险行业看好互联网车险的发展前景,积极创新营销渠道开展该项业务。

三 国内互联网保险发展

(一)国内互联网保险发展历程

1. 萌芽期(1997~2007年):各家保险公司开始设立门户网站

1997年底,我国首家保险行业第三方网站——互联网保险公司信息网诞生,并促成第一份网上投保意向书,正式开启了互联网保险的探索之旅。

2000年8月,太保和平安各自开设其官方门户网站。

2000年9月,泰康人寿开通"泰康在线"。

2005年,《中华人民共和国电子签名法》颁布。

2. 探索期(2008~2011年):电商平台的兴起促成保险市场的细分

阿里巴巴等电子商务平台的兴起和繁荣,促成互联网保险市场的细分,出现了一批以保险中介和信息服务为定位的保险经纪网站,如慧择网、优保网和向日葵网等。

2011年4月,保监会下发《互联网保险业务监管规定(征求意见稿)》,明确保险公司、保险专业中介机构开展互联网保险业务的资质条件和经营规则。2011年9月,保监会下发《保险代理、经纪公司互联网保险业务监管办法(试行)》,中国互联网保险逐渐规范、专业。①

3. 全面发展期(2012~2013年):商业模式和产品服务层出不穷

2012年,保险电子商务市场保费收入突破百亿元大关。

从2012年起,各家保险公司拓展其互联网保险业务的方式呈现多样性,有门户网站、保险中介网站、第三方电商平台等。中小型保险公司一般借助其他平台,而大型保险集团注重成立自有电商公司。

---

① 王松柏:《如何薅互联网保险的羊毛》,载《方正证券保险行业研究报告》,2014年7月3日。

2013年，国内首家互联网保险公司——众安在线财产保险成立，开始互联网保险责任和模式新的探索。①

4. 爆发期（2014年至今）：监管规范和政策红利促使互联网保险行业快速增长

2014年，保监会发布《关于促进人身险公司互联网保险业务规范发展的通知（征求意见稿）》，这是监管部门针对互联网金融行业的第一部指导文件。

同时，电子商务、互联网支付等相关领域的迅速发展也为互联网保险行业提供了产业及用户方面的强大支撑。

（二）国内互联网保险政策框架

1. 政策梳理

近年来，随着互联网保险业务的迅速发展，国家对互联网保险的发展给予了高度重视，并加大了政策支持，互联网保险政策环境利好（见表3）。

表3　2004～2015年互联网保险行业相关法律、法规和政策

监管单位	发布时间	监管法规	核心意义
国务院	2004年8月	《中华人民共和国电子签名法》	电子签名与手写签名或印章具备同等法律效力
中国人民银行	2005年10月	《电子支付指引（第一号）》	规范电子支付业务，防范支付风险，确保资金安全
公安部	2007年6月	关于印发《信息安全等级保护管理办法》的通知	规范信息安全等级保护的管理，提高保障能力和水平，维护国家安全、社会稳定和公众利益
商务部	2007年12月	《关于促进电子商务规范发展的意见》	就电子商务信息的传播、交易、支付、配送、保障等环节提出发展规划和意见
国家密码管理局	2009年10月	《电子认证服务密码管理办法》	规范电子认证服务提供者使用密码的行为
保监会	2009年12月	《保险公司信息化工作管理指引（试行）》	促进保险公司信息化工作管理，提高保险业信息化工作水平和运营效率

---

① 王松柏：《如何薅互联网保险的羊毛》，载《方正证券保险行业研究报告》，2014年7月3日。

续表

监管单位	发布时间	监管法规	核心意义
保监会	2011年4月	《互联网保险业务监管规定(征求意见稿)》	明确保险公司、保险专业中介机构开展互联网保险业务的资质条件和经营规则
保监会	2011年8月	《中国保险业发展"十二五"规划纲要》	大力发展保险电子商务,推动电子保单以及移动互联网、云计算等新技术的创新应用
保监会	2011年9月	《保险代理、经纪公司互联网保险业务监管办法(试行)》	明确了领域的进入门槛,规定相关公司开展互联网保险业务应当具备健全的业务管理制度和操作规范,并且注册资本不得低于1000万元等条件。此外还规定相关公司应当集中运营、集中管理,禁止从业人员通过互联网渠道以个人名义销售保险产品
保监会	2013年8月	《中国保监会关于专业网络保险公司开业验收有关问题的通知》	把设立独立的信息安全部门,具有保险业务全流程的电子商务系统和核心业务系统等应用系统、投保流程设置确认环节等作为专业互联网保险公司验收的补充条件
保监会	2013年12月	《关于促进人身险公司互联网保险业务规范发展的通知(征求意见稿)》	将成为保险监管部门针对互联网金融领域的首部规范性文件。规定了保险公司的经营区域,强调对网销的严格监管
保监会	2014年4月	《关于规范人身保险公司经营互联网保险有关问题的通知(征求意见稿)》	为促进并规范互联网保险发展,规范人身保险经营,维护市场秩序,保护消费者合法权益,就人身险公司的经营条件、风险监管等问题向业内征求意见
保监会	2015年2月	《关于深化商业车险条款费率管理制度改革的意见》	正式启动商业车险条款费率管理制度改革,在黑龙江、山东、广西、重庆、陕西、青岛6个省市启动改革试点。费率市场化改革后,保险公司拥有一定的定价权,可以根据自己的承保经验和经营情况进行调整,费率设计将更加灵活
保监会	2015年7月	《互联网保险业务监管暂行办法》	从经营原则、经营区域、信息披露、经营规则、监督管理等多个方面对互联网保险经营进行了规范

2. 政策解析

出台《保险代理、经纪公司互联网保险业务监管办法（试行）》的目的，一是防止保险欺骗等行为的发生。要求具有一定实力、达到进入门槛的保险代理公司、经纪公司与互联网站建立合作关系，并明晰权责，规范业务操作流程。二是加强消费者信心。监管透明度提高，监管部门会对外披露合规的保险代理公司、经纪公司及其合作网站，不仅增强了消费者对互联网保险的信心，也为消费者监督创造了有利条件。三是提升保险中介的服务质量。一些保险中介在大政策的指引下，结合自身集团化、规模化、网络化的发展优势，为发展互联网保险业务特供了得天独厚的条件。

《关于规范人身保险公司经营互联网保险有关问题的通知（征求意见稿）》重点制定了如下原则。第一，互联网保险不得向客户保证收益。人身保险公司须在产品销售页面显著位置，以不小于产品名称字号的黑体字标注收益不确定性，不得夸大过往业绩，不得向客户保证收益或者承诺承担损失。第二，跨区域销售要提示服务区域。保险公司在跨区域销售时要正式向客户指出服务区域并提示可能存在服务不到位的情况。互联网保险是新生的业态，在发展初期强化规范监管是正确的。

《互联网保险业务监管暂行办法》重点制定了如下原则。第一，明晰了互联网平台和保险公司的权责分布。一是核保、理赔、退保、投诉及客户服务等关键环节必须由保险公司直接负责；二是经营第三方保险业务的平台必须具有经营资格。第二，不准保险从业人员以个人名义经营互联网保险业务。互联网保险业务应由保险机构总公司集中运营。另外，有条件地放开部分险种如意外伤害险、定期寿险和普通型终身寿险的经营区域限制，但是高现金价值的人身保险产品如分红险、万能险等以及机动车险不得在未设立分公司的区域经营。对车险加以限制，是由于车险对售后服务要求很高，且高现金价值产品是近年来"营销误导"的重灾区，线上销售这些产品会加剧该问题的严重程度。第三，各家保险公司要在其网络平台明示一些重要信息，如承保保险公司的名称以及客户投诉渠道等,且能让客户方便容易地查到这些信息,绝对不可隐瞒、诱导消费者。第四,保险机构应加强信息安全管理,确保交易数据及信息安全。

互联网保险在我国还处于起步阶段,需要国家出台政策加以规范引导,为其发展创造健康良好的政策环境。国家对互联网保险行业的监管应坚持四条原则。第一,持鼓励和包容的态度,让市场在资源配置中充分发挥作用。第二,坚持底线原则。互联网保险没有规避保险行业的传统风险,而且创造出很多新型风险,因此更要建立风险防范的底线原则。第三,坚持一致性原则。线上线下的监管法规要统一,防止监管套利,要针对其网络特点及时扩大现有监管的范围。第四,坚持保护消费者权益的原则。明晰互联网保险公司的披露责任,提高产品透明度,切实保护消费者的知情权。

(三)国内互联网保险发展情况

1. 保费规模迅速扩大

2014年,互联网保险总保费收入共计858.9亿元,同比增长195%(见图3)。财产保险公司互联网业务累计保费收入达505.7亿元,同比增长114%,占产险累计原保费的6.7%,同比提高3.1个百分点。人身保险公司互联网业务实现保费收入353.2亿元,同比增长5.5倍,占人身险累计原保费的3%,同比增长2.3个百分点(见图4)。[1]

2. 经营主体增加

2014年,开展互联网保险业务的保险公司一共有85家,全年新增25家(见图5)。开展网络财险的公司共计33家,开展网络人身保险的公司共计52家,占整体人身险公司数量的70%以上。

3. 官网访问量显著提升

官网访问量突破18亿人次,同比增长约40%,日均访问量超过370万

---

[1] 中国保险行业协会:《2014年互联网保险行业发展形势分析》,2015年3月21日。

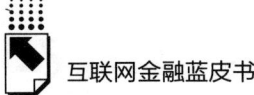

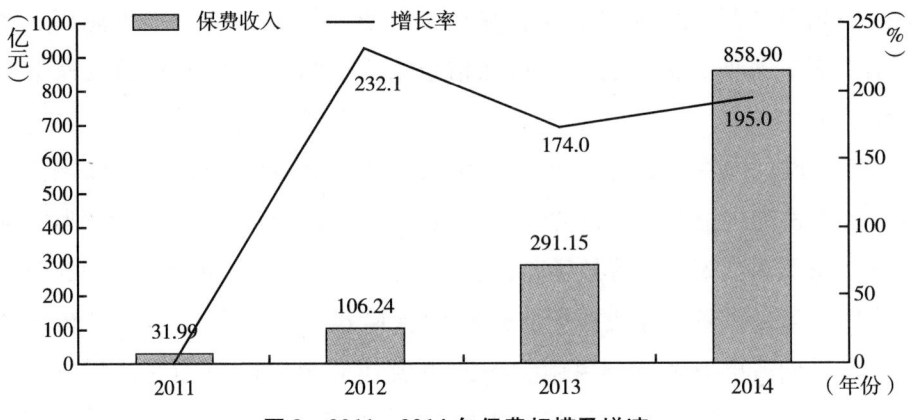

图3 2011~2014年保费规模及增速

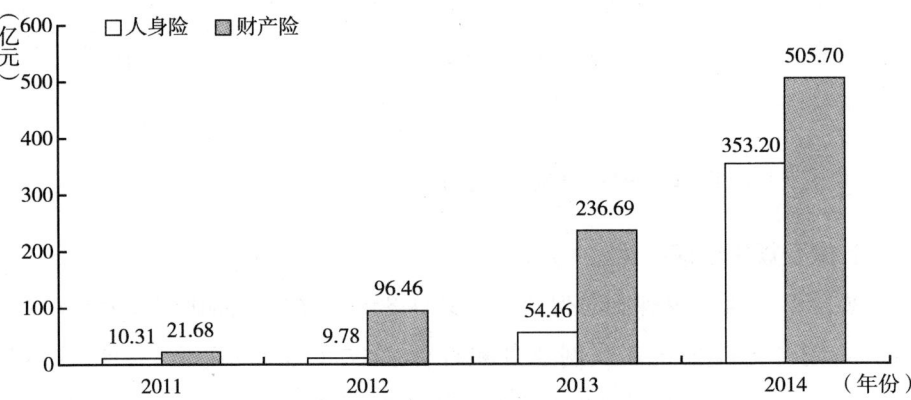

图4 2011~2014年互联网人身险和财产险增长情况

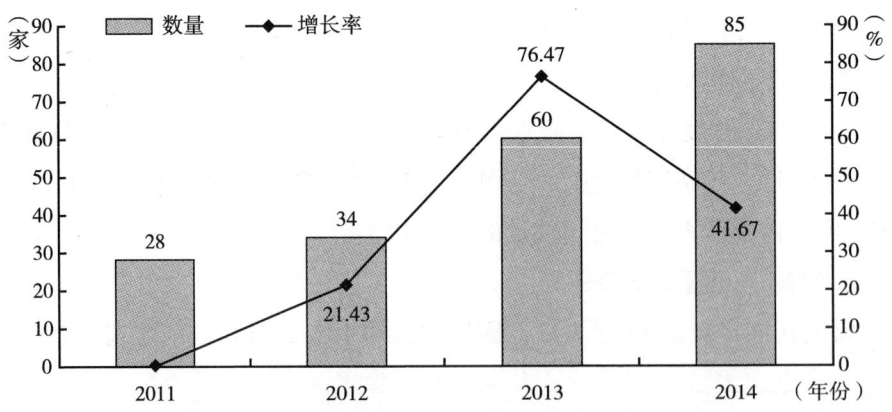

图5 2011~2014年经营互联网保险业务的公司数量

人次。其中,财险公司官网累计访问量为8.6亿人次,人身险公司官网累计访问量将近10亿人次。

(四)国内互联网保险发展特点

1. 财产险集中度高

人保财险和平安产险占网络财险的市场份额分别是50%和29%。在33家互联网财险公司中,有26家公司的市场份额低于1%。在互联网车险方面,这一特点更加明显。保费收入超过10亿元的5家公司——人保财险、平安产险、大地保险、太保产险和阳光财险,占互联网车险累计保费收入的97.8%。

2. 中小寿险公司踊跃开拓互联网人身险市场

为了突破传统销售瓶颈,中小寿险公司积极开拓互联网人身保险。在互联网人身险保费收入排前10名的公司中,中小寿险公司就占9名,以290亿元的保费收入拥有82%的市场份额。

3. 互联网保险产品单一化

互联网财险的主力军是车险,2014年互联网车险保费总收入为483亿元,占网络财险保费总额的96%,非车险业务仅占4%。互联网人身险的第一主力军是人寿保险,2014年互联网人寿险保费总收入为330亿元,占网络人身险保费总额的94%。其中,万能险保费收入为204亿元,占网络人身险保费总额的58%。以短期险为主的意外险是互联网人身险的第二主力军,2014年保费收入达18亿元,占网络人身保险总保费的5%。健康险占网络人身险总保费的1%。

4. 互联网产险和寿险渠道销售模式差异极大

2014年,经营互联网财险的保险公司通过官网实现保费收入456亿元,占互联网财险总保费的90%以上,通过第三方平台实现的保费收入仅占5%。经营互联网人身险的保险公司通过官网实现保费收入18亿元,占互联网人身险总保费的5%,通过第三方平台实现的保费收入为335亿元,占95%。

四 互联网场景下的保险产品

互联网保险的种类可以分为人身险、财产险以及因互联网而存在的创新型保险,互联网人身险主要包括那些容易网络化的险种,互联网财产险主要包括车险和家财险等。以上两种互联网保险(互联网人身险和互联网财产险)与普通的线下产品没有本质区别,最大的不同是将其放在互联网的环境中销售,本报告将其定义为营销阶段场景化产品。此外,因互联网而存在的第三类保险也是创新型保险,这类保险是专门针对互联网应用需求而产生的产品,比如淘宝购物的运费险、众乐宝等,本报告称这类保险为互联网需求场景化产品。

(一)营销阶段场景化产品

1. 简单的销售渠道网络化产品

渠道网络化是目前互联网保险的集中表现形式,简单说来就是线下产品线上销售。无论是传统人身险还是财险,都可以通过互联网的方式进行销售。从产品结构上看,车险、理财险和意外险是互联网销售的主要险种,其中,车险占据了整个互联网保险市场份额的一半以上(见图6)。

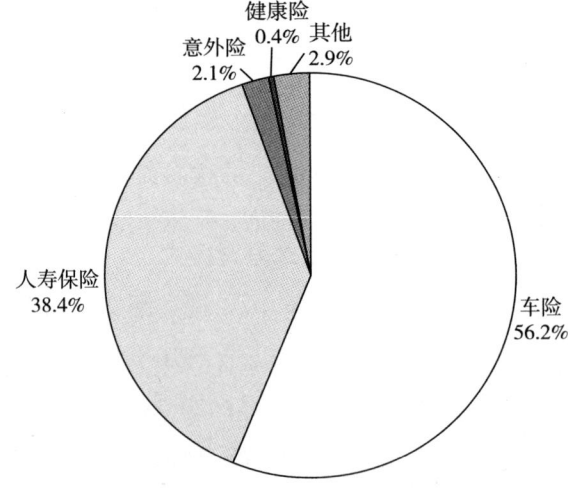

图6 2014年中国互联网保险的产品结构

能够实现渠道网络化的产品主要具有如下特点。其一，保险条款简单清晰，易标准化，客户可以轻松、迅速地掌握保险产品的内容。最典型的产品就是车险。其二，保费低。保费越低，客户越容易接受，也就越容易达成交易。这就是短期理财险网销量大，而长期寿险这种高价值的产品网销量小的原因。其三，交易便捷。主要指支付方面，目前第三方支付技术的日趋成熟为互联网保险的迅速发展提供了强有力的支撑。2011~2014年财产险、人身险网销收入见图7。

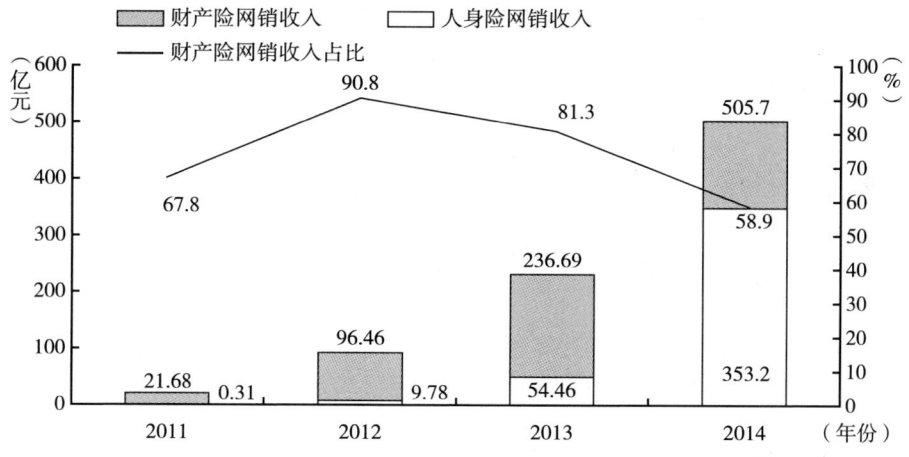

图7　2011~2014年财产险、人身险网销收入

2. 营销场景化产品

互联网交易不仅能够满足消费者主体的消费需求，还可以衍生出其他需求。比如，在携程网上捆绑销售意外险。携程网是一家专业的旅行类网站，提供网上预订机票和酒店等服务。在正常交易环节中，客户并不一定需要旅行意外险，但是在互联网场景中，客户在正常交易过程中会收到购买旅行意外险的提示，从而激发消费者的这部分需求。

（二）需求场景化产品

1. 退货运费险

基于淘宝购物场景开发的退货运费险，每单保费只要几毛钱，保障十几

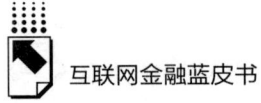

元的退货运费风险，填补了物流保障方面的空白。2014年"双十一"当天，该险种成交量为1.5亿单，保费收入近9000万元，创造了单日同一险种成交量的世界纪录。

2. 众乐宝－保证金计划

该计划是众安保险针对淘宝平台开发的信誉保证保险。参加淘宝网消费者保障服务的商家需要缴纳一定的保证金，这笔保证金被冻结在支付宝账户无法使用，而参加众乐宝－保证金计划的卖家，无须缴纳保证金，就可参加淘宝网消保服务，并获得最高可达20万元的信用额度。同类信誉保证保险产品还有众安保险专门为参加聚划算的商家而开发的"参聚险"。

3. 众赢宝

众赢宝是众安保险与网络投资平台赢众通和招财宝合作推出的保证保险，保障网络投资本息的安全。如果借款到期，资金借入方仍没有偿还投资人的本息，众安保险会自动理赔，补足差额，并对资金借入方展开追偿。

（三）大数据下的互联网保险

1. 大数据的定义和特征

大数据是指一个超大的、难以用现有常规的数据库管理技术和工具处理的数据集。大数据不仅是海量数据，而且含有丰富的非结构化数据，它会给人们的社会、经济和生活方式带来重大变革。

大数据具有大量（海量数据）、高速（快速的数据处理速度）、多样（数据类型繁多、复杂多变）等特征。

2. 基于大数据的保险精算创新

（1）从样本数据到全量数据。在大数据时代，数据不再单纯地依靠传统的调查方式获得，数字化为低成本地获取更多数量和维度的数据提供了可能。因此，保险精算即将进入全量数据时代。

（2）从内部（损失）数据到外部（风险）数据。一直以来，保险精算多是基于行业内部的数据，这些数据主要包括两种：承保的风险数据和理赔的损失数据。未来保险精算将越来越多地参照外部数据。这样不仅能提高保险精算水平,而且能为保险产品的创新提供数据支持。

(3)从历史数据到实时数据。长期以来,保险精算都是基于历史数据。但从实际情况看,历史数据的实效性差,容易造成预测和定价的偏差。在大数据时代,人们可以获得实时数据,基于实时数据的保险精算更加准确,并能定制相关的保险产品。

(4)从数据数量、质量到维度。目前状态下,数据维度有限,人们不得不收集大量的历史数据,以此来预测未来的趋势。在大数据时代,数据维度非常丰富,大大提高了保险精算的质量,从而淡化了对数据数量和质量的要求。

(5)从因果关系(为什么)到相对关系(是什么)。数据维度的丰富,使得人们可以借助相对关系预测未来,而这种相对关系的维度丰富,能够更为准确地刻画对象。

3. 基于大数据的互联网保险商业模式创新

(1)大数据实现产品和服务的细分化和个性化。运用大数据技术可以获得每个客户的海量数据,然后通过对这些数据的分析,捕捉到客户的行为模式和思维习惯,从而有针对性地提供定制化的产品和服务,并提高风险衡量的精准度。

(2)挖掘并引导大量保险需求。互联网作为一种新的商业模式会衍生出很多新的风险保障需求,包含网上财产损失保险、信用保险、责任保险以及网络交易场景中的各种保险需求。通过大数据技术,能够挖掘并引导这些新生的保险需求,进而有针对性地提供相应的产品和服务。

(3)供应链系统帮助企业拓展盈利来源。大数据的兴起扩大了企业的盈利空间。很多大型的电商平台开始涉足保险行业,如阿里巴巴、腾讯财付通、京东商城、苏宁易购等均建立了自有的保险板块。一些保险中介也成立了保险电商平台,提供保险咨询、方案定制、保险产品等服务。一些互联网公司,结合自身业务和客户资源,也建立了保险平台,如和讯网成立了"放心保"保险销售平台。

五 "互联网+相互保险"的融合机遇

长期以来,我国保险行业一直以股份制保险公司为主体,相互保险的法律定位没有明确,监管制度尚未建立。2015年1月23日,中国保险监督管理委员会正式发布《相互保险组织监管试行办法》,为保险业提供了新增长点。在互联网时代,相互保险被赋予更强大的生命力和竞争力,发展潜力不可估量。

(一)相互保险是国际主流的保险组织形式

相互保险是"具有同质风险保障需求的单位或个人,通过订立合同成为会员,并缴纳保费形成互助基金,由该基金对合同约定的事故发生所造成的损失承担赔偿责任,或者当被保险人死亡、伤残、疾病或者达到合同约定的年龄、期限等条件时承担给付保险金责任的保险活动"。简言之,相互保险就是由被保险人以互助合作方式为自身提供保险。

相互保险制度起源于18世纪,早于股份制保险,目前仍然是全球保险市场不可或缺的重要力量,后金融危机时代相互保险占保险业的份额呈不断上升趋势。据国际相互合作保险组织联盟(ICMIF)统计,2013年全球相互保险保费收入达1.26万亿美元,总资产达7.8万亿美元,投保人/会员数达9.15亿人,相互保险组织约达5000家,员工达110万人。2007~2013年全球相互保险保费收入增长27.8%(同期保险业总体增长11.2%),其中相互制寿险保费收入增长26.7%(同期寿险总体增长3.8%),相互制非寿险增长28.8%(同期非寿险总体增长22%)。2007~2013年全球相互保险保费占保险业总体保费的比重从23.8%提高到27.3%,相互制寿险保费占寿险总体的比重从20.5%提高到25%,相互制非寿险比重从28.5%提高到30.1%。此外,相互保险在主要发达国家占比较大。2013年,美国相互保险保费占全部保险业保费比重为36.3%,日本为45.3%,法国为46.3%,德国为43.3%。同期,我国相互保险保费收入占比仅为0.3%,拥有具有巨大的发展空间。

与股份制保险相比，相互制保险具有鲜明的特点和独特的优势。第一，相互保险组织没有外部股东，投保人即会员，具双重身份，共享公司经营盈余，投保人和保险人利益一致。第二，相互保险组织是非营利组织，会员互保共济，主要通过会员开展业务，经营成本较低，避免了利益损耗。直观来说，"保费≈经营成本＋股东利润＋保障"，相互保险可以降低成本，免除股东利润，因此缴纳同样保费可以获得更高的保障。第三，相互保险主要提供保障型产品而非投资型产品，可以发展面向中低收入人群和高风险领域的险种，发展有利于会员长期利益的险种，回归保险本质，实现支撑实体经济和改善民生的功能。第四，相互保险对外部融资的依赖程度低，受外部经济冲击较小，在金融危机中表现出比股份制公司更强的风险抵御能力，发展更为稳健。综上所述，相互保险可以发挥降低保险业成本、扩大保险覆盖面、维护金融稳定等重要功能，推动我国保险业转型升级和持续健康发展。

（二）"互联网＋相互保险"融合发展潜力巨大

相互保险虽然有诸多优势，但也有一些不足制约其发展壮大。第一，过去相互保险组织、会员、潜在会员之间信息沟通速度慢、成本高，难以实现跨越式发展。第二，没有股东制衡，会员力量分散，容易产生管理层的控制问题。而"互联网＋"时代的来临，特别是近年来移动互联网和智能设备的普及，为此提供了有效的解决方案。

借助互联网，人们通过APP、淘宝、微信等方式可以随时随地便捷地查看相互保险组织的保险产品，进行投保以及获取理赔等，经营效率大大提高，成本费用显著降低，边际成本甚至趋于零；借助互联网，相互保险组织及其会员可以低成本、无边界地快速营销其保险产品（特别是口碑传播），相互保险组织可以为会员提供健康信息推送和咨询等增值服务，构建更为紧密的社群化关系；借助互联网，相互保险组织能够实时向会员、监管机构和社会披露信息，接受会员及各方监督，会员还可以借助社交网络和社群工具更便捷地联合起来，促进组织治理的优化。

今天，相互保险制度的引进和移动互联网技术的变革，带来了千载难逢的发展机遇。互联网互通共享，相互保险互助共济，"互联网＋相互保险"是技术优势和制度优势的完美结合。以互联网为平台，构建共保体系，让更多的人以更低的成本享受更好的保险保障，有利于发挥保险社会稳定器的作用，实现普惠金融。"互联网＋相互保险"优势互补，深度融合，与时俱进，创新发展，定能实现"人人为我，我为人人"的保险宗旨，让生活更美好。

专栏3 互联网互助保险 Friendsurance[①]

2010年，Friendsurance 公司在德国柏林成立，该公司采用一种全新的保险模式，具有共同保险需求的参与者，以会员的身份"自组织"在一起，相互分担同类风险损失，保险费用相对较低。

公司的理念是"我为人人，人人为我"。这种保险模式的具体运营方式是：用户在 Friendsurance 公司网站上创建一个"安全网"（SafetyNet），同时可邀其网络社交圈的好友加入该安全网，限定人数15人。在该安全网内，任何一名会员发生约定保险范围内的损失，其他会员将按照约定的标准对其赔偿，如20欧元/人。同时，约定该安全网的赔偿基金上线，如20欧元/人×15人＝300欧元，如果风险损失赔偿数额超出该基金上限，则超额部分将由 Friendsurance 承担。

如图8所示，Friendsurance 公司的这种运营模式，可以处理日常生活中经常发生的而理赔额度较小的繁杂事故，而这一类事故是传统保险公司不愿承保的，因此，其更好地满足了用户的保险需求。该公司吸引用户以这种大量小团体的形式通过互助合作的方式完成小额理赔。同时，以朋友圈好友的关系来抑制保险的道德风险，所以，能以更优惠的价格提供同样的保险产品和服务。从实际情况来看，虚假索赔案件大幅减少，用户可节约50%的保费，部分团体能节约70%。

---

① 摘自《国外网络保险的发展经验》，http：//www.docin.com/p－1154126941.html。

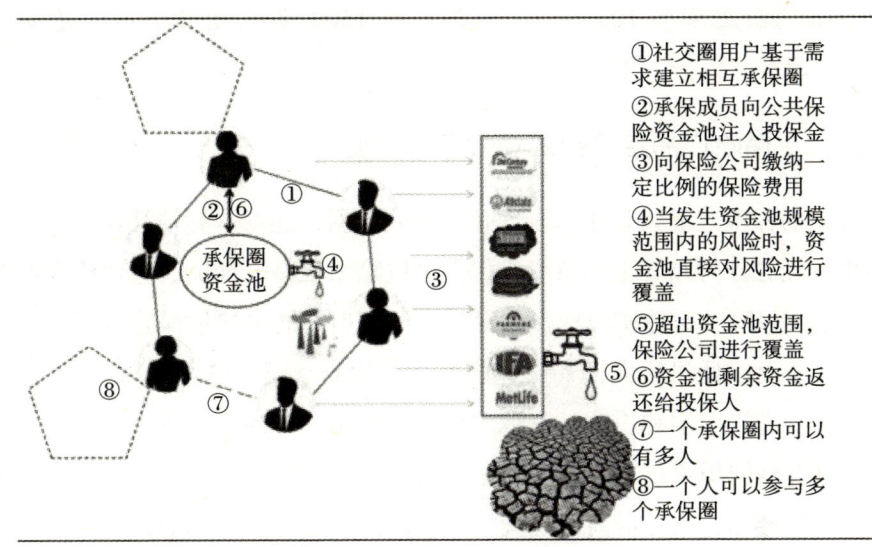

图 8　Friendsurance 运营模式

六　互联网保险发展展望

互联网时代,保险行业将在销售和服务渠道、定价和可保风险范围等方面发生较大的变化,互联网与保险的融合将逐渐深入,推动保险进入新阶段。

(一)保险销售渠道将发生重构

随着我国电子商务的深入发展和互联网消费习惯的不断加强,保险产品将成为电商销售的一个重要品类。相较传统的代理人渠道和银保渠道,互联网渠道能够快速、低成本地接触海量潜在客户,获取客户的成本大大降低。在产险领域,海外主要成熟保险市场的车险网销比例较高,网销有较大发展空间已成为共识;在寿险领域,我国简单理财型保险占比较高,也适于互联网销售。保守估计到2020年,我国互联网保险保费规模可达到3000亿元(渠道渗透率为8.5%),其中财产险可达1400多亿元（渠道渗透率为10.2%），寿险可达1500多亿元（渠道渗透率为7.4%）①。

（二）保险产品定价模式将会发生改变

传统的保险产品设计是基于固化的经验数据，建立一套精算模型进行费率定价。而在保险市场上，每个投保人的风险水平是不同的，高风险人群更倾向于购买保险，这种逆向选择会提高承保成本，最终导致保险公司提高保险价格，从而使低风险人群购买保险变得不划算。而互联网会对用户行为、交易数据等进行记录和追溯，车载远程信息系统、可穿戴设备、智能家居等可以帮助互联网积累维度更高的数据，基于此，保险产品设计和定价可实现差异化和精准化，同时提高保险理赔的准确性和及时性。例如，车险公司通过将驾驶员习惯等数据应用到定价中，可提供使定价更具可信度的UBI产品。

（三）保险覆盖的风险范围迅速扩大

由于运营成本较高，传统保险主要对损失较大、个体不可承受的风险进行承保。在互联网时代，投保理赔全流程成本可以降到极低的水平，因此许多损失不大、个体可承受的风险也可以被承保。比如众安在线推出的网络购物退货运费损失保险和航班延误险，完全互联网化和自动化，几乎不需要人工成本。因此，互联网时代可保风险的范围大大增加，在理论上甚至可以说，当保险的成本低到可以忽略不计时，几乎所有的风险都可以被承保。保险的本质是风险的转移和分摊，因此未来的保险市场将演变成一个领域全覆盖、承保和投保交织、规模巨大的风险自由交易市场。

---

① 王松柏：《如何薅互联网保险的羊毛》，该研究报告的预测剔除了短期高收益率理财型产品，并基于以下假定：（1）行业财产险和寿险保费2014~2020年CAGR分别为12%和10%（不考虑重大政策影响）；（2）基于2013年前3个季度全行业车险电销、网销渗透率分别为18.2%和4.3%，假定至2020年车险网销渗透率为8%；（3）考虑寿险公司意外险和健康险多为附加险，假设10%的意外险和20%的健康险附加在网销传统寿险或单独销售（主要是重疾险）；（4）传统寿险（主要是定期寿险、终身寿险等）、家财险、短期意外险至2020年以网络为销售渠道。

总而言之,在"互联网+"时代,保险业将发生重大变革,不可阻挡。今天,互联网对保险业的影响才刚刚开始,以众安在线为代表的互联网保险还没有进入传统保险业务领域。这或许是一场不对称的战争,以占财产险比重超七成的车险为例,掌握大数据资源的互联网车险可能会对传统车险公司产生重大打击。不久的将来,不能顺应技术潮流尽快实现互联网化的保险企业可能会逐步丧失市场竞争力,其市场份额会渐渐萎缩。正如历史上的蒸汽动力对畜力,计算器对算盘,数码相机对胶卷,虽然可能不是100%替代,却是压倒性的和不可阻挡的。

参考文献

[1] 顾建国、田明华:《互联网保险刚刚起步,行业发展大有所为》,载《光大证券研究报告》,2015年2月9日。

[2] 胡又文:《互联网保险:大风起兮狂飙突进》,载《安信证券研究报告》,2015年3月24日。

[3] 胡又文、吕伟:《商业车险费率市场化改革正式启动互联网保险再迎政策利好》,载《安信证券研究报告》,2015年2月8日。

[4] 缴文超、刘欣琦:《互联网保险:渠道之争还是模式之变?》,载《平安证券研究报告》,2014年4月9日。

[5] 缴文超、罗晓娟:《互联网保险方兴未艾,渠道之争衍生模式之变》,载《平安证券研究报告》,2015年3月27日。

[6] 刘俊:《点评互联网保险业务监管暂行办法:以规范促发展,线上业务突破区域约束》,载《长江证券研究报告》,2014年12月10日。

[7] 毛军华:《互联网保险:中小公司能否逆袭》,载《中金公司证券研究报告》,2015年3月19日。

[8] 瑞士再保险集团:《数字化保险分销模式:一场无声的革命》,2014。

[9] 王和:《大数据时代保险变革研究》,中国金融出版社,2014。

[10] 王松柏:《如何薅互联网保险的羊毛》,载《方正证券保险行业研究报告》,2014年7月3日。

[11] 中国银河证券股份有限公司:《成都三泰控股集团股份有限公司重大资产购买预案(修订稿)》,2015年3月6日。

[12] 《国外网络保险的发展经验》,http://www.docin.com/p-1154126941.html。

[13] 中国保险监督管理委员会网站：http://www.circ.gov.cn/web/site0/。
[14] 中国保险行业协会网站：http://www.iachina.cn/。
[15] 中保网：http://www.sinoins.com/zt/node_1403.htm。
[16] 众安在线官方网站：https://www.zhongan.com/。
[17] 中国保险行业协会：《互联网保险行业发展报告2014》，中国财政经济出版社，2014。
[18] 中国保险行业协会：《2014年互联网保险行业发展形势分析》，2015。

案例篇
Case Study

B.11
传统 IT 企业向互联网金融转型案例分析

摘　要： 本报告对传统 IT 企业向互联网金融转型的相关案例，从银行 IT 企业、证券与基金 IT 企业、其他 IT 企业 3 个方面进行了简要分析，试图探究传统 IT 企业发展互联网金融的主要路径和模式，为市场创新提供标本。最后，报告还对互联网金融企业的估值方法进行了分析，为把握互联网金融产业的发展前景提供思路。

关键词： 传统 IT 企业　互联网金融　转型

一　传统 IT 企业借互联网金融实现转型

根据传统金融企业与互联网结合程度的不同，可以将 IT 在传统金融企业中的地位分为 3 个层面（见图 1）。

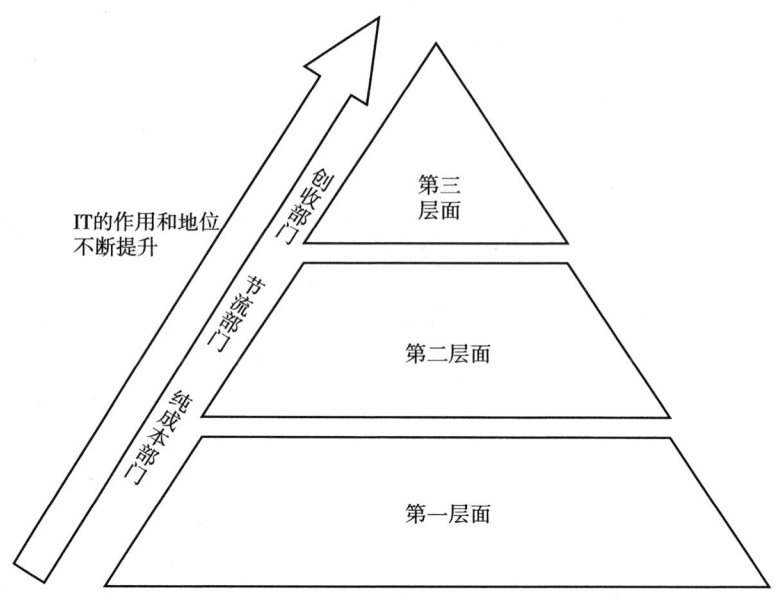

图1 金融行业中IT地位的3个层面

在第一层面，IT在传统金融企业中是一个纯成本部门。在这一层面，IT的作用只是改变了金融企业业务的形态，但并没有改变其业务的流程与本质。以网上银行为例，其实质是通过IT技术把原本的依靠纸质流程转化为电子化流程，把实体的形态（网点）转化为虚拟的形态（网银）。在此类金融企业中，IT部门只有支出没有盈利，因此容易被边缘化，无法得到重视。

在第二层面，IT在传统金融企业中是一个节流部门。通过互联网和软件对金融传统流程进行流程再造，可以节省金融企业的内部运营成本。以流程银行为例，以流程为核心，通过对组织流程、管理流程及柜台业务流程进行重构，改造商业银行现行的柜台业务运营模式，将耗费网点前台大量时间和人力的部分业务及会计账务处理工作集中到总行或区域作业中心，以实现后台流水线作业，提高银行的运作效率，提升客户体验，改善服务水平，实现成本节约与规模效益。在此类金融企业中的IT部门，话语权有所提升，但仍然扮演边缘角色。

在第三层面，IT在传统金融企业中是一个创收部门。以互联网为手段吸引客户，实现创收。以余额宝为例，其于2013年6月上线，上线仅18天规模即达到66亿元，上线6个月规模接近2000亿元，平均每月涨幅近100%，天弘基金因此一跃成为资产管理规模最大的基金公司。货币基金并非天弘首创，但与互联网相结合的货币基金所爆发出来的能量，绝非靠天弘基金一己之力所能完成，真正在其中发挥主导作用的是互联网公司阿里巴巴。2015年2月，阿里旗下蚂蚁金服成为天弘基金的控股股东。由此可见，在这样的金融企业中，IT部门的话语权直线提升，变成彻底的主角，而传统的金融部门反而变成了配角。

随着互联网对金融行业改造的不断深化，金融机构中IT部门的地位不断提升，传统金融IT企业的地位也随之发生深刻变化，不少金融IT企业从单纯的IT提供商向金融服务平台商转型。在IT企业建立的金融服务平台上，汇集了多家金融机构，平台的主导地位逐渐凸显，原本在商业关系中处于乙方地位的IT企业的角色重要性也得到提升，实现了"乙方的翻身"。

二 银行IT企业转型案例

随着2013年7月20日我国金融机构贷款利率的全面放开以及上海自贸区中无管制利率的确立，我国的利率市场化改革进入了一个新的阶段。李克强总理在2015年政府工作报告中明确提出要推出存款保险制度，央行行长周小川也表示，利率市场化将在两年内实现。我国利率市场化改革的深入，将会给我国商业银行带来严重冲击和巨大挑战。相较于大型国有银行，中小商业银行存在中间业务发展相对落后、品牌竞争力弱、网点少、资产规模小、资产管理及产品设计能力差、运营效率低下、过于依赖利差收入等问题。实施利率市场化后，中小商业银行明显受到巨大冲击，处于弱势地位。这不仅体现在利润倒挂、净利差收窄，更表现为受到大型商业银行、金控集团及互联网金融企业的竞争和挤压，中小银行面临巨大的挑战。因此，中小银行对第三方互联网金融的转型服务需求迫切。

（一）中科金财

1. 主营业务及优势

中科金财以"互联网金融综合服务及智能银行整体解决方案"为核心，稳步推进数据中心、IT 服务管理等业务协同发展，依托公司的市场、客户、技术优势，加速布局互联网金融领域，积极拓展互联网银行、金融资产交易、资产证券化、资产管理、供应链金融、征信等互联网金融综合服务，是我国领先的银行 IT 解决方案提供商。中科金财目前在智能银行、银行影像、票据自助处理、流程银行、银行印鉴识别、手机银行、银行电子商务、IT 服务管理等领域均位居前列。

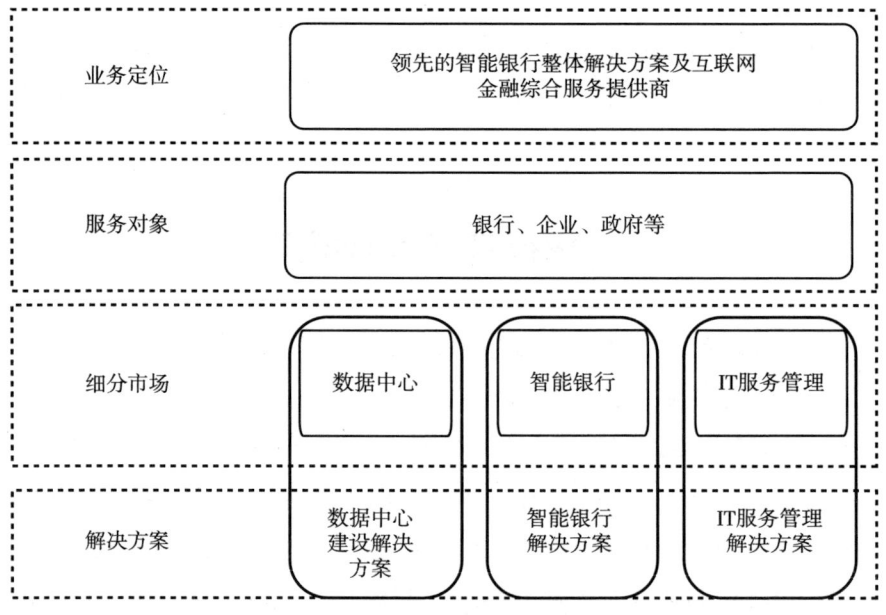

图 2　中科金财是领先的银行 IT 解决方案提供商

在技术实力上，中科金财是多项国际、国家、行业标准的制定者，市场竞争能力突出。公司主持了下一代银行监管报表 XBRL GL 国际标准中国部分制定工作；主持了票据自助柜员机终端规范金融行业标准的制定工作，参与了信息技术服务国家标准以及下一代银行监管报表 XBRL 国家标准的制定，参与了银监会银行监管报表 XBRL 扩展部分、工信部 ITSS 咨询、金标委、银联互联网手机支付、工信部电子商务服务企业分类规范、全程电子商务的体系结构规范等行业标准的制定工作。截至 2015 年上半年，公司拥有 70 项专利，167 项软件著作权证书。

在业务能力上，中科金财是目前国内为银行提供互联网转型服务能力最全面的公司之一，银行领域业务收入领跑同类上市公司。2015 年上半年，中科金财仅在智能银行解决方案方面即实现收入 2.73 亿元，高于同类公司长亮科技、银之杰、安硕信息 2014 年全年的营业收入。

在客户资源上，中科金财长期以来为 460 多家商业银行及客户提供智能银行及互联网转型综合服务，拥有银监会、证监会、人民银行、银行间交易商协会、银联、支付清算协会等高端客户以及工商银行、中国银行、交通银行、建设银行、中信银行、华夏银行、民生银行等多家高端商业银行客户，能够为银行客户提供包括管理咨询、业务流程再造、多渠道整合、网点转型、移动支付运营外包、数据中心建设、大数据分析、金融机具制造、自助网点运营外包、金融互联网运营外包等全业务链的综合服务。以客户为中心的经营理念以及丰富的行业经验，使中科金财能够深刻地理解中小商业银行在利率市场化、资产证券化转型过程中的需求，为其开展互联网金融业务奠定重要基础。

在人才培养上，中科金财历经 10 年积极探索，建立并推行了"阿米巴多层级合伙人经营责任制"。将内部划分为多个独立经营体，各经营体管辖 2~3 条业务线，通过建立与市场直接联系的独立核算制进行运营，在品牌、财务方面与公司保持统一，拥有对业务线的人事任命、资金支配权。经营体系由各级合伙人组成，合伙人持有部分经营体的股权，并有望转换为上市公司股权，与公司利益高度一致。人才是 IT 企业及金融企业的核心，是技术、资源、创造力的集中体现。中科金财独创的多层级合伙人制打造了合作共赢的内部人才生态圈，实现效率、激励和创新齐头并进，已成为其高速发展的核心竞争能力。

2. 转型方向

（1）中小银行云平台。在利率市场化改革逐步深入、民营银行管制放开、互联网金融跨界竞争的背景下，商业银行将面临利润缩水、行业内竞争压力加大、传统盈利模式岌岌可危等巨大挑战。目前资产规模在3000亿元以下的中小商业银行约有3000家，这部分中小商业银行由于客户资源较少、优质资产资源缺乏、资金实力较差、抗风险能力较弱、营销实力薄弱等特点，在利率市场化后将首先受到冲击，面临前所未有的生存危机，转型需求日益迫切。对此，中科金财建立中小银行云平台，以第三方的身份整合资源，拓宽中小银行的投融资渠道，从而构建互联网银行生态圈。中小银行云平台具有以下优势：①独立第三方切入，规避同业竞争；②公司深耕银行IT领域多年，具有雄厚的业务实力，能够建立为银行全面服务的互联网平台，助力中小商业银行降低运营成本，拓宽投融资渠道；③构建互联网银行生态圈，各层级商业银行流动性互通，各取所需；④对接优质资产，解决中小商业银行优质资产资源缺乏问题。

2015年3月，公司与华夏幸福、廊坊银行签署《战略合作框架协议》，合作打造互联网金融产业园、互联网银行生态圈，在产业链融资、供应链融资等领域展开合作，拓宽企业投融资渠道，有助于加快公司在互联网银行等领域的推进速度。

（2）互联网金融资产交易平台。公司通过一系列战略投资，同时对接互联网银行云平台资源，在互联网金融资产交易平台的平台、资产、资金、风控等方面积累了大量优势资源，有利于互联网金融资产交易平台的建立及相关业务的开展。

在平台方面，公司增资持有大连金融资产交易所20%的股权、安粮期货40%的股权。大金所是经国务院批准成立的金融资产及相关产品交易平台，致力于为政府、企业提供多元化投融资渠道。安粮期货主要从事期货经纪、基金销售、资产管理等业务，具有资产管理、风险管理、基金销售、金融衍生品交易、期权股指期货、期货经纪等创新型业务的资格，与中科金财的互联网金融战略具有高度的协同效应。资产交易平台和银行云平台对接

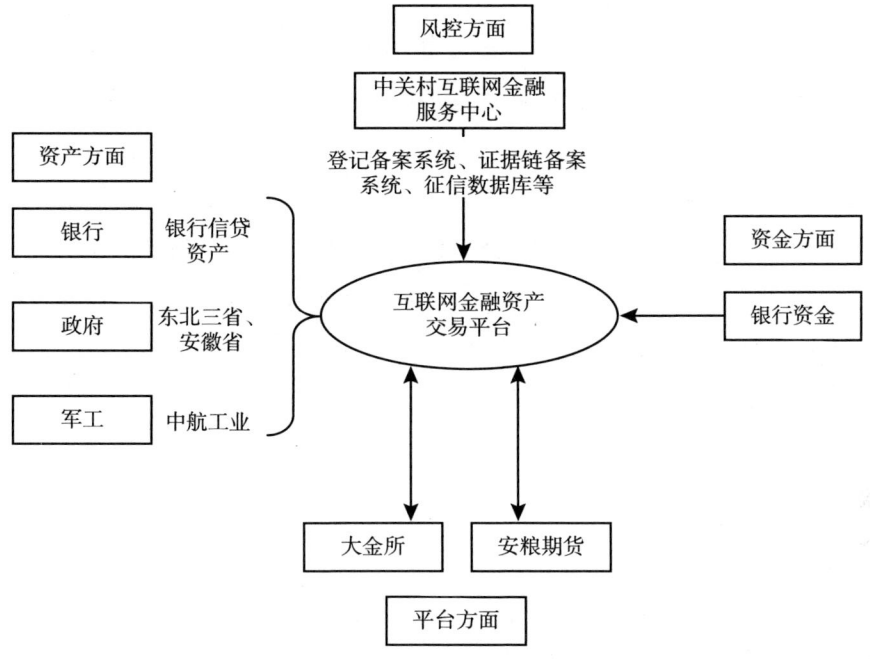

图 3 中科金财的互联网金融资产交易平台

后,上述业务资格可帮助公司开展金融资产交易、资产管理、资产证券化等互联网金融综合服务。战略投资大金所以及安粮期货可助力各类机构提升金融资产处置的价值和效率。

在资产方面,掌握政府、银行、军工等领域的资产资源,提供充足资产支持。在政府领域,战略投资大金所、安粮期货,对接东北三省以及安徽省的政府端资产;在银行领域,承接互联网银行云平台内众多中小商业银行的信贷资产;在军工领域,与中航资本签署《战略合作协议》,切入中国航空工业集团公司约8000亿元资产。

在资金方面,对接银行云平台,提供充足资金支持。互联网银行云平台上的中小商业银行持有大量资金,可投资于互联网金融资产交易平台上的优质资产,获取收益。据央行披露,全国中小商业银行2015年6月资金来源合计约达71万亿元,如按15%的比例购买资产,则可提供高达10万亿元的购买力。

在风控方面,战略投资中关村互联网金融服务中心15%的股权。中关村互联网金融服务中心拥有监督管理、综合服务、创新孵化三大服务平台,包含合格互联网金融机构评审体系、登记备案系统、证据链备案系统、征信数据库、科技金融增信系统等服务内容。目前中关村互联网金融服务中心已与拉卡拉、天使汇、人人贷等平台代表备案签约,并与工信部赛迪智库互联网研究所、互联网经济杂志社、中技所知识产权服务集团、中关村互联网金融研究院等达成战略合作意向。上述业务的展开,有助于公司征信、风险管理等业务的开展,与公司的互联网金融资产交易业务高度协同。

(二)长亮科技

1. 主营业务及优势

长亮科技是全方位的金融信息化服务提供商,为商业银行等金融机构提供包括管理类、渠道类、互联网金融类以及业务类系统在内的整体解决方案,是目前国内产品线最全的公司之一(见图4)。除此之外,长亮科技已经开始向中国互联网巨头腾讯牵头成立的前海微众银行提供信息化服务,并在2015年2月正式向百度金融提供金融信息化解决方案。

在技术实力方面,长亮科技的主要核心技术全部出自公司的原始创新(见图5)。目前,长亮基于此类核心技术进行产品研发,已经取得56项软件著作权和48项软件产品认证,涵盖三大类银行IT软件系统领域。其基于当前国家信息安全战略研发的互联网银行分布式架构核心业务系统,能够解决信息安全自主可控的问题,已经在前海微众银行核心业务系统得到应用。

在客户资源方面,截至2014年,长亮科技的客户累计达118家,遍布全国27个省、自治区和直辖市,产生了极强的辐射效果与示范效应(见图6)。长亮科技立足于城市商业银行这个客户群体,同时逐渐拓展在农村商业银行以及全国性股份制商业银行的市场份额,客户数量逐年递增,2014年新增19家客户。

传统 IT 企业向互联网金融转型案例分析

业务类系统解决方法	管理类系统解决方案	渠道及互联网金融类系统解决方案
・核心业务系统 ・JAVA版核心业务系统 ・国际业务系统 ・柜面系统 ・二代支付系统 ・信贷业务系统 ・个人消费信贷系统 ・信用卡业务系统 ・现代化支付系统 ・支付清算平台参数配置监控系统 ・代理业务管理系统 ・中间业务系统 ・事后监督系统 ・……	・商业智能系统 ・反洗钱系统 ・金融报送系统 ・非现场监管系统 ・综合监管系统 ・个人征信系统 ・企业征信系统 ・绩效管理系统 ・信用评级系统 ・财务管理系统 ・资产负债系统 ・票据管理系统 ・客户关系管理系统 ・风险管理系统 ・……	・综合前置系统 ・银联卡系统 ・联名卡系统 ・公民身份验证系统 ・第三方存管 ・国库系统 ・网上银行系统 ・网银跨行清算系统 ・私人银行系统 ・电话银行系统 ・手机银行系统 ・……

图 4 长亮科技的主营业务

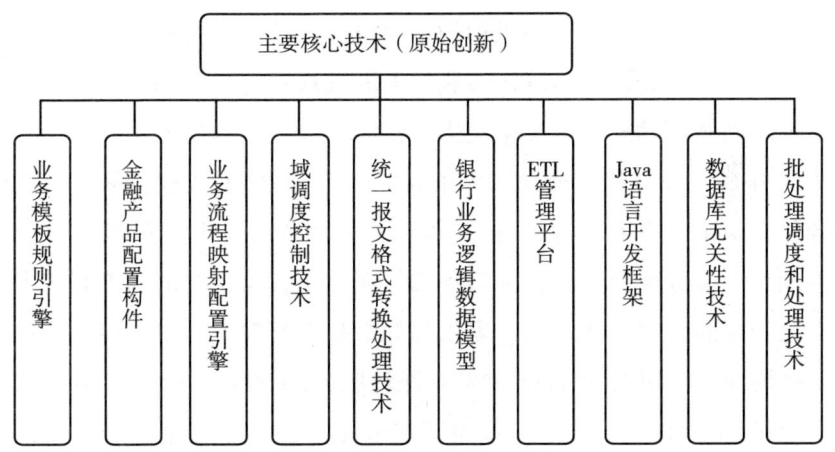

图 5 长亮科技的主要核心技术

2. 转型方向

面对互联网金融大潮，长亮科技的转型主要集中在两个层面。第一个层面是立足银行信息化业务，向互联网金融信息化技术拓展；第二个层面是以

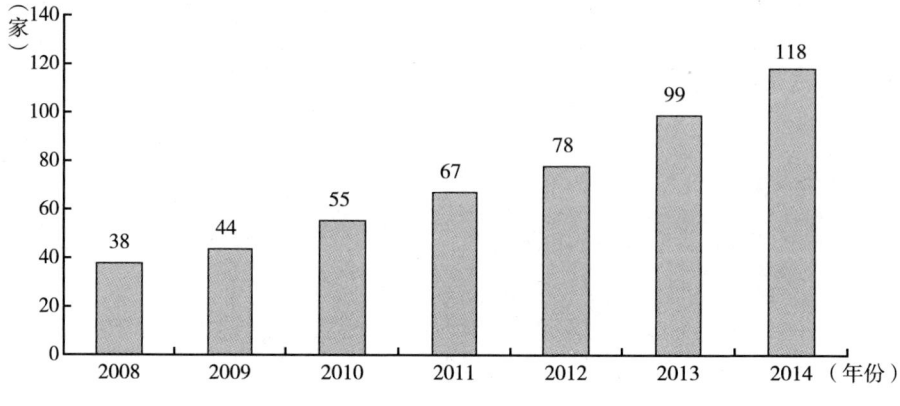

图6　长亮科技2008～2014年客户数

银商资讯以及新成立的子公司为孵化器，推动互联网金融方面业务的发展。

基于国家信息安全进行的信息行业国产化是一个不可逆的国家战略，2014年已经在很多领域开始展开。信息行业国产化结合国内现有的IT技术实力，再加上互联网基因所催生的金融行业信息化IT分布式架构的模式与方向，将成为很多中小型金融机构的重要选择，长亮科技在这个方面已经提前布局，占有发展先机。与腾讯参股的前海微众银行进行的技术合作将成为与具有互联网基因的非传统金融机构合作的一个范本与切入点。

2014年底，长亮科技成功购入银商资讯31.63%的股权，从而进入商业机构预付费卡第三方IT运营领域，拓展了经营范围。银商资讯是目前国内最大的预付卡服务商，是预付卡服务的行业领导者与主要的标准制定者，其服务对象为华润万家、沃尔玛、家乐福等650多家客户，主要商户已占国内零售百强的30%，占零售百强中采取外包服务的90%，业务覆盖近4万家门店和超过21万台应用终端，每年新增卡账户超过1亿个，服务规模和市场占有率均长期保持行业第一。银商资讯2013年全年系统交易笔数达到5.6亿笔，经营能力在预付卡行业具有领先地位，且具备较强的持续增长力。在当前零售行业转型、互联网金融模式不断创新与向前推进的大背景下，新的支付手段将得到充分的实践，新的信用体系将逐步建立，新的融资渠道与方式将得到拓展，长亮科技可以通过银商资讯拓展市场空间与产品形态，进而渗透到与互联网金融有关的业务领域，如基于大数据的征信与小微贷、第三方支付以及其他互联网平台性领域。

此外，微众银行是全国首家互联网银行，其业务模式将完全不同于传统银行，依托大股东腾讯庞大的客户资源，微众银行有望成为全国客户量最大的银行。作为微众银行核心系统的承建商，长亮科技不仅将在技术环节取得一些开创性的突破，还将通过与微众银行的深入合作，积累互联网银行的发展经验，为其未来基于自身的技术和资源优势发展独立的互联网银行奠定基础。

（三）广电运通

1. 主营业务及优势

广电运通从事ATM的研发和制造接近20年，由广东省国资委控股的广州无线电集团于1999年组建。公司专注ATM制造，拥有完全自主知识产权的钞票识别模块（俗称的ATM机芯）。目前，公司产品线已扩展至清分机、智能交通自动售检票系统（AFC）、远程智慧银行（VTM）等领域。

在市场份额方面，广电运通市场占有率连续7年排名第一。根据《金融时报》的统计，广电运通的市场占有率2014年达到26.6%，已成为本土最大的ATM制造商（见图7）。同时，市场份额也稳步提升。市场占有率上的优势，为广电运通以ATM为入口进行转型奠定了基础。

2. 转型方向

互联网银行浪潮来袭，以ATM为代表的线下基础设施，同样是变革的一部分。作为本土最大的ATM制造商，广电运通有望基于领先的ATM制造和服务体系，打造中国金融基础设施运营平台，将商业模式从制造与服务模式向互联网运营模式转变，未来成为互联网银行时代的基础设施运营商。具体的转型路径分为两步，第一步是从ATM制造和运维转向金融全外包，第二步是从外包业务转向独立的第三方ATM运营商。

（1）转型第一步：从ATM制造和运维转向金融全外包。广电运通2015年定增37亿元，布局金融外包全产业链。其中，20亿元与4亿元自有资金建设总部和区域金融外包服务平台，即在广州和郑州等30个城市投资建设

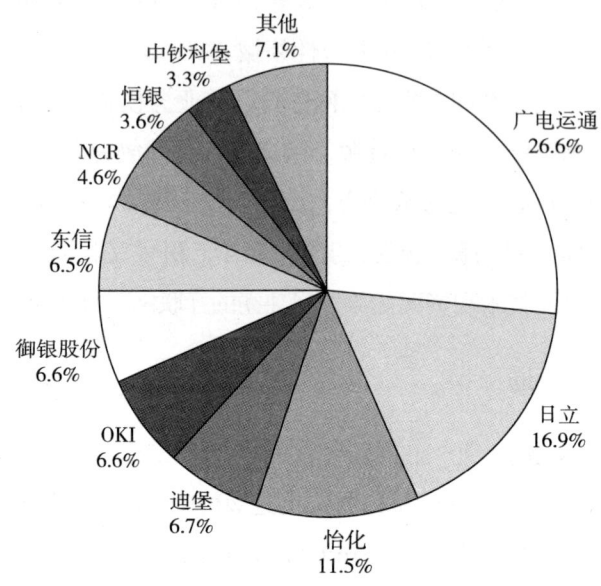

图 7　2014 年中国 ATM 市场份额

资料来源：《金融时报》。

金融外包服务平台，17 亿元补充流动资金，用于武装押运公司的投资。ATM 的核心是现金管理，而无论是现金预测、现金清分还是现金加钞，均以押运为载体。因此，安保押运是现金管理中非常重要的一环。武装押运公司一般属地级市公安局管辖，国家自 2009 年一直推动武装押运的改制，到 2014 年，公安部已派出督导组，加快押运的脱钩转制。而广电运通是唯一同时具备押运整合意愿、押运整合资本实力和国资控股条件的公司。广电运通的金融外包服务平台见图 8。

（2）转型第二步：从金融全外包转向独立的第三方 ATM 运营商。ATM 制造商从制造切入运营，再转型为独立第三方的发展路径，在海外已有先例。美国第一大独立第三方 ATM 运营商 CATM 即从上游的制造和服务体系切入，目前已拥有超过 7 万台 ATM，运营收入已成为其第一大营收来源。

广电运通依托制造和服务体系，从全外包切入打造全产业链的金融基础设施运营商具备决定优势。从大趋势看，这是由社会大分工所决定的。从小

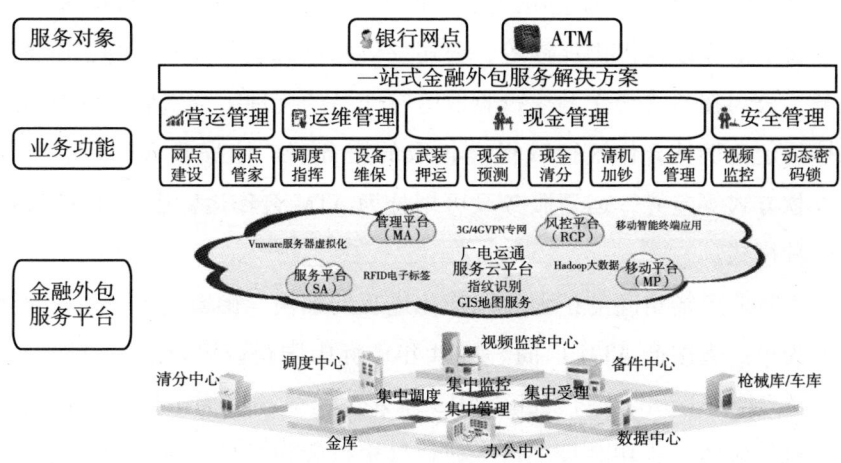

图 8　广电运通的金融外包服务平台

资料来源：公司官网。

趋势看，互联网银行浪潮和 ATM 运营类第三方牌照放开，有望加速这一趋势。目前，广电运通正在积极申请第三方支付牌照，拿到相关牌照后，基于 ATM 网络可演绎出多元化的盈利模式。

（四）御银股份

1. 主营业务及优势

御银股份成立于 2001 年，是一家专业研发、生产和销售金融自助服务设备及软件，并提供金融服务专业解决方案，致力于协助各种金融机构建立强大的金融交易网络的高新技术企业。目前，御银 ATM 设备产能和销售规模在国内 ATM 制造厂商中位居前列。

御银的主要产品为 ATM 自助设备，该产品主要销售给银行类金融机构，为银行类金融机构的客户提供自助式金融服务。

目前御银的主营业务主要包括 ATM 产品销售和 ATM 产品运营服务：①研发、制造、销售 ATM 设备及相关软件，产品主要包括 KingTeller 系列自动柜员机；②提供 ATM 运营服务。具体而言，公司与银行类金融机构共同建设 ATM 终端，银行类金融机构负责向中国银监会或其授权机构进行 ATM 网点报备、清算以及提供加钞等，公司提供网点选址、技术支持、设备维护等服务，公司在与之合作的银行收取跨行交易的代理手续费后，依照合作协议，按约定比例从合作银行取得应收取的服务费。依据收入确认、合作条件、收款方式等差异，运营服务又可划分为 ATM 合作运营服务和 ATM 融资租赁两种模式。

随着行业市场空间的扩大和国产化进程的加快，御银的市场份额不断增加，成为第二大国产 ATM 厂商。2014 年中标中国建设银行股份有限公司一体机及 ATM（国产）采购项目，2013 年末公司成功成为中国工商银行的自动取款机供应商。成功跻身工行、建行等银行金融机具主流采购市场，也使御银的技术实力得到认可。

通过多年来积累的经验和资源优势，御银培养了一批熟悉金融行业日常运行、经济运行特点和金融市场需求的高素质管理和业务人员。同时公司设有专门的技术研发中心，对互联网技术及云技术等信息技术具有一定的研发优势，能够确保互联网金融服务业务的健康、快速发展。

2. 转型方向

御银股份积极探索利用新技术、互联网，以及新模式对现有业务进行深入的革新和重构，在互联网金融、金融租赁、民营银行等领域进行了重要布局，建立立体金融服务生态体系。

2014 年 8 月设立全资子公司广州御银信息科技有限公司，主要对互联网金融企业进行投资，适时参与互联网金融产业基金的发起设立，稳步推进业务领域向互联网金融等新兴产业延伸发展，进一步拓宽和丰富了业务领域，为御银长期可持续发展打下了牢固基础，为御银整体长远发展创造了巨大空间。

参股南海金融租赁，将金融机具与金融打通，构建立体金融服务生态体系，能够根据所服务客户的不同需求，提供多种渠道的金融配套服务。此举既可拓展企业融资渠道，又可以延伸企业价值链，转变企业增长方式。

（五）安硕信息

1. 主营业务及优势

安硕信息的主营业务为向银行等金融机构提供风险管理、信贷资产管理领域的一体化 IT 解决方案，包括软件开发、维护、实施、业务咨询以及相关服务。目前公司主要有 4 类产品：商业智能系统、数据仓库、风险管理系统、信贷管理系统以及其他管理系统。

安硕成立之初，银行业信贷管理领域 IT 建设处于起步阶段，公司集中资源全力拓展这一新兴业务，具备了一定的行业先发优势。公司凭借对信贷管理行业的深刻理解，为后续逐步形成各项竞争优势打下坚实基础。

在客户基础方面，目前国内使用安硕信息产品和服务的客户超过 140 家，其中包括 9 家全国性股份制商业银行、2 家外资银行、70 余家大中型城市商业银行、5 家省级农村信用社联合社、30 家左右其他类型的农村金融机构、超过 20 家包括信托投资公司、财务公司、消费金融公司等在内的非银行金融机构和非金融机构。其产品和服务在全国性股份制商业银行和城市商业银行有较高的覆盖率，市场份额分别达到 75% 和 50%。

2. 转型方向

银行在服务中需要多种数据支撑，安硕为银行提供的数据服务包括征信和其他数据服务两大方面。在征信方面，安硕的征信业务子公司公司已获得营业执照，征信产品的开发也接近尾声，第一步先从企业征信切入，未来将申请牌照进入个人征信领域。征信数据主要通过技术手段从市场上公开取得并整理，或从第三方购买。其他数据包括房产数据、法律诉讼数据、舆情数据、工商数据等，通过云端实现数据的推送，目前已运用于部分银行和其他类金融机构。

安硕还提供云平台服务，针对小微金融机构，具体类型包括小贷云平台、供应链金融云平台等。针对小贷公司 IT 投入不足的问题，安硕的小贷云服务可以提供更低的年费和更多的增值服务。

此外，安硕成立了西昌安硕易民互联网金融服务股份有限公司，并准备成立征信公司，均从事互联网金融业务，其中征信公司主要做自助式普惠金融。同时入股凉山州商业银行股份有限公司，涉足银行业务，并进一步开展互联网金融业务。凉山州商行向互联网金融转型的优势在于，其全行总资产仅为205.74亿元，较小的规模使其转型的包袱较轻，转型成功的概率较大。

（六）信雅达

1. 主营业务及优势

信雅达是国内金融行业IT软件和服务提供商，具备近20年的金融IT行业经验，主营方向为流程银行、电子银行、安全银行、外包银行、信用卡业务、运营风控等产品的开发和服务。此外，公司有两大产品线，分别是以安全平台为基础的金融安全设备产品线和以支付平台为基础的金融终端设备产品线。

信雅达流程银行业务的技术实力及解决方案在国内名列前茅，市场占有率居于绝对领先地位，近3年国内城商行流程银行项目基本全由信雅达独揽。流程银行通过重新构造银行的业务、组织以及管理流程，改造银行的传统运营模式，形成以流程为核心的新运营模式，从而使银行效率提升，符合银行的业务转型趋势。流程银行业务具备很强的客户黏性，做完首期项目后客户一般会选择继续采用信雅达二期、三期服务。因此，信雅达凭借在流程银行领域的垄断地位，在整个银行信息化领域具备显著的优势。

2. 转型方向

2014年12月，信雅达公告拟收购科匠信息75%的股权。科匠信息是国内领先的企业移动应用开发商和移动战略服务提供商，自成立以来始终致力于为各类行业的客户提供基于移动应用的整体解决方案，实现客户由传统商业模式向移动互联网时代下的新型商业模式的转型与创新。通过"蓝色互动"和"微匠"两个品牌，对移动应用领域内不同类型的客户提供差异化的移动应用开发及移动战略服务，截至2014年底，上线的不同平台移动应用产品约有1000款，覆盖电商、互联网金融、在线教育、餐饮娱乐、酒店旅游等领域，在国内企业级移动应用开发领域具有较高的品牌知名度和领先的行业地位。

结合科匠信息领先的技术与自身丰富的客户资源，信雅达不仅将提升在移动互联网领域的竞争力，还将通过移动互联网发展出新的互联网金融业务形态。具体而言，信雅达可以利用"微匠"和"蓝色互动"平台上积累的企业和用户数据，发展供应链金融、消费信贷等互联网金融业务。同时，信雅达正在筹划设立互联网金融产品部，致力于开发基础技术平台，尝试新产品发展模式，跟踪前沿互联网思路，孵化和培育新产品，以实现新兴业务的突破。图9为"蓝色互动"平台的移动金融案例展示。

图9 "蓝色互动"的移动金融案例展示

资料来源："蓝色互动"官网。

三 证券与基金IT企业转型案例

2014年下半年以来，国内资本市场活跃度显著提升，交易规模也随之大幅增长，截至2015年6月，上证指数已突破5000点，两市单日最高成交量超过2万亿元。资本市场的持续活跃和回暖，激发了投资者的投资理财热情，投资者规模进一步增长。根据中国证券登记结算有限责任公司的最新统计，新开股票账户数和基金账户数大幅增长，截至2015年6月，股票有效账户达到17528万户，基金投资账户已达6676万户，分别较2014年同期增长32%和43%。

中国证券登记结算有限责任公司于2015年4月发布通知，取消自然人投资者开立A股账户的一人一户限制,自然人投资者可开立多个沪A、深A账户以及场内封闭式基金账户。A股一人一户限制正式全面放开,也将触发证券行业的存量客户争夺战。

投资者规模的扩大和投资热情的高涨,以及政策限制的放开,将使互联网证券和基金行业迎来历史性的发展机遇。

(一)金证股份

1. 主营业务及优势

金证股份是中国证券行业历史最悠久的交易系统开发商,自1998年成立以来,已经在金融IT领域深耕近20年,致力于为证券、期货、基金、银行、信托、产权等行业的客户提供全面的IT系统解决方案,主要产品在国内市场所占份额处于领先地位。金证在金融IT领域经验丰富,已经为包括80多家证券公司、20多家银行、17家期货公司等在内的200余家总部级的金融机构客户提供了软件开发与系统集成服务,具有领先的技术优势及良好的品牌效应。

2. 转型方向

随着互联网金融的加速发展,流量、平台、服务成为竞争核心,金融机构、互联网企业、传统行业通过"跨界合作"的形式纷纷进入互联网金融领域。公司在保持传统业务优势的同时,也在互联网金融领域持续发力,力图作为中心枢纽连接起券商与互联网企业,分别打造面向金融机构与面向个人用户的两个生态系统,共同构建互联网证券平台。

(1)连接机构与机构的生态系统。在金证的传统业务模式下,金证作为金融行业的IT供应商,通过同各个金融机构建立甲方、乙方供应关系,实现点对点、一对多的以系统为媒介的连接。在互联网金融的热潮下,越来越多的金融机构萌发触网需求,金证作为金融界内的互联网企业,也积极响应客户需求,通过建设云平台生态系统,助力机构客户积极触网。

通过云平台,金融机构可以通过一根专线打通与前端多样化互联网渠道的对接,不仅能够最大限度地减少互联网平台的数据爆发量对机构客户后台系统的冲击，而且能够避免证券公司直接接入互联网平台的多对多的网状连接关系，金证将自身定位为互联网机构与金融机构的连接器。未来，随着行业内越来越多机构客户的接入，所有的机构如券商、基金、期货、银行、交易所之间都可以通过云平台实现互联互通，实现业务往来和信用数据共享，将从前的点串联成网，形成一个金证云的生态系统，金证云将成为金融行业内的核心。金证不仅将作为机构客户的系统供应商存在，而且将成为依托金融云的生态系统的所有机构客户互联互通的平台。

金证基于云平台的商业模式，将为机构客户提供金融云平台租赁服务，专注于互联网金融创新业务，扮演好互联网中介的角色，并在该领域深耕细作，加速互联网金融产品研发和市场拓展的步伐，最终实现从单纯的金融IT提供商转变为基于互联网金融的金融服务商的目标。具体的商业模式主要有5种。

第一，和互联网企业合作，向金融机构提供互联网化解决方案，获取互联网金融IT系统建设的收入。金融机构互联网化需要对接现有的系统，金证拥有大量金融机构客户，仅证券柜台客户的市场占有率就达到45%。因此，即使只对接现有的柜台客户，金证也能够获得证券IT系统建设市场近一半的份额。

第二，通过提供互联网金融创新业务咨询服务，获得咨询服务费用。当前金融行业监管政策正处于逐步放松阶段，但根据行业内对安全性、合规性的高要求，金融机构开展创新型业务前必须向监管机构报备相关材料，这就必然涉及相关创新业务的咨询和材料的撰写。以证券行业为例，当前证券投资咨询公司共有88家，市场虽然已接近饱和，但互联网金融的爆发为金证在该领域提供了一个突破口。相较于互联网公司，金证对金融领域的了解更为深入；相较于金融机构，金证对互联网领域的了解更为深入。因此，当开展"互联网+金融"业务时，金证能够从客户最根本的需求出发，为客户提供从业务到系统的全方位的咨询服务。

第三，通过和金融机构、互联网企业基于互联网金融创新以及金融云业务的广泛合作，构建以金证为中心的合作业态，与合作机构从产品服务的合作模式逐步过渡到业务分成的合作模式，分享客户端的业务收入。在业务分成上，金证目前能够向机构收取流量引入分成和佣金收入分成。牛市大潮来临，开启全民炒股时代，股票开户数不断创出历史新高。最新数据显示，截至2015年6月，股票有效账户达到17528万户，基金投资账户已达6676万户。目前通过金证接入的互联网平台主要为QQ、微信和自选股，其中仅QQ平台的活跃用户就已达到8亿户，而QQ用户中年龄层在18~40岁的适宜炒股的用户约占60%，即4.8亿户，可见在互联网平台上仍有巨大的客户流量有待引入。因此，即使只通过流量引入进行分成，金证未来也有望获得可观的收入。

第四，在合作机构不断增加的同时不断完善和丰富金融云平台的服务内容，在客户积累到一定规模后适时推出基于云平台的面向终端客户的金融服务，沟通金证自己的金融服务收入商业模型。随着运用金证云平台的机构客户和互联网平台不断增多，金证云平台将会不断更新上线模块化产品，满足终端用户的需求，通过为终端用户提供有竞争力的产品不断提升金证云平台的价值。

第五，基于未来将实现的机构间的业务往来，金证将提供模块化的数据归集和管理。例如通过共享不同金融机构的客户信用数据，实现全行业的良好健康发展。

(2) 连接机构与人的生态系统。金证作为互联网企业和券商的连接器，建立了一个开环的互联网金融生态系统。①在个人用户方面，金证并没有自建用户渠道，而是将互联网企业作为用户入口。目前金证已经实现与腾讯QQ、微信、自选股等渠道的对接，用户可以在互联网平台办理证券业务，此外金证还在积极谋求与京东、雪球等互联网企业的合作，以期接入更多的互联网企业，从而带来更大体量的客户。②在机构用户方面，金证目前已接入20家券商，未来将接入更多的证券、信托、期货等金融机构，共同探索业务创新方向。

就互联网金融业务参与各方而言，互联网公司更注重客户体验，可以为客户提供优质化的业务服务。同时，互联网公司本身具有庞大的客户基础，通过互联网渠道，将带来在数量级上远胜于自建渠道的客户资源，从而更好地推广金融机构的业务。

金融机构作为业务提供方,本身具有强大的金融属性,在金融产品的设计方面更具专业性。相对于公司自行收购券商的方式,接入更多的金融机构,将集合各个金融机构的优势,根据不同互联网渠道的特点,设计和推广相应的金融产品,为用户提供更优质、更多样化的金融服务体验。

金证作为金融行业的系统服务商,相比于互联网公司更了解金融体系,相比于金融机构具备更丰富的信息系统建设经验。因此,金证作为互联网公司与金融机构之间的桥梁,将实现数据更高效的传输,避免互联网公司和金融机构间的网状连接。金证通过建设云平台,集合互联网金融产品供求方的需求、标准和接入渠道,构建开放、公平的金融服务平台。

总体而言,金证在未来将要打造的是一个开环的生态系统。金证将作为连接互联网企业和金融机构的桥梁,和尽量多的金融机构以及互联网公司合作,最终形成"互联网公司—金证—金融机构"三位一体的开环生态系统。

(二)恒生电子

1. 主营业务及优势

恒生电子成立于2000年,其业务包括证券、基金、期货、银行、信托、保险、财资管理、通信、电子商务等,公司客户主要集中在证券、期货等金融属性较强的行业内。公司与金证股份一样,同属软件和信息技术服务业,是我国领先的金融软件与网络服务提供商。

恒生电子深耕金融信息化市场多年,具备良好的业务基础及丰富的客户资源。恒生电子作为金融信息化市场的龙头,在证券、基金、银行、保险等各金融分支行业拥有良好的业务基础及丰富的业务经验,基本实现了金融产业链全覆盖。2012年,恒生电子在证券、基金、信托资管、保险领域核心市场占有率分别已达80%、93%、75%、90%;在证券柜台系统、证券账户系统、信托核心业务平台、期货核心系统、银行理财业务平台的市场占有率分别已达43%、57%、41%、42%、85%。

2. 转型方向

2010年公司进行了业务转型，对原有业务范畴进行了重新划分并进行了新业务拓展：①将为证券、期货、基金、银行、信托、保险等金融机构提供应用软件，收取软件许可证费用和年服务费，此类业务称为恒生1.0业务；②将按照用户数、交易量或流量收费的软件运营和B2C等新兴业务划分为恒生2.0业务。通过对公司业务范畴进行重新定义，恒生电子开始由金融信息化解决方案供应商向互联网金融平台服务商转型。

恒生电子于2014年被阿里巴巴收购，进而融入阿里生态圈，加大创新业务市场方面的力度，建立了iTN金融云平台，构建互联网金融云服务生态圈。恒生以iTN为基础平台推出了七大金融应用云服务平台，其中最值得关注的是恒生HOMS及其商业模式。

HOMS是一款以投资交易为核心并兼具资产管理、风险控制等相关功能的投资管理平台，是针对私募等中小型机构定制的轻量级资产管理实现方案。HOMS主要有两个功能，第一是伞形分仓功能，即将一个证券账户下的资金分配成若干独立的小单元进行单独交易和核算，第二是这套系统部署在云端，用户只需在网上签约进行账户托管，不占用用户的本地硬件资源。

从系统建设模式来看，HOMS提供统一的Internet接入客户端，由恒生公司统一运营维护，降低客户的IT投入成本，便捷部署，迅速开展业务。这一新系统能够方便基金管理人对交易员团队进行分仓管理和业绩考核，因此被广泛运用于信托阳光私募产品中，并从2015年初开始在证券投资私募管理人中迅速普及。

从系统推广的商业模式来看，目前HOMS收费模式分为以下三类。①服务费：基础年服务费（20万/年）+增值服务费；②规模较大机构：按照机构资产规模的一定比率收费；③规模较小机构：交易流量的佣金。未来，恒生作为连接私募及券商、银行等金融机构的金融云平台，有望获得金融机构配资的息差以及平台的分成，从而享受极为可观的利润。截至2014年6月30日，HOMS客户数量达到120家，资产规模达到700亿元，预计最新管理规模已近千亿元。

（三）东方财富

1. 主营业务及优势

东方财富从网络财经垂直门户起家，是我国领先的互联网财经信息平台综合运营商，主营业务包括网络广告、金融数据、金融电商3大类。在具体产品方面，网络广告业务包括东方财富网、天天基金网、股吧。金融数据业务包括东方财富通、东方财富通手机版、Choice 数据、财富密码等。金融电商包括天天基金网的基金销售业务。

公司的核心优势在于用户资源，其在行业内的市场份额遥遥领先，在垂直财经领域的市场份额超过60%。

在网站综合排名方面，东方财富网在全球中文财经门户网站中持续排名第一（见图10）。

网站名称	分类排名	综合排名	独立访问者（百万人）
eastmoney.com	1	15	34471
icbc.com.cn	2	17	49614
abchina.com	3	32	20934
ccb.com	4	48	14047
boc.cn	5	92	6981
pingan.com	6	108	3647
cmbchina.com	7	123	4467
stock.sohu.com	8	子网站不参与综合排名	3906
hexun.com	9	136	3844
jrj.com.cn	10	174	2047

图10 中国金融服务网站排名

资料来源：中国互联网协会。

在用户访问量方面，根据艾瑞咨询对我国网络用户行为的研究数据，东方财富网在我国财经类互联网网站中日均覆盖人数居于首位（见图11）。

在用户黏性方面，根据艾瑞咨询的数据，东方财富网在垂直财经网站中有效浏览时间居于首位（见图12）。

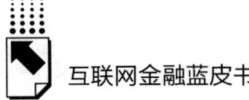

排名	网站	日均覆盖人数（万人）	日均网民到达率（％）	排名变化
1	东方财富网	1521	5.9	→
2	中国经济网	515	2.0	→
3	和讯	436	1.7	↑
4	同花顺	378	1.5	↓
5	中金在线	161	0.6	↑
6	天天基金网	134	0.5	↑
7	金融界	130	0.5	↓
8	南方财富网	127	0.5	↑
9	我爱卡	125	0.5	↓
10	数米基金网	105	0.4	↑

图11 垂直财经网站人均覆盖人数排名（2015年1月12日至1月18日）

注：日均网民到达率＝该网站日均覆盖人数/所有网站总日均覆盖人数。
资料来源：艾瑞咨询。

排名	网站	周度有效浏览时间（万小时）	周度有效浏览时间比例（％）	排名变化
1	东方财富网	2122	56.7	→
2	同花顺	249	6.7	→
3	和讯	140	3.7	→
4	第一财经	137	3.7	→
5	中国经济网	104	2.8	→
6	我爱卡	78	2.1	→
7	中金在线	69	1.8	→
8	雪球网	64	1.7	→
9	证券之星	62	1.7	→
10	中国财经信息网	54	1.4	→

图12 垂直财经网站有效浏览时间排名（2015年1月12日至1月18日）

注：月度有效浏览时间比例＝该网站月度有效浏览时间/该类别所有网站总月度有效浏览时间。
资料来源：艾瑞咨询。

2. 转型方向

作为首家获得基金代销牌照的财经门户，东方财富积极推进金融电子商务服务业务，在基金第三方销售服务业务领域丰富产品线，加强服务创新，开发了"活期宝"互转等功能,推出了"指数宝",不断拓展服务范围,实现了金融电商业务的快速发展,截至 2015 年 3 月 31 日,共上线 85 家基金公司的 2190 支基金产品(见图 13)。

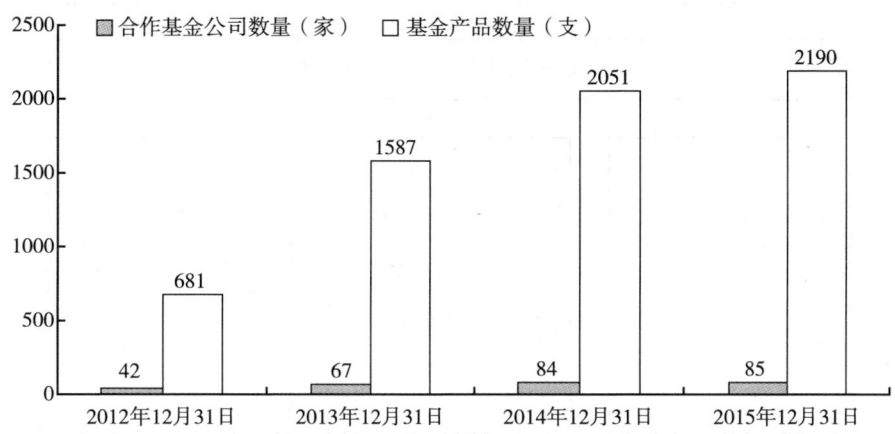

图 13 天天基金网已上线基金公司和基金产品数量

资料来源:公司年报。

2015 年 4 月,东方财富通过收购同信证券扫除了发展证券业务的牌照障碍,正式进军互联网证券领域。

在互联网金融时代,东方财富的战略发展方向是成为互联网财经资讯平台、互联网财经社交平台、互联网交易平台、互联网投融资平台四位一体的一站式互联网金融服务平台,除了已经开始发展的互联网基金和互联网证券外,未来还将涉足非标产品、众筹等互联网金融相关服务(见图 14)。

(四)同花顺

1. 主营业务及优势

同花顺是国内领先的互联网金融信息服务提供商,主要业务分为金融资讯及数据服务、手机金融信息服务、网上行情交易系统、基金销售 4 大类。

在产品方面,同花顺产品丰富、结构合理,可以满足业内多种客户不同层次的需要,拥有业内最完整的产品系列。同花顺产品主要包括金融资

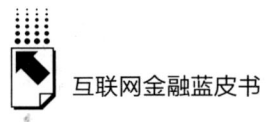

图14 东方财富的一站式互联网金融服务平台

讯与数据服务、手机金融信息服务、网上行情交易系统的开发与维护。通过同花顺金融服务网、交易行情客户终端以及其他系列产品为众多客户提供一系列免费和增值的金融资讯与数据服务。手机金融信息服务产品已覆盖了 iOS、Android、Windows Phone、SMARTPHONE、K-JAVA、Symbian 等主流手机平台,新一代网上交易系统已在功能、资讯、系统承载容量等方面再上一个新的台阶,被各大机构广泛采用。子公司浙江同花顺基金销售有限公司的"爱基金"平台上的基金产品线,已基本覆盖市场中的大多数基金。截至 2014 年 12 月,同花顺已上线 57 家基金公司共计 1433 支基金产品。

在用户方面,同花顺通过网站平台、无线移动平台、券商平台为客户提供全面的网络金融信息服务,能够覆盖我国证券市场不同类型的众多客户群体。在国内 100 余家证券公司中,同花顺与其中 99 家证券公司建立了良好业务合作关系并提供技术支撑服务,市场覆盖率行业第一,可以为用户提供大部分券商交易入口,最大限度地满足用户的交易需求。同时,同花顺还是目前业内唯一与中国电信、中国移动、中国联通三大移动运营商同时建立全面合作关系的手机金融信息服务提供商。截至2014年12月31日，同花顺金融服务网的注册用户达到22581万人；每日使用同花顺网上行情免费客户端的用户人数平均约为410万人，每周活跃用户数达到637万人。2014年日最高并发人数为258万人，每日独立IP的访问量达到393万个。2014年，同花顺手机金融信息服务的注册用户达到5379万人，每日手机金融信息服务实时并发人数约为380万人。同花顺的品牌知名度因庞大而活跃的用户群而得到提升，市场能够快速接受同花顺产品和服务的推出、升级，同花顺具有明显的客户资源优势。

2. 转型方向

2014年7月，同花顺与东吴证券签订战略合作协议，在互联网渠道、大数据服务和互联网信用平台等领域建立战略合作关系，实现优势互补、协同效应，有利于同花顺探索和拓展互联网金融业务。

（1）互联网渠道模块

在各自的移动网络平台和网络平台，同花顺与东吴证券共同推广双方的金融服务，内容包括双方旗下的各类资产管理计划、理财产品以及各类资产证券化产品，共同打造网上金融超市，并实现各类金融产品的在线销售。同花顺与东吴证券将利用双方各自的资源，在线上开户及拓展高端用户方面进行深度合作。在研究、数据、投行、投资、客户等方面，同花顺与东吴证券将进行优势互补，共同打造社区投资平台，向投资者提供跨品种、跨市场的资本市场资讯订阅、数据查询以及互动沟通服务，第一期将覆盖A股和港股。

（2）大数据服务模块

就综合网络金融服务的平台建设、功能推送以及内容推广等数据信息服务，同花顺与东吴证券展开深度合作，包括：①双方将就量化投研体系进行深度合作，共同服务于高端客户；②双方充分利用各自在互联网平台、客户资源等方面的优势，在客户账户、支付功能等方面开展合作；③同花顺为东吴证券量身定制手机APP软件客户端，向客户定时推送相关投资理财资讯

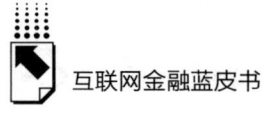

服务,并积极拓展在线开户、在线交易、在线客服等功能;④同花顺为东吴证券完成内外系统的优化与定制,包括行情交易系统、财富管理系统、资产管理模块等。同花顺将就市场上的金融资讯进行筛选,再依据不同客户的习惯差异,有针对性地对相应产品进行推送。同时,针对差异化的客户需求,东吴证券将量身定制金融产品服务。

(3) 互联网信用平台模块

在借鉴P2P平台成功经验的基础上,同花顺与东吴证券对网络客户开展快速融资融券的对接。与此同时,同花顺将对互联网客户的信用进行评级,包括但不限于其现金资产等,用于对另类客户进行另类金融服务。双方在参考众筹平台方式的基础上,就中小企业的融资,广泛运用网络平台,形成网络投资者与中小企业融资人的有效桥梁。双方利用各自的合作高校及其他学术资源,进行投资理论线上化,定期推送给高端客户使用。

同花顺正在由偏软件化的公司向互联网公司转变。目前的变现方式主要为广告和基金销售,通过与证券公司合作,获得开户费用等增值服务的分成,但无法获得交易费用分成。总体而言,与同类企业东方财富、大智慧收购证券公司直接转型为互联网券商的模式不同,同花顺与证券公司的结合还停留在合作层面,直接开展证券业务的变现渠道暂时受阻,但保持一个第三方的立场和地位,有可能使同花顺的互联网证券生态圈更为开放,形成对客户的吸引力。

四 其他IT企业转型案例

(一)汉得信息

1. 主营业务及优势

汉得信息是中国本土人员规模最大、服务范围最广、客户群体最多的IT咨询服务公司之一。目前在ERP实施咨询领域具有较高的知名度和较大的影响力,客户群体遍布各大行业,包括机械、电子、电力、汽车、制药、化工、钢铁、高科技、快速消费品、金融、电信以及航天等行业。

从行业经验上看,汉得的发展与沿革可以追溯到1996年,其董事长范建震先生有近20年的ERP行业从业经验,于1996年创办中国第一家专业从事高端ERP产品实施服务的咨询公司——上海汉得计算机服务有限公司,2002年起任上海汉得信息技术有限公司首席执行官。企业管理系统成功的关键不只在于功能全面的管理软件,更在于实施方对企业以及企业所处行业实际需求的理解。汉得凭借丰富的管理和实施经验,在为企业解决实际问题的能力上具备了突出的优势。

从市场份额上看,根据赛迪顾问2010年的报告,2009年中国高端ERP软件本土咨询实施服务市场厂商中汉得的市场份额居首,为17.7%,石化盈科占11.5%位居第二,位居第三到第五的厂商太极、汉普、达美份额比较接近,分别为6.1%、5.4%、4.2%(见图15)。此外,汉得于2015年1月收购竞争对手上海达美,实现两家公司在业务、技术、人力资源、行业经验和客户资源等方面的全面融合和共享,发挥显著的协同效应,进一步加强了汉得的优势。

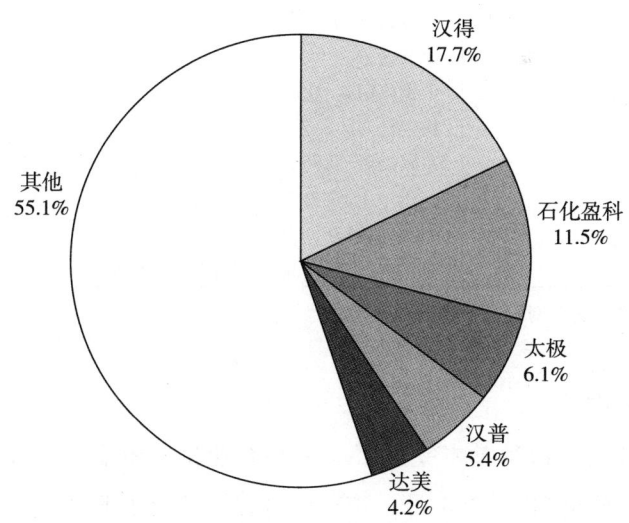

图15 2009年中国高端ERP软件本土咨询实施服务市场份额

资料来源:赛迪顾问。

汉得的客户群体呈现多样化、龙头化的特征。多样化表现在客户群体遍布各大行业，包括机械、电子、电力、汽车、制药、化工、钢铁、高科技、快速消费品、金融、电信以及航天等行业。龙头化表现在客户涵盖了各行业的佼佼者，既有高速发展中的国有及民营企业，也有欧美及日本驻华企业。汉得官网显示，公司典型客户包括：中国移动、中纺集团、中粮集团、中钢集团、中航国际、中集集团、中国南车、中国平安、百事可乐、GE、美国铝业、日立、松下、丰田、日产、中兴通讯、华为、格兰仕、青岛啤酒、光明乳业、百度、阿里巴巴、腾讯、盛大。公司每年的老客户续约率接近100%，意味着公司与这些大体量客户的关系非常稳定，从而为公司未来的业务转型奠定了基础。汉得信息的代表客户见表1。

表1　汉得信息的代表客户

行业	代表客户
工程建筑	萧钢
工业制造	上海日立、晶澳太阳能、实用动力、英格索兰
贸易、物流	国药外贸、中纺集团、远大物产、深圳中集集团
航空	中航技
金融	广发行
通信设备制造业	中兴通讯
装备制造	中钢洛耐院、沈鼓
家电	格兰仕
医药	东阿阿胶、北药集团
汽车	广汽丰田、陕重汽、雷诺北京、佳通
机械制造	中国弹簧厂
消费品	惠天力、百事食品、维达集团、麒麟啤酒

资料来源：商业伙伴网。

2. 转型方向

2014年4月，汉得基本完成了"中小企业供应链金融云平台"的产品研发和定型，截至2015年4月，该项业务已进入运行阶段，已接入4家客户及一批供应商。2015年4月，汉得公告拟设商业保理子公司，经营范围包含国内保理、出口保理、与商业保理相关的咨询服务以及信用风险管理平台的开发,进一步完善供应链金融业务体系。

供应链金融又可称为供应链融资,简言之,是将供应链上的核心企业、与之相关联的上下游配套企业视作一个整体,根据行业特点及供应链中企业的交易关系,制定基于货权及现金流控制的整体金融解决方案的一种融资模式。

供应链本身包括信息流、物流和资金流3个维度,即围绕核心企业,通过对信息流、物流、资金流的控制,将供应商、制造商、批发商、零售商、最终用户连成一个整体的功能网链结构(见图16)。从供应链金融的角度看,银行掌握资金流,而物流和信息流是触发银行向供应链成员企业融资和回收授信的基础变量。

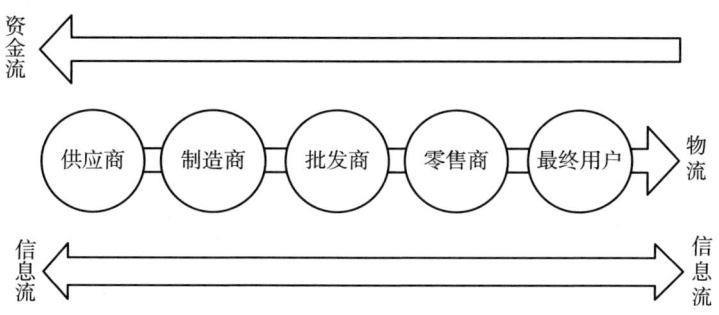

图16　供应链包括信息流、物流和资金流三个维度

因此,供应链成员、银行、物流企业,以及掌握与物流、资金流相关联的各类信息流的企业,如电子商务平台、企业信息化平台,都是供应链金融体系中的关键部分。汉得信息深耕企业ERP实施近20年,积累了丰富的客户资源和企业经营数据,为发展供应链金融奠定了良好的基础。

发展供应链金融,最直接的切入点是核心企业。供应链的生态特征是,众多小企业是依赖一个大企业而生存的。以供应链中的一个大的核心企业为出发点,为整个供应链提供金融支持,是供应链金融最大的特点。一方面,将资金有效注入处于相对弱势的上下游中小企业,解决中小企业融资难的问题,缓解供应链失衡的局面;另一方面,将银行信用融入上下游企业的购销关系中，增强购销双方的商业信用，促进中小企业与核心企业建立长期合作关系，提升供应链的整体竞争力（见图17）。

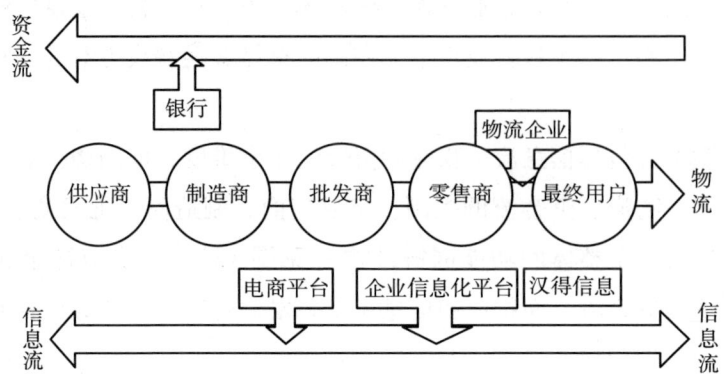

图17　汉得信息具备从信息流切入供应链金融的优势

依据供应链金融的这一特征，当前我国供应链金融的发展模式可分为"N+1"和"1+N"两种模式，其中的"1"是指供应链中的核心企业，"N"是指核心企业上下游的供应链成员企业。

"N+1"散点模式："N+1"即从"N"到"1"，当缺乏掌控核心企业的能力时，只能对"N"进行先期批量开发，以累积"N"对"1"的谈判筹码，最终实现对"1"的营销，但由于"N"企业实力薄弱、分布散乱，这一模式推广速度慢、成功率较低（见图18）。

"1+N"中心模式："1+N"则是从"1"到"N"，通过掌握核心企业获得依赖于该核心企业的众多小企业资源，这一模式推广速度快、成功率较高（见图19）。

当前我国的供应链金融服务主要停留在对"N"的服务上，供应链金融链条相对松散，供应链成员间关系并不紧密。这背后存在的问题是，从"N"获取的数据无法获得核心企业的交叉验证，因此缺乏核心企业的信用背书，从而增加了违约风险。

汉得的客户特征与供应链金融的"1+N"模式完美契合。汉得业务以高端ERP实施为主，其客户多以各行业中的核心大企业为主，每个核心客

传统 IT 企业向互联网金融转型案例分析

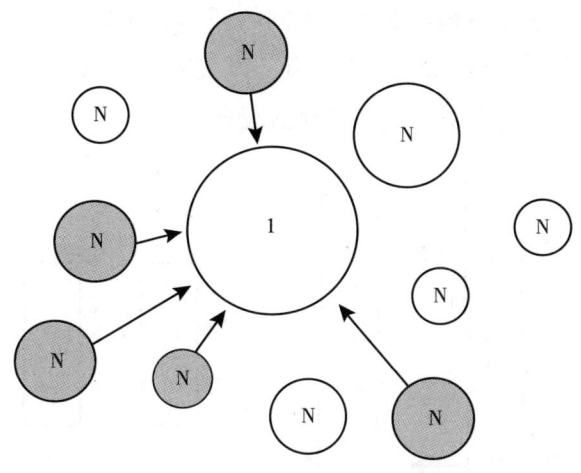

图 18 供应链金融"N + 1"散点模式

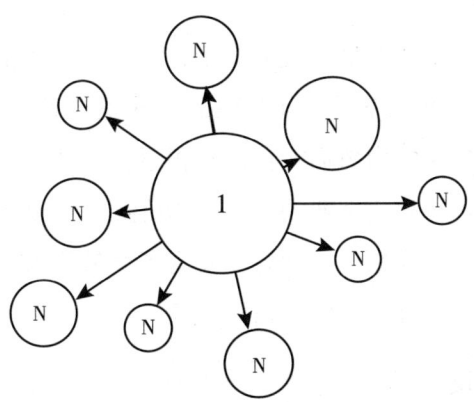

图 19 供应链金融"1 + N"中心模式

户背后有几百个相关联的供应商。这种以核心企业为中心的客户特征，与供应链金融的"1 + N"模式完美契合。

汉得的核心客户具备强大的向心力，可以凝聚众多供应商（见图20）。以医疗行业为例，以医院为核心，其上游至少有两个供应层级。第一层是医院的直接供应商，主要包括药品供应商和医疗器械供应商，数量均在百家以

361

上。即使是很小的医疗器械注射器，不同的型号也可能来源于不同的供应厂商。第二层是药品厂商的原料药供应商，以及医疗器械厂商的原材料供应商，而供应商的规模与其对医院的依赖成反比。

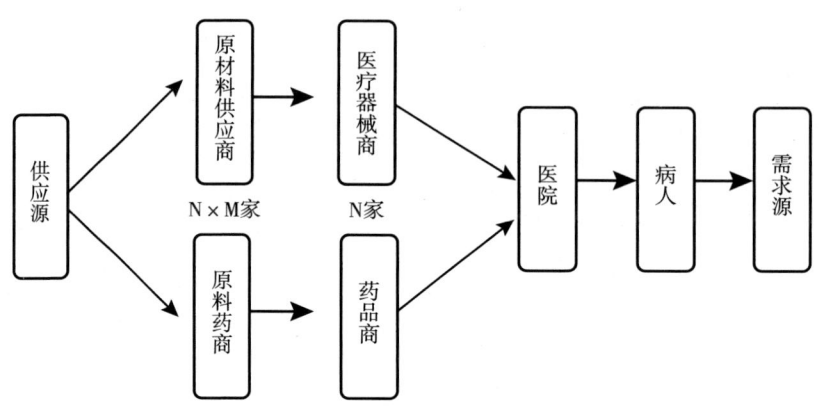

图20 汉得信息的核心客户具备凝聚众多供应商的能力

汉得发展供应链金融的最大优势在于，能够掌握企业可验证的真实交易数据。汉得可以基于核心客户"1"建立供应商"N"的供应链金融云平台，申请融资服务的供应商数据将存储和积累在云平台上，从供应商角度掌握交易数据。同时可将核心企业的SCM供应链管理系统模块与云平台结合，从核心企业角度掌握交易数据。如此便实现了交易信息的相互验证，保证了交易数据的真实性，能够有效防范信用风险。

（二）用友网络

1. 主营业务及优势

用友（集团）成立于1988年，是亚太地区领先的企业管理软件、企业互联网服务和企业金融服务提供商，是中国最大的ERP、CRM、人力资源管理、商业分析、内审、小微企业管理软件和财务、汽车、烟草等行业应用解决方案提供商。用友在金融、医疗卫生、电信、能源等行业应用领域以及企业协同、企业通信、企业支付、P2P、培训教育、管理咨询等服务领域快速发展。"软件"、"企业互联网"和"互联网金融"是用友未来主业的发展方向。

作为中国管理软件行业本土第一品牌,品牌优势已经成为用友的重要竞争优势。在 2014 年计世资讯的满意度调研中,用友的管理软件、ERP 软件、HR 软件、CRM 软件、电子商务软件、集团管控软件、小微企业管理软件、公共财政管理软件、行政事业财务管理软件等 10 款产品获得了"用户满意度第一"奖项;公司的大中型企业云平台、移动应用平台、移动应用软件、BI 软件、PLM、小微企业管理云服务 6 款产品获得了"用户推荐品牌"奖项。用友网络的相关市场份额见图 21。

用友管理软件连续11年市场占有率第一
超过第二、第三名的总和
- 用友23.8%
- SAP10.2%
- 金蝶9.1%

用友ERP软件连续11年市场占有率第一
超过第二、第三名的总和
- 用友31.7%
- SAP14.5%
- 金蝶11.6%

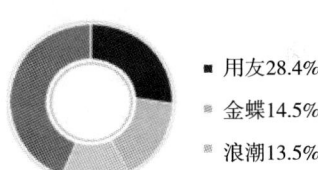
用友财务软件连续22年市场占有率第一
中国最大集团管理软件软件供应商
中国最大HRM(人力资源管理软件)软件供应商
中国最大CRM(客户关系管理软件)软件供应商
中国最大小型企业管理软件供应商
中国最大财政及行政事业单位管理软件供应商
- 用友28.4%
- 金蝶14.5%
- 浪潮13.5%

图 21 用友网络的相关市场份额

资料来源:公司官网。

经过多年的经营,用友形成了庞大的客户基础,包括 5000 家集团型企业、16 万家中型制造流通企业、100 万家流通商贸企业、1500 家政府机构、1000 家公立医院,涉及百万亿级以上的资金规模。用友将凭借这些高价值客户的优势,通过企业互联网服务逐渐形成包括客户、数据、平台在内的生态圈，实现各大业务的协同发展。

2. **转型方向**

用友把全面进军"企业互联网"作为集团战略，将从传统 IT 软件提供商转变为"IT 软件+金融服务"提供商。在向互联网金融转型的道路上，用友结合自身特色，以企业金融为重心，布局企业支付与结算服务、企业投资与理财服务、企业征信及融资服务三大领域。

目前用友已在企业支付、P2P、风险投资、民营银行等互联网金融相关领域进行布局，并筹备进入企业理财和征信服务领域。

在企业支付和结算领域，用友于 2013 年 7 月成立畅捷支付。畅捷支付采用创新收单业务的商业模式，于 2014 年 7 月获得央行颁发的《支付业务许可证》，获得全国收单及全国互联网支付牌照，获得中国银联颁发的全国性收单外包专业化资质。目前其交易已接入中国银联，并逐步开展银行卡收单、互联网支付等业务。畅捷支付将支付服务与用友的软件系统相融合，可以为企业用户提供更为丰富的服务，其作用相当于企业版的支付宝。畅捷支付产品规划见图 22。

在企业征信、投融资、理财服务领域，公司设立了 P2P 平台友金所，作为用友集团成员企业，友金所致力于提供专业的全流程金融信息服务，打造安全、便捷、可信的综合性投融资平台，为投资客户提供安全、本息担保、收益稳健的互联网理财服务。友金所自 2014 年 10 月 16 日上线，截至 2015 年 4 月 16 日，已实现成交额 3.64 亿元，累计为投资者创造收益 5500 万元，累计注册人数达到 52318 人。

在产品方面，友金所正在持续优化和创新，目前上线的产品有友金-e 富、YY 理财、YY 活钱。友金-e 富是友金所打造的首款个人借贷服务，投资期限为 3~36 个月；YY 理财是友金所推出的在锁定期内优先自动投资及优先自动转让债权的服务计划；YY 活钱是由友金所联合中国平安大华基金提供的闲置资金增值服务，随存随取，按日计息。

此外，用友旗下畅捷通已与招商银行达成合作，联合发行生意一卡通联名卡。客户如果使用畅捷通软件时间达到一年，且流水达到 1000 万元，便

传统IT企业向互联网金融转型案例分析

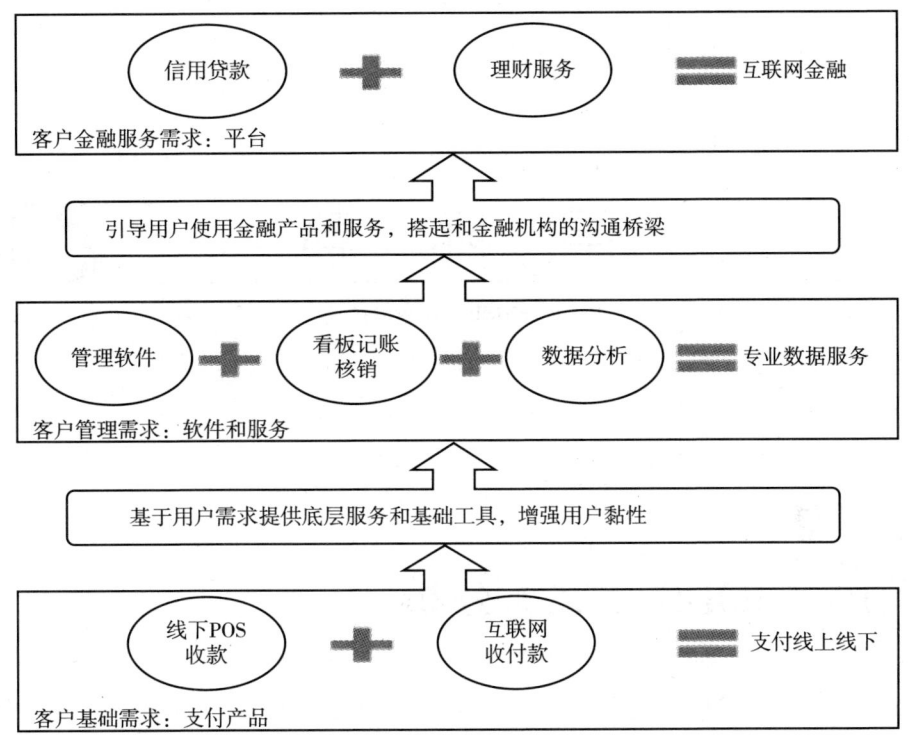

图22 畅捷支付产品规划

资料来源：公司官网。

可以从招商银行获得最高100万元的无抵押信用贷款。

用友互联网金融业务的差异在于，其可以无缝连接用友集团的软件业务和互联网服务业务资源。从数据到流程均可与企业云服务、企业应用软件无缝连接，平滑跳转，实现客户和数据资源的共享，既有助于金融服务产品的营销，又可控制客户风险。

此外，用友还将选择具有优势的领域，自建、并购或控股互联网金融机构，同时积极与互联网金融机构开展合作，分享收益，充分发挥自身的资源价值。

国　际　篇

International View

B.12
美国《JOBS法案》分析

摘　要： 在21世纪的头10年，美国IPO市场出现了私人企业上市大幅度减少、公众公司退市的现象。从业人员、学者将这一趋势部分归咎于监管合规成本的增大，尤其是2002年的《萨班斯法案》、2010年的《多德佛兰克法案》和其他监管规则的变化。企业IPO数量的减少以及中小企业和初创企业在资本市场中筹资路径不畅等问题影响了这些企业对新增就业的贡献。为了扭转这种趋势，2012年4月5日，美国总统奥巴马签署了《创业企业扶助法》（简称《JOBS法案》），试图通过放松IPO过程中的强制信息披露要求和IPO后的持续监管要求来减轻监管合规成本，通过放松私募宣传的限制并允许网络小额融资来增加小企业和初创企业的资金可获得性，通过更大力度的小额公开发行豁免制度来降低中小企业的融资成本，通过提高公众公司的标准来帮助中小企业避免因过早成为报告公司而付出的信息披露成本等措施，振兴美国企业，以此促进就业增长。

关键词： IPOs 市场　新兴成长型企业　私募宣传　众筹　小额公募豁免　报告公司标准

一　《JOBS 法案》颁布的背景

金融危机以来，刺激就业、创造新的就业岗位成为美国政府的首要目标。根据美国小企业管理局的测算①，初创企业和小企业②对美国的新增就业非常重要，在过去的 10 几年内，近 70% 的新增就业由小企业和初创企业创造，私人部门一半以上的就业岗位由小企业提供，近 64% 的净新增就业来自小企业。可以说没有小企业和初创企业，就没有美国的新增就业。因此，帮助这些企业生存、发展、壮大就成为美国创造就业的重要来源。但金融危机以来，初创企业的就业创造乏力，初创企业创造的就业岗位从 1994 年的 410 万个下降至 2010 年的 250 万个。③ 初创企业在 20 世纪 80、90 年代创造的就业岗位比率稳定在 11 人④，但这一比率在奥巴马执政的最初 3 年从布什年代的 11.3 人降至 7.8 人⑤。

除了初创企业和小企业就业创造乏力外，企业上市数量大幅度下降也是企业难以扩大就业的一个主要原因。以公开上市为例，从 20 世纪 90 年代末开始，伴随着电子交易的兴起以及监管部门对企业上市信息披露要

---

① http://smallbusiness.house.gov/uploadedfiles/april_recess_small_biz_talking_pts.pdf.
② 按照美国小企业管理局的分类，小企业是雇佣员工人数不足 500 人的独立企业，美国目前大约有 2960 万个小企业。
③ Tim Kane, "The Collapse of Startups in Job Creation," sep. 2012, Hudson Institute.
④ 该比率是指每 1000 个美国人中，初创企业所雇佣的人数。
⑤ Tim Kane, "The Collapse of Startups in Job Creation," sep. 2012, Hudson Institute.

求、会计合规要求、内控评估要求和薪酬披露要求的增多，企业IPO成本不断增大，IPO数量逐年下降。据统计，美国公司为实现IPO所需付出的平均成本为250万美元，而上市后为了满足各项合规和信息披露要求，平均每年需付出的成本为150万美元，而且企业融资额越小，付出的各项成本占融资额的比重越高（见图1）。① 因此，小型公司IPO越来越难，公司从初创到上市的时间间隔不断增大。受此影响，近10年来美国小公司IPO的数量急剧下降，1996年最多的时候有791家，但2008年最少的时候仅有45家。由风险投资支持的小型公司在1991~2000年有近2000家上市，但在2001~2010年仅有477家上市。② 小型公司IPO数量的减少直接导致就业受损，考夫曼基金会的一份报告对IPO下降所损失的就业岗位做了估计，发现从1996年起，由于缺乏足够的IPO，美国共损失了2270万个就业岗位。③

小企业和初创企业面临的融资问题更为严峻，有统计指出美国50%的GDP由小企业创造，但只有17%的小企业可以从银行、风险投资机构或天使投资者获得融资。④ 小企业虽然可以援引《证券法》D条例中的504、505和506规则通过私募融资，但仅有506规则操作较为便利。此外，虽然《证券法》A条例对500万美元以下的小额发行豁免在SEC注册，但由于发行还要受到各州《蓝天法》的制约，因此这种豁免制度在实践中很少被选用，表1对主要的私募发行和小额公募发行豁免制度进行了归纳总结。

由于美国联邦法律规定，任何人发行或销售证券必须向SEC注册，除非满足表1所列的豁免条件，否则违法，但豁免条款中的有些要求过于严

---

① "Rebuilding the IPO On–Ramp," Issued by the IPO Task Force, 2011.10.20.
② "Rebuilding the IPO On–Ramp," Issued by the IPO Task Force, 2011.10.20.
③ 其他学者也做了类似研究，David Weild和Edward Kim's 于2009年在其文章"A Wake–up Call for America"中指出，1996年以来，由于IPO市场不振，美国损失了2200个就业岗位。IHS Global Insight 出版的报告"Annual Venture Impact: The Economic Importance of Venture Capital–Backed Companies to the U.S. Economy"中指出，年轻企业IPO后会带来92%的就业增长。
④ http://unreasonable.is/why–crowdfunding–changes–everything–part–2/.

美国《JOBS法案》分析

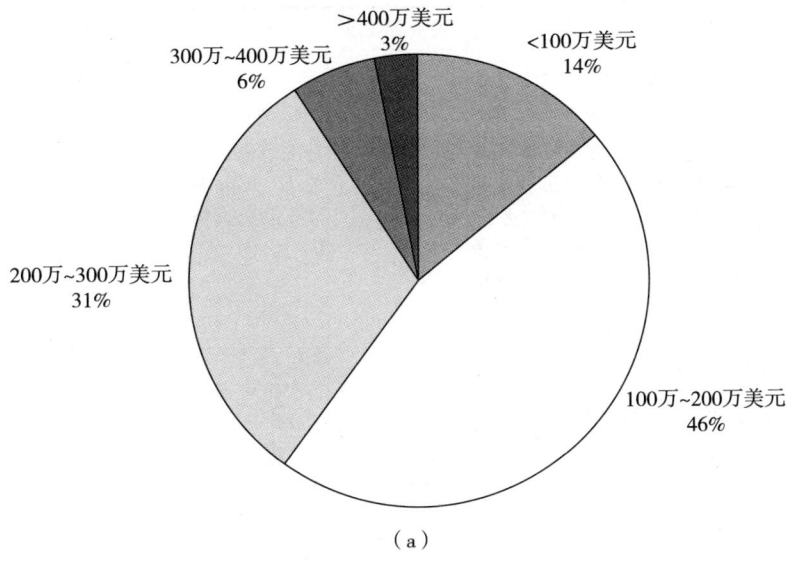

(a)

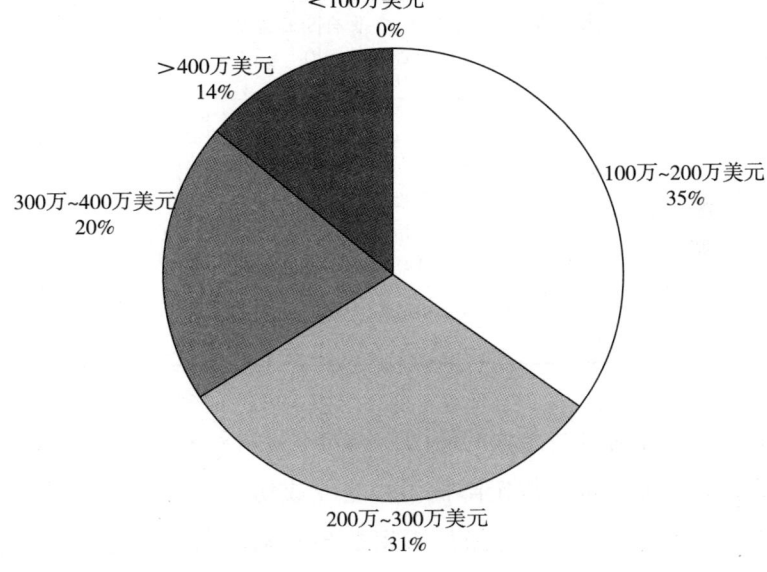

(b)

图1 IPO成本和IPO后维持公众公司的相关成本

资料来源:"Rebuilding the IPO On‐Ramp," Issued by the IPO Task Force, 2011.10.20.

表1 私募和小额公募豁免制度

发行类型	发行额限制	发行方式	投资者要求	备案要求	转售限制	蓝天法豁免
D 条例 504 规则	12 个月内不超过 100 万美元	不得公开劝诱或广泛宣传,除非在有实质性信息披露要求的州注册或根据州豁免条款出售给合格投资者	无要求	首次销售证券的 15 天内向 SEC 提交表格 D	限售证券	需要满足州《蓝天法》的注册或豁免要求
D 条例 505 规则	12 个月内不超过 500 万美元	不得公开劝诱或广告	合格投资者无人数限制,最多 35 个非合格投资者	首次销售证券的 15 天内向 SEC 提交表格 D	限售证券	需要满足州《蓝天法》的注册或豁免要求
D 条例 506 规则	无限额	不得公开劝诱和广告	合格投资者无人数限制,最多 35 个非合格投资者	首次销售证券的 15 天内向 SEC 提交表格 D	限售证券	豁免
A 条例	12 个月内不超过 500 万美元	允许备案(填报表格 1-A)前"试水",了解市场对发行的兴趣	合格投资者和非合格投资者均可,无限制	"试水"的相关材料;表格 1-A;任何与销售有关的材料;报告销售和收益使用情况的表格 2-A	无;自由转售	需要满足州《蓝天法》的注册或豁免要求

格,限制了小企业对这些条款的使用,比如不得对私募发行进行宣传[①]及只有合格投资者才能投资等规定降低了小企业成功获得融资的概率,在504、505 规则和 A 条例下,小企业虽然不用在 SEC 对发行进行注册,却依然要

---

① 对于不得公开劝诱或公开打广告,业界普遍的解释是私募投资者必须是和发行人有一定关系或者当企业销售证券的时候,合格投资者就在现场,否则就有违反规定的危险。

受到各州《证券法》实质审核的约束①，使得企业很少使用非 506 规则的其他豁免发行方式。

除了上述限制外，法律的其他规定也影响了小企业的发展壮大，如根据美国《证券法》和《证券交易法》，当股份有限公司的股东人数超过 500 人且公司总资产超过 1000 万美元时，就成为公众公司。成为公众公司后，公司就需要向 SEC 注册并履行公众公司的信息披露义务。由于该规定，大量公司因为不知不觉中触发了 500 人的红线而被迫成为公众公司，这对公司尤其是高科技公司通过股权或期权激励吸引并留住人才造成负面影响，也减少了投资者的投资机会。

二 《JOBS 法案》的主要内容

为减轻企业公开发行的成本，降低小公司和初创企业进入资本市场的门槛，使美国民众都可以参与到初创企业和小企业的融资支持中，2012 年 4 月 5 日，奥巴马总统签署了《创业企业扶助法》，简称《JOBS 法案》，法案共分为 7 章。

（一）对新兴成长型企业重新开放美国资本市场

《JOBS 法案》的一个主要目的就是改善新兴、高成长型企业公开发行的融资路径，以此推动就业和经济增长。法案吸纳了工作小组于 2011 年报告中②提出的许多建议，定义了一类新的证券发行主体——新兴成长型企业（EGC）并且制定了这类企业 IPO 新的、宽松的监管规则。法案的核心目的就是减轻 EGC 公开上市的会计、法律和承销费用，帮助企业节约强制信息披露的现金支出。按照法案定义，新兴成长型企业是指在最近一个完整会计

---

① 比如，A 条例下的发行虽然可以免于在 SEC 注册，但若发行人想使用互联网在美国 50 个州出售证券，就要满足这 50 个州证券发行的注册要求。虽然免于向 SEC 注册，但发行人依然需要向 SEC 提交发行说明，SEC 官员会对文件进行审查，因此，A 条例鲜于使用。

② "Rebuilding the IPO On – Ramp," Issued by the IPO Task Force, 2011.10.20.

年度总收入低于 10 亿美元的企业（SEC 要每 5 年根据通货膨胀情况对总收入进行调整）。① 按照这个标准计算②，10 亿美元的门槛将囊括自 1970 年以来美国近 98% 的 IPO。

法案减轻了新兴成长型企业的财务信息披露要求，企业在向 SEC 注册时只需提供发行前两年经审计的财务报告而非三年，而特定财务指标报告也只需提供最近两年的，这样一方面降低了企业准备申请材料的难度，另一方面节省了大量的审计费用。此外，法案还放松了 EGC 对高管薪酬的披露要求，允许 EGC 按"小型报告公司"的要求披露高管薪酬。企业在 IPO 注册阶段，只需公布 CEO 和两位薪酬最高的管理人员过去两年的薪酬信息；在企业成功 IPO 后，简化的薪酬披露机制依然适用。此外，企业也不需要披露高管薪酬和企业经营业绩之间的关系，不需要披露 CEO 年度薪酬和所有员工年收入中位数的比率。

《JOBS 法案》对美国 1933 年《证券法》进行了修订补充，允许美国公司在首次公开发行日之前，向 SEC 秘密提交招股说明书草稿，由 SEC 对该说明书草稿进行秘密审查。秘密递交给予 EGC 一个缓冲期，使得企业可以延迟公开对公司竞争不利或者对上市不利的信息，并在秘密递交到公开递交的这段时间内，有计划地对各种事项做出妥善安排。秘密递交没有强制性，EGC 可以选择秘密递交申请材料。有研究显示，选择向 SEC 秘密递交 IPO 注册报告书的企业占发行人的比重从 10% 提高至 92%③，表明市场已经接受了这种做法。

为了保证投资者能够获得足够的信息，1933 年《证券法》严格限制发

---

① 法案规定了新兴成长型企业不再具备资质的集中情况，分别是：（1）会计年度总收入达到或超过 10 亿美元后的第一个会计年度；（2）根据 1933 年《证券法》，首次注册发行普通股 5 年后的第一个会计年度；（3）IPO 后，在 3 年内发行了超过 10 亿美元的不可转换债；（4）成为大型加快披露公司。上述任何一种情况发生，都会使得企业失去其新兴成长型企业的资质。

② "Spurring Job Growth Through Capital Formation While Protecting Investors," http://www.sec.gov/news/speech/2012/spch031612laa.htm.

③ http://ideas.darden.virginia.edu/2015/03/7455/.

行人及其他相关主体（包括承销商）在递交注册说明书之前做出口头或书面的邀约，这个规定不利于发行人对股票准确定价。《JOBS法案》对此做出修订，允许EGC在IPO之前"试水"，即EGC或其代表（包括承销商）在提交注册说明书之前或之后与潜在投资者进行口头或书面沟通，测试市场对企业股票的需求情况，但是这种沟通仅限于和复杂投资者（如合格的机构购买者或合格的机构投资者①）。企业IPO融资的一个最大不确定性就是不知道IPO是否会成功，由于注册成本高昂，这种不确定性就使得小企业缺乏上市的动力。《JOBS法案》允许企业秘密递交申请材料并且和投资者进行沟通，减少了EGC对市场需求的不确定，提高了企业IPO的成功概率，打消了企业对上市的顾虑。

《JOBS法案》对美国2002年颁布的《萨班斯法案》做出修订，放松了新兴成长型企业的相关审计要求。一是新兴成长型企业将不必按照美国公众公司会计监察委员会（PCAOB）②的要求定期轮换会计师事务所。二是根据《萨班斯法案》404（b）条款，上市公司向SEC提交的内控报告中要包含一份对内控的评估报告，担任企业年报审计的会计师事务所应当对企业的内控进行测试和评估，并出具上述评估报告，这个流程花费甚多，《JOBS法案》也豁免了新兴成长型企业对内控测评的义务③。三是EGC将不需要满足PCAOB未来颁布的任何新的审计标准，除非SEC明确要求EGC满足这些标准。这些修订将极大地减轻企业上市后的审计负担和合规成本，使得EGC可以有更长的时间来满足新的审计标准。

---

① 《证券法》的144A条款将合格的机构购买者（QIB）定义为：持有且投资了1亿美元证券的特定机构（如保险公司和投资公司），（为自己的账户或代表其他QIB）持有且投资了1000万美元证券的注册交易商，（为自己的账户或代表其他QIB）持有并投资了1亿美元证券且经审计的净资产不低于2500万美元的银行。
② 美国公众公司会计监督委员会（PCAOB）是会计行业的自律性组织，它由PCAOB不同会员事务所的会计师组成，这些会计师要为PCAOB中的其他会员事务所进行年检。PCAOB是《萨班斯法案》的产物，是一家私营的非营利机构，目的是监督公众公司的审计师编制信息量大、公允和独立的审计报告，以保护投资者利益并增进公众利益。
③ 但是，EGC依然需要提供内控有效性的管理报告，CEO和CFO依然需要在定期报告中对内控有效性提供证明，发行人也必须维持内控的有效性以确保财务报告的准确和完整。

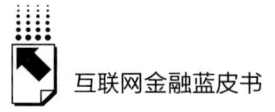

（二）允许企业通过公开劝诱或广泛宣传向合格投资者进行私募发行邀约

《JOBS法案》通过前，根据美国联邦法规D条例506规则[①]和144A规则[②]，发行人在私募发行中不允许一般劝诱和广泛宣传，但是在SEC注册的公开发行中是允许的，这是私募发行和公开发行的重要区别之一。《JOBS法案》放松了对私募发行宣传的限制，这意味着，将来发行者或中介机构可通过报纸、网络或电视等各种传播途径进行公开宣传，只要购买者为合格投资者（Accredited Investors）[③]和发行人合理认定的合格机构购买者（QIB）。

2013年7月10日，SEC发布了上述修订的具体规则，在506规则中添加了（c）部分，通过了在满足某些条件的情况下，一般劝诱在私募发行中的合法性，并提出了发行人能够用来验证自然人合格投资者身份的原则性方法和非排他性方法。这些具体规则于2013年9月23日生效。符合规则的证券购买者只能是符合501规则的合格投资者或者是发行人可以合理认定的合格投资者。发行人需要采取合理的步骤证明投资者符合合格投资者的身份（见表2）。

[①] 根据该规则，发行人在不采用一般劝诱或广泛宣传的情况下，可以向任意数量的合格投资者和不超过35个非合格投资者进行不受金额限制的证券发行并被豁免注册。对于非合格投资者，506规则要求其本人或其代表具有评估此项投资价值与风险的财务及商业方面的知识与经验，同时证券发行人必须在销售前向非合格投资者进行规定的信息披露。

[②] 美国《证券法》144A规则主要针对私募发行市场发行证券的再出售问题。该规则规定，发行人以外的任何人依据144A规则出售或要约出售证券，将不被认为是在从事该证券的推销活动，从而不被认为是《证券法》意义上的承销商；且该出售行为也不被认为是《证券法》意义上的对公众发行，承销商可以将新发行的证券出售给"合格机构购买者"而无须注册。

[③] 《证券法》D条例的501规则列出了合格投资者的名单：（1）银行、储蓄贷款协会、保险公司、投资公司、小企业投资公司、雇员福利计划；（2）私人商业开发公司；（3）符合条件的商业信托、合伙等；（4）总资产超过500万美元且不是为发行证券之目的而专门设立的一般信托机构；（5）发行人或发行人一般合伙人的董事、高管、一般合伙人，其中，高管包括"主要业务部门如销售、财务、行政等正副负责人、执行负责人等"；（6）在购买证券时，个人或与配偶的净资产超过100万美元的自然人（不包括自然人的主要住所）；（7）最近2年内个人年收入超过20万美元或与配偶的共同年收入超过30万美元，而且在未来合理地预期可以保持稳定的收入水平；（8）所有股权所有人均属于"合格投资者"的任何实体。

表2 合格投资者的身份确认方法

方法	步骤
收入	查阅最近两年购买者向国家税务局提交的收入报告； 购买者提交的书面证明，指出购买者有充分理由预期当年能够达到合格投资者所需的收入水平。
净值	①查阅过去3个月内，下面所列的一个或多个文件： 资产有关文件：银行对账单、经纪商证明或持有证券的其他证明文件、大额存单、纳税证明和由独立第三方提供的其他评估文件。 负债有关文件：至少一家全国性消费报告机构提供的消费者报告。 ②获得购买者提供的书面证明，指出确定投资者净值所需的所有负债都已被充分披露。
特定书面证明	从下列机构之一获得书面证明，表明该机构或个人已经采取合理步骤证明，购买者在过去3个月内是一位合格投资者。 ①注册经纪商-交易商； ②在SEC注册的投资顾问； ③执业律师； ④注册公共会计师。
以前的合格投资者身份	获得"在2013年9月23日之前，以合格投资者身份购买了发行人按照506（b）规则发行的证券且继续持有该证券"的证明，在同一发行人按照506（c）规则下发行证券时，该投资者将符合合格投资者资质。

（三）众筹法案

《JOBS法案》第三章要求SEC设计一种促进企业通过发售证券向公众融资的新的方法，叫作众筹。2013年10月SEC发布了众筹建议稿，2014年SEC决定将关于股权众筹法规的出台时间推迟至2015年10月，考虑到这些法规需要60天时间在联邦注册，因此最乐观的估计是相关法规将在2016年初正式生效。从《JOBS法案》和SEC对众筹的建议来看，未来美国股权众筹主要从小企业最高融资额、投资人的最高投资额、发行人信息披露、众筹融资中介的职责和投资者保护等几个方面促进对小企业的直接投资，以此来帮助小企业通过在线方式低成本地向广大个人投资者出售证券。

根据法案，发行人12个月内通过众筹融资的总金额不得超过100万

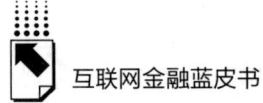

美元。为了避免投资者非理性投资,法案对单个投资者制定了投资额上限:如果投资者年收入或净资产少于10万美元,则12个月内向众筹投资的金额不得超过2000美元或者年收入或净资产的5%,两者取较大值;如果投资者年收入或净资产等于或大于10万美元,则12个月内向众筹投资的金额不得超过投资者年收入或净财产的10%,同时最高不得超过10万美元。

为降低筹资成本,同时保护小额投资者的利益,法案要求发行人向SEC、发行人的中介机构、潜在的投资者进行基本的信息披露,主要包括:①发行人的名称、法律性质、地址、网址;②发行人董事和高级管理人员以及持有发行人股份超过20%的股东的姓名;③发行人的业务现状和未来商业计划;④发行人财务状况的描述,若12个月的发行总额为10万美元及以下,发行人需公布最近12个月、由发行人主要高管确认的财务报表和所得税纳税申报表,若12个月的发行额为10万~50万美元,则必须提供由独立公共会计师审核的财务报表,若发行额大于50万美元,则必须提供审计报表;⑤发行人融资目的和预期用途描述;⑥发行人的目标融资额、实现目标融资额的最后期限并对融资进度及时更新;⑦证券价格或决定证券价格的方法;⑧发行人的股权结构和资本结构①;⑨其他SEC认为必要的信息。此外,法案规定发行人除指引投资者至融资平台和经纪商的告示外,不得对发行条件进行广告宣传,不得直接或间接地向任何通过经纪商或融资平台提供的交流渠道对证券发行进行推广的个人提供报酬或承诺提供报酬,除非该个人按照证券交易委员会的规则要求,明确披露每次推广性交流已经获得的或

---

① 包括:(i)发行人此次发行证券的条件和该发行人其他类型证券的条件,包括这些条件的修改方式,以及对各类型证券之间区别的总结,包括所发行的证券可能受到怎样的权利限制、稀释或受到该发行人其他类型证券的权利限制;(ii)描述发行人主要股东的权利行使如何会对本次证券购买者产生负面影响;(iii)持有发行人任何类型的证券超过20%的股东姓名和所有权等级;(iv)本次发行证券的估价方法,以及将来及后续企业经营过程中,发行人对该证券可能采用的估价方法的示例;(v)购买者买入发行人少数股权所承担的风险、与企业行为有关的风险,包括增发股份、发行人或发行人资产被出售,或者与关联人的交易。

预期获得报酬的情况。

除了在众筹融资时需要进行信息披露外,发行人成功众筹后还要进行持续信息披露,需要向 SEC 递交年度报告(表格 C),并将表格 C 上传到发行人的网站上供投资者审阅。年度报告必须包括经营和财务状况结果、符合特定要求的财务报告及其他信息。只有在发行人成为《证券交易法》报告公司,所出售的证券被发行人或其他人回购,或发行人解散的情况下,上述报告要求才不再适用。

《JOBS 法案》明确指出,众筹必须通过中介进行,不能在发行人与投资者之间直接完成,且这些中介机构需要符合该法案规定的相关资质。发行人在一次众筹中只能选用一家中介,不得通过多家中介进行众筹活动。中介包括根据《证券交易法》15(b)在 SEC 注册的经纪商或在 SEC 注册的融资平台[①],并需要满足其他条件,包括:①必须在被认可的一家自律性协会进行登记,接受协会组织的约束〔根据《证券交易法》15A 节,当前金融业监管当局(FINRA)是唯一的根据《证券交易法》15A 节注册的全国性证券协会〕;②必须对潜在投资者揭示众筹融资的风险并向投资者提供教育材料;③确保每个投资者阅读投资者教育材料,明确肯定投资者理解存在损失全部投资的风险,并且该投资者有能力承担此损失;④采取措施减少众筹融资的欺诈,中介机构要对发行人的所有董事、高管、持股 20% 以上股东的背景和证券执法监管历史进行检查;⑤至少在众筹证券发行前 21 天向 SEC 和潜在的投资者提供发行人依据《JOBS 法案》所要求披露的信息;⑥确保只有当从所有投资者那里筹集的资金达到或超过众筹目标金额时,发行收益才能交给发行人,允许投资者撤销其投资承诺;⑦努力确保投资者在法案所规定的年度投资额上限内进行投资;⑧采取措施保护投资者的隐私权;⑨不得为向经纪商或融资平台提供潜在投资者个人信息的发起人、搜索人或领头人支付报酬;⑩禁止中介机构的董事、高管或合伙人与使用其服务的发行人有经济利益关系。此外,法案还进行了兜底性规定,要求中介机构

---

① 在 SEC 注册就意味着中介将接受 SEC 的检查和执法,并遵守 SEC 颁布的条例。

遵守SEC为保护投资者和公共利益规定的其他条款。若中介认为发行人或其相关人会不符合法规的资质要求或相信发行人或此次发行涉嫌欺诈或引发投资者保护问题，中介就必须拒绝发行人使用其平台进行众筹。据此，《JOBS法案》赋予众筹经纪商和融资平台重要的投资者保护职责。表3总结了第二章和第三章的区别。

表3 法案第二章和第三章的区别

	第三章 对普通老百姓的众筹	第二章 506(c)对合格投资者的众筹
基本的方式	企业通过中介向任何愿意投资的人在线出售股票	企业对投资者广泛宣传其股票投资机会，但是投资者必须满足一定的财富条件
谁能投资	任何没有"不良行为"的人	合格投资者,也不能有"不良行为"
企业可以宣传什么	企业在某个网站上正在出售股票	任何真实的事情
企业是否必须通过中介融资	必须通过中介,可以通过融资平台,也可以通过经纪商或交易商	不一定要通过中介
融资额上限	100万美元	没有限制
监管要求	向SEC提交文件的义务（多项文件）	发行人必须证明每个投资者是合格投资者
发行人必须向SEC填报何种表格	信息披露要求,包括财务报告、商业计划的许多内容、简历、个人所得税纳税申报单、公司高管对财务问题的讨论、大量的风险信息披露、融资进度	表格D（表格D很简洁）
发行人有持续信息披露义务吗	是的,发行人必须提交年度财务报告	没有
从一位投资者处可以筹集的最大投资额	根据投资者的财务状况,不超过10万美元	没有限额

《JOBS法案》规定投资者在购买证券后一年内不得转售通过众筹所购买的证券，但是以下四种情形除外：一是向发行人转让；二是向购买者的家庭成员转让；三是向合格投资者转让；四是作为在SEC注册发行的一部分。法案之所以将重心放在一级市场而非二级市场，在很大程度上源于众筹融资

的规模相对较小,所发行证券的交易难度和成本都比较大,因此很难建立具有较高流动性的众筹证券二级市场。

(四)小公司资本形成

为了更好地促进小企业以低成本公开发行,《JOBS法案》第四章对小额融资豁免注册的相关规定(1933年《证券法》A条例)进行了修订,将12个月内小额融资(可以为公开发行)豁免注册的金额上限提高到5000万美元,也叫作"迷你IPO"。法案的有关修订将极大地减轻小企业融资的信息披露负担,进一步促进小企业的资本形成。2015年3月25日,SEC颁布了相关细则(A+条例),将5000万美元分为两个档次,第一档次发行额不超过2000万美元,第二档次发行额不超过5000万美元。任何人都可以对两个档次的证券进行投资,但是设定第二档次证券非合格投资者的投资额上限:自然人投资者年收入或净值的10%,二者中较大的一个;非自然人投资者财务年度结束时年收入或净资产的10%,二者中较大的一个,合格投资者的投资不受限制。两个档次的信息披露要求也不同,对于第二档次发行,发行人需要提交两年经审计的财务报告,IPO后发行人需要按照类似公众公司的报告要求进行年度信息披露,递交年度和半年进展报告(Form10-K,Form 10-Q以及Form 8-K),第一档次发行提交的财务报告则不用审计。SEC认为,A+条例对投资者的保护非常广泛,第二档次的证券发行将优先于州《证券法》的要求。如此一来,第二档次证券发行将避免承担州《证券法》要求的负担。SEC估计符合修订后A+条例的发行每年将达到250个。

(五)报告公司标准的调整

《JOBS法案》501条规定发行人总资产超过1000万美元并且任一类别股权证券(豁免证券除外)记录持有人达到2000人或非合格投资者记录持有人超过500人的公司,须在财年结束120天内向SEC注册成为报告公司。其中,根据员工持股计划获得股份的股东不包括在记录持有人之内。通过

《JOBS法案》第三章众筹融资获得股份的股东也不包括在记录持有人之内。

1933年《证券法》最初颁布时对柜台交易并无注册要求。① 只有在全国性证券交易所上市的证券发行人才需要满足报告的要求。1964年，国会将注册要求拓展到非交易所交易的公司，这个规定反映在《证券交易法》12（g）节。最初的规定是"若一家公司的总资产超过100万美元且某一权益证券持有人超过500人"，则该公司就要在SEC注册。随后资产标准逐渐上升，在1996年增至1000万美元。随后的问题是，公司很容易触发报告公司标准，尤其是企业使用股权作为职工补偿计划。作为报告公司，企业必须定期向SEC提交年报（10-K表）、季报（10-Q表）和经常性报告（8-K表），披露其经营、财务和管理状况。与注册和披露要求相伴的是法律责任。如果在上述披露中存在重大的不实陈述或误导性信息，那么公司及相关机构/人员将依具体情况分别承担《证券法》和《证券交易法》的法律责任。

一个初创企业经历了几轮融资并向员工提供了股权激励，企业就会面临证券注册的要求，并且需要定期公开有关信息，实际上成为公众公司。为了避免引发报告公司高昂的合规成本，许多企业并不希望成为公众公司，最著名的案例就是Facebook。2011年参议员David Schweikert提出了 *Private Company Flexibility and Growth Act*，后来成为《JOBS法案》出台的缘由。职工股权计划不在股权证券持有人之内的目的是激励企业创新，因为初创企业给员工的工资通常较低，但通过股权给予他们未来的升值空间。免除报告公司的义务可以给初创企业节约很大一笔费用，这笔钱可以用来创新技术、创造就业。

股东人数的门槛值最终被定为2000名在册股东，但由于非合格投资者是最需要法律保护的对象，法案要求无论何时，一旦公司的在册非合格投资者股东人数超过了500人，就成为《证券交易法》规定的报告公司。因此，立法实际上豁免了那些主要由合格投资者所有的公司。同时，也允许公司有适当数量的非合格投资者股东。法案将进一步减轻小企业的信息披露负担，

---

① http://www.denverlawreview.org/online-articles/2013/4/27/jobs-act-title-v-raising-the-threshold-for-registration.html#_ftn23.

并增加其融资的灵活性，小企业可以继续通过私募方式融资，不必因过早成为报告公司而承担强制性信息披露义务和相应的规制成本。

（六）资本扩张

《JOBS 法案》第六章同样针对 1934 年《证券交易法》中有关报告公司的内容，提出了对银行和银行控股公司的报告要求，"任何总资产超过 1000 万美元并且任一类别权益证券（豁免证券除外）记录持有人达到或超过 2000 人的银行和银行控股公司必须在财年结束 120 天内向 SEC 注册成为报告公司"，因此与第五章不同的是，对银行的记名股东人数计算不需要区分合格投资者和非合格投资者。当然，第五章的豁免条件也适用于银行及银行持股公司。[①] 这些调整有利于那些暂无上市计划的小银行继续通过私募方式融资，而不需要承担信息披露义务，减轻了银行融资成本，并有利于小银行进一步发挥支持中小企业融资的作用。

法案第六章还提出了退出注册的条件：如果发行人的权益证券记录持有人减少到 300 人以下，或者银行和银行控股公司的权益证券记录持有人减少到 1200 人以下，可以申请注销证券注册。

（七）法案宣传

《JOBS 法案》最后要求美国证券交易委员会通过网络发布与法案相关的信息，并向中小企业和由妇女、退役老兵及少数民族所设立的企业传达法案精神。

三 《JOBS 法案》的效果

（一）法案对美国 IPO 市场的影响

《JOBS 法案》的第一章对美国 EGC 的公开发行起到了积极作用，自从

[①] http://www.strictlybusinesslawblog.com/2013/06/17/the-jobs-act-a-year-later-part-7-titles-v-and-vi-and-concluding-thoughts/.

法案生效后，大量的 IPO 企业被界定为 EGC。① 2012 年以来，美国 IPO 市场复苏，IPO 融资额和成功 IPO 的企业数量都增长迅速。2014 年是美国 IPO 市场最值得纪念的一年，成为 2000 年高科技泡沫破灭以来企业 IPO 数量和融资额最多的一年。当然，虽然《JOBS 法案》加快了一些计划 IPO 企业的上市速度，但其他因素，如宏观经济状况、股票市场的稳定性和投资者的信心等也是影响 IPO 市场的重要因素。实际上，《JOBS 法案》并不是第一个试图减轻小企业上市负担的法案，1992 年，SEC 通过了 S－B 条例，允许公众持股不超过 2500 万美元的发行人简化信息披露。2008 年 2 月，SEC 扩大了简化信息披露的范围，定义了一类新的发行人，称之为"小型报告公司"，这类发行人的公众持股上限为 7500 万美元。因此，《JOBS 法案》的一个核心目的是将小型报告公司的信息披露标准进一步拓展到"新兴成长型企业"。

企业 IPO 融资的一个最大不确定性就是不知道 IPO 是否会成功。为了实现 IPO，企业需要付出高昂的成本，这种不确定性就使得小企业缺乏上市的动力。成为 EGC 的一个优势就是可以和 SEC 进行私下沟通，选择合适的上市时机。根据 Renaissance Capital 的统计，在 2013 年的 IPO 中，71% 的 IPO 采取了向 SEC 秘密递交招股说明书草稿。为什么这么多的企业选择秘密递交材料？时机。当企业决定公开上市时，时机就成为重要的一个决定因素，秘密递交使企业可以选择宣布 IPO 的时机，也使企业在不影响投资者预期的情况下可以撤回其申请。此外，简化的信息披露要求对于经营时间不长的小企业而言是最大的一个优惠政策，毕竟出售股权得到的资金可以用来扩大投资、进行科研，而不用承担债务偿还和利息支付义务。

一些研究机构对《JOBS 法案》通过后的 1~2 年的美国 IPO 市场进行了调查，发现生物技术行业收益最多。在《JOBS 法案》通过前的 16 个月内，美国仅有 19 起生物技术企业 IPO。自从法案生效后，截至 2013 年 7 月，有

---

① 自从 2012 年 4 月 5 日《JOBS 法案》生效，近 75% 的发行人被界定为 EGC，http://www.sec.gov/info/smallbus/acsec/acsec-091713-lathamreport-slides.pdf。

33家生物技术企业实现了IPO。此外，IPO确实给美国的就业市场带来了好处。Twitter的公开信息显示，在企业2000名员工中，900人是2012年6月以后雇佣的。《纽约时报》引用风险资本协会的报道称："大约90%的新增就业发生在企业IPO后，这对美国的就业创造而言非常重要。"①

表4 法案通过后的第一年和第二年，IPO企业中EGC的发行情况及对法案第一章的使用情况

单位：%

	法案通过后的第2年	法案通过后的第1年
IPO中，EGC占比	85	75
EGC中，外国企业的占比	15	10
向SEC秘密递交注册声明的EGC的占比	90	65
仅披露了2年经审计财务报告的EGC	65	50
表示要推迟按照萨班斯法案报告内控评估报告的EGC占比	98	97
披露简化高管薪酬的EGC占比	85	75
选择推迟采用新会计标准的EGC占比	77	80

注：第一年是2012年4月5日至2013年3月31日；第二年是2013年3月31日至2014年3月31日。

资料来源：Latham & Watkins, A Review of the New IPO Playbook; Latham & Watkins, The JOBS Act, Two Years Later: An Updated Look at the IPO Landscape。

表4是Latham & Watkins对法案通过后第一年和第二年美国IPO市场的一些统计。与法案其他章节不同，第一章自法案通过之日起即生效，并不需要SEC制定更详细的规则。在2013年，共有222家企业成功IPO，筹集了549亿美元资金，相对而言，2012年IPO企业的数量为128家，筹资额为269亿美元（不包括Facebook）；2011年IPO企业数量为125家，筹资额为363亿美元。EGC继续主导IPO市场，占2013年IPO企业数量的85%左右，比2012年《JOBS法案》通过后当年75%的比重有所上升。显然，大量的

---

① http：//www.nytimes.com/2013/09/22/your－money/with－a－tweet－twitter－starts－a－debate.html? pagewanted = all&_ r = 0.

EGC在IPO过程中选择了法案所给予的各种便利：秘密递交注册草稿、简化的财务信息和薪酬信息披露、推迟采用新的会计准则以及内控评估等。总之，在启动IPO进程时，发行人、承销商和法律顾问等相关方就要开始考虑选择享受哪些优惠条件。比如，发行前试水的做法越来越普遍，尤其是在生命科学领域，发行人的经营时间较短，通常需要和潜在投资者提前进行沟通。从法案通过后第二年的情况看，大约有90%的EGC选择向SEC秘密申报，平均来看，企业在首次公开申报前会有两次秘密递交材料，公开申报后43天开始路演（距离第一次秘密申报有124天），路演后10天对股票定价，因此总共的时间平均为134天。

虽然美国的IPO市场自2013年以来就表现强劲，无论是融资额还是上市公司数目都是10几年来最好的一年，但一些分析人士认为《JOBS法案》本身对IPO活跃影响不大，而对发行人和承销商决定何时IPO等市场实践的影响较大。部分评论人士认为，放松审计标准对企业而言是件好事，但对投资者而言是一个危险信号，《萨班斯法案》的404（b）条款是防止企业会计欺诈的有效手段。如果没有对投资者的有效保护，欺诈的风险就会增大，投资者就会失去对市场的信心。实际上，EGC的简化信息披露和促进投资者保护之间存在分歧。此外，法案"试水"和卖方分析师报告的目的是测试和刺激投资者的兴趣，但是"试水"得到的信息可能不完整，因为只有某些投资者才被允许和EGC进行早期沟通。

那么法案是否能降低企业上市的会计、承销和法律成本以及成为公众公司的持续合规成本？一些学者发现，成为EGC并不意味着承销商、会计师或律师的收费会显著下降。相反，EGC上市的间接成本有可能显著增加，这里的间接成本是指企业股票发行价被低估了。对此的解释是投资者为了补偿信息披露欠缺的风险，要求企业对发行价格给予较大的折扣。也就是说，法案给企业带来的好处被更高的资本成本所抵消。而且信息不对称的程度越高，二级市场股票的流动性就越差。增大的流动性风险也会使得投资者要求获得更多的风险补偿，导致股票发行价进一步低估。Sudip Gupta 和 Ryan D. Israelsen 的研究发现，平均来看《JOBS法案》颁布后，EGC股票的低估幅度要比法案颁布前相似规模的企业大 7%，没有选择作为 EGC 上市小企业的股票低估幅度要比相似规模的 EGC 企业小 13%。此外，由于 EGC 可能在发行说明书中遗漏了某些信息，承销商担心投资者未来会据此起诉他们，为了保护自己，承销商及其他中介就会收取较高的费用。此外，有研究发现，在上市后的第二年，有超过 40% 的发行人不再符合 EGC 的资质，这就意味着这些企业也难以享受 IPO 后的宽松监管要求。总之在过去两年中，美国的股市总体表现良好，要判断法案的最终效果，还需要更长的时间。

（二）法案对私募股权众筹的影响

法案的第二章和第三章是关于股权众筹的内容，虽然第三章的内容很吸引人，但是在细则未出台之前，企业和投资者已经根据第二章开展了大量的私募股权融资活动。

首先，在第二章下，发行者或中介机构可通过报纸、网络或电视进行公开宣传，这意味着私人初创企业和小企业在近 80 年来，首次可以向公众进行筹资，使用社交网站来推广投资项目，在股权众筹平台上以更为公开的方式进行融资。在第二章出台之前，早期初创型私人企业的大范围筹资是一种违法行为，比如企业在 Facebook 上擅自公布筹资计划可能面临牢狱之灾，这就使那些不认识有钱人的初创企业无法利用私募发行豁免注册的好处，同时那些高净值人群也无法了解那些有创意、有发展潜力的企业的融资需求。

其次，由于是私募，因此和第三章限定融资额上限为 100 万美元不同，符合第二章的众筹是没有融资额上限的，这为好的初创企业和小企业获得更多市场资金提供了便利。

最后，虽然可以公开宣传，但只有合格投资者才能进行投资，发行人需要采用合理的方法证明每位投资者是合格投资者。由于有网络平台的介入，合格投资者有了更多的投资机会，可以通过在线融资平台联系发行人，获悉发行人的详细信息，这为更多的投资者参与股权投资提供了渠道，同时发行人也有选择投资者的权利。根据 TechCrunch 的一份报告，美国有 2.5 亿成年人,870万名合格投资者,但这些合格投资者中仅有3%~4%的投资者积极活跃于创业企业投资,未来还有很大的增长空间。第二章通过后,大批初创企业可以筹资,特别是通过网络,更可以便捷地接触到这些以前无法触及的高净值潜在投资者,融资变得容易。

风险研究中心(Center For Venture Research)对2013年美国天使投资者市场的调查①显示,从2010年起,美国的天使投资者市场开始呈现上升趋势。2013年总投资额为248亿美元,比2012年增长8.3%。2013年共有70730家创业企业获得了天使融资,比2012年增长了5.5%。2013年活跃的天使投资者为298800位个人,比2012年增长了11.4%,但是投资者的个人投资从2012年的85435美元下降到2013年的83050美元。天使投资带来的就业增长是很明显的,2013年创造了290020个新的就业岗位,也就是说每个天使投资项目能创造4.1个就业岗位。2013年天使投资的收益率为21.6%,2012年为21.3%。市场和政策制定者希望通过放开私募股权众筹市场,促使更多高净值人群对创业企业投资,拉动美国的就业和经济增长。此外,从历史经验看,许多成功的离职企业家或退休的商人是天使投资者,他们把自己的钱投资于当地企业,并用自己的经验帮助所投资企业取得成功,而且经常进行多轮投资确保企业能够成长,这对创业的企业家而言是一种宝贵的资源。

随着第二章的实施,2015年美国的股权众筹将会有更大发展,因为更多的合格投资者将会在网上进行投资。《福布斯》估计② 2015年众筹融资总额将从2011年的15亿美元增至109亿美元。众筹资本顾问网站2014年10月发布了一项针对全球众筹的研究报告③,发现无论是从成功的融资项目数还是从融资金额来看,美国都是世界上众筹最成功的国家。在美国本土,加

---

① http://paulcollege.unh.edu/sites/paulcollege.unh.edu/files/2013% 20Analysis% 20Report% 20FINAL.pdf.
② http://www.forbes.com/sites/chancebarnett/2014/12/17/top - 10 - equity - crowdfunding - campaigns - of - 2014/.
③ http://crowdfundcapitaladvisors.com/news/press - releases.html.

利福尼亚、俄勒冈和纽约州是融资额最多的3个州，其中作为高科技企业聚集地的加利福尼亚州不仅是风险投资聚集的地方，也是众筹融资额和融资项目最多的地方。研究人员对2012年6月到2013年6月北美、欧洲和非洲成功的众筹项目（包括奖励众筹、债权众筹和股权众筹）进行了调查，结果显示市场参与者的投资是理性的，发行人并不试图获得更多的资金，投资者也不要求不合理的回报。平均来看，企业众筹融资的花费为2100美元（包括视频、营销、社交媒体广告等）。87%通过股权或债权众筹融资的企业都增加或意图增加新员工，39%的企业雇用了新员工，平均雇用了2.2个新员工。曾经有观点认为专业投资者不愿意和进行了众筹的企业合作，数据却显示了相反的结论。在众筹融资结束后3个月中，28%的企业获得了来自天使集团或风投公司的投资；43%的企业表示，他们正在和机构投资者讨论相关事宜。众筹的成功使得这些企业获得了传统投资机构的认知，有些企业接到了天使投资集团的电话，而他们以前根本无法接触到这些投资者。

最后，过去天使和风投对股权众筹平台持敌视或怀疑态度，但随着过去2年来众筹平台的发展，这些天使和风投对平台的意见也发生了大转变。一些天使或风投直接将他们的项目放在众筹平台上融资，也直接参与平台上融资项目的投资活动。

（三）法案对公众股权众筹的影响

如果说第二章是对合格投资者的公募，那么第三章就可以被认为是对普通大众的众筹。虽然法案的第三章尚未颁布最终细则，市场对此依然抱有较大期望。统计显示，美国民众当前持有30万亿美元的各类资产，其中储蓄存款账户的收益率接近零，股票的年收益率为9%，企业债券的收益率为8%；风险投资的收益率为20%；在过去30年内天使投资者的年收益率平均为27%。天使投资平均的投资额为7.5万美元，天使投资者每年的投资项目平均不到一个。[①] 若第三章最终成行，若上述30万亿美元中的1%用于众筹，那

---

① http：//unreasonable. is/why‐crowdfunding‐changes‐everything‐part‐2.

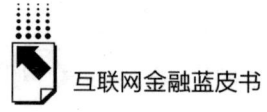

将是3000亿美元的市场规模，大大高于当前300亿美元的风险投资行业规模。①

如今的投资已经快速进入电子时代，法案第三章使普通大众也可以对创业型企业进行投资。第三章的颁布将会改变投资的游戏规则，曾经只有870万高净值人群才可以进行的投资，现在对大众开放了。就寻求融资的企业而言，创业者通常无法从银行获得资金，但可以从那些对它们有信心的大众那里获得资金。

但目前大众众筹遇到的问题是，投资者保护和放松融资条件之间的矛盾。从投资者保护的角度来看，由于投资者没有门槛限制，监管者就要求发行人承担更多的信息披露义务，融资平台承担较大的信息甄别责任。② 但是这将使得满足这些条件的众筹变得非常昂贵。在这种情况下，虽然投资者很希望能够买入下一个谷歌、Facebook或特斯拉的股票，但事实上，这些企业可能不愿意通过网络从数百人那里筹集100万美元，然后还要履行大量的信息披露义务，这样的好企业可能更愿意从天使投资者那里获得几笔大额投资，这就意味着第二章的私募发行将过滤掉社会中最好的初创企业，零售投资者所面临的仅是大量的次优项目。无论对企业还是投资者，众筹都不是最有吸引力的选择。

另外，许多业界人士担心SEC征求意见稿所引发的过度监管会削弱这种豁免制度的效果，烦琐的信息披露要求对小企业而言成本过高。比如，SEC预计准备众筹文件的时间是60个工作小时，那么发行人使用1个员工花一周半的时间就能完成，但是市场人士认为这种测算显然低估了成本。③ SEC自己的数据都显示，众筹的合规成本并不低，若融资额低于10万美元，成本占融资额的20%~50%；若融资额高于10万美元、低于50万美元，

---

① https://www.crowdfunder.com/blog/knowledge-center/the-guide-to-equity-crowdfunding/.
② https://www.invigorlaw.com/helpful-guide-for-general-solicitation-and-start-up-fundraising-9/.
③ http://dailysignal.com/2014/02/11/sec-crowdfunding-rules-need-work/.

成本占融资额的15%；若融资额高于50万美元，成本占融资额的11%~12%。实际上，对于筹资不超过5万美元的小企业而言，众筹根本就不是一种经济的资金来源。

2013年美国国会议员McHenry提交了一份立法议案，内容主要针对第三章的修订，被称之为McHenry JOBS 2.0。议案建议将筹资额提高到300万~500万美元，弱化信息披露和后续报告要求。未来美国的大众众筹会以何种面貌出现，还有待监管部门细则的颁布和各种政治力量的博弈。

（四）法案A+条例的影响

A+条例被视为"迷你IPO"，适用于处于成长后期的企业，为公开IPO和风投与天使投资之间的融资缺口提供渠道[①]，A+条例不适用于处于早期阶段的初创型企业。虽然A+条例关于材料准备和报告提交的要求相对简单一些，但是与吸引天使投资者和风险投资企业所需要的商业计划书和预算需求不同，这些材料的准备超出了上述范围。对于早期阶段的企业而言，满足这些要求将会太昂贵或太耗时。因此，对于相对比较成熟、处于成长后期的私人企业而言，花时间和金钱去准备这些材料以及满足SEC后续的报告要求才是有意义的。

只有企业才可以使用A+条例发行，个人不可以使用该条例融资。由于两个档次的发行各有利弊，发行人需要慎重选择发行的档次。第一档次的A+条例发行没有审计财务报告的要求，没有非合格投资者投资额上限的约束，也没有向SEC持续披露信息的要求，但要满足州《蓝天法》，这个规定将使得第一档次发行失去吸引力。第二档次的A+条例发行要提供2年经审计的财务报告，对非合格投资者设有投资上限，有向SEC持续披露信息的要求，但免于州《蓝天法》的要求。因此，如果企业打算在一个特定区域内融资，就可以选择第一档次发行，这样就可以在免去烦琐的信息披露的同

---

① http://www.forbes.com/sites/mraneri/2015/04/09/getting-ready-for-the-ipo-lite-5-things-to-know-about-sec-reg-a-plus/2/.

时,也不必满足较多州的《证券法》要求。第二档次发行的主要支出在于财务报告的审计,适合在多个州进行较大金额融资的发行人。

(五)法案报告公司标准调整的影响

首先,虽然提高了报告公司的门槛,但许多公众公司依然面临注册的风险。许多私人公司通过私募筹资,虽然总体来看,通过506(c)规则进行的私募发行,只要合格投资者人数不超过2000,就可以避免报告要求。然而,这种情况会随着投资者身份代表的变化而经常变化。即使投资时投资者是一位合格投资者,但如果投资者的收入或净资产下降,该投资者就会从合格投资者变为非合格投资者,使得企业被迫成为报告公司,因此企业还需要密切监测股东的身份变化。

其次,注销报告公司资格的条款对已经是报告公司的企业没多大用途,因为只有股东人数下降到300人以下,公司才可以注销注册,因此大量股东人数不足2000但满足《JOBS法案》未颁布前报告公司标准的企业无法从中获益。

(六)小结

总之,目前人们对《JOBS法案》有两种态度:第一种非常热情,认为众筹有很大的可能性,立法者将其合法化是一种投资的民主化;第二种则非常怀疑这项法案,认为立法者的这种做法只是为了赢得大选,认为《JOBS法案》不会发挥实际效果,而只会增多证券欺诈。这两种观点实际上都只是将注意力集中在第三章的众筹法案上。由于SEC的拖延,《JOBS法案》第三章的众筹法案尚未生效,但如果未来的法规对融资平台和发行人设置了过高的门槛,其效果就会大打折扣。但实际上,《JOBS法案》远非简单的众筹法案。有关放开私募发行宣传限制的条款催生了一大批网络平台,使它们成为初创企业融资的很好媒介。对一般劝诱限制的取消也会使D条例发行更为容易,使那些出身草根阶层的创业企业有获得天使投资者支持的机会。"迷你IPO"能帮助企业解决传统融资模式和企业达到上市标准前的融资缺口,为继续成长提供动力。第一章对EGC的IPO改革已经对企业的操作实践产生了影响,企业 IPO 的不确定性有所下降,虽然不能肯定这项法案是带来美国 IPO 繁荣的根本原因,但法案确实起到了一些作用。总之,《JOBS 法案》并不仅仅是众筹法案,更是一个从企业诞生(甚至可以没有实体,而只是一个好的创意)到成长初期、成长后期直至成熟过程中的一揽子融资解决方案。法案借助互联网这一媒介,通过对公募和私募发行制度的改革,进一步完善了美国多层次的资本市场,为改善中小企业的融资环境和促进资本形成起到了重要作用。目前法案执行的时间尚短,许多细则刚刚公布,其功效如何尚待时间检验。

参考文献

[1] Alexander, J. Davie, 2013, "The JOBS Act, a Year Later – Part 7: Titles V and VI and Concluding Thoughts," http://www.strictlybusinesslawblog.com/2013/06/17/the-jobs-act-a-year-later-part-7-titles-v-and-vi-and-concluding-thoughts/.

[2] Chance Barnett, 2014, "10 Top Equity Crowdfunding Campaigns From 2014," http://www.forbes.com/sites/chancebarnett/2014/12/17/top-10-equity-crowdfunding-campaigns-of-2014/.

[3] Crowdfund Capital Advisors, 2014, "The First Jobs Impact Small Business Crowdfunding Index Released: Best to Worst Crowdfunding Environments for Entrepreneurship and Small Business," http://crowdfundcapitaladvisors.com/news/press-releases.html.

[4] "Crowdfunder, The Guide to Equity Crowdfunding," https://www.crowdfunder.com/blog/knowledge-center/the-guide-to-equity-crowdfunding/.

[5] David Burton, 2014, "SEC Crowdfunding Rules Need Work," http://dailysignal.com/2014/02/11/sec-crowdfunding-rules-need-work/.

[6] David Weild & Edward Kim's, 2009, "A Wake-up Call for America," http://www.reseaucapital.com/docs/a_wake_up_call_for_america.pdf.

[7] Gavin Johnson, 2013, "Our Thoughts on the Proposed Crowdfunding Rules," https://www.invigorlaw.com/helpful-guide-for-general-solicitation-and-start-up-fundraising-9/.

[8] Global Insight, 2007, "Annual Venture Impact: The Economic Importance of

Venture Capital – Backed Companies to the U. S. Economy," http://www.altassets.net/pdfs/nvca_ventureimpact_theeconomicimportance.pdf.

［9］IPO Task Force, 2011, "Rebuilding the IPO On – Ramp," Issued by the IPO Task Force, 2011.10.20.

［10］Jeffrey Sohl, 2013, "Report on 2013 angel investment," http://paulcollege.unh.edu/sites/paulcollege.unh.edu/files/2013%20Analysis%20Report%20FINAL.pdf.

［11］Latham & Watkins, 2013, "A Review of the New IPO Playbook," http://www.lw.com/news/jobs – act – at – one – release.

［12］Latham & Watkins, 2013, "The JOBS Act After One Year: A Review of the New IPO Playbook," http://www.sec.gov/info/smallbus/acsec/acsec – 091713 – lathamreport – slides.pdf.

［13］Latham & Watkins, 2014, "The JOBS Act, Two Years Later: An Updated Look at the IPO Landscape," http://www.lw.com/thoughtLeadership/lw – jobs – act – ipos-second – year.

［14］Michael Raneri, 2015, "Getting Ready for the 'IPO – Lite': 5 Things to Know About SEC Reg A +," http://www.forbes.com/sites/mraneri/2015/04/09/getting – ready-for – the – ipo – lite – 5 – things – to – know – about – sec – reg – a – plus/2/.

［15］Rafe Furst, 2013, "Why Crowdfunding Changes Everything Part 2," http://unreasonable.is/why – crowdfunding – changes – everything – part – 2.

［16］Rafe Furst, 2013, "Why Crowdfunding Changes Everything Part 2, 2013," http://unreasonable.is/why – crowdfunding – changes – everything – part – 2/.

［17］SEC, 2012, "Spurring Job Growth Through Capital Formation While Protecting Investors, Part II: Hearing Before the S. Comm. on Banking, Hous., and Urban Affairs," http://www.sec.gov/news/speech/2012/spch031612laa.htm.

［18］Susan Chaplinsky, 2015, "The Jobs Act: Friend Or Foe To The Small Firm Ipo?" http://ideas.darden.virginia.edu/2015/03/7455/.

［19］Susan, 2013, "JOBS Act Title V: Raising the Threshold for Registration," http://www.denverlawreview.org/online – articles/2013/4/27/jobs – act – title – v – raising-the – threshold – for – registration.html#_ftn23.

［20］Tim Kane, 2012, "The Collapse of Startups in Job Creation," Hudson Institute.

［21］"Twitter Starts a Debate," 2013, http://www.nytimes.com/2013/09/22/your – money/with – a – tweet – twitter – starts – a – debate.html?pagewanted = all&_r = 0.

［22］美国小企业管理局网站, http://smallbusiness.house.gov/uploadedfiles/april_recess_small_biz_talking_pts.pdf。

Abstract

Internet finance got great development in China in 2015, with growing scale, product innovation, and growing areas and influence as well. Not only traditional financial enterprises enlarged the application of Internet tools, the Internet enterprises, manufacturing enterprises and even firms providing technical services for financial enterprises have also joined the Internet financial sector, coupled with innovation of pure Internet financial companies such as P2P and Crowdfunding, we have seen the Internet and financial in completed harmony and mutual promotion, and the Internet financial influence on social and economic life will further increase in 2015. However, we must be conscious that the nature of the Internet finance is still finance, and this did not change the basic function and properties of financing. As banks occupy the absolute dominant position in our country's financial assets layout, the Internet bank with asset securitization will be the main manifestation of Internet finance. The "Internet +" expansion of other financial institutions and the involvement in the financial sector of traditional Internet enterprises, will also promote the development of Internet finance. Traditional productive and circulating enterprises realize the transformation of the Internet finance and the reengineering of enterprise business process through O2O and supply chain finance ways. Technology companies construct Internet trading platform to tap into the Internet financial sector, and further broaden the depth and breadth of Internet finance. The Internet financial enterprise's valuation need more scientific index defined, and different stages of the Internet financial enterprise should apply different valuation methods and parameters. Internet financial development also has its intrinsic logic and expression, and its business model and development driving factors will also be reviewed and summarized through the theoretical research. The law support and regulation mechanism of Internet financial development in China has not really formed, which need to draw lessons from the experience of developed countries, combined with domestic actual conditions and legal system, with the improvement of foundation, then can provide the necessary foundation for the healthy development of Internet finance.

Keywords: Internet Finance; Innovation; Financial Nature; Valuation

Contents

B I General Report

B.1 General Report of 2015 Internet Financial Development / 001
    1. Overall Development Situationof the Internet Finance in 2014 / 002
    2. Internet Financing / 013
    3. The Service Mode of Internet Finance / 047
    4. Internet Progress of Traditional Financial Institutions / 066

Abstract: The general report is divided into two parts, the first section summarizes the analysis of the 2014 overall development of Chinese internet finance, including the historical opportunity of development of Internet finance, the development of the Internet financial status and business development situation and the Internet financial risk and regulatory policy tendency; The second part of the classification based on Internet financial model, a detailed analysis of the three models of Internet Internet financing, Internet finance services as well as traditional financial institutions, business development, model innovation, risk control and the status of competition in the industry and future trends. In terms of comprehensive, the 2014 Chinese Internet finance continue to maintain healthy and rapid development momentum, the product tends to blur the boundaries further, a steady stream of business innovation, competition doubly intense. With the rapid expansion of the scale and the growing complexity of the risk, the Internet financial regulation need to be strengthen and coordinated in the future.

Keywords: Internet finance; P2P; Public; chipsInternet payment; Risk regulation

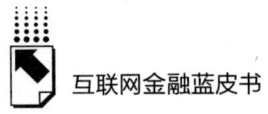

ⒷⅡ　Special Subject

B.2　Internet Financial Enterprise Valuation Method　　　　／079

Abstract: From the perspective of enterprise life cycle theory, this report analyzes the Internet financial enterprise valuation methods, dividing Internet financial enterprises into initial period, introduction period, growth period, mature period, each one of which for different valuation methods. Research and analysis of Internet financial enterprises valuation is helpful to grasp the development prospects of the industry.

Keywords: Financial Enterprise Valuation; Enterprise Life Cycle Theory; Metcalfe's Law

B.3　The Extension of Traditional Financial Institutions to the
　　　Internet Financial Field　　　　／089

Abstract: The Internet is changing the competitive landscape in the field of finance, faced with the challenge from Internet, the traditional financial institutions began to seek change, gradually extends to the Internet financial field. We believe that in the future, the absolute position of bank in the financial system will not to be shaken in China, and Internet finance will be manifested in the form of Internet banks which is specialized in asset securitization.

In this subject, we first analyze and introduce the present situation and the tendency of the development of Internet bank. We believe that the emerging Internet bank has created a new business model, injected fresh blood into the traditional financial sector. But in practical operation, it has also exposed many problems, especially in the fusion with the Internet in depth, there are still some lacks, and need to be further deepened. As the beneficial supplement of the Internet bank, this subject also introduces the exploration and development of non‑bank financial institutions in the Internet financial sector, including securities, insurance, funds and the rising financial assets exchange. Through combing, we believe that the future of Internet finance will be in a diversified development trend, and the ease of traditional financial institutions supervision and the following up of Internet financial supervision will be an important link to promote the health and stable development of the Internet finance.

Keywords: Traditional Finance Institutions; Reform; Internet Bank

B. 4   Analysis of Internet Financial Strategy Layout in
       Traditional Internet Giant   / 126

Abstract: From the online of Jingdong supply chain finance, to the "Ant Financial" and Tencent Internet financial system, to Alibaba Internet small loans, in 2014, the Internet giant have conducted extensive layout in the financial sector. In 2014, as the period of development in the Internet finance into the fast lane, new model and new emerging enterprises have been emerging. In essence, the Internet finance is financial activities based on Internet thinking and Internet technology, and is the crossover and integration of Internet and finance. From the perspective of Chinese market development, the Internet financial evolution has two paths: one is from financial institutions, learning to upgrade the Internet technology, to better provide customers with financial services. The second one is Internet companies moving towards the financial sector, with the help of innovative financial model provided by Internet technology. Traditional Internet giants Represented by Jingdong, Tencent, Alibaba and Baidu's , have taken the second strategy, fully making use of their respective advantages in the field of the Internet, customers, electronic commerce system, or search advantage, etc. , grafting with financial business. Studying their Internet financial development

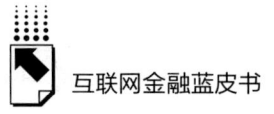

layout is beneficial to understand the Internet enterprise, or to understand the context and thinking of non-financial companies to carry out financial business from the broad sense.

Keywords: JingDong; Tencent; Alibaba; Baidu; E-commerce; Search Engine; Transformation; Giant Co.

B.5 Analysis of Emerging Internet Financial Enterprises Development / 154

Abstract: In 2014, many emerging patterns and firms sprang up in the Internet financial sector, especially in broadening inclusive finance and mining the thinking of long tail economy, which obtained widespread practice, and among the, P2P network borrowing, Internet crowdfunding and O2O finance are the most representative. The development of P2P industry has rich content, the financing scale and platform quantity growing fast, despite the risk events happened, it still won the recognition of users, investors and capital markets; Careful regulatory authorities, provide the market with the space for trial and adjust; With the gradually accelerating pace of financial reform in our country, the P2P development conform to the requirements of the state to establish the multi-level financial system, and is an important complement of financial industry chain, worthy to be payed close attention to in the future. As to the crowdfunding, in 2014, the development of the industry as a whole is relatively quickly, platform number from 43 in January to 122 by the end of November, but most platforms have not find suitable profit mode, or are still in user borrowing development stage. In December 2014, " the Private Equity Crowdfunding Management Measure (trial) " was released, as the first regulatory approach of the industry. The measures regulated crowdfunding in terms of properties, operations, and other aspects, laying a solid foundation for healthy and orderly development of this industry in the future. O2O industry development thought, that is, online to offline, have profound influence to financial business model, solving the problem of finance into consumption scene.

Keywords: Peer-to-peer; Crowdfunding; Online To Offline; New Model; Supervision; Financial Risk

B. 6　Internet Financial Transformation Situation Analysis of other Traditional Enterprises ／185

Abstract: Compared to traditional financial institutions, Internet finance are more efficient on the realization of various functions, achieving the "financial wide" and "financial deepening". Through advantages in transaction cost, information cost, and participation cost, Internet finance improved the financial system efficiency of the resource allocation and information production. With the change of the financial function implementation, the structure of the financial system will change, and through a variety of functional effect, Internet finance will have impact on the efficiency of financial system and economic growth. From the theoretical analysis on the Internet finance, in accordance with the logic of "financial innovation diffusion − evolution of financial function − financial function effect", through both the theoretical analysis and review, this part revealed the theoretical logic of Internet financial development, and provide effective support for the finance theory combined with the actual situation of Internet financial development.

Keywords: "Internet +"; Traditional Enterprise; Transformation

B. 7　The Finance Analysis of the Internet Financial Development ／215

Abstract: Compared to traditional financial institutions, Internet finance are more efficient on the realization of various functions, achieving the "financial

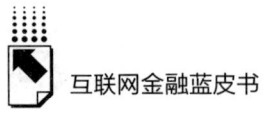

wide" and "financial deepening". Through advantages in transaction cost, information cost, and participation cost, Internet finance improved the financial system efficiency of the resource allocation and information production. With the change of the financial function implementation, the structure of the financial system will change, and through a variety of functional effect, Internet finance will have impact on the efficiency of financial system and economic growth. From the theoretical analysis on the Internet finance, in accordance with the logic of "financial innovation diffusion − evolution of financial function − financial function effect", through both the theoretical analysis and review, this part revealed the theoretical logic of Internet financial development, and provide effective support for the finance theory combined with the actual situation of Internet financial development.

Keywords: Internet Finance; Financial Function; Financial Innovation Diffusion; Functional Effect

B.8　Study on China's Internet Financial Drive Mode　　　／245

Abstract: The recent two years of rapid development of all kinds of business mode in China's Internet finance has attracted wide attention of academia and industry, Internet finance, as a representative of the inclusive finance, has risen to part of the national strategy. This part summarized the current situation development, business mode, and risks of China's Internet finance, explored the driving factors of China's Internet financial development based on industrial convergence, new financial intermediaries and financial deepening economics theoretical analysis framework, analyzed China's Internet financial investment and financing status, and from the perspective of the industrial organization theory, use "market structure − market behavior − market performance" analysis framework (SCP analysis framework) to study the driving factors of China's Internet financial investment, and finally gave the future development prospects and policy suggestions for China's Internet finance.

Keywords: Internet Finance; Driving Mode; Industrial Organization Theory; SCP Model

B. 9 Research on the Influence of Money Transfer to the Central Bank's Monetary Policy Based on the Perspective of Third-party Payment　　　／278

Abstract: The Internet insurance is an important part of the Internet finance, which is inevitable choice for the development of the insurance industry in our country at this stage. The rapid development of the Internet, especially of mobile Internet lay a solid technical foundation for the Internet insurance. The supporting policies contribute to the development of Internet insurance. The real demand for insurance in our country at thisstage is a powerful driving force behind the accelerated development of Internet insurance.

Keywords: Internet Insurance; Network Insurance; Mutual Insurance

B. 10 The Development of Internet Insurance　　　／303

Abstract: Crowdfunding is a very important innovation via internet in recent years all over the world, this article classified different kinds of crowdfunding in China, and probed the necessity to develop Crowdfunding in China. Based on the classification , the article examined the status, characteristic and business model of crowdfunding in China. Reasonable supervision is very important for the continuous development of Crowdfunding, the article compared the crowdfunding-related legislation in European and the USA, at the end, the article put forward the strategic target and suggestion for the crowdfunding in China.

Keywords: Crowdfunding; Regulation and Supervision; Strategic Target; Suggestion

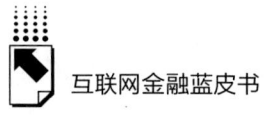
互联网金融蓝皮书

B Ⅲ　Case Study

B.11　Case Analysis of Traditional IT Enterprises' Internet Financial Transformation　　　　/ 329

Abstract: This part carried on brief analysis of the related case of the Internet financial transformation in traditional IT enterprise, from three aspects of bank IT enterprises, securities and funds IT enterprises, and other IT enterprises, trying to explore the main path and mode of traditional IT enterprise to development Internet finance, and to provide samples for market innovation. Finally, this part also analyses the Internet financial enterprise valuation method, in order to grasp the Internet financial industry development prospects.

Keywords: Traditional IT Enterprise; Internet Finance; Transformation

B Ⅳ　International View

B.12　Analysis of American *JOBS Act*　　　　/ 366

Abstract: During the first decade of the 21th century, American IPOs market tended to be on the decline with fewer private companies applying to be listed and increasing numbers of listed companies seeking to be unlisted. Experts and scholars attributed the phenomenon to the rising compliance costs associated with being a public company and changes in rules and regulations. The decline in the number of IPOs together with inaccessibility to the financial market for small and medium sized enterprises (SMEs) made these businesses unable to increase employment. To twist the phenomenon, on April 5th 2012, president Obama singed "Jumpstart Our Business Startups Act" into law, intending to promote employment by lowering financing costs for businesses to raise money. The Act relaxes compulsory information disclosure requirement and subsequent compliance burden for EGCs when they are trying to raise money via capital market. The Act removes restrictions that prevented companies seeking a private offering from general solicitation and general advertising. The Act makes cowderfunding legitimate so that small businesses and startups can finance their projects through online funding portal. The Act enhances the threshold of small public offering exemption to reduce financing costs of small businesses. The Act allows SMEs to avoid being a reporting company and assuming relevant costs by increasing the standards of being a public company.

Keywords: IPOs Market; EGCs; General Solicitation and General Advertising; Crowdfunding; Small Company Capital Formation; Reporting Company

致　谢

《中国互联网金融发展报告（2015）》是在中国人民银行研究局和中国人民银行金融研究所的指导下，由北京中科金财科技股份有限公司（证券代码：002657）牵头组织、中国社会科学院金融研究所、清华大学五道口金融学院、南开大学金融学院、国泰君安研究所的共同参与下完成的。在本书写作的过程当中，顾问组各位专家对本书提供了诸多指导意见，来自监管部门和地方政府的专家领导为本书提供了丰富的资料数据，安徽金融资产交易所和大连金融资产交易所提供了调研实践机会，特别是全国人大常委会财经委副主任委员吴晓灵女士，非常关心本书的写作，给予了宝贵的修改意见，对此我们表示深深的感谢。

写作组的成员蔡建飞、方兴、李迪、马婉婷、潘媛媛、阙伊婷、史月兰、佟祥庚、汪思慧、王琬童、张静佳等同志不辞劳苦，经常工作至深夜进行撰写修改，宾望、刘笠、岳靖沛、雷骐祯等同志参与了资料收集与修改工作，这些同志的工作是本书能够顺利完成的基础。社会科学文献出版社经济与管理出版分社的恽薇社长和高雁编辑为本书的出版付出了大量心血，在此一并感谢。

皮书起源

"皮书"起源于十七、十八世纪的英国,主要指官方或社会组织正式发表的重要文件或报告,多以"白皮书"命名。在中国,"皮书"这一概念被社会广泛接受,并被成功运作、发展成为一种全新的出版型态,则源于中国社会科学院社会科学文献出版社。

皮书定义

皮书是对中国与世界发展状况和热点问题进行年度监测,以专业的角度、专家的视野和实证研究方法,针对某一领域或区域现状与发展态势展开分析和预测,具备权威性、前沿性、原创性、实证性、时效性等特点的连续性公开出版物,由一系列权威研究报告组成。皮书系列是社会科学文献出版社编辑出版的蓝皮书、绿皮书、黄皮书等的统称。

皮书作者

皮书系列的作者以中国社会科学院、著名高校、地方社会科学院的研究人员为主,多为国内一流研究机构的权威专家学者,他们的看法和观点代表了学界对中国与世界的现实和未来最高水平的解读与分析。

皮书荣誉

皮书系列已成为社会科学文献出版社的著名图书品牌和中国社会科学院的知名学术品牌。2011年,皮书系列正式列入"十二五"国家重点图书出版规划项目;2012~2014年,重点皮书列入中国社会科学院承担的国家哲学社会科学创新工程项目;2015年,41种院外皮书使用"中国社会科学院创新工程学术出版项目"标识。

中国皮书网
www.pishu.cn

发布皮书研创资讯，传播皮书精彩内容
引领皮书出版潮流，打造皮书服务平台

栏目设置：

- □ **资讯**：皮书动态、皮书观点、皮书数据、皮书报道、皮书发布、电子期刊
- □ **标准**：皮书评价、皮书研究、皮书规范
- □ **服务**：最新皮书、皮书书目、重点推荐、在线购书
- □ **链接**：皮书数据库、皮书博客、皮书微博、在线书城
- □ **搜索**：资讯、图书、研究动态、皮书专家、研创团队

中国皮书网依托皮书系列"权威、前沿、原创"的优质内容资源，通过文字、图片、音频、视频等多种元素，在皮书研创者、使用者之间搭建了一个成果展示、资源共享的互动平台。

自2005年12月正式上线以来，中国皮书网的IP访问量、PV浏览量与日俱增，受到海内外研究者、公务人员、商务人士以及专业读者的广泛关注。

2008年、2011年中国皮书网均在全国新闻出版业网站荣誉评选中获得"最具商业价值网站"称号；2012年，获得"出版业网站百强"称号。

2014年，中国皮书网与皮书数据库实现资源共享，端口合一，将提供更丰富的内容，更全面的服务。

法律声明

"皮书系列"（含蓝皮书、绿皮书、黄皮书）之品牌由社会科学文献出版社最早使用并持续至今，现已被中国图书市场所熟知。"皮书系列"的LOGO（ ）与"经济蓝皮书""社会蓝皮书"均已在中华人民共和国国家工商行政管理总局商标局登记注册。"皮书系列"图书的注册商标专用权及封面设计、版式设计的著作权均为社会科学文献出版社所有。未经社会科学文献出版社书面授权许可，任何使用与"皮书系列"图书注册商标、封面设计、版式设计相同或者近似的文字、图形或其组合的行为均系侵权行为。

经作者授权，本书的专有出版权及信息网络传播权为社会科学文献出版社享有。未经社会科学文献出版社书面授权许可，任何就本书内容的复制、发行或以数字形式进行网络传播的行为均系侵权行为。

社会科学文献出版社将通过法律途径追究上述侵权行为的法律责任，维护自身合法权益。

欢迎社会各界人士对侵犯社会科学文献出版社上述权利的侵权行为进行举报。电话：010-59367121，电子邮箱：fawubu@ssap.cn。

社会科学文献出版社

权威报告·热点资讯·特色资源

皮书数据库
ANNUAL REPORT(YEARBOOK) DATABASE

当代中国与世界发展高端智库平台

皮书俱乐部会员服务指南

1. 谁能成为皮书俱乐部成员?
- 皮书作者自动成为俱乐部会员
- 购买了皮书产品(纸质书/电子书)的个人用户

2. 会员可以享受的增值服务
- 免费获赠皮书数据库100元充值卡
- 加入皮书俱乐部,免费获赠该纸质图书的电子书
- 免费定期获赠皮书电子期刊
- 优先参与各类皮书学术活动
- 优先享受皮书产品的最新优惠

3. 如何享受增值服务?
(1) 免费获赠100元皮书数据库体验卡
第1步 刮开附赠充值的涂层(右下);
第2步 登录皮书数据库网站(www.pishu.com.cn),注册账号;
第3步 登录并进入"会员中心"—"在线充值"—"充值卡充值",充值成功后即可使用。

(2) 加入皮书俱乐部,凭数据库体验卡获赠该书的电子书
第1步 登录社会科学文献出版社官网(www.ssap.com.cn),注册账号;
第2步 登录并进入"会员中心"—"皮书俱乐部",提交加入皮书俱乐部申请;
第3步 审核通过后,再次进入皮书俱乐部,填写页面所需图书、体验卡信息即可自动兑换相应电子书。

4. 声明
解释权归社会科学文献出版社所有

皮书俱乐部会员可享受社会科学文献出版社其他相关免费增值服务,有任何疑问,均可与我们联系。

图书销售热线:010-59367070/7028
图书服务QQ:800045692
图书服务邮箱:duzhe@ssap.cn

数据库服务热线:400-008-6695
数据库服务QQ:2475522410
数据库服务邮箱:database@ssap.cn

欢迎登录社会科学文献出版社官网
(www.ssap.com.cn)
和中国皮书网(www.pishu.cn)
了解更多信息

社会科学文献出版社 皮书系列

卡号:258604336091
密码:

子库介绍
Sub-Database Introduction

中国经济发展数据库

涵盖宏观经济、农业经济、工业经济、产业经济、财政金融、交通旅游、商业贸易、劳动经济、企业经济、房地产经济、城市经济、区域经济等领域，为用户实时了解经济运行态势、把握经济发展规律、洞察经济形势、做出经济决策提供参考和依据。

中国社会发展数据库

全面整合国内外有关中国社会发展的统计数据、深度分析报告、专家解读和热点资讯构建而成的专业学术数据库。涉及宗教、社会、人口、政治、外交、法律、文化、教育、体育、文学艺术、医药卫生、资源环境等多个领域。

中国行业发展数据库

以中国国民经济行业分类为依据，跟踪分析国民经济各行业市场运行状况和政策导向，提供行业发展最前沿的资讯，为用户投资、从业及各种经济决策提供理论基础和实践指导。内容涵盖农业，能源与矿产业，交通运输业，制造业，金融业，房地产业，租赁和商务服务业，科学研究，环境和公共设施管理，居民服务业，教育，卫生和社会保障，文化、体育和娱乐等100余个行业。

中国区域发展数据库

以特定区域内的经济、社会、文化、法治、资源环境等领域的现状与发展情况进行分析和预测。涵盖中部、西部、东北、西北等地区，长三角、珠三角、黄三角、京津冀、环渤海、合肥经济圈、长株潭城市群、关中—天水经济区、海峡经济区等区域经济体和城市圈，北京、上海、浙江、河南、陕西等34个省份及中国台湾地区。

中国文化传媒数据库

包括文化事业、文化产业、宗教、群众文化、图书馆事业、博物馆事业、档案事业、语言文字、文学、历史地理、新闻传播、广播电视、出版事业、艺术、电影、娱乐等多个子库。

世界经济与国际政治数据库

以皮书系列中涉及世界经济与国际政治的研究成果为基础，全面整合国内外有关世界经济与国际政治的统计数据、深度分析报告、专家解读和热点资讯构建而成的专业学术数据库。包括世界经济、世界政治、世界文化、国际社会、国际关系、国际组织、区域发展、国别发展等多个子库。

权威·前沿·原创

社会科学文献出版社

皮书系列

2015年

盘点年度资讯　预测时代前程

社会科学文献出版社 学术传播中心 编制

社会科学文献出版社
SOCIAL SCIENCES ACADEMIC PRESS (CHINA)

社会科学文献出版社成立于1985年，是直属于中国社会科学院的人文社会科学专业学术出版机构。

成立以来，特别是1998年实施第二次创业以来，依托于中国社会科学院丰厚的学术出版和专家学者两大资源，坚持"创社科经典，出传世文献"的出版理念和"权威、前沿、原创"的产品定位，社科文献立足内涵式发展道路，从战略层面推动学术出版五大能力建设，逐步走上了智库产品与专业学术成果系列化、规模化、数字化、国际化、市场化发展的经营道路。

先后策划出版了著名的图书品牌和学术品牌"皮书"系列、"列国志"、"社科文献精品译库"、"全球化译丛"、"全面深化改革研究书系"、"近世中国"、"甲骨文"、"中国史话"等一大批既有学术影响又有市场价值的系列图书，形成了较强的学术出版能力和资源整合能力。2014年社科文献出版社发稿5.5亿字，出版图书1500余种，承印发行中国社科院院属期刊71种，在多项指标上都实现了较大幅度的增长。

凭借着雄厚的出版资源整合能力，社科文献出版社长期以来一直致力于从内容资源和数字平台两个方面实现传统出版的再造，并先后推出了皮书数据库、列国志数据库、中国田野调查数据库等一系列数字产品。数字出版已经初步形成了产品设计、内容开发、编辑标引、产品运营、技术支持、营销推广等全流程体系。

在国内原创著作、国外名家经典著作大量出版，数字出版突飞猛进的同时，社科文献出版社从构建国际话语体系的角度推动学术出版国际化。先后与斯普林格、荷兰博睿、牛津、剑桥等十余家国际出版机构合作面向海外推出了"皮书系列""改革开放30年研究书系""中国梦与中国发展道路研究丛书""全面深化改革研究书系"等一系列在世界范围内引起强烈反响的作品；并持续致力于中国学术出版走出去，组织学者和编辑参加国际书展，筹办国际性学术研讨会，向世界展示中国学者的学术水平和研究成果。

此外，社科文献出版社充分利用网络媒体平台，积极与中央和地方各类媒体合作，并联合大型书店、学术书店、机场书店、网络书店、图书馆，逐步构建起了强大的学术图书内容传播平台。学术图书的媒体曝光率居全国之首，图书馆藏书居于全国出版机构前十位。

上述诸多成绩的取得，有赖于一支以年轻的博士、硕士为主体，一批从中国社科院刚退出科研一线的各学科专家为支撑的300多位高素质的编辑、出版和营销队伍，为我们实现学术立社，以学术品位、学术价值来实现经济效益和社会效益这样一个目标的共同努力。

作为已经开启第三次创业梦想的人文社会科学学术出版机构，2015年的社会科学文献出版社将迎来她30周岁的生日，"三十而立"再出发，我们将以改革发展为动力，以学术资源建设为中心，以构建智慧型出版社为主线，以社庆三十周年系列活动为重要载体，以"整合、专业、分类、协同、持续"为各项工作指导原则，全力推进出版社数字化转型，坚定不移地走专业化、数字化、国际化发展道路，全面提升出版社核心竞争力，为实现"社科文献梦"奠定坚实基础。

社长致辞

我们是图书出版者,更是人文社会科学内容资源供应商;

我们背靠中国社会科学院,面向中国与世界人文社会科学界,坚持为人文社会科学的繁荣与发展服务;

我们精心打造权威信息资源整合平台,坚持为中国经济与社会的繁荣与发展提供决策咨询服务;

我们以读者定位自身,立志让爱书人读到好书,让求知者获得知识;

我们精心编辑、设计每一本好书以形成品牌张力,以优秀的品牌形象服务读者,开拓市场;

我们始终坚持"创社科经典,出传世文献"的经营理念,坚持"权威、前沿、原创"的产品特色;

我们"以人为本",提倡阳光下创业,员工与企业共享发展之成果;

我们立足于现实,认真对待我们的优势、劣势,我们更着眼于未来,以不断的学习与创新适应不断变化的世界,以不断的努力提升自己的实力;

我们愿与社会各界友好合作,共享人文社会科学发展之成果,共同推动中国学术出版乃至内容产业的繁荣与发展。

社会科学文献出版社社长
中国社会学会秘书长

2015 年 1 月

社会科学文献出版社　　　皮书系列

❖ 皮书起源 ❖

"皮书"起源于十七、十八世纪的英国，主要指官方或社会组织正式发表的重要文件或报告，多以"白皮书"命名。在中国，"皮书"这一概念被社会广泛接受，并被成功运作、发展成为一种全新的出版形态，则源于中国社会科学院社会科学文献出版社。

❖ 皮书定义 ❖

皮书是对中国与世界发展状况和热点问题进行年度监测，以专业的角度、专家的视野和实证研究方法，针对某一领域或区域现状与发展态势展开分析和预测，具备权威性、前沿性、原创性、实证性、时效性等特点的连续性公开出版物，由一系列权威研究报告组成。皮书系列是社会科学文献出版社编辑出版的蓝皮书、绿皮书、黄皮书等的统称。

❖ 皮书作者 ❖

皮书系列的作者以中国社会科学院、著名高校、地方社会科学院的研究人员为主，多为国内一流研究机构的权威专家学者，他们的看法和观点代表了学界对中国与世界的现实和未来最高水平的解读与分析。

❖ 皮书荣誉 ❖

皮书系列已成为社会科学文献出版社的著名图书品牌和中国社会科学院的知名学术品牌。2011年，皮书系列正式列入"十二五"国家重点出版规划项目；2012~2014年，重点皮书列入中国社会科学院承担的国家哲学社会科学创新工程项目；2015年，41种院外皮书使用"中国社会科学院创新工程学术出版项目"标识。

经济类　　 皮书系列 重点推荐

经 济 类

经济类皮书涵盖宏观经济、城市经济、大区域经济，
提供权威、前沿的分析与预测

经济蓝皮书
2015年中国经济形势分析与预测

李 扬 / 主编　　2014年12月出版　　定价：69.00元

◆ 本书为总理基金项目，由著名经济学家李扬领衔，联合中国社会科学院、国务院发展中心等数十家科研机构、国家部委和高等院校的专家共同撰写，系统分析了2014年的中国经济形势并预测2015年我国经济运行情况，2015年中国经济仍将保持平稳较快增长，预计增速7%左右。

城市竞争力蓝皮书
中国城市竞争力报告No.13

倪鹏飞 / 主编　　2015年5月出版　　定价：89.00元

◆ 本书由中国社会科学院城市与竞争力研究中心主任倪鹏飞主持编写，以"巨手：托起城市中国新版图"为主题，分别从市场、产业、要素、交通一体化角度论证了东中一体化程度不断加深。建议：中国经济分区应该由四分区调整为二分区；按照"一团五线"的发展格局对中国的城市体系做出重大调整。

西部蓝皮书
中国西部发展报告（2015）

姚慧琴　徐璋勇 / 主编　　2015年7月出版　　估价：89.00元

◆ 本书由西北大学中国西部经济发展研究中心主编，汇集了源自西部本土以及国内研究西部问题的权威专家的第一手资料，对国家实施西部大开发战略进行年度动态跟踪，并对2015年西部经济、社会发展态势进行预测和展望。

3

皮书系列
重点推荐

经济类

中部蓝皮书
中国中部地区发展报告（2015）

喻新安 / 主编　　2015 年 7 月出版　　估价 :69.00 元

◆ 本书敏锐地抓住当前中部地区经济发展中的热点、难点问题，紧密地结合国家和中部经济社会发展的重大战略转变，对中部地区经济发展的各个领域进行了深入、全面的分析研究，并提出了具有理论研究价值和可操作性强的政策建议。

世界经济黄皮书
2015 年世界经济形势分析与预测

王洛林　张宇燕 / 主编　　2015 年 1 月出版　　定价 :69.00 元

◆ 本书为中国社会科学院创新工程学术出版资助项目，由中国社会科学院世界经济与政治研究所的研创团队撰写。该书认为，2014 年，世界经济维持了上年度的缓慢复苏，同时经济增长格局分化显著。预计 2015 年全球经济增速按购买力平价计算的增长率为 3.3%，按市场汇率计算的增长率为 2.8%。

中国省域竞争力蓝皮书
中国省域经济综合竞争力发展报告（2013~2014）

李建平　李闽榕　高燕京 / 主编　　2015 年 2 月出版　定价 :198.00 元

◆ 本书充分运用数理分析、空间分析、规范分析与实证分析相结合、定性分析与定量分析相结合的方法，建立起比较科学完善、符合中国国情的省域经济综合竞争力指标评价体系及数学模型，对 2012~2013 年中国内地 31 个省、市、区的经济综合竞争力进行全面、深入、科学的总体评价与比较分析。

城市蓝皮书
中国城市发展报告 No.8

潘家华　魏后凯 / 主编　2015 年 9 月出版　　估价 :69.00 元

◆ 本书由中国社会科学院城市发展与环境研究中心编著，从中国城市的科学发展、城市环境可持续发展、城市经济集约发展、城市社会协调发展、城市基础设施用地管理、城市管理体制改革以及中国城市科学发展实践等多角度、全方位地立体展示了中国城市的发展状况，并对中国城市的未来发展提出了建议。

经济类　　皮书系列 重点推荐

金融蓝皮书

中国金融发展报告（2015）

李扬　王国刚 / 主编　2014 年 12 月出版　定价 :75.00 元

◆ 由中国社会科学院金融研究所组织编写的《中国金融发展报告（2015）》，概括和分析了 2014 年中国金融发展和运行中的各方面情况，研讨和评论了 2014 年发生的主要金融事件。本书由业内专家和青年精英联合编著，有利于读者了解掌握 2014 年中国的金融状况，把握 2015 年中国金融的走势。

低碳发展蓝皮书

中国低碳发展报告（2015）

齐晔 / 主编　2015 年 7 月出版　估价 :89.00 元

◆ 本书对中国低碳发展的政策、行动和绩效进行科学、系统、全面的分析。重点是通过归纳中国低碳发展的绩效，评估与低碳发展相关的政策和措施，分析政策效应的制度背景和作用机制，为进一步的政策制定、优化和实施提供支持。

经济信息绿皮书

中国与世界经济发展报告（2015）

杜平 / 主编　2014 年 12 月出版　定价 :79.00 元

◆ 本书是由国家信息中心组织专家队伍精心研究编撰的年度经济分析预测报告，书中指出，2014 年，我国经济增速有所放慢，但仍处于合理运行区间。主要新兴国家经济总体仍显疲软。2015 年应防止经济下行和财政金融风险相互强化，促进经济向新常态平稳过渡。

低碳经济蓝皮书

中国低碳经济发展报告（2015）

薛进军　赵忠秀 / 主编　2015 年 6 月出版　定价 :85.00 元

◆ 本书汇集来自世界各国的专家学者、政府官员，探讨世界金融危机后国际经济的现状，提出"绿色化"为经济转型期国家的可持续发展提供了重要范本，并将成为解决气候系统保护与经济发展矛盾的重要突破口，也将是中国引领"一带一路"沿线国家实现绿色发展的重要抓手。

皮书系列重点推荐　社会政法类

社会政法类

社会政法类皮书聚焦社会发展领域的热点、难点问题，提供权威、原创的资讯与视点

社会蓝皮书

2015年中国社会形势分析与预测

李培林　陈光金　张翼/主编　2014年12月出版　定价:69.00元

◆ 本书由中国社会科学院社会学研究所组织研究机构专家、高校学者和政府研究人员撰写，聚焦当下社会热点，指出2014年我国社会存在城乡居民人均收入增速放缓、大学生毕业就业压力加大、社会老龄化加速、住房价格继续飙升、环境群体性事件多发等问题。

法治蓝皮书

中国法治发展报告 No.13（2015）

李林　田禾/主编　2015年3月出版　定价:105.00元

◆ 本年度法治蓝皮书回顾总结了2014年度中国法治取得的成效及存在的问题，并对2015年中国法治发展形势进行预测、展望，还从立法、人权保障、行政审批制度改革、反价格垄断执法、教育法治、政府信息公开等方面研讨了中国法治发展的相关问题。

环境绿皮书

中国环境发展报告（2015）

刘鉴强/主编　2015年7月出版　估价:79.00元

◆ 本书由民间环保组织"自然之友"组织编写，由特别关注、生态保护、宜居城市、可持续消费以及政策与治理等版块构成，以公共利益的视角记录、审视和思考中国环境状况，呈现2014年中国环境与可持续发展领域的全局态势，用深刻的思考、科学的数据分析2014年的环境热点事件。

反腐倡廉蓝皮书

中国反腐倡廉建设报告 No.4

李秋芳 张英伟 / 主编　2014 年 12 月出版　　定价 :79.00 元

◆　本书继续坚持"建设"主题，既描摹出反腐败斗争的感性特点，又揭示出反腐政治格局深刻变化的根本动因。指出当前症结在于权力与资本"隐蔽勾连"、"官场积弊"消解"吏治改革"效力、部分公职人员基本价值观迷乱、封建主义与资本主义思想依然影响深重。提出应以科学思维把握反腐治标与治本问题，建构"不需腐"的合理合法薪酬保障机制。

女性生活蓝皮书

中国女性生活状况报告 No.9（2015）

韩湘景 / 主编　2015 年 4 月出版　　定价 :79.00 元

◆　本书由中国妇女杂志社、华坤女性生活调查中心和华坤女性消费指导中心组织编写，通过调查获得的大量调查数据，真实展现当年中国城市女性的生活状况、消费状况及对今后的预期。

华侨华人蓝皮书

华侨华人研究报告 (2015)

贾益民 / 主编　2015 年 12 月出版　　估价 :118.00 元

◆　本书为中国社会科学院创新工程学术出版资助项目，是华侨大学向世界提供最新涉侨动态、理论研究和政策建议的平台。主要介绍了相关国家华侨华人的规模、分布、结构、发展趋势，以及全球涉侨生存安全环境和华文教育情况等。

政治参与蓝皮书

中国政治参与报告（2015）

房　宁 / 主编　2015 年 7 月出版　　估价 :105.00 元

◆　本书作者均来自中国社会科学院政治学研究所，聚焦中国基层群众自治的参与情况介绍了城镇居民的社区建设与居民自治参与和农村居民的村民自治与农村社区建设参与情况。其优势是其指标评估体系的建构和问卷调查的设计专业，数据量丰富，统计结论科学严谨。

行业报告类

行业报告类皮书立足重点行业、新兴行业领域，提供及时、前瞻的数据与信息

房地产蓝皮书
中国房地产发展报告 No.12（2015）

魏后凯　李景国 / 主编　　2015 年 5 月出版　　定价：79.00 元

◆ 本年度房地产蓝皮书指出，2014 年中国房地产市场出现了较大幅度的回调，商品房销售明显遇冷，库存居高不下。展望 2015 年，房价保持低速增长的可能性较大，但区域分化将十分明显，人口聚集能力强的一线城市和部分热点二线城市房价有回暖、房价上涨趋势，而人口聚集能力差、库存大的部分二线城市或三四线城市房价会延续下跌（回调）态势。

保险蓝皮书
中国保险业竞争力报告（2015）

姚庆海　王　力 / 主编　　2015 年 12 出版　　估价：98.00 元

◆ 本皮书主要为监管机构、保险行业和保险学界提供保险市场一年来发展的总体评价，外在因素对保险业竞争力发展的影响研究；国家监管政策、市场主体经营创新及职能发挥、理论界最新研究成果等综述和评论。

企业社会责任蓝皮书
中国企业社会责任研究报告（2015）

黄群慧　彭华岗　钟宏武　张蒽 / 编著
2015 年 11 月出版　　估价：69.00 元

◆ 本书系中国社会科学院经济学部企业社会责任研究中心组织编写的《企业社会责任蓝皮书》2015 年分册。该书在对企业社会责任进行宏观总体研究的基础上，根据 2014 年企业社会责任及相关背景进行了创新研究，在全国企业中观层面对企业健全社会责任管理体系提供了弥足珍贵的丰富信息。

行业报告类　皮书系列重点推荐

投资蓝皮书

中国投资发展报告（2015）

谢　平/主编　　2015年4月出版　　定价:128.00元

◆ 2014年，适应新常态发展的宏观经济政策逐步成型和出台，成为保持经济平稳增长、促进经济活力增强、结构不断优化升级的有力保障。2015年，应重点关注先进制造业、TMT产业、大健康产业、大文化产业及非金融全新产业的投资机会，适应新常态下的产业发展变化，在投资布局中争取主动。

住房绿皮书

中国住房发展报告（2014~2015）

倪鹏飞/主编　　2014年12月出版　　定价:79.00元

◆ 本年度住房绿皮书指出，中国住房市场从2014年第一季度开始进入调整状态，2014年第三季度进入全面调整期。2015年的住房市场走势：整体延续衰退，一、二线城市2015年下半年、三四线城市2016年下半年复苏。

人力资源蓝皮书

中国人力资源发展报告（2015）

余兴安/主编　　2015年9月出版　　估价:79.00元

◆ 本书是在人力资源和社会保障部部领导的支持下，由中国人事科学研究院汇集我国人力资源开发权威研究机构的诸多专家学者的研究成果编写而成。作为关于人力资源的蓝皮书，本书通过充分利用有关研究成果，更广泛、更深入地展示近年来我国人力资源开发重点领域的研究成果。

汽车蓝皮书

中国汽车产业发展报告（2015）

国务院发展研究中心产业经济研究部　中国汽车工程学会
大众汽车集团（中国）/主编　　2015年8月出版　　估价:128.00元

◆ 本书由国务院发展研究中心产业经济研究部、中国汽车工程学会、大众汽车集团（中国）联合主编，是关于中国汽车产业发展的研究性年度报告，介绍并分析了本年度中国汽车产业发展的形势。

国别与地区类

国别与地区类

国别与地区类皮书关注全球重点国家与地区，提供全面、独特的解读与研究

亚太蓝皮书

亚太地区发展报告（2015）

李向阳 / 主编　　2015年1月出版　　定价:59.00元

◆ 本年度的专题是"一带一路"，书中对"一带一路"战略的经济基础、"一带一路"与区域合作等进行了阐述。除对亚太地区2014年的整体变动情况进行深入分析外，还在此基础上提出了对于2015年亚太地区各个方面发展情况的预测。

日本蓝皮书

日本研究报告（2015）

李 薇 / 主编　　2015年4月出版　　定价:69.00元

◆ 本书由中华日本学会、中国社会科学院日本研究所合作推出，是以中国社会科学院日本研究所的研究人员为主完成的研究成果。对2014年日本的政治、外交、经济、社会文化作了回顾、分析，并对2015年形势进行展望。

德国蓝皮书

德国发展报告（2015）

郑春荣　伍慧萍 / 主编　2015年5月出版　定价:69.00元

◆ 本报告由同济大学德国研究所组织编撰，由该领域的专家学者对德国的政治、经济、社会文化、外交等方面的形势发展情况，进行全面的阐述与分析。德国作为欧洲大陆第一强国，与中国各方面日渐紧密的合作关系，值得国内各界深切关注。

皮书系列 重点推荐

国别与地区类

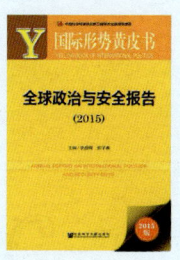

国际形势黄皮书
全球政治与安全报告（2015）

李慎明　张宇燕/主编　2015年1月出版　定价:69.00元

◆ 本书对中、俄、美三国之间的合作与冲突进行了深度分析，揭示了影响中美、俄美及中俄关系的主要因素及变化趋势。重点关注了乌克兰危机、克里米亚问题、苏格兰公投、西非埃博拉疫情以及西亚北非局势等国际焦点问题。

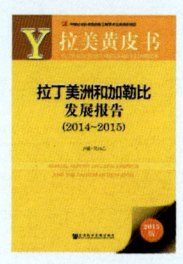

拉美黄皮书
拉丁美洲和加勒比发展报告（2014~2015）

吴白乙/主编　2015年5月出版　定价:89.00元

◆ 本书是中国社会科学院拉丁美洲研究所的第14份关于拉丁美洲和加勒比地区发展形势状况的年度报告。本书对2014年拉丁美洲和加勒比地区诸国的政治、经济、社会、外交等方面的发展情况做了系统介绍，对该地区相关国家的热点及焦点问题进行了总结和分析，并在此基础上对该地区各国2015年的发展前景做出预测。

美国蓝皮书
美国研究报告（2015）

郑秉文　黄平/主编　2015年6月出版　定价:89.00元

◆ 本书是由中国社会科学院美国所主持完成的研究成果，重点讲述了美国的"再平衡"战略，另外回顾了美国2014年的经济、政治形势与外交战略，对2014年以来美国内政外交发生的重大事件以及重要政策进行了较为全面的回顾和梳理。

大湄公河次区域蓝皮书
大湄公河次区域合作发展报告（2015）

刘　稚/主编　2015年9月出版　估价:79.00元

◆ 云南大学大湄公河次区域研究中心深入追踪分析该区域发展动向，以把握全面，突出重点为宗旨，系统介绍和研究大湄公河次区域合作的年度热点和重点问题，展望次区域合作的发展趋势，并对新形势下我国推进次区域合作深入发展提出相关对策建议。

地方发展类

地方发展类皮书关注大陆各省份、经济区域，提供科学、多元的预判与咨政信息

北京蓝皮书
北京公共服务发展报告（2014~2015）

施昌奎 / 主编　　2015年1月出版　　定价：69.00元

◆ 本书是由北京市政府职能部门的领导、首都著名高校的教授、知名研究机构的专家共同完成的关于北京市公共服务发展与创新的研究成果。本年度主题为"北京公共服务均衡化发展和市场化改革"，内容涉及了北京市公共服务发展的方方面面，既有对北京各个城区的综合性描述，也有对局部、细部、具体问题的分析。

上海蓝皮书
上海经济发展报告（2015）

沈开艳 / 主编　　2015年1月出版　　定价：69.00元

◆ 本书系上海社会科学院系列之一，本年度将"建设具有全球影响力的科技创新中心"作为主题，对2015年上海经济增长与发展趋势的进行了预测，把握了上海经济发展的脉搏和学术研究的前沿。

广州蓝皮书
广州经济发展报告（2015）

李江涛　朱名宏 / 主编　　2015年7月出版　　估价：69.00元

◆ 本书是由广州市社会科学院主持编写的"广州蓝皮书"系列之一，本报告对广州2014年宏观经济运行情况作了深入分析，对2015年宏观经济走势进行了合理预测，并在此基础上提出了相应的政策建议。

 文化传媒类　　皮书系列 重点推荐

文化传媒类

文化传媒类皮书透视文化领域、文化产业，
探索文化大繁荣、大发展的路径

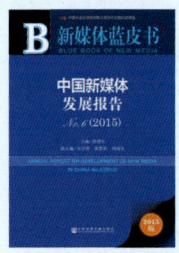

新媒体蓝皮书

中国新媒体发展报告 No.6（2015）

唐绪军 / 主编　　2015 年 7 月出版　　定价：79.00 元

◆ 本书深入探讨了中国网络信息安全、媒体融合状况、微信谣言问题、微博发展态势、互联网金融、移动舆论场舆情、传统媒体转型、新媒体产业发展、网络助政、网络舆论监督、大数据、数据新闻、数字版权等热门问题，展望了中国新媒体的未来发展趋势。

舆情蓝皮书

中国社会舆情与危机管理报告（2015）

谢耘耕 / 主编　　2015 年 8 月出版　　估价：98.00 元

◆ 本书由上海交通大学舆情研究实验室和危机管理研究中心主编，已被列入教育部人文社会科学研究报告培育项目。本书以新媒体环境下的中国社会为立足点，对 2014 年中国社会舆情、分类舆情等进行了深入系统的研究，并预测了 2015 年社会舆情走势。

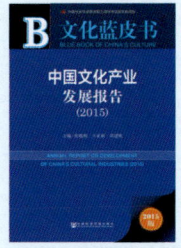

文化蓝皮书

中国文化产业发展报告（2015）

张晓明　王家新　章建刚 / 主编　　2015 年 7 月出版　　估价：79.00 元

◆ 本书由中国社会科学院文化研究中心编写。从 2012 年开始，中国社会科学院文化研究中心设立了国内首个文化产业的研究类专项资金——"文化产业重大课题研究计划"，开始在全国范围内组织多学科专家学者对我国文化产业发展重大战略问题进行联合攻关研究。本书集中反映了该计划的研究成果。

经济类

G20国家创新竞争力黄皮书
二十国集团(G20)国家创新竞争力发展报告（2015）
著(编)者：黄茂兴 李闽榕 李建平 赵新力
2015年9月出版 / 估价：128.00元

产业蓝皮书
中国产业竞争力报告（2015）
著(编)者：张其仔 2015年7月出版 / 估价：79.00元

长三角蓝皮书
2015年全面深化改革中的长三角
著(编)者：张伟斌 2015年10月出版 / 估价：69.00元

城乡一体化蓝皮书
中国城乡一体化发展报告（2015）
著(编)者：付崇兰 汝信 2015年12月出版 / 估价：79.00元

城市创新蓝皮书
中国城市创新报告（2015）
著(编)者：周天勇 旷建伟 2015年8月出版 / 估价：69.00元

城市竞争力蓝皮书
中国城市竞争力报告（2015）
著(编)者：倪鹏飞 2015年5月出版 / 定价：89.00元

城市蓝皮书
中国城市发展报告NO.8
著(编)者：潘家华 魏后凯 2015年9月出版 / 估价：69.00元

城市群蓝皮书
中国城市群发展指数报告（2015）
著(编)者：刘新静 刘士林 2015年10月出版 / 估价：59.00元

城乡统筹蓝皮书
中国城乡统筹发展报告（2015）
著(编)者：潘晨光 程志强 2015年7月出版 / 估价：59.00元

城镇化蓝皮书
中国新型城镇化健康发展报告（2015）
著(编)者：张占斌 2015年7月出版 / 估价：79.00元

低碳发展蓝皮书
中国低碳发展报告（2015）
著(编)者：齐晔 2015年7月出版 / 估价：89.00元

低碳经济蓝皮书
中国低碳经济发展报告（2015）
著(编)者：薛进军 赵忠秀 2015年6月出版 / 估价：85.00元

东北蓝皮书
中国东北地区发展报告（2015）
著(编)者：马克 黄文艺 2015年8月出版 / 估价：79.00元

发展和改革蓝皮书
中国经济发展和体制改革报告（2015）
著(编)者：邹东涛 2015年11月出版 / 估价：98.00元

工业化蓝皮书
中国工业化进程报告（2015）
著(编)者：黄群慧 吕铁 李晓华 2015年11月出版 / 估价：89.00元

国际城市蓝皮书
国际城市发展报告（2015）
著(编)者：屠启宇 2015年1月出版 / 定价：79.00元

国家创新蓝皮书
中国创新发展报告（2015）
著(编)者：陈劲 2015年7月出版 / 估价：59.00元

环境竞争力绿皮书
中国省域环境竞争力发展报告（2015）
著(编)者：李建平 李闽榕 王金南
2015年12月出版 / 估价：198.00元

金融蓝皮书
中国金融发展报告（2015）
著(编)者：李扬 王国刚 2014年12月出版 / 定价：75.00元

金融信息服务蓝皮书
金融信息服务发展报告（2015）
著(编)者：鲁广锦 殷剑峰 林义相
2015年7月出版 / 估价：89.00元

经济蓝皮书
2015年中国经济形势分析与预测
著(编)者：李扬 2014年12月出版 / 定价：69.00元

经济蓝皮书·春季号
2015年中国经济前景分析
著(编)者：李扬 2015年5月出版 / 定价：79.00元

经济蓝皮书·夏季号
中国经济增长报告（2015）
著(编)者：李扬 2015年7月出版 / 定价：69.00元

经济信息绿皮书
中国与世界经济发展报告（2015）
著(编)者：杜平 2014年12月出版 / 定价：79.00元

就业蓝皮书
2015年中国大学生就业报告
著(编)者：麦可思研究院 2015年7月出版 / 估价：98.00元

就业蓝皮书
2015年中国高职高专生就业报告
著(编)者：麦可思研究院 2015年6月出版 / 定价：98.00元

就业蓝皮书
2015年中国本科生就业报告
著(编)者：麦可思研究院 2015年6月出版 / 定价：98.00元

临空经济蓝皮书
中国临空经济发展报告（2015）
著(编)者：连玉明 2015年9月出版 / 估价：79.00元

民营经济蓝皮书
中国民营经济发展报告（2015）
著(编)者：王钦敏 2015年12月出版 / 估价：79.00元

农村绿皮书
中国农村经济形势分析与预测（2014~2015）
著(编)者：中国社会科学院农村发展研究所
国家统计局农村社会经济调查司
2015年4月出版 / 定价：69.00元

皮书系列 2015全品种

经济类・社会政法类

农业应对气候变化蓝皮书
气候变化对中国农业影响评估报告（2015）
著(编)者：矫梅燕　2015年8月出版 / 估价：98.00元

企业公民蓝皮书
中国企业公民报告（2015）
著(编)者：邹东涛　2015年12月出版 / 估价：79.00元

气候变化绿皮书
应对气候变化报告（2015）
著(编)者：王伟光　郑国光　2015年10月出版 / 估价：79.00元

区域蓝皮书
中国区域经济发展报告（2014~2015）
著(编)者：梁昊光　2015年5月出版 / 定价：79.00元

全球环境竞争力绿皮书
全球环境竞争力报告（2015）
著(编)者：李建建　李闽榕　李建平　王金南
2015年12月出版 / 估价：198.00元

人口与劳动绿皮书
中国人口与劳动问题报告No.15
著(编)者：蔡昉　2015年1月出版 / 定价：59.00元

商务中心区蓝皮书
中国商务中心区发展报告（2015）
著(编)者：中国商务区联盟
　　　　　中国社会科学院城市发展与环境研究所
2015年10月出版 / 估价：69.00元

商务中心区蓝皮书
中国商务中心区发展报告No.1（2014）
著(编)者：魏后凯　李国红　2015年1月出版 / 估价：89.00元

世界经济黄皮书
2015年世界经济形势分析与预测
著(编)者：王洛林　张宇燕　2015年1月出版 / 定价：69.00元

世界旅游城市绿皮书
世界旅游城市发展报告（2015）
著(编)者：鲁勇　周正宇　宋宇　2015年7月出版 / 估价：88.00元

西北蓝皮书
中国西北发展报告（2015）
著(编)者：赵宗福　孙发平　苏海红　鲁顺元　段庆林
2014年12月出版 / 定价：79.00元

西部蓝皮书
中国西部发展报告（2015）
著(编)者：姚慧琴　徐璋勇　2015年7月出版 / 估价：89.00元

新型城镇化蓝皮书
新型城镇化发展报告（2015）
著(编)者：李伟　2015年10月出版 / 估价：89.00元

新兴经济体蓝皮书
金砖国家发展报告（2015）
著(编)者：林跃勤　周文　2015年7月出版 / 估价：79.00元

中部竞争力蓝皮书
中国中部经济社会竞争力报告（2015）
著(编)者：教育部人文社会科学重点研究基地
　　　　　南昌大学中国中部经济社会发展研究中心
2015年9月出版 / 估价：79.00元

中部蓝皮书
中国中部地区发展报告（2015）
著(编)者：喻新安　2015年7月出版 / 估价：69.00元

中国省域竞争力蓝皮书
中国省域经济综合竞争力发展报告（2013~2014）
著(编)者：李建平　李闽榕　高燕京
2015年2月出版 / 定价：198.00元

中三角蓝皮书
长江中游城市群发展报告（2015）
著(编)者：秦尊文　2015年10月出版 / 估价：69.00元

中小城市绿皮书
中国中小城市发展报告（2015）
著(编)者：中国城市经济学会中小城市经济发展委员会
　　　　　《中国中小城市发展报告》编纂委员会
　　　　　中小城市发展战略研究院
2015年10月出版 / 估价：98.00元

中原蓝皮书
中原经济区发展报告（2015）
著(编)者：李英杰　2015年7月出版 / 估价：88.00元

社会政法类

北京蓝皮书
中国社区发展报告（2015）
著(编)者：于燕燕　2015年7月出版 / 估价：69.00元

殡葬绿皮书
中国殡葬事业发展报告（2014~2015）
著(编)者：李伯森　2015年4月出版 / 定价：158.00元

城市管理蓝皮书
中国城市管理报告（2015）
著(编)者：谭维克　刘林　2015年12月出版 / 估价：158.00元

城市生活质量蓝皮书
中国城市生活质量报告（2015）
著(编)者：中国经济实验研究院　2015年7月出版 / 估价：59.00元

城市政府能力蓝皮书
中国城市政府公共服务能力评估报告（2015）
著(编)者：何艳玲　2015年7月出版 / 估价：59.00元

创新蓝皮书
创新型国家建设报告（2015）
著(编)者：詹正茂　2015年7月出版 / 估价：69.00元

皮书系列 2015全品种 社会政法类

慈善蓝皮书
中国慈善发展报告（2015）
著(编)者：杨团　2015年6月出版 / 定价：79.00元

地方法治蓝皮书
中国地方法治发展报告No.1（2014）
著(编)者：李林　田禾　2015年1月出版 / 定价：98.00元

法治蓝皮书
中国法治发展报告No.13（2015）
著(编)者：李林　田禾　2015年3月出版 / 定价：105.00元

反腐倡廉蓝皮书
中国反腐倡廉建设报告No.4
著(编)者：李秋芳　张英伟　2014年12月出版 / 定价：79.00元

非传统安全蓝皮书
中国非传统安全研究报告（2014~2015）
著(编)者：余潇枫　魏志江　2015年5月出版 / 定价：79.00元

妇女发展蓝皮书
中国妇女发展报告（2015）
著(编)者：王金玲　2015年9月出版 / 估价：148.00元

妇女教育蓝皮书
中国妇女教育发展报告（2015）
著(编)者：张李玺　2015年7月出版 / 定价：78.00元

妇女绿皮书
中国性别平等与妇女发展报告（2015）
著(编)者：谭琳　2015年12月出版 / 定价：99.00元

公共服务蓝皮书
中国城市基本公共服务力评价（2015）
著(编)者：钟君　吴正杲　2015年12月出版 / 定价：79.00元

公共服务满意度蓝皮书
中国城市公共服务评价报告（2015）
著(编)者：胡伟　2015年12月出版 / 估价：69.00元

公共外交蓝皮书
中国公共外交发展报告（2015）
著(编)者：赵启正　雷蔚真　2015年4月出版 / 定价：89.00元

公民科学素质蓝皮书
中国公民科学素质报告（2015）
著(编)者：李群　许佳军　2015年7月出版 / 定价：79.00元

公益蓝皮书
中国公益发展报告（2015）
著(编)者：朱健刚　2015年7月出版 / 定价：78.00元

管理蓝皮书
中国管理发展报告（2015）
著(编)者：张晓东　2015年9月出版 / 定价：98.00元

国际人才蓝皮书
中国国际移民报告（2015）
著(编)者：王辉耀　2015年2月出版 / 定价：79.00元

国际人才蓝皮书
中国海归发展报告（2015）
著(编)者：王辉耀　苗绿　2015年7月出版 / 定价：69.00元

国际人才蓝皮书
中国留学发展报告（2015）
著(编)者：王辉耀　苗绿　2015年9月出版 / 估价：69.00元

国家安全蓝皮书
中国国家安全研究报告（2015）
著(编)者：刘慧　2015年7月出版 / 定价：98.00元

行政改革蓝皮书
中国行政体制改革报告（2014~2015）
著(编)者：魏礼群　2015年4月出版 / 定价：98.00元

华侨华人蓝皮书
华侨华人研究报告（2015）
著(编)者：贾益民　2015年12月出版 / 估价：118.00元

环境绿皮书
中国环境发展报告（2015）
著(编)者：刘鉴强　2015年7月出版 / 估价：79.00元

基金会蓝皮书
中国基金会发展报告（2015）
著(编)者：刘忠祥　2016年6月出版 / 估价：69.00元

基金会绿皮书
中国基金会发展独立研究报告（2015）
著(编)者：基金会中心网　2015年8月出版 / 估价：88.00元

基金会透明度蓝皮书
中国基金会透明度发展研究报告（2015）
著(编)者：基金会中心网　清华大学廉政与治理研究中心　2015年9月出版 / 估价：78.00元

教师蓝皮书
中国中小学教师发展报告（2014）
著(编)者：曾晓东　鱼霞　2015年6月出版 / 定价：69.00元

教育蓝皮书
中国教育发展报告（2015）
著(编)者：杨东平　2015年5月出版 / 定价：79.00元

科普蓝皮书
中国科普基础设施发展报告（2015）
著(编)者：任福君　2015年7月出版 / 定价：59.00元

劳动保障蓝皮书
中国劳动保障发展报告（2015）
著(编)者：刘燕斌　2015年7月出版 / 估价：89.00元

老龄蓝皮书
中国老年宜居环境发展报告(2015)
著(编)者：吴玉韶　2015年9月出版 / 估价：79.00元

连片特困区蓝皮书
中国连片特困区发展报告（2014~2015）
著(编)者：游俊　冷志明　丁建军　2015年3月出版 / 定价：98.00元

民间组织蓝皮书
中国民间组织报告(2015)
著(编)者：潘晨光　黄晓勇　2015年8月出版 / 估价：69.00元

民调蓝皮书
中国民生调查报告（2015）
著(编)者：谢耘耕　2015年7月出版 / 估价：128.00元

社会政法类 — 皮书系列 2015全品种

民族发展蓝皮书
中国民族发展报告（2015）
著(编)者：郝时远 王延中 王希恩
2015年4月出版 / 定价：98.00元

女性生活蓝皮书
中国女性生活状况报告No.9（2015）
著(编)者：韩湘景 2015年4月出版 / 定价：79.00元

企业公众透明度蓝皮书
中国企业公众透明度报告(2014~2015)No.1
著(编)者：黄速建 王晓光 肖红军
2015年1月出版 / 定价：98.00元

企业国际化蓝皮书
中国企业国际化报告(2015)
著(编)者：王辉耀 2015年10月出版 / 估价：79.00元

汽车社会蓝皮书
中国汽车社会发展报告（2015）
著(编)者：王俊秀 2015年7月出版 / 估价：59.00元

青年蓝皮书
中国青年发展报告No.3
著(编)者：廉思 2015年7月出版 / 估价：59.00元

区域人才蓝皮书
中国区域人才竞争力报告（2015）
著(编)者：桂昭明 王辉耀 2015年7月出版 / 估价：69.00元

群众体育蓝皮书
中国群众体育发展报告（2015）
著(编)者：刘国永 杨桦 2015年8月出版 / 估价：69.00元

人才蓝皮书
中国人才发展报告（2015）
著(编)者：潘晨光 2015年8月出版 / 估价：85.00元

人权蓝皮书
中国人权事业发展报告（2015）
著(编)者：中国人权研究会 2015年8月出版 / 估价：99.00元

森林碳汇绿皮书
中国森林碳汇评估发展报告（2015）
著(编)者：闫文德 胡文臻 2015年9月出版 / 估价：79.00元

社会保障绿皮书
中国社会保障发展报告（2015）No.7
著(编)者：王延中 2015年4月出版 / 定价：89.00元

社会工作蓝皮书
中国社会工作发展报告（2015）
著(编)者：民政部社会工作研究中心
2015年8月出版 / 估价：79.00元

社会管理蓝皮书
中国社会管理创新报告（2015）
著(编)者：连玉明 2015年9月出版 / 估价：89.00元

社会蓝皮书
2015年中国社会形势分析与预测
著(编)者：李培林 陈光金 张翼
2014年12月出版 / 定价：69.00元

社会体制蓝皮书
中国社会体制改革报告No.3（2015）
著(编)者：龚维斌 2015年4月出版 / 定价：79.00元

社会心态蓝皮书
中国社会心态研究报告（2015）
著(编)者：王俊秀 杨宜音 2015年10月出版 / 估价：69.00元

社会组织蓝皮书
中国社会组织评估发展报告（2015）
著(编)者：徐家良 廖鸿 2015年12月出版 / 估价：69.00元

生态城市绿皮书
中国生态城市建设发展报告（2015）
著(编)者：刘举科 孙伟平 胡文臻 2015年7月出版 / 估价：98.00元

生态文明绿皮书
中国省域生态文明建设评价报告（ECI 2015）
著(编)者：严耕 2015年9月出版 / 估价：85.00元

世界社会主义黄皮书
世界社会主义跟踪研究报告（2014~2015）
著(编)者：李慎明 2015年4月出版 / 定价：258.00元

水与发展蓝皮书
中国水风险评估报告（2015）
著(编)者：王浩 2015年9月出版 / 估价：69.00元

土地整治蓝皮书
中国土地整治发展研究报告No.2
著(编)者：国土资源部土地整治中心 2015年5月出版 / 估价：89.00元

网络空间安全蓝皮书
中国网络空间安全发展报告（2015）
著(编)者：惠志斌 唐涛 2015年4月出版 / 定价：79.00元

危机管理蓝皮书
中国危机管理报告（2015）
著(编)者：文学国 2015年8月出版 / 估价：89.00元

协会商会蓝皮书
中国行业协会商会发展报告（2014）
著(编)者：景朝阳 李勇 2015年4月出版 / 定价：99.00元

形象危机应对蓝皮书
形象危机应对研究报告（2015）
著(编)者：唐钧 2015年7月出版 / 估价：149.00元

医改蓝皮书
中国医药卫生体制改革报告（2015～2016）
著(编)者：文学国 房志武 2015年12月出版 / 估价：79.00元

医疗卫生绿皮书
中国医疗卫生发展报告（2015）
著(编)者：申宝忠 韩玉珍 2015年7月出版 / 估价：75.00元

应急管理蓝皮书
中国应急管理报告（2015）
著(编)者：宋英华 2015年10月出版 / 估价：69.00元

政治参与蓝皮书
中国政治参与报告（2015）
著(编)者：房宁 2015年7月出版 / 估价：105.00元

政治发展蓝皮书
中国政治发展报告（2015）
著（编）者：房宁 杨海蛟　2015年7月出版 / 估价：88.00元

中国农村妇女发展蓝皮书
流动女性城市融入发展报告（2015）
著（编）者：谢丽华　2015年11月出版 / 估价：69.00元

宗教蓝皮书
中国宗教报告（2015）
著（编）者：金泽 邱永辉　2016年5月出版 / 估价：59.00元

行业报告类

保险蓝皮书
中国保险业竞争力报告（2015）
著（编）者：项俊波　2015年12月出版 / 估价：98.00元

彩票蓝皮书
中国彩票发展报告（2015）
著（编）者：益彩基金　2015年4月出版 / 定价：98.00元

餐饮产业蓝皮书
中国餐饮产业发展报告（2015）
著（编）者：邢颖　2015年4月出版 / 定价：69.00元

测绘地理信息蓝皮书
智慧中国地理空间智能体系研究报告（2015）
著（编）者：库热西·买合苏提　2015年12月出版 / 估价：98.00元

茶业蓝皮书
中国茶产业发展报告（2015）
著（编）者：杨江帆 李闽榕　2015年10月出版 / 估价：78.00元

产权市场蓝皮书
中国产权市场发展报告（2015）
著（编）者：曹和平　2015年12月出版 / 估价：79.00元

电子政务蓝皮书
中国电子政务发展报告（2015）
著（编）者：洪毅 杜平　2015年11月出版 / 估价：79.00元

杜仲产业绿皮书
中国杜仲橡胶资源与产业发展报告（2014~2015）
著（编）者：杜红岩 胡文臻 俞锐
2015年1月出版 / 定价：85.00元

房地产蓝皮书
中国房地产发展报告No.12（2015）
著（编）者：魏后凯 李景国　2015年5月出版 / 定价：79.00元

服务外包蓝皮书
中国服务外包产业发展报告（2015）
著（编）者：王晓红 刘德军　2015年7月出版 / 定价：89.00元

工业和信息化蓝皮书
移动互联网产业发展报告（2014~2015）
著（编）者：洪京一　2015年4月出版 / 定价：79.00元

工业和信息化蓝皮书
世界网络安全发展报告（2014~2015）
著（编）者：洪京一　2015年4月出版 / 定价：69.00元

工业和信息化蓝皮书
世界制造业发展报告（2014~2015）
著（编）者：洪京一　2015年4月出版 / 定价：69.00元

工业和信息化蓝皮书
世界信息化发展报告（2014~2015）
著（编）者：洪京一　2015年4月出版 / 定价：69.00元

工业和信息化蓝皮书
世界信息技术产业发展报告（2014~2015）
著（编）者：洪京一　2015年4月出版 / 定价：79.00元

工业设计蓝皮书
中国工业设计发展报告（2015）
著（编）者：王晓红 于炜 张立群　2015年9月出版 / 估价：138.00元

互联网金融蓝皮书
中国互联网金融发展报告（2015）
著（编）者：芮晓武 刘烈宏　2015年8月出版 / 估价：79.00元

会展蓝皮书
中外会展业动态评估年度报告（2015）
著（编）者：张敏　2015年1月出版 / 估价：78.00元

金融监管蓝皮书
中国金融监管报告（2015）
著（编）者：胡滨　2015年4月出版 / 定价：89.00元

金融蓝皮书
中国商业银行竞争力报告（2015）
著（编）者：王松奇　2015年12月出版 / 估价：69.00元

客车蓝皮书
中国客车产业发展报告（2014~2015）
著（编）者：姚蔚　2015年2月出版 / 定价：85.00元

老龄蓝皮书
中国老龄产业发展报告（2015）
著（编）者：吴玉韶 党俊武　2015年9月出版 / 估价：79.00元

流通蓝皮书
中国商业发展报告（2015）
著（编）者：荆林波　2015年7月出版 / 估价：89.00元

旅游安全蓝皮书
中国旅游安全报告（2015）
著（编）者：郑向敏 谢朝武　2015年5月出版 / 定价：128.00元

行业报告类

皮书系列 2015全品种

旅游景区蓝皮书
中国旅游景区发展报告（2015）
著(编)者：黄安民　　2015年7月出版 / 估价:79.00元

旅游绿皮书
2014~2015年中国旅游发展分析与预测
著(编)者：宋瑞　　2015年1月出版 / 定价:98.00元

煤炭蓝皮书
中国煤炭工业发展报告（2015）
著(编)者：岳福斌　　2015年12月出版 / 估价:79.00元

民营医院蓝皮书
中国民营医院发展报告（2015）
著(编)者：庄一强　　2015年10月出版 / 估价:75.00元

闽商蓝皮书
闽商发展报告（2015）
著(编)者：王日根　李闽榕　　2015年12月出版 / 估价:69.00元

能源蓝皮书
中国能源发展报告（2015）
著(编)者：崔民选　王军生　　2015年8月出版 / 估价:79.00元

农产品流通蓝皮书
中国农产品流通产业发展报告（2015）
著(编)者：贾敬敦　张东科　张玉玺　孔令羽　张鹏毅
2015年9月出版 / 估价:89.00元

企业蓝皮书
中国企业竞争力报告（2015）
著(编)者：金碚　　2015年11月出版 / 估价:89.00元

企业社会责任蓝皮书
中国企业社会责任研究报告（2015）
著(编)者：黄群慧　彭华岗　钟宏武　张蒽
2015年11月出版 / 估价:69.00元

汽车安全蓝皮书
中国汽车安全发展报告（2015）
著(编)者：中国汽车技术研究中心
2015年7月出版 / 估价:79.00元

汽车工业蓝皮书
中国汽车工业发展年度报告（2015）
著(编)者：中国汽车工业协会　中国汽车技术研究中心
丰田汽车（中国）投资有限公司
2015年4月出版 / 定价:128.00元

汽车蓝皮书
中国汽车产业发展报告（2015）
著(编)者：国务院发展研究中心产业经济研究部
中国汽车工程学会　大众汽车集团（中国）
2015年7月出版 / 定价:128.00元

清洁能源蓝皮书
国际清洁能源发展报告（2015）
著(编)者：国际清洁能源论坛（澳门）
2015年9月出版 / 估价:89.00元

人力资源蓝皮书
中国人力资源发展报告（2015）
著(编)者：余兴安　　2015年9月出版 / 估价:79.00元

融资租赁蓝皮书
中国融资租赁业发展报告（2014~2015）
著(编)者：李光荣　王力　　2015年1月出版 / 定价:89.00元

软件和信息服务业蓝皮书
中国软件和信息服务业发展报告（2015）
著(编)者：陈新河　洪京一　　2015年12月出版 / 估价:198.00元

上市公司蓝皮书
上市公司质量评价报告（2015）
著(编)者：张跃文　王力　　2015年10月出版 / 估价:118.00元

设计产业蓝皮书
中国设计产业发展报告（2014~2015）
著(编)者：陈冬亮　梁昊光　　2015年3月出版 / 定价:89.00元

食品药品蓝皮书
食品药品安全与监管政策研究报告（2015）
著(编)者：唐民皓　　2015年7月出版 / 估价:69.00元

世界能源蓝皮书
世界能源发展报告（2015）
著(编)者：黄晓勇　　2015年6月出版 / 定价:99.00元

碳市场蓝皮书
中国碳市场报告（2015）
著(编)者：低碳发展国际合作联盟
2015年11月出版 / 估价:69.00元

体育蓝皮书
中国体育产业发展报告（2015）
著(编)者：阮伟　钟秉枢　　2015年7月出版 / 估价:69.00元

体育蓝皮书
长三角地区体育产业发展报告（2014~2015）
著(编)者：张林　　2015年4月出版 / 定价:79.00元

投资蓝皮书
中国投资发展报告（2015）
著(编)者：谢平　　2015年4月出版 / 定价:128.00元

物联网蓝皮书
中国物联网发展报告（2015）
著(编)者：黄桂田　　2015年7月出版 / 估价:59.00元

西部工业蓝皮书
中国西部工业发展报告（2015）
著(编)者：方行明　甘犁　刘方健　姜凌　等
2015年9月出版 / 估价:79.00元

西部金融蓝皮书
中国西部金融发展报告（2015）
著(编)者：李忠民　　2015年8月出版 / 估价:75.00元

新能源汽车蓝皮书
中国新能源汽车产业发展报告（2015）
著(编)者：中国汽车技术研究中心
日产（中国）投资有限公司　东风汽车有限公司
2015年8月出版 / 估价:69.00元

信托市场蓝皮书
中国信托业市场报告（2014~2015）
著(编)者：用益信托工作室　　2015年2月出版 / 定价:198.00元

信息产业蓝皮书
世界软件和信息技术产业发展报告（2015）
著(编)者:洪京一　2015年8月出版　估价:79.00元

信息化蓝皮书
中国信息化形势分析与预测（2015）
著(编)者:周宏仁　2015年8月出版　估价:98.00元

信用蓝皮书
中国信用发展报告（2014~2015）
著(编)者:章政　田侃　2015年4月出版　定价:99.00元

休闲绿皮书
2015年中国休闲发展报告
著(编)者:刘德谦　2015年7月出版　估价:59.00元

医药蓝皮书
中国中医药产业园战略发展报告（2015）
著(编)者:裴长洪　房书亭　吴潇心　2015年7月出版　估价:89.00元

邮轮绿皮书
中国邮轮产业发展报告（2015）
著(编)者:汪泓　2015年9月出版　估价:79.00元

中国上市公司蓝皮书
中国上市公司发展报告（2015）
著(编)者:许雄斌　张平　2015年9月出版　估价:98.00元

中国总部经济蓝皮书
中国总部经济发展报告（2015）
著(编)者:赵弘　2015年7月出版　估价:79.00元

住房绿皮书
中国住房发展报告（2014~2015）
著(编)者:倪鹏飞　2014年12月出版　定价:79.00元

资本市场蓝皮书
中国场外交易市场发展报告（2015）
著(编)者:高峦　2015年8月出版　估价:79.00元

资产管理蓝皮书
中国资产管理行业发展报告（2015）
著(编)者:智信资产管理研究院　2015年6月出版　定价:89.00元

文化传媒类

传媒竞争力蓝皮书
中国传媒国际竞争力研究报告（2015）
著(编)者:李本乾　2015年9月出版　估价:88.00元

传媒蓝皮书
中国传媒产业发展报告（2015）
著(编)者:崔保国　2015年5月出版　定价:98.00元

传媒投资蓝皮书
中国传媒投资发展报告（2015）
著(编)者:张向东　2015年7月出版　估价:89.00元

动漫蓝皮书
中国动漫产业发展报告（2015）
著(编)者:卢斌　郑玉明　牛兴侦　2015年7月出版　估价:79.00元

非物质文化遗产蓝皮书
中国非物质文化遗产发展报告（2015）
著(编)者:陈平　2015年5月出版　定价:98.00元

广电蓝皮书
中国广播电影电视发展报告（2015）
著(编)者:杨明品　2015年7月出版　估价:98.00元

广告主蓝皮书
中国广告主营销传播趋势报告（2015）
著(编)者:黄升民　2015年7月出版　估价:148.00元

国际传播蓝皮书
中国国际传播发展报告（2015）
著(编)者:胡正荣　李继东　姬德强　2015年7月出版　估价:89.00元

国家形象蓝皮书
2015年国家形象研究报告
著(编)者:张昆　2015年7月出版　估价:79.00元

纪录片蓝皮书
中国纪录片发展报告（2015）
著(编)者:何苏六　2015年9月出版　估价:79.00元

科学传播蓝皮书
中国科学传播报告（2015）
著(编)者:詹正茂　2015年7月出版　估价:69.00元

两岸文化蓝皮书
两岸文化产业合作发展报告（2015）
著(编)者:胡惠林　李保宗　2015年7月出版　估价:79.00元

媒介与女性蓝皮书
中国媒介与女性发展报告（2015）
著(编)者:刘利群　2015年8月出版　估价:69.00元

全球传媒蓝皮书
全球传媒发展报告（2015）
著(编)者:胡正荣　2015年12月出版　估价:79.00元

少数民族非遗蓝皮书
中国少数民族非物质文化遗产发展报告（2015）
著(编)者:肖远平　柴立　2015年6月出版　定价:128.00元

世界文化发展蓝皮书
世界文化发展报告（2015）
著(编)者:张庆宗　高乐田　郭熙煌　2015年7月出版　估价:89.00元

文化传媒类·地方发展类 | 皮书系列 2015全品种

视听新媒体蓝皮书
中国视听新媒体发展报告（2015）
著(编)者：袁同楠　2015年7月出版 / 定价:98.00元

文化创新蓝皮书
中国文化创新报告（2015）
著(编)者：于平 傅才武　2015年7月出版 / 估价:79.00元

文化建设蓝皮书
中国文化发展报告（2015）
著(编)者：江畅 孙伟平 戴茂堂
2016年4月出版 / 估价:138.00元

文化科技蓝皮书
文化科技创新发展报告（2015）
著(编)者：于平 李凤亮　2015年10月出版 / 估价:89.00元

文化蓝皮书
中国文化产业供需协调检测报告（2015）
著(编)者：王亚南　2015年2月出版 / 定价:79.00元

文化蓝皮书
中国文化消费需求景气评价报告（2015）
著(编)者：王亚南　2015年2月出版 / 定价:79.00元

文化蓝皮书
中国文化产业发展报告（2015）
著(编)者：张晓明 王家新 章建刚
2015年7月出版 / 估价:79.00元

文化蓝皮书
中国公共文化投入增长测评报告(2015)
著(编)者：王亚南　2014年12月出版 / 定价:79.00元

文化蓝皮书
中国文化政策发展报告（2015）
著(编)者：傅才武 宋文玉 燕东升
2015年9月出版 / 估价:98.00元

文化品牌蓝皮书
中国文化品牌发展报告（2015）
著(编)者：欧阳友权　2015年4月出版 / 定价:89.00元

文化遗产蓝皮书
中国文化遗产事业发展报告（2015）
著(编)者：刘世锦　2015年12月出版 / 估价:89.00元

文学蓝皮书
中国文情报告（2014~2015）
著(编)者：白烨　2015年5月出版 / 定价:49.00元

新媒体蓝皮书
中国新媒体发展报告No.6（2015）
著(编)者：唐绪军　2015年7月出版 / 定价:79.00元

新媒体社会责任蓝皮书
中国新媒体社会责任研究报告（2015）
著(编)者：钟瑛　2015年10月出版 / 估价:79.00元

移动互联网蓝皮书
中国移动互联网发展报告（2015）
著(编)者：官建文　2015年6月出版 / 定价:79.00元

舆情蓝皮书
中国社会舆情与危机管理报告（2015）
著(编)者：谢耘耕　2015年8月出版 / 估价:98.00元

地方发展类

安徽经济蓝皮书
芜湖创新型城市发展报告（2015）
著(编)者：杨少华 王开玉　2015年7月出版 / 估价:69.00元

安徽蓝皮书
安徽社会发展报告（2015）
著(编)者：程桦　2015年4月出版 / 定价:89.00元

安徽社会建设蓝皮书
安徽社会建设分析报告（2015）
著(编)者：黄家海 王开玉 蔡宪　2015年7月出版 / 估价:69.00元

澳门蓝皮书
澳门经济社会发展报告（2014~2015）
著(编)者：吴志良 郝雨凡　2015年5月出版 / 定价:79.00元

北京蓝皮书
北京公共服务发展报告（2014~2015）
著(编)者：施昌奎　2015年1月出版 / 定价:69.00元

北京蓝皮书
北京经济发展报告（2014~2015）
著(编)者：杨松　2015年6月出版 / 定价:79.00元

北京蓝皮书
北京社会治理发展报告（2014~2015）
著(编)者：殷星辰　2015年6月出版 / 定价:79.00元

北京蓝皮书
北京文化发展报告（2014~2015）
著(编)者：李建盛　2015年5月出版 / 定价:79.00元

北京蓝皮书
北京社会发展报告（2015）
著(编)者：缪青　2015年7月出版 / 定价:79.00元

北京蓝皮书
北京社区发展报告（2015）
著(编)者：于燕燕　2015年1月出版 / 定价:79.00元

北京旅游绿皮书
北京旅游发展报告（2015）
著(编)者：北京旅游学会　2015年7月出版 / 估价:88.00元

北京律师蓝皮书
北京律师发展报告（2015）
著(编)者：王隽　2015年12月出版 / 估价:75.00元

皮书系列 2015全品种 — 地方发展类

北京人才蓝皮书
北京人才发展报告（2015）
著（编）者：于淼　2015年7月出版／估价:89.00元

北京社会心态蓝皮书
北京社会心态分析报告（2015）
著（编）者：北京社会心理研究所　2015年7月出版／估价:69.00元

北京社会组织管理蓝皮书
北京社会组织发展与管理（2015）
著（编）者：黄江松　2015年4月出版／定价:78.00元

北京养老产业蓝皮书
北京养老产业发展报告（2015）
著（编）者：周明明　冯喜良　2015年4月出版／定价:69.00元

滨海金融蓝皮书
滨海新区金融发展报告（2015）
著（编）者：王爱俭　张锐钢　2015年9月出版／估价:79.00元

城乡一体化蓝皮书
中国城乡一体化发展报告（北京卷）（2014~2015）
著（编）者：张宝秀　黄序　2015年5月出版／定价:79.00元

创意城市蓝皮书
北京文化创意产业发展报告（2015）
著（编）者：张京成　2015年11月出版／估价:65.00元

创意城市蓝皮书
无锡文化创意产业发展报告（2015）
著（编）者：谭军　张鸣年　2015年10月出版／定价:75.00元

创意城市蓝皮书
武汉市文化创意产业发展报告（2015）
著（编）者：袁堃　黄永林　2015年11月出版／定价:85.00元

创意城市蓝皮书
重庆创意产业发展报告（2015）
著（编）者：程宇宁　2015年7月出版／估价:89.00元

创意城市蓝皮书
青岛文化创意产业发展报告（2015）
著（编）者：马达　张丹妮　2015年7月出版／估价:79.00元

福建妇女发展蓝皮书
福建省妇女发展报告（2015）
著（编）者：刘群英　2015年10月出版／定价:58.00元

甘肃蓝皮书
甘肃舆情分析与预测（2015）
著（编）者：陈双梅　郝树声　2015年1月出版／定价:79.00元

甘肃蓝皮书
甘肃文化发展分析与预测（2015）
著（编）者：安文华　周小华　2015年1月出版／定价:79.00元

甘肃蓝皮书
甘肃社会发展分析与预测（2015）
著（编）者：安文华　包晓霞　2015年1月出版／定价:79.00元

甘肃蓝皮书
甘肃经济发展分析与预测（2015）
著（编）者：朱智文　罗哲　2015年1月出版／定价:79.00元

甘肃蓝皮书
甘肃县域经济综合竞争力评价（2015）
著（编）者：刘进军　2015年7月出版／估价:69.00元

甘肃蓝皮书
甘肃县域社会发展评价报告（2015）
著（编）者：刘进军　柳民　王建兵　2015年1月出版／定价:79.00元

广东蓝皮书
广东省电子商务发展报告（2015）
著（编）者：程晓　2015年12月出版／估价:69.00元

广东蓝皮书
广东社会工作发展报告（2015）
著（编）者：罗观翠　2015年7月出版／估价:89.00元

广东社会建设蓝皮书
广东省社会建设发展报告（2015）
著（编）者：广东省社会工作委员会　2015年10月出版／估价:89.00元

广东外经贸蓝皮书
广东对外经济贸易发展研究报告（2014~2015）
著（编）者：陈万灵　2015年5月出版／估价:89.00元

广西北部湾经济区蓝皮书
广西北部湾经济区开放开发报告（2015）
著（编）者：广西北部湾经济区规划建设管理委员会办公室
　　　　　广西社会科学院　广西北部湾发展研究院
2015年8月出版／估价:79.00元

广州蓝皮书
广州社会保障发展报告（2015）
著（编）者：蔡国萱　2015年7月出版／估价:65.00元

广州蓝皮书
2015年中国广州社会形势分析与预测
著（编）者：张强　陈怡霓　杨秦　2015年6月出版／定价:79.00元

广州蓝皮书
广州经济发展报告（2015）
著（编）者：李江涛　朱名宏　2015年7月出版／估价:69.00元

广州蓝皮书
广州商贸业发展报告（2015）
著（编）者：李江涛　王旭东　荀振英　2015年7月出版／估价:69.00元

广州蓝皮书
2015年中国广州经济形势分析与预测
著（编）者：庾建设　沈奎　谢博能
2015年6月出版／定价:79.00元

广州蓝皮书
中国广州文化发展报告（2015）
著（编）者：徐俊忠　陆志强　顾涧清
2015年7月出版／估价:69.00元

广州蓝皮书
广州农村发展报告（2015）
著（编）者：李江涛　汤锦华　2015年8月出版／估价:69.00元

广州蓝皮书
中国广州城市建设与管理发展报告（2015）
著（编）者：董皞　冼伟雄　2015年7月出版／估价:69.00元

地方发展类　皮书系列 2015全品种

广州蓝皮书
中国广州科技和信息化发展报告（2015）
著(编)者：邹采荣 马正勇 冯元
2015年7月出版 / 估价：79.00元

广州蓝皮书
广州创新型城市发展报告（2015）
著(编)者：李江涛　2015年7月出版 / 估价：69.00元

广州蓝皮书
广州文化创意产业发展报告（2015）
著(编)者：甘新　2015年8月出版 / 估价：79.00元

广州蓝皮书
广州志愿服务发展报告（2015）
著(编)者：魏国华 张强　2015年9月出版 / 估价：69.00元

广州蓝皮书
广州城市国际化发展报告（2015）
著(编)者：朱名宏　2015年9月出版 / 估价：59.00元

广州蓝皮书
广州汽车产业发展报告（2015）
著(编)者：李江涛 杨再高　2015年9月出版 / 估价：69.00元

贵州房地产蓝皮书
贵州房地产发展报告（2015）
著(编)者：武廷方　2015年6月出版 / 定价：89.00元

贵州蓝皮书
贵州人才发展报告（2015）
著(编)者：于杰 吴大华　2015年7月出版 / 估价：69.00元

贵州蓝皮书
贵安新区发展报告（2014）
著(编)者：马长青 吴大华　2015年4月出版 / 定价：69.00元

贵州蓝皮书
贵州社会发展报告（2015）
著(编)者：王兴骥　2015年5月出版 / 定价：79.00元

贵州蓝皮书
贵州法治发展报告（2015）
著(编)者：吴大华　2015年5月出版 / 定价：79.00元

贵州蓝皮书
贵州国有企业社会责任发展报告（2015）
著(编)者：郭丽　2015年10月出版 / 定价：79.00元

海淀蓝皮书
海淀区文化和科技融合发展报告（2015）
著(编)者：孟景伟 陈名杰　2015年7月出版 / 估价：75.00元

海峡西岸蓝皮书
海峡西岸经济区发展报告（2015）
著(编)者：黄端　2015年9月出版 / 估价：65.00元

杭州都市圈蓝皮书
杭州都市圈发展报告（2015）
著(编)者：董祖德 沈翔　2015年7月出版 / 估价：89.00元

杭州蓝皮书
杭州妇女发展报告（2015）
著(编)者：魏颖　2015年4月出版 / 定价：79.00元

河北经济蓝皮书
河北省经济发展报告（2015）
著(编)者：马树强 金浩 刘兵 张贵　2015年3月出版 / 定价：89.00元

河北蓝皮书
河北经济社会发展报告（2015）
著(编)者：周文夫　2015年1月出版 / 定价：79.00元

河北食品药品安全蓝皮书
河北食品药品安全研究报告（2015）
著(编)者：丁锦霞　2015年6月出版 / 定价：79.00元

河南经济蓝皮书
2015年河南经济形势分析与预测
著(编)者：胡五岳　2015年2月出版 / 定价：69.00元

河南蓝皮书
河南城市发展报告（2015）
著(编)者：谷建全 王建国　2015年3月出版 / 定价：79.00元

河南蓝皮书
2015年河南社会形势分析与预测
著(编)者：刘道兴 牛苏林　2015年4月出版 / 定价：69.00元

河南蓝皮书
河南工业发展报告（2015）
著(编)者：龚绍东 赵西三　2015年1月出版 / 定价：79.00元

河南蓝皮书
河南文化发展报告（2015）
著(编)者：卫绍生　2015年3月出版 / 定价：79.00元

河南蓝皮书
河南经济发展报告（2015）
著(编)者：喻新安　2014年12月出版 / 定价：79.00元

河南蓝皮书
河南法治发展报告（2015）
著(编)者：丁同民 闫德民　2015年7月出版 / 估价：69.00元

河南蓝皮书
河南金融发展报告（2015）
著(编)者：喻新安 谷建全　2015年6月出版 / 估价：69.00元

河南蓝皮书
河南农业农村发展报告（2015）
著(编)者：吴海峰　2015年4月出版 / 定价：69.00元

河南商务蓝皮书
河南商务发展报告（2015）
著(编)者：焦锦淼 穆荣国　2015年4月出版 / 定价：88.00元

黑龙江产业蓝皮书
黑龙江产业发展报告（2015）
著(编)者：于渤　2015年9月出版 / 估价：79.00元

黑龙江蓝皮书
黑龙江经济发展报告（2015）
著(编)者：曲伟　2015年1月出版 / 定价：79.00元

黑龙江蓝皮书
黑龙江社会发展报告（2015）
著(编)者：张新颖　2015年1月出版 / 定价：79.00元

皮书系列 2015全品种 — 地方发展类

湖北文化蓝皮书
湖北文化发展报告（2015）
著（编）者：江畅 吴成国　2015年7月出版 / 估价：89.00元

湖南城市蓝皮书
区域城市群整合
著（编）者：童中贤 韩未名　2015年12月出版 / 估价：79.00元

湖南蓝皮书
2015年湖南电子政务发展报告
著（编）者：梁志峰　2015年5月出版 / 定价：98.00元

湖南蓝皮书
2015年湖南社会发展报告
著（编）者：梁志峰　2015年5月出版 / 定价：98.00元

湖南蓝皮书
2015年湖南产业发展报告
著（编）者：梁志峰　2015年5月出版 / 定价：98.00元

湖南蓝皮书
2015年湖南经济展望
著（编）者：梁志峰　2015年5月出版 / 定价：128.00元

湖南蓝皮书
2015年湖南县域经济社会发展报告
著（编）者：梁志峰　2015年5月出版 / 定价：98.00元

湖南蓝皮书
2015年湖南两型社会与生态文明发展报告
著（编）者：梁志峰　2015年5月出版 / 定价：98.00元

湖南县域绿皮书
湖南县域发展报告No.2
著（编）者：朱有志　2015年7月出版 / 估价：69.00元

沪港蓝皮书
沪港发展报告（2014~2015）
著（编）者：尤安山　2015年4月出版 / 定价：89.00元

吉林蓝皮书
2015年吉林经济社会形势分析与预测
著（编）者：马克　2015年2月出版 / 定价：89.00元

济源蓝皮书
济源经济社会发展报告（2015）
著（编）者：喻新安　2015年4月出版 / 定价：69.00元

健康城市蓝皮书
北京健康城市建设研究报告（2015）
著（编）者：王鸿春　2015年4月出版 / 定价：79.00元

江苏法治蓝皮书
江苏法治发展报告（2015）
著（编）者：李力 龚廷泰　2015年9月出版 / 定价：98.00元

京津冀蓝皮书
京津冀发展报告（2015）
著（编）者：文魁 祝尔娟　2015年4月出版 / 定价：89.00元

经济特区蓝皮书
中国经济特区发展报告（2015）
著（编）者：陶一桃　2015年7月出版 / 估价：89.00元

辽宁蓝皮书
2015年辽宁经济社会形势分析与预测
著（编）者：曹晓峰 张晶 梁启东　2014年12月出版 / 定价：79.00元

南京蓝皮书
南京文化发展报告（2015）
著（编）者：南京文化产业研究中心　2015年12月出版 / 估价：79.00元

内蒙古蓝皮书
内蒙古反腐倡廉建设报告（2015）
著（编）者：张志华 无极　2015年12月出版 / 估价：69.00元

浦东新区蓝皮书
上海浦东经济发展报告（2015）
著（编）者：沈开艳 陆沪根　2015年1月出版 / 定价：69.00元

青海蓝皮书
2015年青海经济社会形势分析与预测
著（编）者：赵宗福　2014年12月出版 / 定价：69.00元

人口与健康蓝皮书
深圳人口与健康发展报告（2015）
著（编）者：曾序春　2015年12月出版 / 估价：89.00元

山东蓝皮书
山东社会形势分析与预测（2015）
著（编）者：张华 唐洲雁　2015年7月出版 / 估价：89.00元

山东蓝皮书
山东经济形势分析与预测（2015）
著（编）者：张华 唐洲雁　2015年7月出版 / 估价：89.00元

山东蓝皮书
山东文化发展报告（2015）
著（编）者：张华 唐洲雁　2015年7月出版 / 估价：98.00元

山西蓝皮书
山西资源型经济转型发展报告（2015）
著（编）者：李志强　2015年5月出版 / 估价：89.00元

陕西蓝皮书
陕西经济发展报告（2015）
著（编）者：任宗哲 白宽犁 裴成荣　2015年1月出版 / 定价：69.00元

陕西蓝皮书
陕西社会发展报告（2015）
著（编）者：任宗哲 白宽犁 牛昉　2015年1月出版 / 定价：69.00元

陕西蓝皮书
陕西文化发展报告（2015）
著（编）者：任宗哲 白宽犁 王长寿　2015年1月出版 / 定价：65.00元

陕西蓝皮书
丝绸之路经济带发展报告（2015）
著（编）者：任宗哲 石英 白宽犁　2015年8月出版 / 估价：79.00元

上海蓝皮书
上海文学发展报告（2015）
著（编）者：陈圣来　2015年1月出版 / 定价：69.00元

上海蓝皮书
上海文化发展报告（2015）
著（编）者：荣跃明　2015年1月出版 / 定价：74.00元

地方发展类·国别与地区类

皮书系列 2015全品种

上海蓝皮书
上海资源环境发展报告（2015）
著(编)者：周冯琦 汤庆合 任文伟
2015年1月出版 / 定价:69.00元

上海蓝皮书
上海社会发展报告（2015）
著(编)者：杨雄 周海旺 2015年1月出版 / 定价:69.00元

上海蓝皮书
上海经济发展报告（2015）
著(编)者：沈开艳 2015年1月出版 / 定价:69.00元

上海蓝皮书
上海传媒发展报告（2015）
著(编)者：强荧 焦雨虹 2015年1月出版 / 定价:69.00元

上海蓝皮书
上海法治发展报告（2015）
著(编)者：叶青 2015年5月出版 / 定价:69.00元

上饶蓝皮书
上饶发展报告（2015）
著(编)者：朱寅健 2015年7月出版 / 估价:128.00元

社会建设蓝皮书
2015年北京社会建设分析报告
著(编)者：宋贵伦 冯虹 2015年7月出版 / 定价:79.00元

深圳蓝皮书
深圳劳动关系发展报告（2015）
著(编)者：汤庭芬 2015年7月出版 / 估价:75.00元

深圳蓝皮书
深圳经济发展报告（2015）
著(编)者：张骁儒 2015年7月出版 / 定价:79.00元

深圳蓝皮书
深圳社会发展报告（2015）
著(编)者：叶民辉 张骁儒 2015年7月出版 / 估价:89.00元

深圳蓝皮书
深圳法治发展报告（2015）
著(编)者：张骁儒 2015年5月出版 / 定价:69.00元

四川蓝皮书
四川文化产业发展报告（2015）
著(编)者：侯水平 2015年4月出版 / 定价:79.00元

四川蓝皮书
四川企业社会责任研究报告（2014~2015）
著(编)者：侯水平 盛毅 2015年4月出版 / 定价:79.00元

四川蓝皮书
四川法治发展报告（2015）
著(编)者：郑泰安 2015年1月出版 / 定价:69.00元

四川蓝皮书
四川生态建设报告（2015）
著(编)者：李晟之 2015年4月出版 / 定价:79.00元

四川蓝皮书
四川城镇化发展报告（2015）
著(编)者：侯水平 范秋美 2015年4月出版 / 定价:79.00元

四川蓝皮书
四川社会发展报告（2015）
著(编)者：郭晓鸣 2015年4月出版 / 定价:79.00元

四川蓝皮书
2015年四川经济发展形势分析与预测
著(编)者：杨钢 2015年1月出版 / 定价:89.00元

四川法治蓝皮书
四川依法治省年度报告No.1（2015）
著(编)者：李林 杨天宗 田禾 2015年3月出版 / 定价:108.00元

天津金融蓝皮书
天津金融发展报告（2015）
著(编)者：王爱俭 杜强 2015年9月出版 / 估价:89.00元

温州蓝皮书
2015年温州经济社会形势分析与预测
著(编)者：潘忠强 王春光 金浩 2015年4月出版 / 定价:69.00元

扬州蓝皮书
扬州经济社会发展报告（2015）
著(编)者：丁纯 2015年12月出版 / 估价:89.00元

长株潭城市群蓝皮书
长株潭城市群发展报告（2015）
著(编)者：张萍 2015年7月出版 / 定价:69.00元

郑州蓝皮书
2015年郑州文化发展报告
著(编)者：王哲 2015年9月出版 / 定价:65.00元

中医文化蓝皮书
北京中医药文化传播发展报告（2015）
著(编)者：毛嘉陵 2015年5月出版 / 定价:79.00元

珠三角流通蓝皮书
珠三角商圈发展研究报告（2015）
著(编)者：林至颖 王先庆 2015年7月出版 / 估价:98.00元

国别与地区类

阿拉伯黄皮书
阿拉伯发展报告（2015）
著(编)者：马晓霖 2015年7月出版 / 估价:79.00元

北部湾蓝皮书
泛北部湾合作发展报告（2015）
著(编)者：吕余生 2015年8月出版 / 估价:69.00元

皮书系列 2015全品种 — 国别与地区类

大湄公河次区域蓝皮书
大湄公河次区域合作发展报告（2015）
著(编)者：刘稚　2015年9月出版 / 估价：79.00元

大洋洲蓝皮书
大洋洲发展报告（2015）
著(编)者：喻常森　2015年8月出版 / 估价：89.00元

德国蓝皮书
德国发展报告（2015）
著(编)者：郑春荣　伍慧萍　2015年5月出版 / 定价：69.00元

东北亚黄皮书
东北亚地区政治与安全（2015）
著(编)者：黄凤志　刘清才　张慧智
2015年7月出版 / 估价：69.00元

东盟黄皮书
东盟发展报告（2015）
著(编)者：崔晓麟　2015年7月出版 / 估价：75.00元

东南亚蓝皮书
东南亚地区发展报告（2015）
著(编)者：王勤　2015年7月出版 / 估价：79.00元

俄罗斯黄皮书
俄罗斯发展报告（2015）
著(编)者：李永全　2015年7月出版 / 估价：79.00元

非洲黄皮书
非洲发展报告（2015）
著(编)者：张宏明　2015年7月出版 / 估价：79.00元

国际形势黄皮书
全球政治与安全报告（2015）
著(编)者：李慎明　张宇燕　2015年1月出版 / 定价：69.00元

韩国蓝皮书
韩国发展报告（2015）
著(编)者：刘宝全　牛林杰　2015年8月出版 / 估价：79.00元

加拿大蓝皮书
加拿大发展报告（2015）
著(编)者：仲伟合　2015年4月出版 / 定价：89.00元

拉美黄皮书
拉丁美洲和加勒比发展报告（2014~2015）
著(编)者：吴白乙　2015年5月出版 / 定价：89.00元

美国蓝皮书
美国研究报告（2015）
著(编)者：郑秉文　黄平　2015年6月出版 / 定价：89.00元

缅甸蓝皮书
缅甸国情报告（2015）
著(编)者：李晨阳　2015年8月出版 / 估价：79.00元

欧洲蓝皮书
欧洲发展报告（2015）
著(编)者：周弘　2015年7月出版 / 估价：89.00元

葡语国家蓝皮书
葡语国家发展报告（2015）
著(编)者：对外经济贸易大学区域国别研究所　葡语国家研究中心
2015年7月出版 / 估价：89.00元

葡语国家蓝皮书
中国与葡语国家关系发展报告·巴西（2014）
著(编)者：澳门科技大学　2015年7月出版 / 估价：89.00元

日本经济蓝皮书
日本经济与中日经贸关系研究报告（2015）
著(编)者：王洛林　张季风　2015年5月出版 / 定价：79.00元

日本蓝皮书
日本研究报告（2015）
著(编)者：李薇　2015年4月出版 / 定价：69.00元

上海合作组织黄皮书
上海合作组织发展报告（2015）
著(编)者：李进峰　吴宏伟　李伟
2015年9月出版 / 估价：89.00元

世界创新竞争力黄皮书
世界创新竞争力发展报告（2015）
著(编)者：李闽榕　李建平　赵新力
2015年12月出版 / 估价：148.00元

土耳其蓝皮书
土耳其发展报告（2015）
著(编)者：郭长刚　刘义　2015年7月出版 / 估价：89.00元

图们江区域合作蓝皮书
图们江区域合作发展报告（2015）
著(编)者：李铁　2015年4月出版 / 定价：98.00元

亚太蓝皮书
亚太地区发展报告（2015）
著(编)者：李向阳　2015年1月出版 / 定价：59.00元

印度蓝皮书
印度国情报告（2015）
著(编)者：吕昭义　2015年7月出版 / 估价：89.00元

印度洋地区蓝皮书
印度洋地区发展报告（2015）
著(编)者：汪戎　2015年5月出版 / 定价：89.00元

中东黄皮书
中东发展报告（2015）
著(编)者：杨光　2015年11月出版 / 估价：89.00元

中欧关系蓝皮书
中欧关系研究报告（2015）
著(编)者：周弘　2015年12月出版 / 估价：98.00元

中亚黄皮书
中亚国家发展报告（2015）
著(编)者：孙力　吴宏伟　2015年9月出版 / 估价：89.00元

中国皮书网
www.pishu.cn

发布皮书研创资讯，传播皮书精彩内容
引领皮书出版潮流，打造皮书服务平台

栏目设置：

- □ 资讯：皮书动态、皮书观点、皮书数据、皮书报道、皮书发布、电子期刊
- □ 标准：皮书评价、皮书研究、皮书规范
- □ 服务：最新皮书、皮书书目、重点推荐、在线购书
- □ 链接：皮书数据库、皮书博客、皮书微博、在线书城
- □ 搜索：资讯、图书、研究动态、皮书专家、研创团队

中国皮书网依托皮书系列"权威、前沿、原创"的优质内容资源，通过文字、图片、音频、视频等多种元素，在皮书研创者、使用者之间搭建了一个成果展示、资源共享的互动平台。

自 2005 年 12 月正式上线以来，中国皮书网的 IP 访问量、PV 浏览量与日俱增，受到海内外研究者、公务人员、商务人士以及专业读者的广泛关注。

2008 年、2011 年，中国皮书网均在全国新闻出版业网站荣誉评选中获得"最具商业价值网站"称号；2012 年，获得"出版业网站百强"称号。

2014 年，中国皮书网与皮书数据库实现资源共享、端口合一，将提供更丰富的内容，更全面的服务。

权威报告 热点资讯 海量资源

当代中国与世界发展的高端智库平台

皮书数据库 www.pishu.com.cn

皮书数据库是专业的人文社会科学综合学术资源总库,以大型连续性图书——皮书系列为基础,整合国内外相关资讯构建而成。包含七大子库,涵盖两百多个主题,囊括了近十几年间中国与世界经济社会发展报告,覆盖经济、社会、政治、文化、教育、国际问题等多个领域。

皮书数据库以篇章为基本单位,方便用户对皮书内容的阅读需求。用户可进行全文检索,也可对文献题目、内容提要、作者名称、作者单位、关键字等基本信息进行检索,还可对检索到的篇章再做二次筛选,进行在线阅读或下载阅读。智能多维度导航,可使用户根据自己熟知的分类标准进行分类导航筛选,使查找和检索更高效、便捷。

权威的研究报告,独特的调研数据,前沿的热点资讯,皮书数据库已发展成为国内最具影响力的关于中国与世界现实问题研究的成果库和资讯库。

皮书俱乐部会员服务指南

1. 谁能成为皮书俱乐部成员?
   ● 皮书作者自动成为俱乐部会员
   ● 购买了皮书产品(纸质书/电子书)的个人用户

2. 会员可以享受的增值服务
   ● 免费获赠皮书数据库100元充值卡
   ● 加入皮书俱乐部,免费获赠该纸质图书的电子书
   ● 免费定期获赠皮书电子期刊
   ● 优先参与各类皮书学术活动
   ● 优先享受皮书产品的最新优惠

3. 如何享受增值服务?
   (1)免费获赠100元皮书数据库体验卡
   第1步 刮开皮书附赠充值的涂层(右下);
   第2步 登录皮书数据库网站(www.pishu.com.cn),注册账号;
   第3步 登录并进入"会员中心"—"在线充值"—"充值卡充值",充值成功后即可使用。

   (2)加入皮书俱乐部,凭数据库体验卡获赠该书的电子书
   第1步 登录社会科学文献出版社官网(www.ssap.com.cn),注册账号;
   第2步 登录并进入"会员中心"—"皮书俱乐部",提交加入皮书俱乐部申请;
   第3步 审核通过后,再次进入皮书俱乐部,填写页面所需图书、体验卡信息即可自动兑换相应电子书。

4. 声明
   解释权归社会科学文献出版社所有

皮书俱乐部会员可享受社会科学文献出版社其他相关免费增值服务,有任何疑问,均可与我们联系。
图书销售热线:010-59367070/7028 图书服务QQ:800045692 图书服务邮箱:duzhe@ssap.cn
数据库服务热线:400-008-6695 数据库服务QQ:2475522410 数据库服务邮箱:database@ssap.cn
欢迎登录社会科学文献出版社官网(www.ssap.com.cn)和中国皮书网(www.pishu.cn)了解更多信息

皮书大事记
（2014）

☆ 2014年10月，中国社会科学院2014年度皮书纳入创新工程学术出版资助名单正式公布，相关资助措施进一步落实。

☆ 2014年8月，由中国社会科学院主办，贵州省社会科学院、社会科学文献出版社承办的"第十五次全国皮书年会（2014）"在贵州贵阳隆重召开。

☆ 2014年8月，第二批淘汰的27种皮书名单公布。

☆ 2014年7月，第五届优秀皮书奖评审会在京召开。本届优秀皮书奖首次同时评选优秀皮书和优秀皮书报告。

☆ 2014年7月，第三届皮书学术评审委员会于北京成立。

☆ 2014年6月，社会科学文献出版社与北京报刊发行局签订合同，将部分重点皮书纳入邮政发行系统。

☆ 2014年6月，《中国社会科学院皮书管理办法》正式颁布实施。

☆ 2014年4月，出台《社会科学文献出版社关于加强皮书编审工作的有关规定》《社会科学文献出版社皮书责任编辑管理规定》《社会科学文献出版社关于皮书准入与退出的若干规定》。

☆ 2014年1月，首批淘汰的44种皮书名单公布。

☆ 2014年1月，"2013(第七届)全国新闻出版业网站年会"在北京举办，中国皮书网被评为"最具商业价值网站"。

☆ 2014年1月，社会科学文献出版社在原皮书评价研究中心的基础上成立了皮书研究院。

皮书数据库
www.pishu.com.cn

皮书数据库三期

- 皮书数据库（SSDB）是社会科学文献出版社整合现有皮书资源开发的在线数字产品，全面收录"皮书系列"的内容资源，并以此为基础整合大量相关资讯构建而成。

- 皮书数据库现有中国经济发展数据库、中国社会发展数据库、世界经济与国际政治数据库等子库，覆盖经济、社会、文化等多个行业、领域，现有报告30000多篇，总字数超过5亿字，并以每年4000多篇的速度不断更新累积。

- 新版皮书数据库主要围绕存量+增量资源整合、资源编辑标引体系建设、产品架构设置优化、技术平台功能研发等方面开展工作，并将中国皮书网与皮书数据库合二为一联体建设，旨在以"皮书研创出版、信息发布与知识服务平台"为基本功能定位，打造一个全新的皮书品牌综合门户平台，为您提供更优质更到位的服务。

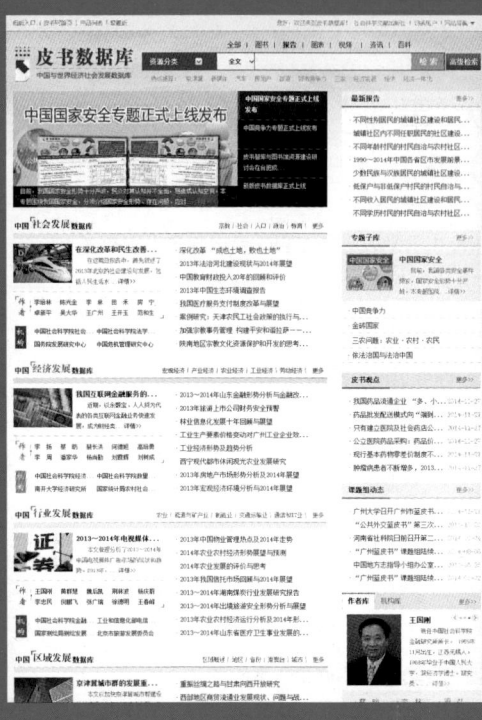

更多信息请登录

中国皮书网
http://www.pishu.cn

皮书微博
http://weibo.com/pishu

中国皮书网的BLOG [编辑]
http://blog.sina.com.cn/pishu

皮书博客
http://blog.sina.com.cn/pishu

皮书微信
皮书说

请到各地书店皮书专架 / 专柜购买，也可办理邮购

咨询 / 邮购电话：010-59367028　59367070	邮　　　　箱：duzhe@ssap.cn

邮购地址：北京市西城区北三环中路甲29号院3号楼华龙大厦13层读者服务中心
邮　　编：100029
银行户名：社会科学文献出版社
开户银行：中国工商银行北京北太平庄支行
账　　号：0200010019200365434
网上书店：010-59367070　　qq：1265056568
网　　址：www.ssap.com.cn　　www.pishu.com.cn